Michael Dieterich

Wie sich Menschen ändern – und was wir dazu tun können

Michael Dieterich

Wie sich Menschen ändern –
und was wir dazu tun können

SCM R.Brockhaus

SCM

Stiftung Christliche Medien

>>*Es stimmt schon,*
dass niemand weiß,
was sein wird,
wenn sich etwas ändert.

Aber wer weiß denn,
was sein wird,
wenn sich nichts ändert?<<

Elias Canetti

© 2009 SCM R.Brockhaus im SCM-Verlag GmbH & Co. KG, Witten
Umschlag: krausswerbeagentur.de, Herrenberg
Satz: www.factory-media.net | Remscheid
Druck: Bercker Graphischer Betrieb, Kevelaer
ISBN 978-3-417-26294-0
Bestell-Nr. 226.294

INHALT

Vorwort und Einleitung

Seit Beginn meiner wissenschaftlichen Arbeiten liegt einer der Schwerpunkte im Bereich der sog. »Förderungsdiagnostik«. Im Unterschied zur herkömmlichen Diagnostik im Rahmen der Differenziellen Psychologie, deren Hauptaufgabe die Klassifikation und/oder Selektion von Menschen ist, wird bei der Förderungsdiagnostik[1] nach den Ressourcen und Entwicklungsmöglichkeiten gesucht.

Begonnen habe ich diese Arbeit mit dem HAMET[2], einem Verfahren zur Überprüfung der Berufsreife und beruflichen Positionierung von schwächeren Schülern der Abgangsklassen. In den vergangenen 20 Jahren hat sich dieses förderungsdiagnostische Verfahren weit über den deutschen Sprachraum hinweg international durchgesetzt und ist mittlerweile zu einem wichtigen Bestandteil der beruflichen Rehabilitation geworden.

Nach meinen ersten förderdiagnostischen Erfahrungen mit beruflichen Randgruppen kamen bald danach auch leitende Angestellte und Manager auf mich zu, um in Krisensituationen neue berufliche und private Schritte zu planen. Hier ging es mehr um die Entwicklung der Sozialkompetenz – die Fachkompetenz war in aller Regel gegeben.

Die herkömmlichen Persönlichkeitstests sind allerdings nur sehr begrenzt in der Lage, die Förderungsaspekte der Persönlichkeit zu erfassen; sie sind eher zur Auslese und weniger zur Förderung gedacht. So war es auch hier notwendig, den Weg von der Auslesediagnostik zur Förderungsdiagnostik zu gehen, d.h. ein Verfahren zu entwickeln, das nicht nur die nach außen hin sichtbare Abbildung der Persönlichkeitsstruktur aufzeigt, sondern erlaubt, die möglichen Ressourcen zu finden, um

---

1 Oftmals wird hierfür auch verkürzt nur von der »Förderdiagnostik« gesprochen.
2 M. Dieterich, M. Goll, G. Pfeiffer, J. Tress, F. Schweiger und F. Hartmann (2001). *hamet 2 – Handlungsorientierte Module zur Erfassung und Förderung beruflicher Kompetenzen.* Göttingen: Hogrefe Testzentrale.

darauf aufbauend Förderungsprogramme zu entwickeln. Vor einem solchen Hintergrund entstand der Persönlichkeitsstrukturtest PST[3].

Entscheidend für die Entwicklung des Konzeptes der Förderungsdiagnostik ist das Wissen um die Anthropologie, die ein solches Vorgehen leitet. Hierzu gehören theologische und philosophische Fragen, die recht grundsätzlicher Art sind. Ich habe hierzu sehr viel von den entsprechenden Fachleuten, Theologen und Religionsphilosophen gelernt, etwa erste Antworten auf so spannende Fragen zu finden wie »Wer ist der Mensch? Wie kann er sich ändern? Wohin gehen seine Ziele bzw. was tut er auf dieser Welt?«. Wenn diese Fragen nicht vorab bedacht worden sind, können Entwicklungs- und Förderprogramme nur sehr unscharf bzw. eklektizistisch beschrieben werden.

Der holistische Ansatz[4], der meinem Konzept zugrunde liegt, ist eine Anthropologie, die auf Gen 2,7 beruht und davon ausgeht, dass der Mensch nicht eine Seele hat, sondern eine Seele ist. Das hebräische Wort für Seele (nefesh) beschreibt zusammen die psychischen, die somatischen sowie die pneumatischen (spirituellen) Aspekte als eine Einheit, die sowohl verletz- als auch förderbar ist.

Dieses Buch erfüllt nach einigen Jahren das Versprechen, das ich in meiner Publikation »Persönlichkeitsdiagnostik«[5] gegeben habe. D.h., es soll aufgezeigt werden, ob und wie weit die Persönlichkeitsstruktur eines Menschen gezielt verändert werden kann. Im Unterschied zu manchen »Klassikern«, die sich vor überwiegend tiefenpsychologischem Hintergrund mit der Beschreibung und Entwicklung der Persönlichkeit beschäftigen[6], habe ich bei meinen Überlegungen großen Wert auf genaue und wenn möglich empirisch geleitete Beschreibungen bzw. auch auf

---

3 Heute in seiner erweiterten und revidierten Form: M. Dieterich (2003). *Der Persönlichkeitsstrukturtest PST-R*. Freudenstadt: Institut für praktische Psychologie. 2. Aufl. (zu beziehen bei www.i-p-p.org.de).
4 Vgl. Kap. 3 in: M. Dieterich (2009): *Einführung in die Allgemeine Psychotherapie und Seelsorge*. Witten: SCM R.Brockhaus.
5 Vgl. M. Dieterich (1997). *Persönlichkeitsdiagnostik. Theorie und Praxis in ganzheitlicher Sicht*. Witten: SCM R.Brockhaus.
6 Vgl. u.a. F. Künkel (1960). *Die Arbeit am Charakter*. Konstanz: Bahn Verlag.

eine evaluierbare Überprüfung der Veränderungen[7] gelegt. Solche strengen Untersuchungen erfordern, dass die Daten quantitativ erfassbar sind und damit ein »Prä-Post-Vergleich« möglich wird. Empirisch nicht oder nur schwer erfassbare Erkenntnisse können mit den Methoden der Idiografik im geisteswissenschaftlichen Sinne als biografische Analyse erstellt werden.[8] Weil im Sinne meiner holistischen Anthropologie die pneumatischen Aspekte bei der Änderung der Persönlichkeitsstruktur wesentlich beteiligt sind, muss überlegt werden, inwieweit hier eine »Messung« überhaupt möglich bzw. erfolgreich sein kann. Die Antwort ist einfach und doch kompliziert zugleich: Die »unsichtbare Wirklichkeit« im Sinne von Hebräer 11,3 kann mit unseren wissenschaftlichen Mitteln nicht erfasst und noch weniger gesteuert werden. »Der Geist weht, wo er will ...« So werden wir schon sehr früh bei unseren Bemühungen um die Veränderung der Persönlichkeit auf die Grenzen dieses Unternehmens hingewiesen, denn »Gott will's machen, dass die Sachen gehen wie es heilsam ist« (Johann Daniel Herrnschmidt, 1704).

Das Buch ist so gegliedert, dass vorab grundsätzliche Überlegungen zu den im Volksmund und in den Wissenschaften gebrauchten Begriffen »Persönlichkeit«, »Charakter«, »Temperament«, »Wesenszüge« usw. angestellt werden. Mit der für meinen Ansatz entwickelten Anthropologie wird anschließend überlegt, wieweit es möglich, notwendig – und auch ethisch zulässig ist, die Eigenschaften der Persönlichkeit zu operationalisieren, um sie messen und vergleichen zu können. In Kap. 1.2 wird nach den Möglichkeiten gesucht, die so ermittelte Persönlichkeitsstruktur zu verändern. Das Fazit wird sein[9], dass es nur drei grundsätzliche Änderungsmöglichkeiten gibt: Auf somatischem Gebiet durch Medikamente, im psychischen Bereich durch Lernprozesse und unter pneumatischem Blickwinkel durch die Wirkung Gottes bzw. des Heiligen Geistes. Entsprechend dieser Aufteilung sind dann die nachfolgenden Teile von Kapitel 1 geordnet.

7 Vgl. M. Dieterich (2006). *Wer bin ich? Wer sind die Anderen?* Freudenstadt: Hochschulschriften des IPS Band 15.
8 Hierzu gehört z.B. die »Lebensstilanalyse« oder »Skriptanalyse«, wie sie die Individualpsychologie bzw. die Transaktionsanalyse beschreibt.
9 Vgl. M. Dieterich (2009). *Einführung in die Allgemeine Psychotherapie und Seelsorge.* A.a.O.

Bei der Erörterung der Änderungen durch Medikamente verzichte ich auf medizinische Details und beschränke mich auf die Beschreibung der Wirkung einiger häufig verordneter Stoffklassen. Bei den spirituellen Änderungsmöglichkeiten sind unsere Kräfte und Möglichkeiten sehr beschränkt, deshalb wird auch dieses Kapitel sehr kurz ausfallen. Den Schwerpunkt bilden die psychologisch orientierten Änderungsprozesse, die gleichzeitig auch den Wirkungsmechanismen der ca. 100 verschiedenen Psychotherapieschulen entsprechen.

Den Abschluss des 1. Kapitels bildet die Entwicklung eines Beobachtungs- bzw. Prüfschemas, das alle Änderungsmöglichkeiten zusammenfügt und sowohl eine schnelle Zuordnung zu den Hauptaspekten der Veränderung liefern als auch deutlich machen kann, wenn Einseitigkeiten oder Vernachlässigungen bei den Veränderungsmöglichkeiten vorkommen. Mit diesem Schema können dann die unterschiedlichen Zugangsmöglichkeiten zum Änderungsprozess auf einfache Art und Weise verfolgt werden.

Im 2. Kapitel werden diese Erkenntnisse praktisch angewandt. Grundlage für die Änderungsprozesse sind die »Globalfaktoren« aus dem Persönlichkeitsstrukturtest PST-R. D.h., es werden Änderungsmöglichkeiten für die Normgebundenheit, die psychische Belastbarkeit, die Unabhängigkeit von anderen, die Kontaktbereitschaft und die Wachsamkeit sowie der Kontrollüberzeugungen untersucht. Hierzu werden unter Zuhilfenahme der Ergebnisse der Grund- und Tiefenstruktur des PST-R und einer »Lernkurve« Überlegungen angestellt, ob ein größerer Lernerfolg überhaupt möglich ist. Mit dem im 1. Kapitel entwickelten Beobachtungsschema werden dann die unterschiedlichen Möglichkeiten der Änderung beschrieben und mit vielen praktischen Beispielen untermauert. Weil anzunehmen ist, dass dieses Kapitel selektiv, d.h. entsprechend dem jeweiligen Förderbedarf, gelesen wird, habe ich dort einige Passagen wiederholt, die in vorangegangenen Abschnitten bereits abgedruckt worden sind.

Im 3. Kapitel wird anhand eines praktischen Falles ein Änderungsprozess von der Diagnostik bis zur Evaluation genau verfolgt und damit ein Beispiel für den praktischen Einsatz vorgestellt.

Ganz bewusst wird in diesem Buch die Diskussion um die »richtigen« Ziele eines Veränderungsprozesses nicht aufgenommen, sondern nur der methodische Weg dorthin mit seinen unterschiedlichen Facetten beschrieben. Das ist eine für viele Leser schwer akzeptierbare Entscheidung und sie ist auch mir selbst nicht leichtgefallen, weil ich im Anschluss an Klafkis geisteswissenschaftlichen Ansatz[10], der vom Primat der Ziele vor den Methoden ausgeht, eigentlich lieber darüber diskutieren würde. Aber Lernziele zu formulieren ist eine Aufgabe, die von der Theologie, der Philosophie und der Pädagogik geleistet werden sollte und ich bin gerne bereit, hierbei an anderer Stelle mitzuarbeiten.

Weil viele Bücher heutzutage selten vom Anfang bis zum Ende an einem Stück durchgelesen werden und der Leser Zusammenhänge sucht, habe ich Marginalien eingefügt, die einen raschen Überblick ermöglichen. Weiterhin werden in Kästen wichtige Sachverhalte zusammengefasst.

Herzlich bedanke ich mich für die vielen Anregungen, die von den Anwendern des PST-R gekommen sind. Sie machen deutlich, dass es sich hier tatsächlich um ein wirksames Instrument der Förderungsdiagnostik handelt.

In bewährter Weise hat sich wieder unser Lektor, Herr R. Gableske, der Korrekturen angenommen. Ihm sei auf diesem Wege ein herzliches Dankeschön gesagt.

Freudenstadt, Ostern 2009

---

10 Vgl. W. Klafki (1958): *Didaktische Analyse als Kern der Unterrichtsvorbereitung.* In: Die deutsche Schule. Jg. 1958, H. 10, S. 450–471.

1 Grundlagen

1.1 Begriffsklärungen

In der Umgangssprache, aber häufig auch in Fachkreisen herrscht eine begriffliche Unschärfe bei Worten wie Charakter, Persönlichkeit, Temperament, Ich, Selbst, Identität usw. Nicht selten sind diese Beschreibungen zur »Charakterisierung« des Menschen einer bestimmten therapeutischen Fachrichtung zugeordnet (z.b. den humanistischen Psychotherapien) oder verraten schon durch die Wortwahl eine entsprechende Anthropologie. Recht deutlich wird dies beim »Charakter«. Übersetzt man dieses Wort χαρακτήρ aus der griechischen Sprache, dann bedeutet es im ursprünglichen Sinne einen Prägestempel für Münzen – und das Geprägte selbst im übertragenen Sinne ein unveränderliches Erkennungsmerkmal einer Person. Das Wort »Charakter« drückt damit implizit aus, dass dieses Kennzeichen oder Merkmal eines Menschen unveränderlich ist. D.h., man hat einen entsprechenden Charakter und ist damit auch für die Zukunft geprägt. *Der Charakter ist unveränderbar*

Gebraucht man hingegen das Wort »Selbst« im Sinne der humanistischen Therapien, dann wird vor dem Hintergrund der dort gebrauchten Anthropologie eher davon ausgegangen, dass dieses »Selbst« durch eigene Wahrnehmung und Kreativität veränderbar ist. *Das Selbst*

Auch das Wort »Temperament« (lat. temperamentum) verrät durch seine Übersetzung aus dem Lateinischen im Sinne eines »ausgeglichenen Mischungsverhältnisses« die auf Hippokrates zurückgehende Mischung von Körpersäften und die sich daraus ergebenden vier Typen des Sanguinikers (sanguis: Blut), des Cholerikers (cholé: gelbe Galle), des Melancholikers (melan cholé: schwarze Galle) und des Phlegmatikers (phlegma: Schleim). Die »Humorallehre« geht davon aus, dass die unterschiedlichen Anteile dieser Körpersäfte zu einem Mischungsverhältnis führen, das dem jeweiligen Temperament entspricht. *Temperament als Mischung*

Schon diese wenigen Beispiele machen deutlich, was bei der Wahl eines Begriffs zu beachten ist, um nicht schon durch die historischen Hintergründe eine Vorentscheidung (z.b. zu der Frage ob Änderungen möglich sind oder nicht) zu treffen. Wir brauchen ein Wort, das den Menschen mit seinen Gefühlen, seiner spezifischen Art des Denkens, seiner Motivation, seiner körperlichen Ausprägung, seiner Spiritualität – und dem Zusammenwirken bzw. der gegenseitigen Abhängigkeit dieser Aspekte beschreibt.

Das Wort Persönlichkeit ist unbelastet

Ich habe mich für »Persönlichkeit« entschieden, ein Wort das m.E. relativ wertfrei gebraucht werden kann und ausdrücken soll, dass sich jeder Mensch vom anderen unterscheidet, dass er eine individuelle Geschichte hat und dass er auch offen für Veränderungsmöglichkeiten ist.

Der Begriff Persönlichkeit muss allerdings gefüllt werden. Dabei sind u.a. folgende Fragen zu berücksichtigen:

- Wie kann »Persönlichkeit« beschrieben werden?
- Kann man die »Persönlichkeit« ändern?
- Gibt es »gute« und/oder »schlechte« Anteile der Persönlichkeit?
- Welche Anteile der Persönlichkeit sind operational definierbar?
- Gibt es Anteile der Persönlichkeitsstruktur, die vererbt und damit unveränderbar sind? Bzw. kann man überhaupt mit Änderungen rechnen?
- Wie kann man Änderungsprozesse vollziehen?

1.2 Qualitative Überlegungen zur »Persönlichkeit«

Qualitativ ist es möglich, bei der menschlichen Persönlichkeit zwischen Geist, Seele und Leib zu unterscheiden, wie das schon griechische Philosophen wie Aristoteles oder Platon getan haben. Ihre Beschreibungen des Menschen gehen dabei von einem unterschiedlichen Gewicht der drei »Teile« aus. Insbesondere wird der »Leib« (soma) wesentlich weniger wert geachtet als der »Geist« (pneuma), und eine daraus abgeleitete Anthropologie

Geist, Seele, Leib

führt im Sinne von Platon zur Vorherrschaft der Philosophen vor den Kriegern, Gewerbetreibenden und Bauern.[11]

Platons Idee vom Staat

Platon entwirft in seinem philosophischen Dialog Politeia (Der Staat) das Bild eines idealen Staates. Er besteht aus drei Ständen: den Gewerbetreibenden, denen die Aufgabe der Ernährung und des Erwerbs zukommt und die insofern die Grundlage des Staates sind; den »Wächtern« oder Kriegern, welche die Aufgabe haben, die Verteidigung nach außen zu gewährleisten; den Herrschenden, die nach den Prinzipien von Gerechtigkeit und Vernunft die Leitung übernommen haben. Es stellt sich nun die Frage, nach welchen Prinzipien die Herrschenden ausgewählt werden. Platon antwortet: Nach dem Prinzip einer Auslese durch Erziehung. Zunächst sollen alle Kinder gleich sein. Durch die Konfrontation mit den Grundelementen der Erziehung – Gymnastik und Musik – soll eine erste Charakterbildung vorgenommen werden. Darauf folgen Rechnen, Mathematik, Vorübungen in Dialektik, das Aushalten von Schmerzen, Entbehrungen und Anstrengungen und die Probe der Standhaftigkeit gegenüber der Versuchung. Im Alter von zwanzig Jahren folgt dann eine erste Prüfung: Nur die besten werden die Anwärter für die höchsten Ämter. Diese Auslese wiederholt sich immer wieder bis zum Alter von fünfzig Jahren, erst dann darf der so Erzogene Verantwortung übernehmen. Zentrales Element der weiteren Bildung war bis dahin die Philosophie, deswegen spricht man auch vom »Herrscher als Philosophen«.

Aufbau des Staates und der Person bei Platon

Bezogen auf die menschliche Persönlichkeit ist bei Platon das Denken wichtiger als die Gefühle und die körperlichen Aspekte.

Auch heute noch erkennen wir die Nachwirkungen der Anthropologie der griechischen Philosophen, denn bis zur Stunde wird

---

11 Platon. *Der Staat* (1992). Übersetzt von Karl Vretska. Ditzingen: Reclam.

landläufig mit auf- und abgewerteten Teilaspekten der Persönlichkeit umgegangen. Dies hat u.a. dazu geführt, dass über Jahrhunderte hinweg Sexualität eher zu den »niedrigen« Anteilen des Menschen gezählt wurde und die »reine« Philosophie zur Königin der Wissenschaft avancierte.

Platons Idee ist noch weit verbreitet

Wie die Kirchengeschichte zeigt, drangen griechische Anthropologien in das frühe Christentum ein und sind bis zur Stunde noch weit verbreitet – und dies, obwohl es vom Alten Testament her eine biblisch begründbare Anthropologie gibt, die die menschliche »Seele« als Persönlichkeit ungeteilt sieht. »Jahwe Gott gestaltete den Menschen aus Staub vom Ackerboden und blies in seine Nase Lebensodem; so wurde der Mensch eine lebendige Seele« (Gen 2,7). H. Wolff beschreibt in seiner »Anthropologie des Alten Testamentes« die ganzheitliche und bedürftige menschliche Seele mit dem hebräischen Wort für die Seele: »nefesh« [12]. Seine Konklusion führt dann dazu, dass der Mensch nicht eine Seele hat, sondern eine Seele ist, was die platonische Teilung und die unterschiedliche Bewertung der Einzelaspekte gegenstandslos macht.

Ein ganzheitlicher Ansatz aus der Bibel

Diesen holistischen Ansatz einer biblisch orientierten Anthropologie habe ich gewählt, um das hypothetische Konstrukt Persönlichkeit zu beschreiben. Damit entspricht mein Menschenbild auch den gegenwärtigen Forschungsarbeiten aus der Neurobiologie, die durchgängig deutlich machen, dass die klassische Einteilung in voneinander abgrenzbare Anteile von Geist, Seele und Leib nicht möglich ist.[13]

Der ganzheitliche Ansatz im Sinne von »nefesh« muss jedoch als sog. »hypothetisches Konstrukt« gesehen werden. D.h., es ist interessant, qualitativ darüber zu reden, aber es macht einige Mühe, das gesamte Konstrukt zu verifizieren. Dieses Unterfangen ist nicht so schwierig bei den Aspekten von Soma und Psyche, denn hier kann man auf empirischem Wege zu Ergebnissen

---

12 H.W. Wolff (1984). *Anthropologie des Alten Testaments.* München: Christian Kaiser. S. 26ff.
13 Auch viele Psychotherapien können vor einem solchen ganzheitlichen Ansatz nicht bestehen. Z.B. die Psychoanalyse, die von unabhängigen Ich-Zuständen ausgeht oder die Transaktionsanalyse, die zwischen Eltern-Ich, Erwachsenen-Ich und Kind-Ich unterscheidet.

kommen. Hingegen ist es aus grundsätzlichen wissenschaftsthe-
oretischen Überlegungen unmöglich, die spirituellen Aspekte des
Menschen (pneuma) zu messen, weil hier die Empirie nicht die
angemessene Wissenschaftsmethodik ist.

Spiritualität ist nicht messbar

So gesehen wird ein Buch, das die Veränderung der Persönlichkeitsstruktur zum Thema hat, nie zu endgültigen Aussagen
über deren Ursachengeschichte kommen können und muss, wenn
es von der sichtbaren und unsichtbaren Wirklichkeit im Sinne
von Hebräer 11,1-3 ausgeht, immer damit rechnen, dass Gott aus
seiner unsichtbaren Wirklichkeit heraus auch da eingreifen kann,
wo Menschen, die nur die Immanenz kennen, das für unmöglich
erachten.

1.3 Das Modell einer ganzheitlichen Persönlichkeit im Sinne von Gen 2,7

Wird die menschliche Persönlichkeit im Sinne von »nefesh« modellhaft durch einen Kreis dargestellt (vgl. Abb.1), dann soll damit gezeigt werden, dass sie unteilbar ist. D.h. der Mensch *hat*
nicht, sondern *ist* eine Seele. Das, was von der griechischen Philosophie als »Geist«, »Seele« und »Leib« voneinander getrennt
wird, ist nach biblischem Verständnis im Sinne von Gen 2,7 Aspekte, untrennbar miteinander verbunden.

Untrennbar-keit von Geist, Seele und Leib

Fazit aus
Genesis 2,7

Der Mensch *ist* eine Seele

Abb.1: Modell der
menschlichen Persönlichkeit

Lediglich aus didaktischen Gründen werden diese unterschiedlichen Aspekte von nefesh, wie sie H.W. Wolff beschreibt[14], als SOMA, PSYCHE und PNEUMA zusammengefasst (Abb. 2), auch um damit zu einem Anschluss an die Sprache und die Begrifflichkeiten in der Medizin und den Sozialwissenschaften zu kommen.

Aufteilung aus didaktischen Gründen

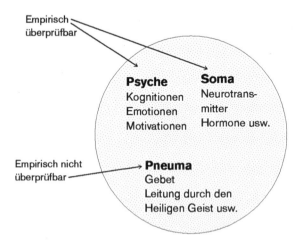

Empirisch überprüfbar

Psyche
Kognitionen
Emotionen
Motivationen

Soma
Neurotransmitter
Hormone usw.

Empirisch nicht überprüfbar

Pneuma
Gebet
Leitung durch den
Heiligen Geist usw.

Abb. 2: Aufteilung in Einzelaspekte aus didaktischen Gründen

Fazit

Ausgehend vom ganzheitlichen Modell der menschlichen Seele im Sinne von Gen 2,7 können wir feststellen, dass die somatischen, psychischen und spirituellen Aspekte der Seele nur in ihrer Zusammenschau den ganzen Menschen beschreiben. Eine Psychotherapie, die die Spiritualität nicht akzeptiert[15], ist demnach defizitär.

14 A.a.O.
15 Das muss nicht bedeuten, dass Christen ausschließlich christliche Psychotherapeuten konsultieren sollten. Wer jedoch den Glauben als Heilungsfaktor nicht akzeptiert, hat insgesamt gesehen geringere Wirkmöglichkeiten zur Verfügung. Siehe hierzu auch meine Untersuchungen zur Kompetenz von sog. »Laienseelsorgern« (vgl. M. Dieterich (2009). *Einführung in die Allgemeine Psychotherapie und Seelsorge*. Witten: SCM R.Brockhaus; Kap. 3.2.4.).

1.4 Quantitative Überlegungen: Ist die Persönlichkeitsstruktur messbar?

Bei der Frage nach der Veränderung der menschlichen Seele im Sinne von Genesis 2,7 muss sowohl von Anlagen (Genetik) und Umwelt (Lernprozessen) als auch von der Wirkung des Heiligen Geistes ausgegangen werden. Die Änderungsmöglichkeiten werden weiter hinten genauer untersucht. Vorab ist es jedoch notwendig, nach Wegen zu suchen, wie die menschliche Seele so genau wie möglich beschrieben werden kann. Dabei muss im Sinne einer Methodenkritik geprüft werden, ob man die Seele überhaupt messen darf oder kann. Was das »Dürfen« anbelangt, ist u.a. zu überlegen, ob quantitative Untersuchungsergebnisse ggf. zu einem Eingriff in die Individualität des Menschen führen können, wenn sie ein Instrumentarium zur Schaffung des »gläsernen Menschen« anbieten. Falls ein solches Testverfahren besteht oder geschaffen werden sollte, verlangt sein Gebrauch ein hohes Maß an Verantwortung und Respekt, wie alle anderen Beobachtungsinstrumente auch, mit denen man Menschen untersuchen kann.

Darf man die Seele »messen«?

Was das »Können« anbelangt, soll hier darauf hingewiesen werden, dass Menschen zu allen Zeiten das, was in einem bestimmten Ausmaß vorhanden war, auch zu messen suchten, weil sie sich miteinander verglichen haben. Man könnte sich zwar mit den weiter oben angeführten qualitativen Konzepten einer untrennbaren Seele zufriedengeben, aber immer wieder wird die Frage »Wer hat mehr oder weniger?« gestellt werden.

1.4.1 Persönlichkeit als »hypothetisches Konstrukt«

Bei einem wissenschaftlichen Zugang, der die Veränderungen der Persönlichkeitsstruktur quantifizieren will, muss konsequenterweise nach den Messmöglichkeiten gefragt werden. Hier tauchen Schwierigkeiten im doppelten Sinne auf. Zum einen, weil die »nefesh«-Seele auch transzendente Aspekte vor dem Hintergrund einer unsichtbaren Wirklichkeit beinhaltet und diese aus prinzipiellen Gründen nicht messbar sind[16]. Zum andern, weil es sich, wenn man die Nomenklatur der empirischen Sozialwissenschaften gebraucht, bei der Persönlichkeit um ein sog. hypothetisches Konstrukt[17] handelt. Dieses Problem ist jedoch lösbar.

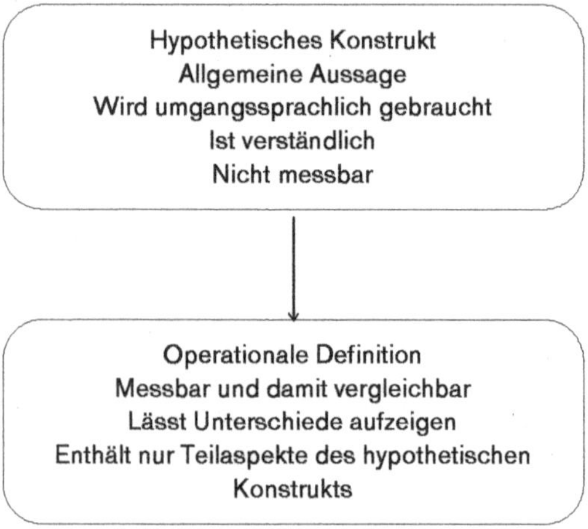

Hypothetisches Konstrukt
Allgemeine Aussage
Wird umgangssprachlich gebraucht
Ist verständlich
Nicht messbar

Operationale Definition
Messbar und damit vergleichbar
Lässt Unterschiede aufzeigen
Enthält nur Teilaspekte des hypothetischen
Konstrukts

Abb. 3: Hypothetisches Konstrukt und operationale Definition

In der Wissenschaftstheorie spricht man von einem »hypothetischen Konstrukt« immer dann, wenn ein Begriff umgangssprachlich häufig gebraucht wird und in der Kommunikation auch eine gewisse Einigkeit darüber besteht, was darunter verstanden werden soll, bei ihm jedoch kaum quantitative Aussagen über ein Mehr-oder-weniger, Größer-oder-kleiner möglich sind. »Liebe«, »Intelligenz«, »Treue« und auch »Persönlichkeit« sind solche hypothetische Konstrukte. Bei diesen Überlegungen ist es (noch) nicht notwendig, über die Entstehung des Konstruktes zu reflektieren, also beispielsweise in die »Anlage-Umwelt«-Debatte einzusteigen oder zu fragen, welche Anteile durch den Heiligen Geist bewirkt worden sind. Es geht ausschließlich um die Möglichkeit der Messung des Konstrukts.

Die Abb. 3 macht deutlich, dass bei der Suche nach einer operationalen Definition eines Konstrukts auf Kosten der messbaren Beschreibung viele Informationen verloren gehen können. Wenn

16 Vgl. hierzu Kap. 1.5.3 »Änderungen unter spirituellem Aspekt«.
17 Theorien liegen zum Zeitpunkt ihrer Entwicklung zunächst immer als hypothetische Konstrukte vor. Sie können erst bei genügender Operationalisierung empirisch überprüft werden.

z.B. das Konstrukt Intelligenz dadurch messbar gemacht werden soll, dass man in einer vorgegebenen Zeit bestimmte Zahlen auf einem Blatt Papier miteinander verbindet[18], wird sich mancher Leser fragen, ob diese Aufgabe tatsächlich Intelligenz abbilden kann.

In der modernen Psychologie gibt es eine ganze Reihe von Möglichkeiten, um ein hypothetisches Konstrukt so nahe wie möglich an eine operationale Definition heranzuführen[19], und es ist eine der wichtigsten Überlegungen bei der Erstellung eines Testverfahrens, dass man tatsächlich auch das misst, das man vorgibt zu messen. Für bestimmte Fragestellungen ist eine derartige empirische Vorgehensweise nicht möglich. So wird man das *Grenzen* Verhältnis eines Menschen zu Gott, seinen Glauben, nicht ope- *von Tests* rationalisieren können. Natürlich könnte man sein Bibelwissen abfragen oder die Dauer seiner »Stillen Zeit« und dabei auch zu messbaren Werten kommen hätte damit jedoch sicher nicht das hypothetische Konstrukt »Glaube« erfasst.

Auch die Lebensgeschichte eines Menschen zu erfassen, ist mit empirischen Mitteln sehr schwierig, hier sind dann eher geisteswissenschaftliche (z.B. hermeneutisch) orientierte Zugänge sinnvoll.

Fazit

- Wenn die Persönlichkeitsstruktur eines Menschen auf empirischem Wege erfasst werden soll, müssen größte Anstrengungen unternommen werden, um zu validen[20] Testfragen zu kommen.
- Die Testergebnisse sind das Resultat des Zusammenwirkens der unterschiedlichen Aspekte der menschlichen Seele (also von Soma, Psyche und Pneuma im Sinne von Genesis 2,7). D.h., genetische Anlagen, Lernprozesse und Spiritualität führen zur individuellen Persönlichkeitsstruktur, wobei auf empirischem

18 Vgl. W.D. Oswald, E. Roth (1987). *Der Zahlen-Verbindungs-Test*. Göttingen: Hogrefe.
19 Hierzu gibt es Überlegungen zur Validität, vgl. G.A. Lienert, U. Raatz (1998). *Testaufbau und Testanalyse*. Weinheim: Beltz Psychologie Verlags Union (6. Aufl.).
20 Valide meint, dass die Fragen wirklich das abbilden, was der Test zu messen vorgibt.

Wege allerdings nur sehr schwer festgestellt werden kann, wie groß die jeweiligen Anteile sind.

• Im Unterschied zu den bisherigen Persönlichkeitstests sollte ein förderdiagnostisches Verfahren aufzeigen, ob und inwieweit Änderungen möglich sind.

1.4.2 Der Persönlichkeitsstrukturtest PST-R

Während die derzeit auf dem Markt befindlichen Testverfahren zur Messung der Persönlichkeit schwerpunktmäßig die Aufgabe haben, Menschen für bestimmte (zumeist beruflich orientierte) Funktionen auszuwählen[21], wird mit dem Persönlichkeitsstruk-

*Baum-
modell*

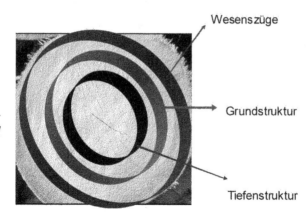

Wesenszüge

Grundstruktur

Tiefenstruktur

Abb. 4: Modell des PST-R

turtest PST-R[22] ein anderer Weg gegangen. Es handelt sich dabei um ein förderungsdiagnostisches Verfahren, das weniger den *Wo ist* Sinn hat, Menschen voneinander abzugrenzen und einzuteilen *Veränderung* (wie das herkömmliche Selektionstests tun), sondern ihre Verän- *möglich?* derungspotenziale aufzuspüren.

Ein solches Unterfangen setzt allerdings voraus, dass die Persönlichkeitsstruktur oder zumindest Teile davon tatsächlich auch

21 Vgl. M. Dieterich (2003). *Der Persönlichkeitsstrukturtest* PST-R, a.a.O.
22 A.a.O.

24

veränderbar sind. Den Veränderungsmöglichkeiten wird im Folgenden nachgegangen.

Zur Darstellung verwende ich das Modell[23] eines Baumes mit seinen Jahresringen, wie in der nebenstehenden Abb. 4 gezeigt. Man müsste, um das Leben eines Menschen abzubilden, viele Jahresringe erkennen können. Bei unserem Modell habe ich mich für eine Reduktion auf drei Ringe entschieden.

Drei Jahresringe

Der innere Ring (»Tiefenstruktur«) steht für diejenigen Anteile der Persönlichkeit, die schon seit vielen Jahren zum Menschen gehören, die er also bereits als Kind erworben hat. Dabei spielt die Vererbung eine Rolle – wohl aber nicht so sehr, wie oftmals angenommen wurde. Zwar kann man bei der Intelligenz – je nach Art des Intelligenztests – mit bis zu 50%igen Anlageanteilen rechnen, und sie gehört auch zur Persönlichkeit hinzu, erklärt aber nur einen relativ geringen Anteil von deren Varianz.[24] Bei der Persönlichkeitsentwicklung kommt es zu einem Zusammenwirken von Sozialisation (d.h. unterschiedlichen Arten des Lernens) mit den biologischen Potenzialen und den spirituellen Aspekten. Weiter hinten bei der Beschreibung der Änderungsmöglichkeiten soll dies noch genauer untersucht werden.

Tiefenstruktur

Der mittlere Ring des Modells (»Grundstruktur«) repräsentiert diejenigen Anteile der Persönlichkeit, die im mittleren Teil des Lebens entstanden sind. Dabei soll nicht ein genaues Alter angegeben, sondern nur modellhaft gezeigt werden, dass diese Anteile jüngeren Datums sind und zwischen dem Kern und der Rinde des Baumes stehen.

Grundstruktur

Der äußere Ring »Wesenszüge« beschreibt diejenigen Anteile der Persönlichkeit, die man – wie das dem Modell eines Baumes entspricht – von außen sehen kann. Sie sind auch am leichtesten zu verändern.

Wesenszüge

Weiterhin macht das Modell deutlich, dass die Jahresringe und die Rinde in der Quantität ihrer Ausprägung nicht übereinstimmen

---

23 Die Entstehungsgeschichte des PST-R, die auch zur Wortwahl der »Wesenszüge«, »Grundstruktur« und »Tiefenstruktur« geführt hat, ist im Testhandbuch zum PST-R beschrieben worden. Vgl. Dieterich (2003), a.a.O.
24 In der Unternehmensberatung wird davon ausgegangen, dass die Intelligenz für einen Manager zwar eine notwendige Voraussetzung ist, jedoch nur zu ca. 25 % dessen beruflichen Erfolg erklärt.

müssen.[25] Es gibt »trockene« Jahre, bei denen Ringe enger nebeneinander entstehen, und »nasse«, bei denen die Abstände größer sind. So ist es durchaus möglich, dass Menschen nach außen hin andere Persönlichkeitsanteile zeigen, als diese im Inneren vorzufinden sind. Mit einem solchen Modell kann dann beschrieben werden, dass sich Menschen, bedingt durch Veränderung im Berufs- oder Lebenszuschnitt, ändern können, ihre älteren Erfahrungen aber dennoch tief gegründet zurückbleiben. Wer solchen Menschen das erste Mal begegnet und ihre Vorgeschichte nicht kennt, kann sich oft gar nicht vorstellen, dass z.B. ein nach außen hin extrovertierter Mensch im Grunde seines Herzens Sehnsucht nach Ruhe und Besinnung hat, weil er diesen früheren Abschnitt seines Lebens besser kennt und auch längere Zeit darin erlebt hat. Neue Anforderungen haben jedoch einen veränderten Jahresring bzw. eine Rinde entstehen lassen und die älteren Ringe sind nicht mehr nach außen hin sichtbar.

Das »Innen« und »Außen« kann unterschiedlich ausgeprägt sein

Manchmal können solche Unterschiede zwischen »innen« und »außen« zu Spannungen führen, in extremen Fällen auch zu Persönlichkeitsstörungen. Es darf jedoch, wenn das Konzept der Veränderungsmöglichkeit der Persönlichkeitsstruktur angenommen wird, davon ausgegangen werden, dass sich immer wieder neue »Rinden« ergeben und dass das, was heute »außen« ist, in einigen Jahren schon zu den tieferen Strukturen der Persönlichkeit gehören wird.

Wann beginnt »Persönlichkeit«?

Bei den Überlegungen, zu welchem Zeitpunkt sich die Persönlichkeitsstruktur zu entwickeln beginnt – also der innerste Jahresring entsteht –, muss die Entwicklungspsychologie befragt werden. Dort geht man davon aus[26], dass Kinder ihre ersten Erinnerungen ungefähr ab dem 2. Lebensjahr haben, also ab der Zeit, in der sie beginnen zu denken und zu sprechen.[27] Ab diesem Zeit-

---

25 D.h., es ist möglich, bei den Wesenszügen »Kontaktorientierung« zu zeigen und bei der Grundstruktur »Intraversion«.

26 Vgl. R. Oerter u. L. Montada (2008). *Entwicklungspsychologie: Ein Lehrbuch.* Weinheim: Beltz Psychologie Verlags Union.

27 Im Anschluss an die Gedanken zum »Lebensstil« von Alfred Adler oder zum »Skript« von Eric Berne oder zur kognitiven Entwicklung im Sinne von Jean Piagets »präoperativem Denken«.

punkt beginnt sich auch die Tiefenstruktur auszuprägen. Wenn sich die schon in der frühen Kindheit gemachten Lernprozesse im Laufe des Lebens nicht wesentlich ändern, werden sie mit den Jahren immer stabiler und gewinnen nach einigen Jahrzehnten eine ähnliche Stärke, wie wenn sie vererbt worden wären. So gesehen ist es in der Regel recht schwierig – allerdings mit sehr konsequenten Lernprozessen prinzipiell nicht unmöglich – auch die Grund- und Tiefenstruktur zu verändern.

Zu fragen ist allerdings, ob eine solche Änderung der Grund- und Tiefenstruktur überhaupt notwendig sein könnte. Die Antwort ist davon abhängig, ob es eine »gute« bzw. »schlechte« Persönlichkeitsstruktur gibt. Hierzu ist eine kurze theologische Anmerkung notwendig, denn häufig wird der biblische Bericht von Noah vor und nach der Sintflut, die »zweifache Reue« Gottes angeführt, um zu belegen, dass der Mensch total »böse« ist. »Als aber der Herr sah, dass der Menschen Bosheit groß war auf Erden und alles Dichten und Trachten ihres Herzens nur böse war immerdar, da reute es ihn, dass er die Menschen gemacht hatte« (Gen 6,5-6). Noah als Einziger fand Gnade vor Gott. Er überlebte mit seiner Familie in der Arche die Sintflut, mit der Gott die Menschen und die Tiere hinwegraffte. Aber nach der Sintflut und nachdem Noah Gott einen Altar gebaut hatte, erschuf Gott die Erde nicht nochmals. Man könnte sagen, er gab sich mit der zweitbesten Lösung zufrieden, als er zu sich selbst sagte: »Ich will die Erde wegen des Menschen nicht noch einmal verfluchen; denn das Trachten des Menschen ist böse von Jugend an. Ich will künftig nicht mehr alles Lebendige vernichten, wie ich es getan habe« (Gen 8,21). Danach segnete er Noah und seine Söhne (Gen 9,1).

Aus diesem Text eine »Erbsünde« herauszulesen, ist problematisch – vor allem deshalb, weil es von Noah heißt, er »war ein frommer Mann und ohne Tadel zu seinen Zeiten; er wandelte mit Gott« (Gen 6,9), und Gott selbst zu ihm sagte: »... dich habe ich gerecht erfunden vor mir zu dieser Zeit« (Gen 7,1b). (Es muss also auch ohne Gesetze möglich gewesen sein, Gott zu gefallen.)

Das Trachten des Menschen nach Bösem auf der einen Seite und das Wandeln in der Nachfolge Gottes ist also auch nach der Sintflut als Komplementarität zu sehen, wie dies dem hebrä-

»gute« oder »schlechte« Persönlichkeit

Erbsünde?

27

Komplementarität

ischen Denken entspricht: Ein komplexer Zusammenhang kann mit einem einzigen Begriff nicht umfänglich genug erfasst werden. So beschreibt die Bibel auch mit dem Gegensatzpaar »Abend und Morgen« den Tag, mit »Hitze und Kälte« oder »Sommer und Winter« das Jahr usw. Entsprechend dieser Komplementarität ist der Mensch nach dem Sündenfall einerseits von Gott getrennt (diese Trennung kann man als das »Böse« im Sinne der Erbsünde bezeichnen) – andererseits aber ist er auch von seiner Schöpfung her und den damit verbundenen Qualitäten des körperlichen Wachstums, seines Denkens und Fühlens »sehr gut« (Gen 1,31). Auch hat jeder Mensch die Möglichkeit zu glauben und Gott hat ihm ein Gewissen eingestiftet, durch das er weiß, was gut und böse ist (Gen 3,22).

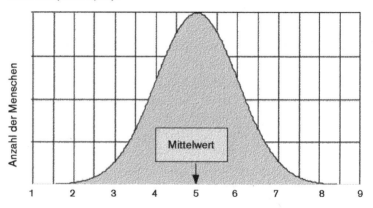

Unterschiedliche Skalen, hier eine STANINE-Skala wie bei vielen Tests üblich

Ausprägung links
z.B. »introvertiert«

Ausprägung rechts
z.B. »extrovertiert«

Abb. 5: Gauß'sche Normalverteilung

Persönlich-keitsstruktur wertfrei

Bezogen auf die Persönlichkeitsstruktur kann mit diesen theologischen Betrachtungen davon ausgegangen werden, dass es keine »böse« oder »schlechte« Struktur gibt, sondern dass jede mögliche Struktur die Trennung von Gott vergrößern, aber auch den Weg zum suchenden Vaterherzen zurückfinden lassen kann. Vor psychologischem Hintergrund ist es dabei günstig, zur Beschreibung der Persönlichkeitsstruktur bipolare Kategorien als Gegen-

28

satzpaare zu wählen, wobei dann die meisten Menschen im Sinne einer Gauß'schen Normalverteilung im Mittelfeld liegen.

Die nebenstehende Abbildung 5 zeigt am Beispielpaar »extrovertiert – introvertiert« diese beiden Grenzen. Die meisten Menschen befinden sich zwischen den beiden Polen im Mittelbereich bzw. zeigen Anteile von beiden Polen.

Da die Gauß'sche Normalverteilung eine mathematische Funktion ist, kann man, sofern man die Ausprägung mit Zahlen versieht, ohne große Mühe berechnen, wie viele Menschen man beim jeweiligen Skalenwert vorfinden wird.

Die meisten Menschen haben eine mittlere Persönlichkeitsstruktur

Verwendet man eine »Stanine-Skala«, wie sie beim PST-R eingesetzt wird, dann liegt der Mittelwert bei 5 und die beiden Grenzen bei 1 und 9. Die Berechnungen ergeben in diesem Falle, dass sich beim Wert 1 bzw. 9 jeweils ein Anteil von ca. 4 % und zwischen den Werten 3 und 7 ca. zwei Drittel der Gesamtbevölkerung befinden. Mehr als eine solche quantitative Bewertung lässt die Statistik nicht zu, alle weiteren Aussagen sind willkürliche Interpretationen.

1.4.3 Einzelheiten zu den Wesenszügen, der Grund- und Tiefenstruktur

Bei der Entwicklung der Testbatterie des PST-R wurde auf eine Reihe bekannter Verfahren zurückgegriffen. So konnte festgestellt werden[28], dass z.B. der international bekannte »16-Persönlichkeitsfaktorentest« (= 16PF)[29] sowie die »Big Two«[30] von Eysenck die Wesenszüge und die Grundstruktur bei unserem Baum-Modell repräsentieren. Für die Tiefenstruktur und die Aussagen zur Motivation mussten jedoch ganz neue Fragen entwickelt werden.

Eine Batterie bekannter Tests

28 M. Dieterich (2003). *PST-R Handbuch, a.a.O.*
29 K.A. Schneewind, J. Graf (1986). *Der 16-Persönlichkeits-Faktoren-Test.* Göttingen: Testzentrale.
30 D. Eggert (1983). *Eysenck – Persönlichkeitsinventar.* Göttingen: Testzentrale.

Die Wesenszüge

Die Wesenszüge – der nach außen hin sichtbare und am ehesten veränderbare Teil der Persönlichkeit – können für eine rasche Übersicht mit fünf Globalskalen oder für eine gründliche Persönlichkeitsanalyse mit 16 differenzierenden Skalen beschrieben werden.

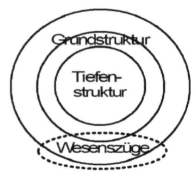

Abb. 6: Wesenszüge im PST-R

Globalskalen (Zusammenfassung)

Globalskalen:
rascher
Überblick

Die Globalskalen sind eine Zusammenfassung der Wesenszüge und entsprechen in etwa den in der Unternehmensberatung häufig eingesetzten »Big Five«[31]:
1. Normgebundenheit (geringe vs. hohe Normgebundenheit)
2. Psychische Belastbarkeit (geringe vs. hohe Belastbarkeit)
3. Abhängigkeit von Menschen (geringe vs. hohe Unabhängigkeit)
4. Kontaktaufnahme (geringe vs. hohe Kontaktbereitschaft)
5. Wachsamkeit/Offenheit[32] (Wachsamkeit vs. Reserviertheit)

Einzelheiten

Einzelheiten
geben diffe-
renzierten
Überblick

Für eine genauere Betrachtungsweise werden die fünf Globalskalen in differenzierter Form verwendet.[33] Man kommt dann zu den im 16PF verwendeten Bezeichnungen, die jedoch für den PST-R sprachlich angepasst worden sind:

---

31 Vgl. P. Borkenau, F. Ostendorf (1993). NEO – *Fünf-Faktoren-Inventar.* Göttingen: Testzentrale.
32 Auch im Sinn von »awareness«.
33 Die fünf Globalskalen entstanden durch eine Faktorenanalyse der 16 Einzelskalen.

1. Sachorientierung	vs.	Kontaktorientierung
2. konkretes Denken	vs.	abstraktes Denken
3. Emotionale Schwankung	vs.	emotionale Widerstandsfähigkeit
4. Soziale Anpassung	vs.	Selbstbehauptung
5. Besonnenheit	vs.	Begeisterungsfähigkeit
6. Flexibilität	vs.	Pflichtbewusstsein
7. Zurückhaltung	vs.	Selbstsicherheit
8. Robustheit	vs.	Sensibilität
9. Vertrauensbereitschaft	vs.	skeptische Haltung
10. Pragmatismus	vs.	Unkonventionalität
11. Unbefangenheit	vs.	Überlegtheit
12. Selbstvertrauen	vs.	Besorgtheit
13. Sicherheitsinteresse	vs.	Veränderungsbereitschaft
14. Gruppenverbundenheit	vs.	Eigenständigkeit
15. Spontaneität	vs.	Selbstkontrolle
16. innere Ruhe	vs.	innere Gespanntheit

Die Beschreibung der jeweiligen Grenzmarkierungen auf den 16 bipolaren Skalen können dem Anhang zu diesem Buch entnommen werden.

Die Grundstruktur

Die beiden Variablen der Grundstruktur entsprechen den »Big Two« bzw. den entsprechenden Skalen bei Eysenck.

1. Introversion (introvertiert vs. extravertiert)
2. Psychische Beweglichkeit (flexibel vs. stabil)

Abb. 7: Grundstruktur im PST-R

Auch sie wurden im PST-R sprachlich angepasst, um negative Beschreibungen zu vermeiden.

In einem Koordinatensystem dargestellt ergibt sich für die Grundstruktur die Darstellung in Abb. 8. Die jeweiligen Grenzmarkierungen auf den Koordinaten sind im Anhang beschrieben.

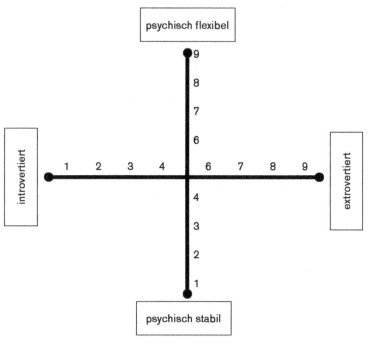

Abb. 8: Grundstruktur des PST-R im Koordinatensystem

Die Tiefenstruktur

Die stabile Tiefenstruktur Wie weiter oben erklärt, sind mit der Tiefenstruktur diejenigen Anteile der Persönlichkeit gemeint, die schon seit der Kindheit zu dem betreffenden Menschen gehören und demzufolge sehr stabil sind. Umso wichtiger ist es vor diesem Hintergrund, dass die beiden Pole möglichst wertfrei beschrieben werden.

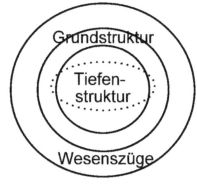

Abb. 9: Tiefenstruktur im PST-R

Zur empirischen Ermittlung der Tiefenstruktur gab es bei der Konstruktion des PST-R keine Vorlagen, sodass nach neuen Wegen gesucht werden musste.

Vom theoretischen Aspekt her gesehen bieten sich zur Erstellung der Faktoren Ansätze aus den tiefenpsychologisch fundierten Schulen an. Beim PST-R wurde der tiefenpsychologische Ansatz von Fritz Riemann verwendet, der seinerseits auf Carl Gustav Jung zurückzuführen ist, aber auch von Alfred Adler beeinflusst wurde. Riemann hat mit seinem Bestseller »Grundformen der Angst«[34] vier typische Grundängste beschrieben, die nach seiner Sicht auch zu entsprechenden psychischen Störungen führen können. Er beschreibt die Angst vor Nähe, vor Distanz, vor Veränderung und vor Beständigkeit und geht davon aus, dass diese Grundängste Konsequenzen für die psychische Befindlichkeit haben: »schizoide« Angst vor Nähe kann zur Schizophrenie führen, »depressive« Angst vor Distanz zu Depressionen, »zwanghafte« Angst vor Veränderung zur Zwangsstörung und »hysterische« Angst vor Stabilität zu Hysterie. *Tiefenpsychologischer Hintergrund*

Mit den von mir weiter oben gemachten Vorgaben zu einer neutralen Beschreibung können solche pathologisch orientierten Begriffe nicht verwendet werden. Bei genauer Analyse der von Riemann gemachten Beschreibungen wird auch deutlich, dass die von ihm aus der Astronomie bzw. Astrologie gebrauchten – höchst fragwürdigen – »Grundlagen« oder »Belege« für die Theoriebildung nicht notwendig sind. Damit wird es dann einfach, die pathologisch orientierten Beschreibungen durch neutrale zu ersetzen und auch zu einer bipolaren Darstellung wie bei den Wesenszügen und der Grundstruktur zu kommen. *Nicht pathologisieren!*

Dabei ergibt sich zum einen der Aspekt »Distanz – Nähe«, dargestellt durch die beiden Grenzmarkierungen »sachlich« und »warmherzig«, zum andern der Aspekt »Veränderung – Konstanz«, dargestellt durch die beiden Grenzmarkierungen »unkonventionell« und »korrekt«. Im Koordinatensystem eingezeichnet zeigt dies die Abb. 10.

---

34 F. Riemann (1992). *Grundformen der Angst.* München: Reinhardt.

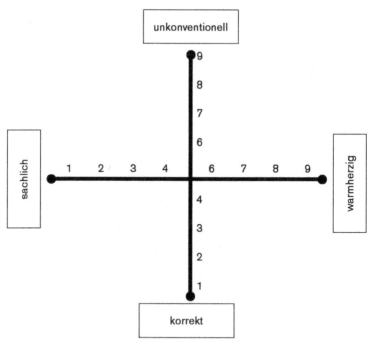

Abb. 10: Tiefenstruktur des PST-R im Koordinatensystem

Die genaue Beschreibung der vier Extrempunkte befindet sich im Anhang zu diesem Buch.

Die Kontrollüberzeugungen

Die
»Motivation«
kommt
noch hinzu

Beim praktischen Gebrauch des Persönlichkeitstests zeigte sich nach mehrjährigem Einsatz in Industriebetrieben, aber auch in der Ehe- und Lebensberatung, dass zusätzliche Skalen zur Messung der Leistungsmotivation gewünscht waren. Bei der Revision vom PST zum PST-R wurden deshalb zusätzlich die sog. »Kontrollüberzeugungen« eingeführt.

Vereinfacht ausgedrückt handelt es sich dabei um eine Persönlichkeitsvariable, die angibt, wie sich ein Mensch verhält, wenn er vor der Lösung einer neuen Aufgabe steht. Es gibt dabei zwei unterschiedliche Herangehensweisen. Er kann annehmen, dass er die neue Aufgabe lösen wird, weil er die dazu notwendigen Fähigkeiten hat (interne Kontrollüberzeugung). Es ist aber auch möglich, dass er die Aufgabe wohl anzugehen gedenkt, jedoch annimmt, dass sich Menschen oder Mächte dagegenstellen werden (externe Kontrollüberzeugung).

»locus of control«

Rotter hat sich schon in den 1960er-Jahren mit diesen Einstellungen wissenschaftlich befasst[35] und beschrieb die beiden Arten der Kontrollüberzeugung als generalisierte Erwartungen, die sich darin unterscheiden, ob der »Ort« der Kontrolle über den *Zusammenhang zwischen Handlung und Ergebnis*

1. in der *eigenen* Person gesehen wird: = *Interne Kontrollüberzeugung*, oder

Internal und

2. *außerhalb* der eigenen Person gesehen wird: = *Externe Kontrollüberzeugung*.

external

Insbesondere beim Herangehen an neue Situationen, in denen die Erfahrungen noch recht gering sind, spielen diese erlernten Überzeugungen im Sinne von generalisierten Erwartungen eine zentrale Rolle.

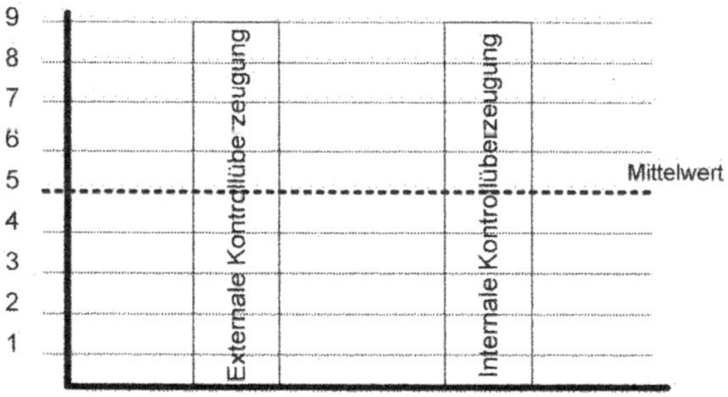

Abb. 11: Darstellung der Kontrollüberzeugungen

Die von unserem Gesamtkonzept her geforderte Gleichbewertung der Persönlichkeitsmerkmale mit jeweiligen Licht- und Schattenseiten fällt bei den Kontrollüberzeugungen allerdings nicht so leicht wie bei den vorher beschriebenen Kriterien. Wünschenswert ist wohl für die meisten Menschen eine hohe interne Kontrollierung.

Kontrollüberzeugungen sind nicht wertfrei

35 Rotter, J. B. (1966). *Generalized expectancies for internal versus external control of reinforcement*. Psychological Monographs, 80.

Bezogen auf die Stabilität der Kontrollüberzeugungen und damit auf die unterschiedlichen Jahresringe in unserem Persönlichkeitsmodell ist anzunehmen, dass die Kontrollüberzeugungen zumeist schon in der Kindheit erlernt worden sind.[36] Es gibt allerdings, wie weiter hinten im Praxisteil gezeigt wird, auch Kontrollüberzeugungen, die jüngeren Datums sind und damit auf dem Stabilitätsniveau der Wesenszüge liegen.

Unsere Forschungen mit idiografischen Methoden ergeben mit ziemlicher Sicherheit, dass die Kontrollüberzeugungen nicht genetisch prädisponiert, sondern durch Lernprozesse erworben worden sind.

Bei der Darstellung der beiden unterschiedlichen Arten der Kontrollüberzeugung gingen wir ursprünglich davon aus (wie auch Rotter), dass die externale und internale Kontrollüberzeugung einander bipolar gegenüberzustellen sei. Dieser theoretische Ansatz wurde auch deshalb favorisiert, weil eine grafische Darstellung der Ergebnisse – wie bei den anderen Persönlichkeitsgrößen – in bipolarer Form gewünscht war.

Die Korrelationsberechnungen haben dann jedoch (in Übereinstimmung mit anderen neueren Forschungsergebnissen[37]) deutlich gemacht, dass es sich bei den beiden Kontrollüberzeugungen um zwei voneinander unabhängige Persönlichkeitsdimensionen handelt, die dann auch nebeneinander dargestellt werden müssen.

Beide Arten der Kontrollüberzeugung können mit ganz unterschiedlichen Werten vorkommen. Eine Reihe von Studien hat zudem deutlich gemacht, dass die externale und die internale Ausprägung gleichzeitig sehr hoch sein können (man spricht in solchen Fällen von einer »ambivalenten Struktur«) und dass diese Tatsache deutliche Rückwirkungen auf den Lebensalltag hat.

Es ist auch möglich, dass gleichzeitig sehr geringe Ausprägungen beider Arten der Kontrollüberzeugung gemessen werden. In

---

36 Z.B. durch Zuschreibungen der Eltern im Sinne einer internalen Kontrollüberzeugung: »Das bringst du allein fertig!«

37 Vgl. G. Krampen (1991). *Diagnostik von Attributionen und Kontrollüberzeugungen.* Göttingen: Hogrefe.

solchen Fällen muss davon ausgegangen werden, dass die Antriebsstärke der Testperson bezogen auf ihre Leistungsmotivation insgesamt herabgesetzt ist.

Eindimensionalität vs. Mehrdimensionalität der Kontrollüberzeugungen

Einige Forscher sind der Meinung, dass zumindest die externale Kontrollüberzeugung nochmals aufgeteilt werden müsse. Nach Levenson[38] ist sie zu unterteilen in

- einen Bereich, der durch das Gefühl der Machtlosigkeit und der Abhängigkeit von anderen Menschen bedingt ist (P-Faktor, d.h. die »powerful others«), und einen
- zweiten Bereich, der eher vom »Schicksal« abhängt (Glück, Pech usw. führen zum C-Faktor, d.h. »chance«, engl. = Zufall).

Externale Kontrollierung noch mehr aufgeteilt

Krampen[39] spricht von »sozial bedingter Externalität« und »fatalistischer Externalität«, geht aber davon aus, dass zwischen beiden eine mittlere Korrelation besteht.

Vor dem Hintergrund des christlichen Glaubens ist die Größe des C-Faktors auch als Vertrauensmaß in Gottes Führung zu sehen, sodass Menschen mit einer tief gegründeten Glaubenshaltung hier hohe Werte aufweisen. Eva Maria Jäger führte darum zusätzlich den »God control«-Faktor ein.[40]

Gottes Führung

Im PST-R wird die Zweidimensionalität der externalen Kontrollüberzeugung dadurch beschrieben, dass in einem Tortendiagramm die Aufteilung zwischen P und C angegeben wird (siehe Abb.12).

---

38 H. Levenson (1981). *Differentiation among Internality, Powerful Others and Chance*. In: H.M. Lefcourt (Ed). Research within the Locus of Control Construct. New York: Academic Press. Vol 1 pp 15–63.
39 Vgl. a.a.O.
40 Vgl. Eva Maria Jäger (1997). *Glaube und seelische Gesundheit*. Freudenstadt: Hochschulschriften IPS Band 4.

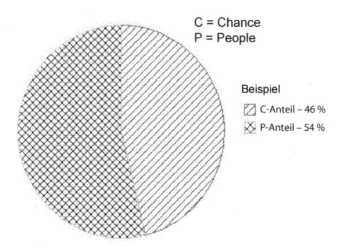

C = Chance
P = People

Beispiel

▨ C-Anteil – 46 %

▧ P-Anteil – 54 %

Abb.12: Aufteilung der externalen Kontrollüberzeugungen

Fazit zum Persönlichkeitsstrukturtest PST-R

1. Mit dem PST-R ist eine operationale Definition des hypothetischen Konstrukts »Persönlichkeitsstruktur« möglich.
2. Die Ergebnisse werden bipolar und normal verteilt (Gauß'sche Glockenkurve) dargestellt. Sie können nicht als »gut« oder »schlecht« bezeichnet werden, sondern nur als »häufiger« oder »seltener« vorkommend bezogen auf eine Normalbevölkerung.
3. Der PST-R wurde als Testbatterie, bestehend aus bewährten und international anerkannten Verfahren sowie zusätzlichen Eigenentwicklungen, zusammengestellt. Er entspricht den wissenschaftlichen Testgütekriterien (Validität, Reliabilität und Objektivität) und ist an einer mitteleuropäischen Bevölkerung normiert.
4. Der PST-R hat seinen Schwerpunkt nicht in der Auslese, sondern in der Förderungsdiagnostik. D.h., er versucht herauszufinden, wo Ansätze zu Lernmöglichkeiten bestehen und mit welcher Wahrscheinlichkeit diese erreicht werden können. Entsprechende Lernprogramme werden in Kapitel 2 des Buches behandelt.

5. Für die Positionierung bestimmter Aufgaben sind spezifische Persönlichkeitsstrukturen vorteilhafter als andere. Hier kann der PST-R helfen, eine grundsätzliche Disposition für diese Aufgaben (bei der Tiefenstruktur) zu ermitteln oder aber Ansätze zu Lernprogrammen (bei den Wesenszügen[41]) aufzuzeigen.

6. Durch die Konstruktion des Tests entsprechend dem Modell eines Baums mit älteren und jüngeren Jahresringen sowie sichtbaren (Wesenszüge) als auch unsichtbaren (Grund- und Tiefenstruktur) Anteilen ist es möglich, einen Längsschnitt der Entwicklung der Persönlichkeitsstruktur abzubilden.

7. Es ist möglich, dass Menschen – entsprechend ihrer Lern-Lebensgeschichte – bei den unterschiedlichen Jahresringen verschiedene Ergebnisse zeigen. Häufig finden wir Personen, die z.B. bei den Wesenszügen eine hohe Kontaktorientierung aufweisen (weil dies der Lebenszuschnitt verlangt), sich jedoch in der Grundstruktur als deutlich introvertiert beschreiben.

8. Eine genaue Auskunft darüber, wie die einzelnen Persönlichkeitsanteile im Laufe des Lebens entstanden sind bzw. welche Anteile biologisch-genetisch oder umweltbedingt sind, ist mit einem empirischen Ansatz nur schwer möglich. Jedoch sind es überwiegend Sozialisations- bzw. Lernprozesse, die die Persönlichkeitsstruktur verändern.

9. Grundsätzlich können wir davon ausgehen, dass man an der Persönlichkeitsstruktur, wie sie der PST-R abbildet, arbeiten kann. Die entsprechenden Programme werden in Kapitel 2 beschrieben.

10. Die Möglichkeit einer Änderung der Persönlichkeitsstruktur durch spirituelle Einflüsse wird explizit erwähnt. Weiter hinten (Kap. 1.5.3) wird beschrieben, dass es sich dabei um eine unmittelbare Änderung im Sinne eines Wunders handeln kann (eher selten) oder auch eine mittelbare (häufiger, im Sinne von Galater 5,22), wenn der Heilige Geist der »Lehrmeister« für einen Lernprozess ist.

41 Das ist der Schwerpunkt im Kapitel 2 dieses Buches.

1.5 Änderungsmöglichkeiten

Mit dem biblischen Menschenbild einer »lebendigen Seele«, wie es in den vorangegangenen Abschnitten beschrieben wurde, ist die Möglichkeit einer Änderung bereits im Begriff selbst vorgegeben, denn »lebendig« zu sein bedeutet immer auch, Veränderungen zu erfahren.

Dass Menschen vom Baby zum Erwachsenen heranwachsen, ist für jedermann an den körperlichen Veränderungen sichtbar. Über viele Jahrzehnte hinweg haben sich Entwicklungspsychologen und Ärzte theoretisch und Eltern auf der praktischen Seite um ein Verständnis des Entwicklungsprozesses bemüht. Bis vor wenigen Jahrzehnten gehörten die entwicklungspsychologischen Standardwerke[42] zur Pflichtlektüre der Erzieherinnen und Lehrer. Man las dort von »Phasen« und »Stufen« der Entwicklung[43] und immer wieder auch vom »Durcharbeiten« oder »Steckenbleiben«.

Die derzeitige Entwicklungspsychologie[44] distanziert sich von den meisten dieser Modelle, weil sie überwiegend von der körperlichen auf die kognitive und emotionale Entwicklung schlossen. Solche Zusammenhänge sind aber längst nicht so eindeutig, wie sie die Klassiker der Entwicklungspsychologie sahen. Man kann zwar einzelne Entwicklungsphasen oder Stufen entdecken, aber diese müssen nicht zwingend in der früher angenommenen strengen Abfolge erlebt werden bzw. können auch überhaupt nicht eintreten oder übersprungen werden.

Insgesamt gesehen gilt heute, dass die körperliche Entwicklung (d.h. der somatische Aspekt der menschlichen Seele im Sinne von nefesh) eher einem Reifeprozess entspricht, der einem angeborenen Muster folgt und deshalb weitgehend »von allein«

---

42 Vgl. hierzu u.a. H. Remplein (1971). *Die seelische Entwicklung des Menschen im Kindes- und Jugendalter.* München: E. Reinhardt (17. Aufl.).
43 Vor christlichem Hintergrund vgl. Christa Meves (1996). *Erziehen lernen – Was Eltern und Erzieher wissen müssen.* Gräfeling: Resch.
44 Vgl. hierzu R. Oerter, L. Montada (2008), a.a.O.

voranschreitet. Hingegen muss bei der kognitiven[45] Entwicklung und dem Zusammenwirken mit den Emotionen[46] (d.h. dem psychischen Aspekt der Seele) schwerpunktmäßig von Lernprozessen ausgegangen werden.

Die spirituelle Entwicklung (der pneumatische Aspekt der Seele) wird in der Fachliteratur nur ganz am Rande gestreift bzw. zumeist als Teilaspekt der moralischen Entwicklung gesehen.[47] Verständlich wird diese Marginalisierung einerseits dadurch, weil sich die Spiritualität den empirischen Forschungsmethoden der Entwicklungspsychologen entzieht, andererseits aber auch deshalb, weil es m.E. zu wenig Forscher gibt, die sich als Christen diesem Thema widmen.

Kognitive Entwicklung: lernen

Spirituelle Entwicklung wenig erforscht

Ein erstes Fazit zu der Frage nach einer Änderung der Persönlichkeitsstruktur kann folgendermaßen gezogen werden:

Die Persönlichkeit des Menschen im ganzheitlichen Sinne (Gen 2,7) verändert sich im Laufe des Lebens. Biologische Anlagen, Wachstum, Lern- bzw. Sozialisationsprozesse und Spiritualität wirken zusammen und können die Persönlichkeit des Menschen nicht nur in der Kindheit und Jugend, sondern auch im höheren Alter ändern.

Einzelheiten zu diesem Änderungsprozess

Der Änderungsprozess kann mathematisch als Unterschied zwischen dem Anfangszustand Z_1 und Endzustand Z_2, also als $\Delta Z = Z_2 - Z_1$[48] beschrieben und muss nachgewiesen werden, um die Nachhaltigkeit der Bemühungen zu evaluieren (vgl. Abb. 13).

45 Zu den Kognitionen zählt man Denken, Gedächtnis, Intelligenz und Lernen durch Einsicht.
46 Zu den Emotionen, die angeboren sind, gehören u.a. Freude, Wut, Ärger, Verliebtheit, Trauer, Ekel usw.
47 Vgl. A. Schimmel (2008). *Die Theorie der Entwicklung des religiösen Urteils (Fritz Oser & Paul Gmünder): Darstellung und Diskussion eines multidisziplinären Ansatzes.* Saarbrücken: Vdm-Verlag.
48 Der griechische Buchstabe Δ bedeutet Differenz.

Um zu empirisch-wissenschaftlich korrekten Ergebnissen zu kommen, ist es erforderlich, Menschen zu testen, und eine der vielen Möglichkeiten hierzu ist der Einsatz des im vorangegangenen Kapitelteil beschriebenen PST-R.

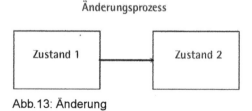

Änderungsprozess

Zustand 1 → Zustand 2

Abb. 13: Änderung

Der empirische Zugang ist aber nur eine Möglichkeit, um Änderungen zu erklären. Es ist auch möglich, im qualitativen Sinne den Anfangs- und den Endzustand zu beschreiben und die Änderung verbal auszudrücken. Hierzu sind dann geisteswissenschaftliche Methoden z.b. im Sinne des idiografischen Zugangs[49] hilfreich.

Mit der holistischen Anthropologie im Sinne von Genesis 2,7 gibt es drei grundsätzliche Möglichkeiten zur Änderung der menschlichen Persönlichkeit:

1. Man kann vor somatischem Hintergrund von Änderungen ausgehen, die durch biologische Ursachen bedingt sind.
2. Man kann vor psychischem Hintergrund von Änderungen als Lernprozessen ausgehen.
3. Man kann vor pneumatischem Hintergrund von Änderungen ausgehen, die durch Gottes direktes Einwirken entstanden sind.

Diese drei grundsätzlichen Möglichkeiten sind, weil die menschliche Seele ja unteilbar ist, immer miteinander verwoben, sodass Reifung und Wachstum, Lern- und Sozialisationsprozesse und die Leitung durch den Heiligen Geist bei Christen untrennbar miteinander verbunden sind.

---

49 Das griechische Wort kommt von »idios« = eigen und »graphein« = beschreiben und meint eine Wissenschaftsmethode, deren Ziel die Analyse zeitlich und räumlich einzigartiger Gegenstände ist.

In kürzest möglicher Form kann der Entwicklungsstand eines Menschen mit einer Formel beschrieben werden, die als Faktoren die biologischen Anlagen A, die Umwelt U mit ihren Lern- und Sozialisationsprozessen und die Motivation M enthält.

Entwicklungsstand ~ Anlage (A) x Umwelt (U) x Motivation (M)

Bei dieser Darstellung wird von einem Produkt dieser drei Größen ausgegangen, das der Entwicklung proportional (~) ist. Mathematisch bedeutet dies, dass dann, wenn eine von den drei Größen gleich null ist, keine Entwicklung möglich ist.

Untersucht man die drei Faktoren einzeln, so kommt man zu folgenden Summen:

* Die Anlage **A** setzt sich zusammen aus der genetischen Prädisposition **G** sowie den biologischen Einflüssen **B** (beispielsweise durch Ernährung oder Medikamente). Hinzu kommen die bei Oerter und Montada genannten »aleatorischen Entwicklungsmomente«[50], die zufällig sind, aber die Entwicklung doch stark beeinflussen (z.B. Kriegsereignisse). Sie werden hier mit dem Buchstaben **Sch** (»Schicksal«) abgekürzt. Wird weiterhin auch der spirituelle Aspekt **Sp** berücksichtigt (z.B. das Eingreifen Gottes in die Entwicklung eines Menschen aus der »unsichtbaren Wirklichkeit«), dann ergibt sich der nachfolgende additive Zusammenhang für **A**: **A = G + B + Sch + Sp.**

* Für die Umweltanteile **U** gibt es folgende zu addierende Einzelwerte:

Sozialisation **S** als Lernprozess im Umfeld anderer Menschen, Personalisation **Pe** als Lernprozess der Ichfindung, Enkulturation **E** als Lernprozess, der die Kulturgüter aufnimmt, und Spiritualisation **Sp** als Lernprozess im Umgang mit dem Glauben. Auch hier werden wiederum die nicht beeinflussbaren alea-

Produkt, keine Summe

Anlage A

Umwelt U

---

50 Vgl. R. Oerter, L. Montada (2008), a.a.O. S. 53.

torischen Entwicklungsmomente **Sch** hinzugefügt. Zusammen ergibt sich dann **U = So + Pe + En + Sp + Sch.**

Motivation
M
• Auch für die Motivation **M** lässt sich ein additiver Zusammenhang zeigen. **M** ist die Summe von Wille **W**, den aleatorischen Entwicklungsmomenten (»Schicksal«) **Sch**, ergänzt durch die spirituelle Komponente **Sp**. Damit ergibt sich **M = W + Sch + Sp.**

Formel zur
Entwicklung
Fasst man jetzt alle Faktoren zu einer einzigen Formel zusammen, dann können die einzelnen Elemente, die zur Entwicklung des Menschen zusammenwirken bzw. sich gegenseitig bedingen, folgendermaßen dargestellt werden:

Kurz: **E ~ Anlage (A) x Umwelt (U) x Motivation (M)**

Ausführlich: **E ~ (G + B + Sch + Sp) x (So + Pe + En + Sp + Sch) x (W + Sch + Sp)**

In diesem Buch werden die biologischen Dimensionen des Wachstums- bzw. Reifungsprozesses nicht explizit behandelt, zum einen, weil es hierzu genügend Literatur vor medizinischem Hintergrund gibt und zum anderen auch, weil die Eingriffsmöglichkeiten in diesen Dimensionen relativ gering sind. Den Schwerpunkt unserer Betrachtungen bilden Lernprozesse, die selbstverständlich im ganzheitlichen Sinne, zusammen mit den pneumatischen und somatischen Einflüssen, ablaufen.

Wenn man Lernen als eine der Möglichkeiten der Änderung differenzierter beschreiben will, muss zur Abgrenzung von Reifung und Wachstum eine Definition vorgenommen werden. In der Psychologie hat sich die nachfolgende Beschreibung, die hier noch etwas erweitert worden ist, durchgesetzt:

Was ist mit »Lernen« gemeint?

Was ist
»Lernen«?
Unter Lernen versteht man eine überdauernde Veränderung im Verhalten bei einer bestimmten Situation, die durch Üben, Konditionieren, Einsicht oder Nachahmung entstanden ist und die nicht

44

durch angeborene Reaktionstendenzen, Reifung oder momentane Zustände (Müdigkeit, Drogen usw.) erklärt werden kann.

1.5.1 Änderungen unter biologisch-somatischem Aspekt

Es sind biologische Wachstums-, aber auch Verschleißprozesse, die im Laufe der Jahre zu einer Veränderung der Persönlichkeit führen können. Weil man solche Veränderungen leicht beobachten kann, wurden sie in der sog. »Entwicklungspsychologie« früher deutlich überbewertet bzw. zum zentralen Entwicklungshintergrund gemacht. Noch vor wenigen Jahrzehnten ging man von unterschiedlichen Phasen der »Füllung« und »Streckung« beim Kind aus, erwartete Trotzphasen, stellte die Schuleignung durch die Länge der Arme fest usw. In extremer Form führten diese Gedanken dazu, dass man – im Sinne von Rousseau[51] – einfach warten sollte, bis sich das Kind »von allein« bis zur »Reife« entwickelt hatte.

*Wachstums-
prozesse*

Die neueren Forschungsergebnisse zeigen ein differenzierteres Bild. Auch sie machen jedoch deutlich, dass ein gewisses körperliches Wachstum notwendig ist, um Fähigkeiten und Fertigkeiten ausüben zu können. So müssen z.B. die Neuronen im Gehirn des Kleinkindes vernetzt und die Muskeln im Mund vorbereitet sein, damit es sprechen lernen kann. Wir kommen auch nicht als »Tabula rasa« auf die Welt, d.h., es gibt vererbte Muster. Wenn diese allerdings nicht aktiviert werden, dann können sie sich auch nicht entwickeln. Mit dem derzeitigen Stand des Wissens geht man davon aus, dass die Intelligenz vererbte Anteile hat, ebenso auch die Emotionen. Praktisch nicht vererbt hingegen wird das Denken sowie das Gedächtnis und die Motivation, wobei die Kognitionen (also Denken, Gedächtnis, Lernen) in ihrem Zusammenwirken sehr komplex sind. Schon seit den 1960er-Jahren wird die relativ einfache Sichtweise des klassischen Behaviorismus, wie sie z.B. von Skinner vertreten worden war, nicht mehr als hinreichend für die menschliche Entwicklung gesehen. Es ist nicht

*Vererbte
Muster
müssen
aktiviert
werden*

*Behavio-
rismus nicht
hinreichend*

51 J.J. Rousseau (1998). *Emil oder Über die Erziehung.* Ditzingen: Reclam.

möglich, Denken oder Sprechen ausschließlich durch Verstärker zu lernen. Insbesondere durch die Arbeiten Chomskys[52] wurde auch deutlich, dass vieles von dem, was wir kognitiv zu leisten vermögen, im Sinne eines »linguistischen Mentalismus« angeboren sein muss.

Körperbau vererbt

Vereinfacht betrachtet kann man als Faustformel davon ausgehen, dass die sichtbaren Anteile der Persönlichkeit (Körperbau, Haar- und Augenfarbe usw.), aber auch die Stimme eher vererbt werden, während die psychischen Anteile erlernt werden müssen bzw. einer ansprechenden Lernatmosphäre zu ihrer Entwicklung bedürfen.

Psychische Anteile erlernt

Änderungsmöglichkeiten im Bereich von Soma können auch durch Medikamente bzw. Drogen bewirkt bzw. provoziert werden. Diese sind in der Lage, in den Gehirnstoffwechsel derartig einzugreifen, dass – zumindest während und nach dem Drogengebrauch – scheinbar andersartige Persönlichkeitsstrukturen sichtbar werden. Ein Beispiel hierzu ist die enthemmende und entspannende Wirkung von Alkohol[53].

1.5.1.1 Zur Biologie des Lernens

Wenn wir die Veränderung als Lernprozess sehen, dann braucht dieser Prozess einen biologischen Hintergrund. Unser Gehirn ist ein neuronales Netzwerk[54], das aus einer großen Zahl von Schalteinheiten zusammengesetzt ist. Allein in der Großhirnrinde befinden sich ca. 100 Milliarden Neuronen. Diese Neuronen sind überwiegend untereinander verbunden und arbeiten selbstständig. Nur eine von 10 Millionen Verbindungen ist für den Input zuständig (z.B. über das Auge) oder für den Output (um Muskeln zu bewegen). D.h., nur eine von Millionen Fasern ist mit der Außenwelt verbunden, die anderen arbeiten im Gehirn untereinan-

Neuronen müssen verschaltet werden

---

52 Vgl. N. Chomsky (1970). *Sprache und Geist.* Frankfurt: Suhrkamp.
53 Diese positive Wirkung wird im Grunde genommen bei allen Drogen gesucht. Sie ist aber nur vorübergehender Natur und alle Drogen, die zur Entspannung führen, können im Endeffekt auch süchtig machen.
54 Vgl. M. Spitzer (2002). *Gehirnforschung und die Schule des Lebens.* Heidelberg, Berlin: Spektrum.

der und mit sich selbst zusammen. Obwohl der Kopf des Neugeborenen nur halb so groß wie der eines Erwachsenen ist, enthält sein Gehirn bereits bei der Geburt diese große Zahl von Neuronen. Was wächst, ist im Allgemeinen nicht die Zahl, sondern die Dicke der Fasern, die die Neuronen verschalten.

Über unsere Sinnesorgane nehmen wir ständig Informationen auf, die dann im Gehirn verarbeitet werden. Nach dem derzeitigen Stand der Forschung[55] kann man davon ausgehen, dass unsere Bewegungen, aber auch unser Sprechen, unsere Intelligenz und unser ganzes Selbstbewusstsein nicht angeboren sind, sondern durch ständige Wahrnehmung, die durch Rückkopplungsschleifen zu Korrekturen führt, in einem Lernprozess verändert werden. Die Ergebnisse der Lernprozesse können biologisch im Gehirn verortet werden. Sie werden dort in Form von Verbindungsstärken zwischen den Neuronen gespeichert und die Information in den neuronalen Netzen durch Aktivierung bzw. Hemmung von Neuronen verarbeitet (entsprechend elektrischen Schaltkreisen). D.h., ein Neuron erhält einen Input und verarbeitet diesen – oder nicht. Wird ein Neuron durch den Input aktiviert, dann repräsentiert es diesen Input.

Verbindungsstärke ist wichtig

Das Erlernte ist biologisch verankert

Eine Konsequenz dieser biologischen Hintergründe ist, dass unabhängig von der Art und Weise des Lernens nach dem Lernprozess immer ein biologisches Korrelat im Gehirn existiert.[56] Das bedeutet, dass es keine »gute« oder »bessere« Art des Lernens gibt. Hatte man früher beispielsweise das Lernen durch Konditionierung als weniger wertvoll und das Lernen durch Einsicht als erstrebenswert gesehen, so ist diese Unterscheidung heute nicht mehr sinnvoll, denn in beiden Fällen entstehen Verbindungsstärken zwischen den Neuronen und diese bewirken, dass das Gehirn bei einem bestimmten Input einen bestimmten Output produziert.

Ergebnisse von Lernprozessen sind im Gehirn nachweisbar

---

55 Vgl. u.a. D. Hofstadter (2008). *Ich bin eine seltsame Schleife.* Stuttgart: Klett-Cotta.
56 Im Praxisteil dieses Buches werden wir diesen Sachverhalt in vereinfachter, verständlicher Form so beschreiben, dass die Menge der verschalteten Neuronen ein Maß für den Lernerfolg ist.

Alle Arten
des Lernens
führen zur
Erhöhung
der Verbin-
dungsstärke

Wir haben allerdings keinen direkten Zugang zu dieser Ebene unserer Hirnfunktion. Ebenso wie wir den Zustand jeder Zelle unserer Magenschleimhaut oder unseres Herzmuskels nicht kennen, kennen wir auch den Zustand der Neuronen nicht. Uns ist der Ablauf der Informationsverarbeitung im Gehirn ebenso wenig direkt zugänglich wie die Informationsverarbeitung im Computer, den wir täglich benützen.

Lernen und Üben hängen eng miteinander zusammen. Das heißt, wenn wir eine neue Fähigkeit oder Fertigkeit erlernen, dann wird diese schrittweise immer besser. Man konnte zeigen, dass bei Fließbandarbeitern oder bei Musikern die Zeit, die für eine bestimmte Abfolge von Handgriffen benötigt wird, kontinuierlich mit der Anzahl der gemachten Handgriffe abnimmt, sodass die optimale Leistung erst nach langer Übung erreicht wird. Entsprechendes gilt auch für kognitive oder soziale Lernziele: Durch ständiges Üben der erwünschten Lernziele werden genügend viele Neuronen verschaltet.

Fazit

Das Lernen ist ein Prozess, bei dem (vereinfacht ausgedrückt) so viel wie möglich Neuronen verschaltet werden müssen – und das braucht Zeit. Zum Lernen gehört also viel Geduld – das ist eines der wesentlichen Unterscheidungsmerkmale zu den Änderungen im Bereich von Soma (wo Medikamente oftmals sehr schnell wirken) und Pneuma (wo Gott Wunder in kürzester Zeit vollziehen kann).

Lernen
braucht
Geduld

Allerdings gibt es auch Lernprozesse, die relativ schnell ablaufen können. Traumatische Ereignisse gehören u.a. zu dieser Art des Lernens.

Ein Trauma
ist ein
schneller
Lernprozess

Verständlich wird dieses Ergebnis, wenn man sich die Intensität und die Dauer des Lernvorganges als Produkt vorstellt. Das Lernergebnis (Lernstoff) entspricht dann einer der rechteckigen Fläche (vgl. Abb.14). Die Fläche in der Abbildung ist in beiden Fällen gleich – aber mit unterschiedlicher Geschwindigkeit entstanden.

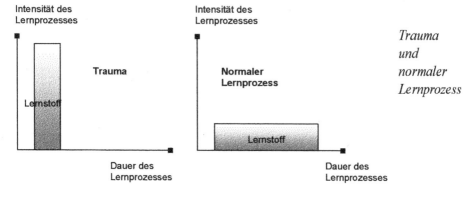

Abb. 14: Lernprozess in Abhängigkeit von der Zeit

Mit der Abb.14 wird deutlich, dass eine anregende Lernatmosphäre (die zu einer höheren Intensität führt) dazu beitragen kann, in kürzerer Zeit zum Lernerfolg zu kommen. Hierzu gibt es im Bereich der Pädagogik viele Untersuchungen, die zu einer optimalen Lernatmosphäre führen sollen, z.b. die Einbeziehung von Entspannungstechniken in den Lernprozess oder die »Suggestopädie«[57] beim Erlernen von Sprachen usw.

Was Lernen biologisch beeinflusst

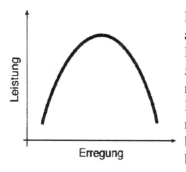

Abb. 15: Lernleistung und Erregung

Es gibt einige Faktoren, die auf der biologischen Ebene die Lernleistung beeinflussen. Hierzu gehört u.a. die Konzentration, mit der sich der Lernende dem Lernmaterial zuwendet. Je aufmerksamer ein Mensch ist, desto besser wird er bestimmte Inhalte behalten.

Leistung
und
Erregung

57 Vgl. W. Edelmann (1998). *Suggestopädie/Superlearning*. Heidelberg: Ansanger.

Aus neurologischer Sicht ist mit Aufmerksamkeit ein doppelter Prozess gemeint. Zum einen geht es dabei um die allgemeine Wachheit (Vigilanz), zum andern um die selektive Aufmerksamkeit auf einen bestimmten Gegenstand der Wahrnehmung.

Vigilanz Während die Vigilanz[58] die gesamte Aktivierung des Gehirns betrifft, bewirkt die selektive Aufmerksamkeit eine Zunahme der Aktivierung genau derjenigen Gehirnareale, welche die derzeitig behandelte Information verarbeiten. Achten wir z.B. auf die Bewegung, dann wird das Bewegungsverarbeitungsareal aktiver.

Selektive Achten wir auf die Farbe, springt das Farbareal besonders an.
Aufmerk- Interessiert uns ein Gesicht, dann arbeiten die Neuronen im Ge-
samkeit sichtsverarbeitungsareal besonders heftig.

Daraus lässt sich ableiten, dass der Effekt der zusätzlichen Aktivierung von Gehirnarealen durch die selektive Aufmerksamkeit eine wesentliche Rolle bei der Einspeicherung von Gedächtnisinhalten spielt.

Um die Aufmerksamkeit ganz speziell auf das zu richten, was
Motivation gelernt werden soll, müssen wir uns ständig neu bemühen, d.h., wir müssen motiviert sein, die Dinge wahrzunehmen und zu durchdenken.

Es gibt allerdings auch ein Zuviel an Erregung. Wie die Abb. 15 deutlich macht, kann ein Zuviel die Lernleistung wieder abfallen lassen, d.h., ein mittleres Maß an Erregung führt zu optimalen Ergebnissen. Hierbei spielen die Emotionen eine wichtige Rolle; sie sollten dabei nicht gemäß der früheren Meinung als Gegenspieler, sondern als Partner der Kognitionen gesehen werden.

1.5.1.2 Lernen und Emotionen

Freude, Lust, Geborgenheit, Verliebtheit, Trauer, Ärger, Wohlbehagen, Wut, Angst u.a. sind die wichtigsten menschlichen Emotionen. Jeder weiß, was damit gemeint ist, aber es ist dennoch

---

58 Vigilanz (lat. vigilantia »Wachheit«): Daueraufmerksamkeit oder Wachheit.

schwer zu beschreiben, was Emotionen wirklich sind. Sie gehören zur biologischen Ausstattung des Menschen hinzu, müssen also nicht erworben werden. Erlernt werden muss allerdings der angemessene Umgang mit ihnen.

Bei Emotionen handelt es sich um einen komplexen und ganzheitlichen Prozess. Biologisch kann man sie hauptsächlich in der Amygdala verorten. Psychologisch ist ein enger Zusammenhang mit den Gefühlen gegeben, die das subjektive Erleben der Emotion beschreiben, aber auch mit den Wahrnehmungen, dem Empfinden sowie mit der positiven oder negativen Bewertung einer Situation – und damit auch mit dem Denken bzw. den Kognitionen. *Was sind Emotionen?*

Stimmungen unterscheiden sich von Gefühlen bzw. Emotionen dadurch, dass sie als zeitlich länger ausgedehnt erlebt werden (»gute Laune«, »Depression«). Ähnlich wie meist nur kurzzeitige Gefühlseindrücke können Stimmungen die Wahrnehmung »einfärben«, als erlebe man die Wirklichkeit durch eine Gefühlsbrille. *Stimmungen und Gefühle*

Weil das Lernen eng mit den Emotionen bzw. Stimmungen zusammenhängt, ist es wichtig, dass der Lernprozess im Zustand positiver Gefühle stattfindet. *Lernen braucht positive Gefühle*

Zur Biologie der Emotionen

Die Emotionen helfen uns beim Zurechtfinden in einer immer komplizierter werdenden Welt. Unser Körper signalisiert das Gefühl von Freude oder Unbehagen, lange bevor wir merken, warum. Wie die Stressforschung zeigen konnte, stellt er sich auf Extremsituationen sehr rasch ein.

Akuter Stress ist eine biologisch sinnvolle Anpassung wenn Gefahr im Anzug ist. Chronischer Stress hingegen ist eine der wesentlichen Ursachen von vielen Zivilisationskrankheiten. Während akuter Stress – wahrscheinlich über den Sympathikus vermittelt – zu verbessertem Lernen führen kann, hat extrem starker und besonders chronischer Stress negative Auswirkungen auf das Gedächtnis. Im Einzelnen sind hierbei folgende biologische Hintergründe bekannt: Stresshormone wirken sich ungünstig auf Neuronen aus, insbesondere auf die Neuronen des Hippocampus. Sie vermindern erstens die Glukoseaufnahme im Gehirn und *Stress* reduzieren somit das zur Verfügung stehende Energieangebot. Zweitens erhöhen sie die Toxizität des Neurotransmitters Glutamat. Stresshormone führen damit zu einer erhöhten Beanspruchung und zugleich zu einer verminderten Energiezufuhr der Neuronen. Chronischer Stress ist daher extrem ungünstig für das Lernen und das Behalten des Erlernten.

1.5.1.3 Lernen und Motivation

Menschen haben Bedürfnisse, die sie dazu bewegen, bestimmte Ziele zu erreichen. Es gibt die für alle Menschen ähnlichen »primären Bedürfnisse«, z.B. Hunger, Durst, Sexualität, Kältevermeidung, die überwiegend auf physiologischen Vorgängen beruhen. Hinzu kommen die unterschiedlich ausgeprägten sekundären Bedürfnisse, zu denen u.a. Macht, Besitz, Ehre und

Motivation bewegt den Menschen

Selbstverwirklichung gehören. Unter Motivation soll die Kraft verstanden werden, die Menschen dazu bewegt, ein Ziel zu erreichen. Alle Menschen sind prinzipiell motivierbar – es geht bei den Lernprozessen darum, die ihnen angemessene Art der Motivation zu finden.

Zur Biologie der Motivation

Unser Gehirn antizipiert

Die biologischen Hintergründe der für den Lernprozess wichtigen Motivation sind gut erforscht.[59] Ein wesentlicher Aspekt hierbei besteht darin, dass unser Gehirn ständig damit beschäftigt ist, das Geschehen um uns herum vorherzusagen. Ehe wir z.B. nach einer Kaffeetasse greifen, hat unser Gehirn die Berührungsempfindung der Tasse schon antizipiert, vielleicht schon den Kaffeeduft und möglicherweise sogar den Kaffeegeschmack. Wenn alles so läuft wie vorausberechnet, kann es sein, dass wir einen Schluck Kaffee trinken und die Tasse wieder abstellen, ohne überhaupt bewusst an den ganzen Vorgang gedacht zu haben. Er wird auch nicht im Gedächtnis festgehalten.

59 Nachfolgend eine Zusammenfassung aus dem Buch von M. Spitzer (2002) a.a.O.

52

Ähnliches geschieht auch beim Verstehen von Sätzen. Je mehr sich ein Satz dem Satzende nähert, umso leichter kann unser Gehirn vorausberechnen, wie der Satz wohl enden wird. Psychologische Untersuchungen haben gezeigt, dass deshalb das allgemeine Aufmerksamkeitsniveau am Beginn von Sätzen am höchsten und am Ende am geringsten ist.

Unser Gehirn antizipiert also ständig, was demnächst eintreten wird. Wenn dies eintritt, was meist der Fall ist, wird das Geschehen als unbedeutend verbucht und nicht weiterverarbeitet. Es braucht auch nicht abgespeichert zu werden, denn wir haben das entsprechende implizite Wissen ja ganz offensichtlich schon parat. Gelegentlich geschieht jedoch etwas ganz anderes als bisher: es tritt ein Ereignis ein, das sich von dem, was das Gehirn vorausberechnet hat, positiv abhebt – wir tun etwas, und das Resultat dieses Tuns ist besser als erwartet. Wenn dies der Fall ist, dann geschieht mehr als der beruhigende Abgleich von Vorausberechnetem und Eingetretenem. Es wird vielmehr im Gehirn ein Signal generiert, das besagt: Das Resultat dieser oder jener Sequenz von Eindrücken oder Verhaltensweisen war anders als erwartet. *Etwas Neues tritt in Erscheinung*

Wenn dieses Signal im Gehirn produziert wird, sorgt das Gehirn dafür, dass diese positive Veränderung gelernt wird. Nur so kann ein Organismus im Laufe der Zeit sein Verhalten optimieren. Gelernt wird nicht einfach alles, was auf uns einstürmt, sondern das, was anders und insbesondere besser ist als bisher. Dabei spielt das Dopamin eine wesentliche Rolle. Wenn es freigesetzt wird, führt das zu einer besseren Klarheit des Denkens und dieses gute Gefühl motiviert zu weiteren Lernleistungen. *Das Verhalten wird optimiert*

Vereinfacht ausgedrückt wirkt das Dopamin wie folgt: Das Dopaminsignal der Neuronen führt zu einer Freisetzung endogener Opioide im Frontalhirn. Diese Freisetzung stellt einen Belohnungseffekt dar und hat im Hinblick auf Informationsverarbeitung eine Art »Türöffner«-Funktion: Das Ereignis, das zum besser-als-erwarteten Resultat geführt hat, wird weiterverarbeitet und dadurch mit höherer Wahrscheinlichkeit abgespeichert. Wir können auch sagen: Es wird gelernt. Von Bedeutung ist, dass das Dopaminsystem nur bei Ereignissen oder Verhaltenssequenzen anspringt, die ein Resultat liefern, das besser als erwartet aus- *Dopamin und Neugier* fällt, d.h., das Dopaminsystem ist an Bestrafung nicht beteiligt, sondern allein für Belohnung zuständig. Man weiß weiterhin, dass die Begegnung mit Neuem zu einer Freisetzung von Dopamin in diesem System führt. Dopamin wird folglich als Substanz der Neugier und des Explorationsverhaltens, der Suche nach Neuigkeiten bezeichnet. Ein Dopaminmangel im Belohnungssystem wird daher mit Interesse- und Lustlosigkeit, sozialem Rückzug und teilweise auch mit gedrückter Stimmung in Verbindung gebracht. Umgekehrt führt eine Überaktivität dieses Systems dazu, dass belanglose Ereignisse oder Dinge eine abnorm starke Bedeutung erlangen, dass sie besonders hervortreten und einen nicht mehr loslassen. Beides, zu viel und zu wenig Dopamin in diesem System, führt demnach zu krankhaften psychischen Zuständen.

Diese biologischen Hintergründe sind u.a. eine Erklärung für das im nächsten Kapitelteil genauer behandelte operante Konditionieren. Wird ein Stimulus mit einer Belohnung oder Bestrafung gekoppelt, so lernt der Organismus, diesen Stimulus mit der Belohnung oder der Bestrafung in Verbindung zu bringen und kann sein Verhalten entsprechend dem Vorhersagewert des Stimulus ausrichten. Reize mit negativen Konsequenzen werden vermieden, solche mit positiven Konsequenzen werden gesucht.

Fazit

Ein Teil des gehirneigenen Dopaminsystems versieht Dinge und Ereignisse um uns herum mit Bedeutung. Relevante, interessante und vor allem informationstragende Stimuli – ganz gleich welcher Art – führen zu dessen Aktivierung. Wenn wir uns belohnt fühlen, ob das nun durch Drogen, Musik, einen netten Blick oder ein nettes Wort geschieht – es ist jeweils das gleiche biologische System in unserem Gehirn beteiligt. Biologisch gesehen kann die Motivation also

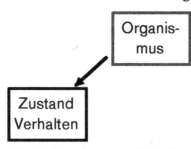
Abb. 16: Organismus und Verhalten

dadurch beschrieben werden, dass wir in unserem Gehirn ein körpereigenes System haben, das uns motiviert (vgl. Abb. 16). Dieses System ist im Wachzustand immer aktiv; wir müssen uns daher nicht motivieren, das tut unser Gehirn von allein. Es ist ähnlich wie bei der Regulierung unseres Hungergefühls: Hunger muss man nicht produzieren, er entsteht von allein.

Untersucht man die Frage, warum Rat suchende Menschen oft nicht genügend motiviert sind, dann liegt es zumeist nicht an der Quantität, sondern an der fehlenden Qualität, die dazu führt, dass diese Menschen nicht das wollen, was wir gerne hätten. Die Frage lautet also nicht: »Wie kann ich jemanden besser motivieren?«, sondern: »Wie finde ich das, was genügend neu, interessant und belohnend für ihn ist?« Haben wir das gefunden, dann sind der Motivation kaum mehr Grenzen gesetzt. *Motivation ohne Grenzen*

Abb.16 macht den Einfluss des Organismus auf das Verhalten als biologische Grundlage der Lernprozesse deutlich. Im weiteren Verlauf dieses Buchs werden andere Einflüsse diskutiert, bis sich schließlich insgesamt neun Parameter für die Zusammenhänge zwischen dem Verhalten (»Zustand«) und der jeweiligen Einflussmöglichkeit ergeben.

Neun Ursachen zur Veränderung des Verhaltens

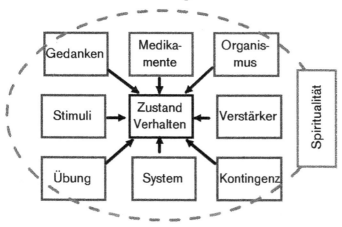

Vorschau auf die Änderungsmöglichkeiten

Diese neun Ursachen, die das Verhalten eines Menschen steuern können, werden nachfolgend einzeln beschrieben. Es muss jedoch dabei beachtet werden, dass sie oftmals gemeinsam auftreten bzw. sich gegenseitig beeinflussen.

Eine solche schematische Darstellung bietet den Vorteil in der Praxis schnell erkennen zu können, wo möglicherweise Lücken oder Einseitigkeiten bei einem Förderprogramm vorkommen.

1.5.1.4 Veränderungsprozesse durch Medikamente

Medikamente und Drogen führen nicht zum Lernen

Neben den körpereigenen Regelprozessen, die zu einer Ordnung bzw. Vergrößerung der Verbindungsstärken von Neuronen und damit zu Lernprozessen führen, kann die Änderung auch von außen her, z.b. durch Einnahme von Medikamenten bzw. Drogen herbeigeführt werden. Hier handelt es sich im Sinne unserer Definition jedoch nicht um einen Lernprozess, weil es in der Regel nicht zu einer überdauernden Veränderung des Verhaltens und Erlebens kommt. So gesehen ist der Ratsuchende, wenn er die Veränderung des Verhaltens beibehalten will, auf die ständige Einnahme der Medikamente bzw. Drogen angewiesen. Dies kann z.b. bei»endogenen«Depressionen der Fall sein oder bei Psychosen (z.B. Schizophrenie).

Medikamente können begleiten

Auch wenn Nichtärzte zu den meisten Medikamenten, die bei psychischen Störungen verordnet werden, keinen Zugang haben, ist es doch notwendig, deren Wirkungen abschätzen zu können, weil sie oftmals begleitend zu einem Änderungsprozess, der durch Lernvorgänge erfolgt, verordnet werden.

Die Psychopharmakatherapie[60] hat es seit Mitte des 20. Jahrhunderts möglich gemacht, krankhaftes psychisches Verhalten bzw. die dabei auftretenden Stimmungen und Gefühle – wenn auch nur unvollkommen – medikamentös zu steuern. Insbesondere für die Psychiatrie war das eine ganz neue Chance der Behandlung, zugleich aber auch eine Gefahr der missbräuchlichen Verwendung, denn als»happy pills«, als»Glücklichmacher«fanden seit dieser Zeit die Tranquilizer weite Verbreitung.

60 Ich beziehe mich schwerpunktmäßig auf das Standardwerk von A. Finzen (2004). *Medikamentenbehandlung bei psychischen Störungen.* Bonn: Psychiatrie-Verlag. 14. Aufl.

Die Psychopharmaka lassen sich in vier Gruppen einteilen:
* Antidepressiva
* Antipsychotika (Neuroleptika)
* Tranquilizer
* Hypnotica (Schlafmittel)

Vier Gruppen

Wie schon die Bezeichnungen deutlich machen, werden Antidepressiva als wirksame Medikamente bei Depressionen eingesetzt und können bei biologisch bedingten Störungen des Neurotransmitterstoffwechsels helfen. Als hilfreiches Medikament bei Psychosen (z.b. Schizophrenie oder Wahnstörungen) wurde im Jahre 1952 eher zufällig das Chlorbromazin als erstes Antipsychotikum entdeckt.

Die Tranquilizer – der Name (lat. tranquillare = beruhigen) sagt bereits aus, wie sie wirken – gehören zu den meistbenützten Medikamenten und zu den wenigen, die gerne eingenommen werden – sie haben deshalb auch ein Suchtpotenzial.

Die Schlafmittel (Hypnotica) sind keine einheitliche Arzneimittelgruppe; sie umfasst schlafanstoßende und schlaferzwingende Stoffe.

Wie wirken Psychopharmaka?

Der Wirkungsort[61] der Psychopharmaka ist das Gehirn und sie greifen in das hochkomplexe System von Nervenzellen und Neuronenbahnen ein, schwerpunktmäßig dort, wo die Verbindung zwischen den Neuronen stattfindet: am synaptischen Spalt. Psychopharmaka stören, stärken oder blockieren diese Verbindung und greifen in die auf chemischem Wege erfolgende Kommunikation der Botenstoffe (Neurotransmitter) ein, von denen derzeitig mehr als 500 unterschiedliche bekannt sind.

Damit die Zelle auf der anderen Seite des synaptischen Spalts auf die Neurotransmitter reagieren kann, benötigt sie Aufnahmemöglichkeiten (Rezeptoren) für den jeweiligen Botenstoff. Jede Zelle kann auf mehrere Neurotransmitter reagieren, wenn sie über die entsprechenden Rezeptoren verfügt.

Psychopharmaka wirken im Gehirn bei den Botenstoffen

61 Vgl. ebd. S. 30.

57

Die für die psychischen Funktionen wichtigsten Neurotransmitter sind Noradrenalin, Serotonin, Dopamin, Azetylcholin und Gamma-Amino-Buttersäure. Weitere Botenstoffe wie Histamin, Glutamat, Opioide und Adenosin spielen bei der Koordination von Aktivität und Emotionalität, Psychomotorik und Schmerz – und wie weiter vorne beschrieben auch bei Lernprozessen – eine wichtige Rolle.

An zwei Beispielen soll gezeigt werden, welche Folgen ein Zuwenig oder Zuviel solcher Botenstoffe haben kann.

Zu wenig Noradrenalin[62]

z.B.
Depression

Bei einer Depression ist zumeist zu wenig Noradrenalin und Serotonin im synaptischen Spalt vorhanden und die Reizübertragung deshalb mangelhaft. Damit sind folgende Eingriffsmöglichkeiten von Antidepressiva möglich. Sie können ...
• für vermehrte Produktion des Botenstoffes sorgen,
• die Inaktivierung innerhalb der Zelle hemmen,
• im synaptischen Spalt die Inaktivierung hemmen,
• die Wiederaufnahme in die Zelle verhindern.
Alle diese Wege werden von der Psychopharmakologie mit wechselndem Erfolg beschritten.

Zu viel Dopamin[63]

z.B.
Schizophrenie

Die Situation kann aber auch genau umgekehrt sein. Durch Überaktivität der abgebenden Nervenzelle kann der Botenstoff überreichlich im synaptischen Spalt vorhanden sein und dadurch die aufnehmende Zelle übermäßig reizen und irritieren. Dies ist vereinfacht gesagt bei Psychosen (Schizophrenie) der Fall, bei denen zu viel Dopamin in den synaptischen Spalt abgegeben wird. Konsequenterweise besteht der pharmakologische Weg dann darin, die Rezeptoren der aufnehmenden Zellen für das Dopamin zu blockieren und auf diese Weise für Ruhe zu sorgen.

62 Vgl. ebd. S. 32.
63 Vgl. ebd. S. 33.

58

Einzelheiten zu den vier Gruppen der Psychopharmaka:

Antidepressiva

Die klassischen Antidepressiva gibt es seit dem Jahre 1957. Es sind trizyklische Verbindungen. Ein klassisches Antidepressivum ist Amitriptylin (Markenname u.a.»Saroten«). Mittlerweile gibt es eine ganze Reihe solcher Medikamente, die sich aber chemisch nicht grundsätzlich voneinander unterscheiden. Sie zeigen unterschiedliche Wirkungen, die je nach Medikament eher dämpfend, depressionslösend oder auch vorwiegend aktivierend sein können.

Wirkungen

Fachleute sind sich darüber einig, dass eine Antriebssteigerung leichter und rascher zu erreichen ist als eine Stimmungsaufhellung. Die Aktivierung depressiver Menschen äußert sich aber häufig lediglich in innerer Unruhe. Deshalb muss man als Arzt überlegen, welche Zielsymptome man erreichen will. Eine Antriebssteigerung beim tief depressiven Kranken kann dessen Suizidgefahr steigern, in diesem Falle kann deshalb eher eine dämpfende Wirkung erwünscht sein. Man muss zudem wissen, dass die Antriebssteigerung und Aktivierung von allein kommen, wenn es gelingt, die Stimmung aufzuhellen und die Depression unter dem Schutz einer allgemeinen psychomotorischen Dämpfung zu lösen. *Zuerst der Antrieb, dann erst die Stimmung*

Ein Sachverhalt ist besonders wichtig, weil die meisten Menschen auf eine rasche Besserung hoffen: Die Wirkung der Antidepressiva stellt sich nicht sofort ein. Am schnellsten, zumeist noch am Tage der Einnahme, erfährt der Patient die dämpfende Wirkung – jedoch erst nach ca. zehn Tagen bis zwei Wochen[64] ist mit der stimmungsaufhellenden und damit depressionslösenden *Geduld ist nötig*

---

64 Bei tetrazyklischen Verbindungen soll die Wartezeit nur ca. eine Woche betragen.

Wirkung zu rechnen. Das muss man wissen, um nicht ungeduldig zu werden. Ansonsten kann man immer wieder Sätze hören wie »Mir geht es so schlecht, dass nicht einmal mehr die Medikamente wirken«. Antidepressiva wirken (wie auch Neuroleptika) symptomatisch. Ob sie die depressiven Phasen tatsächlich aufheben oder verkürzen, ist umstritten. Gewiss werden die Symptome häufig lediglich bis zum Abklingen der Phase unterdrückt und man kann dann in diesen Zeiten mit den Patienten besser psychotherapeutisch arbeiten. Auf der anderen Seite können sie auch bei manisch-depressiven Erkrankungen und bipolaren affektiven Psychosen Stimmungsumschwünge einleiten, die ggf. zum Umschlag in die Manie führen.

Alle Medikamente haben auch Nebenwirkungen. Bei den Antidepressiva muss man – je nach Stoffklasse – damit rechnen, dass es zu einer Beschleunigung der Herzfrequenz, herabgesetzter *Neben-* ter Kreislaufregulationsfähigkeit mit Blutdruckabfall, Trocken- *wirkungen* heit in Mund- und anderen Schleimhäuten, Pupillenerweiterung und Anpassungsschwäche kommt. Auch ein vermehrtes Schwitzen oder ein leichter Tremor (Zittern) kann vorkommen. Alle diese Nebenwirkungen müssen aber nicht gemeinsam und auch nicht einheitlich auftreten und man kann gegen einzelne auch relativ einfach angehen, z.B. durch häufigeres Trinken bei der Mundtrockenheit.

Nachfolgend eine Liste bekannter Antidepressiva[65] und die üblicherweise verordnete Tagesdosis.

65 Vgl. ebd. S. 77.

60

Handelsname	Internationaler Freiname (generic name)	Tagesdosis in mg (oral)
Anafranil	Clomipramin	50–150
Aponal, Sinquan, Sinequan	Doxepin	75–200
Cipramil	Citalopram	20–60
Equilibrin	Amitriptylinoxid	60–100
Fevarin, Floxyfral	Fluvoxamin	100–250
Fluctin	Fluoxetin	20–40
Gamonil	Lofepramin	70–210
Ludiomil	Maprotilin	75–200
Nefadar	Nefazodon	300–600
Nortrilen	Nortriptylin	50–100
Noveril	Dibenzepin	120–360
Pertofran	Desipramin	50–150
Remergil	Mirtazapin	15–45
Saroten	Amitriptylin	75–200
Stangyl, Surmontil	Trimipramin	75–200
Tagonis, Deroxat, Seroxat	Paroxetin	20–60
Thombran Tirttico	Trazodon	150–400
Tofranil	Imipramin	75 200
Tolvin, Tolvon	Mianserin	20–80
Trevilor, Efexor	Venlafaxin	75–300
Vivalan	Viloxazin	150–300
Zoloft, Gladem	Sertralin	50

Antipsychotika/Neuroleptika

Neuroleptika sind Psychopharmaka, die bei Psychosen eingesetzt werden. Nach der Entdeckung der antipsychotischen Wirkung von Chlorpromazin im Jahr 1952 und etwas später von Haloperidol begann der Siegeszug dieser Medikamentengruppe, der
gleichzeitig auch einen Paradigmenwandel in der Behandlung
von schizophrenen oder Wahnpatienten einläutete: Sie beruhig-
te ohne einzuschläfern, vertrieb psychotische Ängste und unter-
drückte Halluzinationen.

Allerdings heilen Neuroleptika nicht und wenn man sie zu schnell absetzt, flammen die Symptome bald wieder auf. Sie haben auch Nebenwirkungen, die dazu führten, dass diese Generation von Psychopharmaka bald einen negativen Ruf bekam. Chlorpromazin, Haloperidol und knapp vierzig ähnlich wirkende Neuroleptika führen als Nebenwirkung zu parkinsonähnlichen Beeinträchtigungen, zu quälender Bewegungsunruhe, aber auch zu Müdigkeit und Verlangsamung.

Nach 30-jährigem Stillstand der Entwicklung kamen dann Anstöße zu neuen Substanzen, die heute als Leponex, Zyprexa usw.

Neue auf dem Markt sind. Diese Neuroleptika der zweiten Generation
Neuro- versuchen auf verschiedenen und recht komplexen Wegen die Ne-
leptika benwirkungen zu umgehen und die meisten der neuen Neuroleptika sind heute bei vergleichbarer Dosis ähnlich oder etwas besser wirksam als das früher eingesetzte Haloperidol. Sie haben nachweisbar geringere Nebenwirkungen und es ist auch wahrscheinlich, dass die als Folge bekannten Spätdyskinesien[66] wesentlich geringer ausfallen als bei den Präparaten der ersten Generation.

Aber sie sind auch weiterhin nicht ohne Nebenwirkungen.
Neben- Dazu gehören bei den meisten Fällen eine deutliche Gewichtszu-
wirkungen nahme, verbunden mit der Gefahr der Entwicklung einer diabetischen Stoffwechsellage und in manchen Fällen Beeinträchtigungen des blutbildenden Systems.

Wirkungen[67]

Mit den modernen bildgebenden Verfahren ist es heute möglich, die Änderung der Stoffwechselprozesse im Gehirn zu studieren. Dabei zeigt sich, dass die neuroleptisch wirksamen Medikamente im Bereich des limbischen Systems in den Neurotransmitterstoffwechsel eingreifen und damit die Reizübertragungen beeinflussen. Dieses komplexe System der Reizübertragung ist in vielfältiger Weise für Störungen anfällig. Bei den Psychosen aus dem

---

66 Diese Bewegungsstörungen durch die Neuroleptika-Behandlung treten meist im Mundbereich auf oder zeigen sich als leichte Bewegungen an Fingern, Armen, Zehen oder Beinen.
67 Vgl. ebd. S. 121ff.

schizophrenen Formenkreis geht man heute davon aus, dass aufgrund der Übererregung bestimmter Nervenzellen durch Krankheit, psychischen Stress oder sozialen Druck – oder durch alles zusammen – bestimmte Botenstoffe, insbesondere Dopamin, vermehrt produziert und abgegeben werden und dass durch deren erhöhte Anflutung in den Rezeptoren der reizaufnehmenden Nervenzellen Störreaktionen entstehen, die sich in den bekannten schizophrenen Symptomen niederschlagen: Störungen der Wahrnehmung (z.b. durch Halluzinationen), des Denkens, der Gefühle und des Antriebs. *Übererregung von Nervenzellen*

Die Neuroleptika greifen nun in diese gestörte Übertragung dadurch ein, dass sie die Aufnahmefähigkeit der reizempfangenden Nervenzellen für die entsprechenden Botenstoffe blockieren, indem sie selbst an den Rezeptoren andocken. Dadurch werden die Symptome der schizophrenen Störung gemindert oder unterbunden

Die Wirkung der Neuroleptika bleibt allerdings symptomatisch (und deshalb sind Psychosen bisher auch nicht heilbar), weil sie bislang nicht in der Lage sind, den Stoffwechsel der übererregten, vermehrt Dopamin produzierenden Nervenzellen zu normalisieren. Das bleibt immer noch klassischen Behandlungsverfahren vorbehalten: Reizabschirmung, Verminderung von psychischem und gegebenenfalls auch körperlichem Stress, Vermeidung von sozialen Konfliktfeldern, stützende und entlastende Psychotherapie – und Zeit. *Verminderung von Reizen*

Durch den Eingriff der Neuroleptika in die gestörte Reizübertragung zwischen den Nervenzellen mit der Folge der Fehlverarbeitung von Wahrnehmungs-, Denk- und Gefühlsreizen wird der Kranke in die Lage versetzt, besser mit seiner Störung umzugehen, individuell belastenden Situationen auszuweichen und möglichen Selbstheilungskräften ihren Lauf zu lassen. Die geringe Spezifität der Rezeptorblockade ist allerdings auch für vielfältige unerwünschte Wirkungen verantwortlich.

Zusammengefasst gilt, dass bei den Symptomen einer Schizophrenie wie Angst, Erregung, Halluzinationen sowie Denkstörungen die Positivwirkungen der Neuroleptika (psychomotorische Dämpfung und emotionale Ausgeglichenheit) wirksam werden. Ihnen gegenüber steht jedoch eine Negativsymptomatik, z.B. dass Antriebsstörungen noch verstärkt werden können. Bei den Substanzen der zweiten Generation fällt, wie schon angemerkt, diese Negativsymptomatik allerdings geringer aus.

Nachfolgend eine Liste bekannter Neuroleptika:

Handelsname	Freiname (generic name)	Tagesdosis in mg (oral)
Protactyl/Prazine	Promazin	600
Dogmatil	Sulpirid	600
Solian	Amisulprid	100–1200
Dipiperon	Pipamperon	400
Melleril	Thioridazin	400
Seroquel	Quetiapin	50–750
Neurocil/Nozinan	Levomepromazin	350
Taxilan	Perazin	400
Truxal	Chlorprothixen	350
Nipolept	Zotepin	250
Leponex	Clozapin	200
Ciatyl	Clopenthixol	150
Zeldox	Ziprasidon	40–160
Decentan	Perphenazin	32
Zyprexa	Olanzapin	10–20
Abilify	Aripiprazol	10–30
Stelazine	Trifluperazin	20
Orbinamon	Tiotixen	20
Dapotum/Lyogen	Fluphenazin	10
Fluanxol	Flupentix	6
Orap	Pimozid	6
Risperdal	Risperidon	4–6
Haldol	Haloperidol	5
Glianimon	Benperidol	3

Tranquilizer

Tranquilizer gehören zu den am meisten verwendeten Medikamenten überhaupt. Interessanterweise werden sie überwiegend in Arztpraxen außerhalb der Psychiatrie und insbesondere da verordnet, wo eigentlich Psychotherapie und Beratung notwendig wäre. Sie lösen auf medikamentösem Wege Angst und Spannung, gleichen Emotionen aus und beruhigen. Je nach Dosis können sie auch Müdigkeit hervorrufen. Wie alle Substanzen, die dem Menschen in irgendeiner Weise Wohlbefinden verschaffen, haben Tranquilizer ein deutliches Suchtpotenzial. Neben den bekannten Marken wie Valium und Librium gibt es ca. 30 weitere Tranquilizer auf dem Markt. Die wichtigsten Vertreter sind die Benzodiazepine und hier insbesondere das Diazepam (Valium). Es wird nach der Einnahme im Stoffwechsel zu ähnlichen aktiven Substanzen verändert, wobei dieser Umbau im Organismus die Wirkungsdauer verlängert, sodass es bei wiederholter Einnahme leicht zu einer Kumulation kommen kann. Bei einer Halbwertszeit, die bei den meisten Benzodiazepinen bei ein bis zwei Tagen liegt, kann es einige Tage dauern, bis die Substanz vollständig aus dem Körper verschwunden ist. Ihr Abbau kann bei älteren Menschen noch länger dauern, sodass es zu einer immer höheren Anreicherung kommen kann.

Angst lösend und deshalb beruhigend

Halbwertszeit beachten

Wirkungen[68]

Hauptangriffspunkt der Tranquilizer sind die Benzodiazepinrezeptoren an den entsprechenden Synapsen vor allem in denjenigen Teilen des Gehirns, von denen aus die psychische Befindlichkeit im Wesentlichen gesteuert wird (limbisches System). Nach Einnahme von Tranquilizern wird die Einflussnahme äußerer Reize auf das Bewusstsein und die Befindlichkeit gefiltert und die enge Verbindung zwischen dem emotionalen Erleben und dem vegetativen Nervensystem zumindest teilweise entkoppelt.

68 Vgl. ebd. S. 49 ff.

65

Obwohl die Benzodiazepine als Medikamente mit verhältnismäßig großer therapeutischer Breite gelten, sind sie dennoch keineswegs harmlos. Zudem zeigen sich erhebliche individuelle Unterschiede in der Empfindlichkeit.

Nebenwirkungen

Nebenwirkung sind u.a. Müdigkeit und verschiedene Störungen der Bewegungskoordination (Ataxie) (vor allem bei Einnahme in Kombination mit Alkohol), Appetitsteigerung mit starker Gewichtszunahme, Verstopfung des Darms (Obstipation), Schwindel, Libidoverlust, Menstruationsstörungen usw. Vor allem zu Beginn der Behandlung mit Tranquilizern kann es zu Müdigkeit und Konzentrationsstörungen kommen. Die Reaktionsfähigkeit wird verlangsamt und die Fahrtüchtigkeit beeinträchtigt.

Auf der kognitiven Ebene kann der Gebrauch von Tranquilizern auch zu einer gewissen Gleichgültigkeit und Einschränkung der Kritikfähigkeit führen. Die gesamte Persönlichkeit kann eingeengt und die geistige Leistungsfähigkeit beeinträchtigt werden. Aus diesen Gründen kann schlimmstenfalls auch das Gegenteil dessen erreicht werden, was mit dem Einsatz von Tranquilizern beabsichtigt war: Es kann vorkommen, dass die Prüfungsangst beseitigt wird, der Prüfling aber so gleichgültig geworden ist, dass er in der Prüfungssituation nicht mehr das leistet, was er eigentlich leisten könnte.

Absetzen von Tranquilizern

Entzugserscheinungen

Wenn Tranquilizer nach hoher Dosierung entzogen werden, kann es, wie beim Entzug nach chronischem Alkoholgebrauch, zu Krampfanfällen kommen. Aber auch bei normaler Dosierung nach kurzfristiger Anwendung kommt es zu Entzugserscheinungen. Die innere Unruhe, Schlafstörungen und vegetativen Symptome dauern nicht selten über Wochen hinweg an.

Die sog.»Low-Dose-Dependency« beschreibt den Zustand der Abhängigkeit bei niedriger Dosis, der für die Betroffenen zu erheblichen Problemen führen kann. Bei plötzlichem Absetzen nach länger andauernder Behandlung muss ein Fünftel der Patienten mit schweren Entzugssymptomen rechnen, die bis zu Krampfanfällen, Verwirrtheitszuständen, Wahrnehmungsverzerrungen,

Missempfindungen, verstärkten Geruchs- und akustischen Wahrnehmungen sowie Lichtscheu gehen. Hinzukommen können psychoseartige Zustände und Depersonalisationserscheinungen. Etwa die Hälfte der Patienten verspürt leichtere Symptome wie Schlaflosigkeit, erhöhte Irritabilität, Kopfschmerzen und Muskelverspannungen, Herzjagen, Schwitzen und Zittern, vermehrte Angst und innere Unruhe sowie Störungen der Raum- und Bewegungswahrnehmung.

Von medizinischen Fachleuten wird daher das plötzliche Absetzen von Tranquilizern des Benzodiazepin-Typs nach längerer Einnahme als Kunstfehler angesehen.[69] Die Dosis sollte vielmehr über einen Zeitraum von Wochen und Monaten langsam reduziert werden. Dabei kann man sich am Befinden des Patienten orientieren. Besondere Vorsicht beim Absetzen ist bei alten Menschen geboten. Bei Klinikaufnahme oder beim Arztwechsel ist oft nicht festzustellen, welche Medikamente diese Patienten vorher eingenommen haben.

»Ausschleichen«

Hypnotica (Schlafmittel)

Schlafmittel sind keine einheitliche Arzneimittelgruppe. Man kann sie nach ihrer Funktion unterteilen in solche, die den Schlaf anstoßen, und andere, die den Schlaf erzwingen. Es gibt Mittel aus der Natur (z.B. Baldrian), die rezeptfrei gekauft werden können, und solche, die zwar den Schlaf erzwingen, aber wegen ihrer starken Nebenwirkungen heute kaum mehr eingesetzt werden (Barbiturate).

Die Ursachen von Schlafstörungen sind vielfältig und Medikamente sind oftmals dafür verantwortlich[70], z.B. Cortison-Präparate und Schilddrüsenhormone. Auch Antidepressiva können zur Ursache für Schlafstörungen werden – ja sogar Medikamente, die zum Herbeiführen von Schlaf eingesetzt werden, können bei längerer Anwendung zu Schlafstörungen führen, indem sie den Nacht-Schlaf-Rhythmus durcheinanderbringen.

Schlaf anstoßen bzw. erzwingen

---

69 Vgl. ebd. S. 55.
70 Vgl. ebd. S. 40ff.

Medikamente bei Schlafstörungen

Nach Ansicht von Fachleuten[71] dürfen Schlafmittel nur dann verordnet werden, wenn die Ursache der Schlafstörung nicht anders beseitigt werden kann. Wenn sie eingenommen werden, sollte die Dauer ihrer Verabreichung von vornherein fest begrenzt sein, z.B. auf zwei Wochen. Hat sich eine längerfristige Einnahme eingeschlichen, muss der Versuch unternommen werden, sie abzusetzen. Für solche Absetzversuche sind Wochenenden besonders geeignet, damit sich der Patient nicht vor Leistungsminderungen während der Woche fürchten muss. Meist ist dann allerdings ein allmähliches Ausschleichen erforderlich.

Absetzen von Schlafmitteln

Wenn Schlafmittel verabfolgt werden, hängt die Wahl des Mittels von der Ursache der Schlafstörung ab.

Schlafanstoßende Medikamente bei psychischen Störungen

Schlafstörungen bei Psychosen aus dem schizophrenen Formenkreis werden durch Ausnützung der schlafanstoßenden Wirkung vieler Neuroleptika bekämpft. Das kann auch dadurch geschehen, dass man die während eines Tages verabfolgten Neuroleptika so verteilt, dass am Abend eine höhere Dosis gegeben wird als tagsüber.

Bei Depressionen kann in ähnlicher Weise die sedierende (Neben-)Wirkung zahlreicher Antidepressiva ausgenützt werden.

Überall dort, wo man mit Stressfolgen, mit reaktiven Verstimmungszuständen, Erschöpfung oder psychogener Angst zu tun hat, kann man – wenn überhaupt – Tranquilizer einsetzen, wobei jedoch das weiter oben beschriebene Suchtpotenzial zu bedenken ist.

Seit neuerer Zeit werden auch Substanzen eingesetzt, die nicht zur Klasse der Benzodiazepine gehören, z.b. Medikamente wie Ximovan und Stilnox (siehe folgende Tabelle). Sie sollen einen dem üblichen Schlafrhythmus entsprechenden Schlaf bewirken. Insgesamt sind sie den Benzodiazepinen jedoch ähnlich. Das gilt auch für die unerwünschten Wirkungen einschließlich der Abhängigkeitsentwicklung.

71 Vgl. ebd. S. 44.

68

Nachfolgend eine Liste bekannter Tranquilizer und Schlafmittel:

Benzodiazepine Handelsname	Freiname	Tagesdosis in mg	Abendliche Einzeldosis in mg
Adumbran,Seresta	Oxazepam	10-40	10
Albego	Camazepam	20-40	
Dalmadorm	Flurazepam		15-30
Demetrin	Prazepam	10-30	
Frisium	Clobazam	20-40	
Halcion	Triazolam		0,125-0,50
Lexotanil	Bromazepam	3-6	3-6
Librium	Chlordiazepoxid	5-20	5-25
Loretam	Lormetazepam		0,5-1,0
Mogadan	Nitrazepam		5
Neodorm	Temazepam		10-20
Noctamid	Lormetazepam		0,5-1,0
Planum	Temazepam		20
Praxiten	Oxazepam	10-40	
Remestan	Temazepam		10-20
Talis	Metaclazepam	5-10	
Tafil, Xanax	Alprazolam	0,75-1,5	
Tavor, Temesta	Lorazepam	2-5	1-2
Tranxilium	Clorazepat	10-20	5-10
TranxiliumN	Nordazepam		12-48
Trecalmo	Clotiazepam	5-15	
Valium	Diazepam	2,5-15	2,5-7,5
Valiquid 0,3	Diazepam	2,5-15	2,5-7,5

Andere Tranquilizer

Atarax	Hydroxyzin	30-75	
Bespar	Buspiron	15-30	
Insidon	Opipramol	75-150	
Stilnox	Zolpidem		5-15
Visano	Meprobamat	200-800	
Ximovan	Zopiclon		3,75-7,5

Zusammenfassung

Wenn wir das Modell der Seele als untrennbare »nefesh« im Sinne von Genesis 2,7 sehen, dann entdecken wir, dass medikamentös ausgelöste Änderungsprozesse durchaus zu Änderungen der Persönlichkeit führen können. D.h., es wird neben den somatischen Änderungen auch die psychische und spirituelle Dimension des Menschen gleichermaßen beeinflusst.

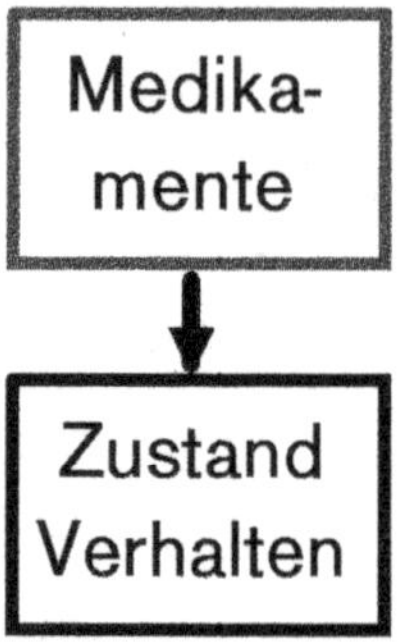

```
┌─────────────┐
│  Medika-    │
│  mente      │
└─────────────┘
      │
      ▼
┌─────────────┐
│  Zustand    │
│  Verhalten  │
└─────────────┘
```

Abb. 17: Medikamente und Verhalten Kurzformel

Allerdings sind diese Beeinflussungen in der Regel nicht nachhaltig; wenn die Medikamente abgesetzt werden, stellen sich oft die alten Symptome wieder ein. Bezogen auf die Arbeit an der Persönlichkeit, bei der ja eine überdauernde Änderung erzielt werden soll, sind deshalb Psychopharmaka – wenn überhaupt – eher als Hilfe denn als Grundlage der Änderung zu sehen. Man könnte mit einem Bild sagen, dass sie den Gipsverband darstellen, der es ermöglicht, dass die gebrochenen Knochen überhaupt wieder zusammenwachsen. Der Gipsverband hat dabei keine heilende, sondern nur eine stützende und schützende Funktion. Mit Antidepressiva können die traurigen Zustände verringert werden, die Neuroleptika verhindern das pathologische »Einschießen« von Gedanken, die Tranquilizer lassen das Leben gedämpfter sehen und Hypnotica helfen zu besserem Schlaf. Diese »Gipsverband«-Wirkungen machen – immer bezogen auf die Arbeit an der Persönlichkeit – eine nachhaltige Änderung in manchen Fällen überhaupt erst möglich.

Der Gipsverband stützt und schützt

1.5.2 Änderungen unter psychischem Aspekt

Nachdem im vorangegangenen Kapitelteil die somatisch-biologischen Hintergründe von Änderungsprozessen beschrieben worden sind, werden nachfolgend die psychischen Aspekte in

70

den Mittelpunkt gerückt. Hierzu gehören die Kognitionen, Emotionen und Motivationen.

Schon weiter vorne wurde deutlich gemacht, dass Lernprozesse als Teilaspekte der Kognitionen untrennbar mit den Emotionen und Motivationen zusammenhängen. In einfachster Form ausgedrückt: Ein Lernprozess verläuft immer dann günstig, wenn er mit positiven Emotionen verbunden und von nachhaltiger Motivation begleitet ist.

Kognition
Emotion
Motivation

Zur Motivation

Wie schon weiter vorne beschrieben, kann man mit den primären und sekundären Bedürfnissen des Menschen seine Motivation steuern. Während die primären Bedürfnisse bei allen Menschen vorhanden sind, zeigen sich die sekundaren deutlich unterschiedlich. Sie haben sich im Lauf des Lebens entwickelt und es ist für ein Lernprogramm wichtig, sie zu kennen und gezielt einzusetzen.

Man findet in der Literatur unterschiedliche Modelle. Ein bekanntes Beispiel ist die Bedürfnishierarchie von Maslow[72], der im Jahr 1954 vor dem Hintergrund einer amerikanischen Mittelstandsgesellschaft beschrieb, dass das nächsthöhere Bedürfnis immer dann relevant wird, wenn das vorangegangene befriedigt worden ist:

Die Bedürfnishierarchie von Maslow (1908–1970)

1. Körperliche Grundbedürfnisse (z.B. Wärme, Nahrung, Schlaf, Gesundheit)
2. Sicherheit (z.B. Recht und Ordnung, Schutz vor derzeitigen und zukünftigen Gefahren)
3. Soziale Beziehungen (z.B. Partnerschaft, Familie, Freunde, Nächstenliebe und Fürsorge)
4. Soziale Anerkennung (z.B. sozialer Status, Respekt, Anerkennung durch Auszeichnungen oder Statussymbole)
5. Selbstverwirklichung (z.B. Individualität, Entfaltung der Persönlichkeit, Suche nach Transzendenz).

72 A.H. Maslow (2002). *Motivation und Persönlichkeit*. Reinbek: Rowohlt.

Eine andere häufig verwendete Beschreibung geht auf die ebenfalls humanistisch geprägte Individualpsychologie zurück. Jeder Mensch kann selbst einschätzen[73], wohin seine »Strebungen« gehen:

Menschliche • Macht über Mitmenschen
Motive • Verfügen über Besitztümer
• Soziales und moralisches Prestige
• Selbstverwirklichung im Sinne der Behaglichkeit

Auch wenn solche Beschreibungen vor wissenschaftlichem Hintergrund nur schwer verallgemeinert werden können, ist es doch möglich, zu ersten Anhaltspunkten zu kommen, in welche Richtung die zum Lernprozess notwendige Motivation gehen kann.

Zu den Emotionen

Die biologischen Grundlagen der Emotion wurden schon im vorangegangenen Kapitelteil angedeutet. Emotionen sind ein wichtiger Aspekt der Persönlichkeit und wesentlich mit den Lernprozessen bei deren Veränderung verbunden. Während die Gefühle immer nur kurzzeitig auftreten und damit auch nur begrenzt

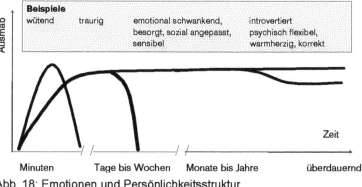

Dauer der Emotionen

Abb. 18: Emotionen und Persönlichkeitsstruktur

73 Vgl. H.L. Dieterich (2002). *Handbuch für Seelsorgegruppen*. Freudenstadt (IPS).

kognitiv bewertet werden können, ist die länger andauernde Stimmung für den Erfolg eines Lernprozesses wichtig. Ist sie positiv, dann gelingt das Lernen ganz allgemein, wie weiter oben gezeigt wurde, besser.

Wie Gefühle und Stimmungen durch Lernprozesse zur Persönlichkeitsbildung des Menschen beigetragen haben, zeigt Abb.18. Es war ein fortschreitender Lernprozess, wie aus sich wiederholenden kurzzeitigen Gefühlen über länger andauernde Stimmungen die Wesenszüge und auch die Grund- und Tiefenstruktur des PST-R (vgl. Kap. 1.4.3 und 1.4.4) erlernt worden sind.

Vom kurzen Gefühl bis zur Tiefenstruktur

Arten des Lernens

Wenn wir davon ausgehen, dass zur Änderung der Persönlichkeitsstruktur Lernprozesse eine herausragende Rolle spielen, müssen neben den biologischen auch die psychischen Hintergründe des Lernprozesses genauer untersucht werden. Weiter vorne hatten wir in vereinfachter Form das »Verschalten von Neuronen« als Ergebnis des Lernprozesses gesehen. Zu fragen ist nunmehr, welche Möglichkeiten für diesen Prozess gegeben sind.

Biologisch: Verschalten von Neuronen

Lernen und Sprache

Ziemlich sicher ist, dass hochkomplexe »Lerngegenstände« durch einfache »Verschaltungen«, wie sie z.B. bei Computerprogrammen vorgenommen werden, nicht vermittelt werden können. Die Menge der möglichen Kombinationen ist zu groß für ein einfaches Reiz-Reaktion-Lernen. Besonders deutlich wird das am Beispiel der Sprache. Man muss annehmen, dass kleine Kinder schon mit einem angeborenen »Sprachinstinkt« zur Welt kommen, der es ihnen ermöglicht, in kürzester Zeit sogar mehrere Sprachen parallel zu erlernen.[74] Neben diesem linguistischen Mentalismus könnten gemäß einiger Autoren[75] auch Aspekte der Moral in ähnlicher Weise angeboren sein.

Wird Sprache erlernt oder gibt es angeborene Strukturen?

74 Vgl. N. Chomski (1970), a.a.O.
75 Vgl. M. D. Hauser (2007). *How Nature Designed our Universal Sense of Wright and Wrong*. New York: Harper Parennial.

Wichtig ist jedoch, dass manche Inhalte durchaus durch einfache Konditionierungen oder ein »Üben ohne verstanden zu haben« erlernt werden können und dass dies auch noch im höheren Alter möglich ist. Entscheidend ist, und das muss immer neu wiederholt werden, dass bei einem Lernprozess Neuronen in genügend großem Umfang verschaltet werden.

Unter-
schiedliche
Arten
des Lernens

Vor psychologischem Hintergrund gibt es verschiedene Einteilungen der unterschiedlichen Arten des Lernens. Hier soll die Einteilung von Asanger und Wenniger gebraucht werden.[76] Sie unterscheiden:

• Lernen durch Assoziation (auswendig lernen)
• Lernen durch Konditionierung (klassisch und operant)
• Lernen am Modell (Imitationslernen)
• Lernen durch Einsicht (kognitives Lernen)

Nachfolgend werden diese vier Arten des Lernens beschrieben.

1.5.2.1 Assoziatives Lernen

Beim assoziativen Lernen kommt es zu einer mechanischen Verknüpfung von Bewusstseinsinhalten. Hierzu gehört z.B. die Verbindung eines Begriffes mit dem Begriffsnamen. Dabei ist dieser Name in der Regel sinnlos und muss einfach auswendig gelernt werden. So müssen z.B. beim Erlernen einer ersten Fremdsprache deutsche Wörter mit denen einer unbekannten Sprache verbunden werden, etwa das deutsche Wort »der Baum« mit dem französischen

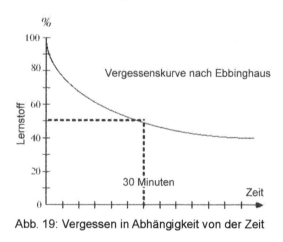

Abb. 19: Vergessen in Abhängigkeit von der Zeit

76 R. Asanger, G. Wenniger (1994). *Handwörterbuch Psychologie*. Weinheim: Beltz PVU, S. 393.

74

»l'arbre«. Für die meisten Schüler ist dieser Zusammenhang sinnlos und muss mechanisch durch Übung assoziiert werden. Wenn jedoch eine weitere (romanische) Fremdsprache hinzukommt, wird z.b. das Erlernen des spanischen Wortes »el arbol« schon wesentlich einfacher und es ist keine Assoziation im Sinne von sinnlosen Silben mehr notwendig.

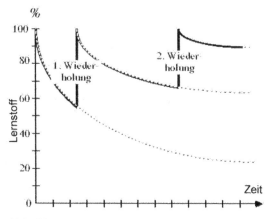

Abb. 20: Vergessen in Abhängigkeit von der Zeit

Kleine Kinder lernen überwiegend auswendig, ohne den Sinn dessen, was sie gelernt haben, zu verstehen. In früheren Zeiten war dieses »Pauken« von unverstandenen Texten an der Tagesordnung. In der Pädagogischen Psychologie spricht Gagné bei dieser Art des Lernens von »verbalen Ketten« und Ausubel vom »mechanischen Lernen«.

Auswendig lernen, ohne den Sinn verstanden zu haben

Der deutsche Psychologe Hermann Ebbinghaus (1850–1909) hat bei seinen Untersuchungen zum Erlernen von sinnlosen Silben mit der experimentellen Erforschung des Gedächtnisses begonnen und war der Entdecker der Lernkurve und der Vergessenskurve (Abb. 19).

Diese Ergebnisse gelten allerdings nur für sinnlose Silben, wenn wir uns mühsam etwas eingeprägt haben, z.b. neue Vokabeln, und diese so lange wiederholt haben, bis wir sie wirklich können, sie aber noch nicht endgültig gespeichert sind: Nach ca. ½ Stunde ist die Hälfte der Vokabeln aus dem Gedächtnis verschwunden. Die Vergessenskurve wird danach etwas flacher, aber es fehlen immer noch ca. 20 % des eingepaukten Stoffs.

Einige Zeit nahm man an, dass ein deutliches Überlernen den Anteil des Behaltenen erhöhen würde. Aber die Ergebnisse waren ungünstig, sodass man heute empfiehlt, nur so lange zu lernen, bis man den Lernstoff gerade eben beherrscht, um dann eine Pause einzulegen.

Eine deutliche Verbesserung kann jedoch durch Wiederholen erreicht werden, getreu dem lateinischen Sprichwort »repetitio est mater studiorum« (Abb. 20). Mit massierten Wiederholungen im Anschluss an die erste Lernphase können wir allerdings die Vergessenskurve nicht überlisten. Ohne Ungeduld sollte man deshalb den neu gelernten Inhalt zunächst seinem »Schicksal« überlassen und in Kauf nehmen, dass ein Teil davon verloren geht. Nach einer geeigneten Zeit (»Man sollte mal eine Nacht darüber schlafen ...«) wird eine erste Wiederholung durchgeführt und der Stoff wieder auf 100%ige Beherrschung gebracht, um ihn dann wieder gelassen zur Seite zu legen. Auch jetzt werden wieder einige Teilinhalte des eben Wiederholten verloren gehen. Doch der Abfall der Vergessenskurve ist beim zweiten Durchgang nun nicht mehr so steil wie nach dem ersten Lernen. Die Halbwertszeit ist wesentlich länger geworden und wir können einen viel längeren Zeitraum verstreichen lassen, ehe wir wieder mit einer weiteren Wiederholung die verloren gegangenen Inhalte »einfangen«. Auf diese Art und Weise können insbesondere Sachverhalte, die man nicht gleich verstanden zu haben braucht (oder nicht verstehen kann) am günstigsten erlernt werden.

*Wieder-
holungen
sind
hilfreich*

Fazit für die Arbeit an der Persönlichkeit

*Übung
ist not-
wendig*

Im ersten Augenblick scheint es, dass das Assoziationslernen wenig mit der Arbeit an der Persönlichkeit zu tun hat, weil wir doch in den meisten Fällen die Hintergründe für die Entstehung des Verhaltens erkennen wollen und meinen, wir könnten nur dann weiterkommen, wenn wir diese wüssten.

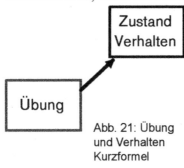

Abb. 21: Übung
und Verhalten
Kurzformel

Die Kausalitäten, die zur Persönlichkeitsstruktur geführt haben, zu erforschen, ist jedoch eine äußerst schwierige Angelegenheit, die zudem mit vielen Irrtümern verbunden sein kann (z.B. das weiter hinten behandelte »False-Memory-Syndrom«). So gesehen ist das Assoziationslernen eine gute Möglichkeit, an der Änderung der Persönlichkeit zu arbeiten – auch wenn man nicht weiß, wie diese entstanden ist.

Ähnlich den Fingerübungen beim Erlernen des Klavierspielens, wo der Lehrer vorgibt, wie der Schüler zu spielen hat, ist es auch hier: Es geht um das Einüben einer neuen (Ziel-)Persönlichkeitsstruktur. Das bedeutet, sich so zu verhalten, wie es der Zielvorstellung entspricht, und dann ohne viel zu überlegen zu üben – und immer wieder zu üben. Dabei empfiehlt es sich, wie im 3. Kapitel des Buches noch genauer gezeigt wird, das Gesamtziel in einzelne *Lernen* Teilziele zu zerlegen, immer wieder Pausen einzuhalten und, wenn *auch ohne* Rückschläge erlebt werden, danach wieder weiterzumachen. *immer den* Auch in manchen wissenschaftlichen Disziplinen ist ein der- *Sinn zu* artiges Vorgehen angebracht. Bei einem solchen »heuristischen« *verstehen* Ansatz nähert man sich – ohne den genauen Lösungsweg zu kennen – schrittweise dem Ziel an und behandelt Teilziele als vorläufige Lösungen.

Eines ist sicher: Lernen durch Üben braucht Geduld – wie alle anderen Lernarten auch.

1.5.2.2 Reiz-Reaktions-Lernen (klassische Konditionierung)

Häufig wird die klassische Konditionierung als »einfache« und deshalb auch nicht so wichtige Art des Lernens beschrieben. Meines Erachtens ist diese Aussage jedoch deshalb nicht korrekt, *Es gibt* weil es praktisch gesehen eine der wichtigen Möglichkeiten ist, *keine* Neuronen im Sinne von Verbindungsstärken zu verschalten und *»besseren«* damit nach dem Konditionierungsprozess ein neues Verhalten zu *Lernarten* zeigen. Diese »einfache« Art des Lernens muss deshalb genauso verstanden und eingesetzt werden, um an der Persönlichkeitsstruktur zu arbeiten, wie die anderen auch.

Der russische Physiologe und Nobelpreisträger Iwan Pawlow (1849–1936) war der Erste, der das Phänomen der klassischen Konditionierung zu Beginn des 20. Jahrhunderts im Zusammenhang mit dem »bedingten Reflex« beschrieb. Aufgegriffen wurde dies von Watson in den USA (1925) und als Verknüpfung von Reiz und Reaktion erklärt.

Pawlow studierte bei seinen Experimenten den Verdauungsapparat des Hundes. Er wusste, dass Hunde schon beim Anblick und Geruch der Nahrung mit einer erhöhten Produktion von Speichel im Maul reagieren. Er beobachtete jedoch, dass auch bestimmte andere Reize, wie z.B. der Anblick des Futternapfes, bei einem Hund die gleiche Reaktion hervorriefen. Pawlow stellte sich dann die Frage, ob sich dieses Phänomen auch experimentell wiederholen ließ und prüfte seine Vermutung in einer Serie von Versuchen an Hunden. Dabei kam er zu folgendem Ergebnis:

1. *Situation vor dem Experiment*
   Hunde reagieren auf den Anblick von Futter mit einer vermehrten Speichelbildung. Dabei handelt es sich um einen natürlichen und angeborenen Reflex. Der Reiz Nahrung, der auch als unkonditionierter Reiz oder unkonditionierter Stimulus (UKS) bezeichnet wird, löst die Reaktion Speichelfluss aus, die man unkonditionierte Reaktion (UR) nennt.

2. *Versuchsablauf*
   Pawlow verwendete bei seinen Versuchen ein Klingelzeichen, das für den Hund ein neutraler Reiz war, auf den dieser natürlich nicht mit Speichelbildung reagierte. Jetzt arrangierte Pawlow den Versuchsablauf in der Weise, dass zusammen mit der Verabreichung des Futters stets ein Klingelzeichen ertönte. Der Hund reagierte beim Anblick oder Geruch des Futters wie bisher mit vermehrtem Speichelfluss. Nachdem Pawlow den Vorgang einige Male wiederholt hatte, kam es auch dann zur erhöhten Speichelproduktion, wenn das Klingelzeichen ohne das Futter dargeboten wurde.

3. *Situation nach dem Experiment*
   Der Hund hatte gelernt, auf das Klingeln zu reagieren. Obwohl dieses ursprünglich ein neutraler Reiz war und mit dem Futter selbst nichts zu tun hatte, führte der Klingelton nach dem Experiment zuverlässig zur erhöhten Absonderung von Speichel. Aus dem neutralen Reiz war ein konditionierter Reiz bzw. Stimulus (KS) geworden, der zur konditionierten Reaktion von Speichelfluss führte.

Später konnten Pawlow und andere zeigen, dass man den Klingelton weiterhin mit anderen Tönen konditionieren konnte, diese wieder mit andern Signalen – so lange, bis die ursprünglichen Zusammenhänge überhaupt nicht mehr ersichtlich waren. Weiterhin wurde erkannt, dass ein durch klassische Konditionierung erlerntes Verhalten nicht immer auf Dauer bestehen bleibt. Wenn z.B. eine längere Serie des konditionierten Reizes (Glockenton) ohne Verbindung mit dem unkonditionierten Reiz der Nahrung geboten wird, wird die konditionierte Reaktion des Speichelflusses geschwächt oder ganz gelöscht. Dieser Vorgang wird als Extinktion (Löschung) bezeichnet. Die Menge des abgesonderten Speichels ist dabei abhängig vom Grad der Konditionierung: Je stärker die Konditionierung ist, desto stärker ist der Speichelfluss. Werden jedoch nach einer Ruhepause erneut Futter und Glockenton gemeinsam angeboten, dann tritt die erlernte Reaktion schnell wieder auf.

Fazit von Pawlows Experiment

Pawlow schloss aus den gefundenen Zusammenhängen, dass das Tier gelernt hatte, den Klang der Glocke mit dem Reiz des Nahrungsmittels zu verbinden (d.h. zu konditionieren). Man konnte demnach mit der Glocke den Hund so weit bringen, dass er »wusste«, dass er jetzt gefüttert werden sollte.

Zwei getrennte Sachverhalte werden verbunden

Auch bei Menschen?

In unserem Zusammenhang zur Arbeit an der Persönlichkeitsstruktur muss allerdings gefragt werden, ob die Ergebnisse eines solchen Tierversuches auch auf Menschen übertragen werden können. Hierzu hat schon in der Mitte des 20. Jahrhunderts der amerikanische Psychologe John B. Watson (1878–1958) in einem Experiment gezeigt, dass z.B. menschliche Angstreaktionen klassisch konditioniert werden können.

Albert lernt die Furcht vor der Maus

Dem elf Monate alten Albert wurde eine weiße Maus gezeigt. Das Kind zeigte keine Furcht, es kroch zu ihr und wollte mit ihr spielen. Seinem Annäherungsverhalten folgte jedoch ein lauter Knall (unkonditionierter Reiz), der eine Schreckreaktion (unkonditionierte Reaktion) auslöste. Der Junge fing unmittelbar darauf an zu weinen. Weitere Annäherungen waren stets mit der gleichen Folge verbunden. Schließlich genügte es, dem Kind die weiße Maus (als inzwischen konditionierten Reiz) zu zeigen, um Furcht und Schrecken bei ihm hervorzurufen.

Diese Furcht verallgemeinerte das Kind später auf andere Pelztiere oder Männer mit Bart.

Auch Menschen können durch klassische Konditionierung lernen

Wir können davon ausgehen, dass es nur sehr wenige Grundängste gibt, mit denen ausgestattet wir geboren werden (Dunkelheit, laute Töne, flimmerndes Licht, bestimmte Gerüche usw.), und dass viele der Angstzustände, unter denen wir im Erwachsenenalter leiden, im Sinne einer klassischen Konditionierung entstanden sind, die sich teilweise so weit generalisiert hat, dass die ursprünglichen Auslöser nicht mehr bekannt sind.

Ähnliches gilt auch für die klassische Konditionierung mit anderen Gefühlen, z.B. mit Freude, Wut, Trauer und Depression usw. Wawrinowski (1985, 77)[77] leitete davon pädagogische Konsequenzen ab und in der klassischen Verhaltenstherapie wird dieses Konzept mit großem Erfolg (z.B. als Gegenkonditionierung) eingesetzt. Insbesondere bei der Therapie von starken Angststörungen ist die klassische Konditionierung die Methode der Wahl.

Fazit für die Arbeit an der Persönlichkeit

Das Lernen durch klassische Konditionierung ist eine oft unterschätzte Lernart zur Veränderung der Persönlichkeit.

Wie beim Lernen durch Assoziation ist auch hier nicht unbedingt das Verständnis der Zusammenhänge notwendig, die zur

77 U. Wawrinowski (1985). *Grundkurs Psychologie – Eine Einführung für Berufe im Gesundheitswesen*. München: Bardtenschlager.

Entstehungsgeschichte der Persönlichkeitsstruktur geführt haben. Es genügt, wenn man ein erwünschtes Verhalten (zu gleicher Zeit) mit demjenigen zusammenbringt, das man ändern möchte, und damit zwei Zustände, die bisher nichts miteinander zu tun hatten, konditioniert. So kann man beispielsweise, wenn man an der Verringerung der Angst arbeiten möchte, gleichzeitig dann, wenn die Angst auftritt, eine positive, gegenteilige Erfahrung anbieten. Das Gegenteil der Enge[78] und Verspannung bei Angst sind z.B. Entspannungsübungen.

Man muss die Zusammenhänge nicht verstanden haben

Ein praktischer Fall der klassischen Konditionierung ist auch das Fehlen von positiven Gefühlen bei bestimmten kognitiven Sachverhalten, z.B. dann, wenn Menschen sagen, dass sie zwar eine Sache »im Kopf« hätten – jedoch keine Gefühle dazu empfänden. In einem solchen Falle ist es hilfreich, immer dann, wenn der Gedanke »im Kopf« ist, gleichzeitig etwas anzubieten, das im bisherigen Leben positive Gefühle ausgelöst hat (z.B. ein Bild, ein Geruch o.Ä.). Auf diese Art und Weise wird dann der kognitive Sachverhalt mit guten Gefühlen konditioniert.

Beispiel: Mangelnde Gefühle

Ähnlich verhält es sich auch dann, wenn man negative Gedanken einfach abstoppt und sie damit von den Gefühlen trennt. Wie weiter oben beschrieben, werden sie dann – da gleichzeitig die negativen Gefühle ausbleiben – im Laufe der Zeit gelöscht. Wenn dann zusätzlich zum Gedankenstopp gleichzeitig noch ein positives Gefühl angeboten wird (z.B. ein lieb gewordenes Erinnerungsfoto), kommt es nicht nur zur Löschung, sondern zu einer positiven Gegenkonditionierung.

Gedankenstopp

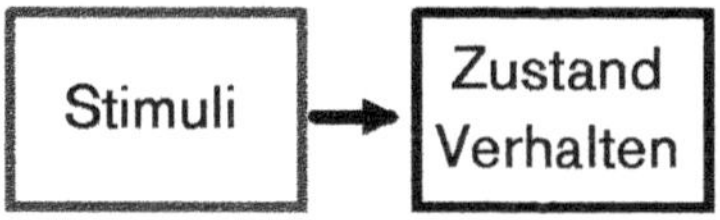

Dass die klassische Konditionierung auch manipulativ eingesetzt werden kann, sei hier am Rande erwähnt. So ist es für die Werbeindustrie recht einfach, eine für den Fernsehzuschauer positive Situation gleichzeitig mit ihrem Label zu konditionieren – um damit immer dann, wenn man dieses Produkt angeboten sieht, wiederum dieses positive Gefühl zu erreichen.

| Stimuli | → | Zustand |
| | | Verhalten |

Abb. 22: Stimulus (Reiz) und Verhalten Kurzformel

Gefahr der Manipulation

---

78 *Angst* und *eng* hängen etymologisch zusammen.

1.5.2.3 Instrumentelles Lernen
(operantes Konditionieren)

Mit dem klassischen Konditionieren kann eine Reihe von Lernergebnissen nicht erklärt werden. Dazu gehören z.b.

- das Entstehen von ganz neuen Verhaltensweisen, die bisher nicht zum Verhaltensrepertoire eines Individuums gehörten (z.B. sich durchsetzen lernen).
- Verhaltensweisen, die unabhängig von vorausgehenden Stimulusbedingungen sind.

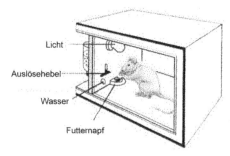

Licht

Auslösehebel

Wasser

Futternapf

Abb. 23: Die »Skinner-Box«

Hier setzten die Untersuchungen amerikanischer Psychologen ein. Nachdem Thorndike mit dem »Lernen am Erfolg« das Prinzip der Verstärkungstheorien entdeckt hatte, beschrieb insbesondere Burrhus Frederic Skinner (1904–1990) ab 1930 die operante Konditionierung, die heute »Instrumentelles Lernen« genannt wird.

Bekannt geworden sind die Tierversuche Skinners, die er mit Tauben und Ratten durchführte. Dazu entwickelte er eine Experimentalsituation, die schnell als »Skinner-Box« bekannt wurde (Abb. 23).

Skinners Versuche mit Ratten und Tauben

Das Versuchstier, hier eine Ratte, kann sich durch Drücken eines Hebels Futter beschaffen. Das Futter bzw. Wasser als Belohnung erfolgt nur unter bestimmten Bedingungen (Drücken des Hebels). Diese Art, sich Futter zu beschaffen, muss das Tier erlernen. Der Kasten schirmt den Versuch gegen Störgeräusche von außen ab. Mit dieser Apparatur wurde die operante Konditionierung untersucht, also diejenige Art des Lernens, die durch Verstärkung bzw. Belohnung gesteuert wird.

Skinner entdeckte bei seinen Experimenten, dass die Häufigkeit der Hebeldrücke seiner Ratten oder Tauben nicht allein von vorhergehenden Stimuli abhängig war (wie dies Pawlow und Watson bei der klassischen Konditionierung betont hatten), sondern vor allem von Reizen, die erst nach einem Hebeldruck folgten. Er untersuchte also Verhaltensweisen, die nicht (wie die Reflexe) nach dem relativ starren Prinzip »Reiz – Reaktion« abliefen, sondern durch Umwelteinflüsse (sprich: die auf eine Reaktion folgenden Konsequenzen) beeinflusst wurden, z.B. durch eine Futterbelohnung. Skinner prägte für die auf diese Weise beim Testtier aufgebauten Bewegungsabfolgen den Fachausdruck »operantes Verhalten«. Den Vorgang, in dessen Verlauf das operante Verhalten erzeugt wird, bezeichnete er als »operante Konditionierung«. Skinners Theoriekonzept war, dass man nicht wissen könne, was mental bei solchen Prozessen abläuft. Heute wissen wir, wie weiter oben beschrieben wurde, dass es sich um eine Verschaltung von Neuronen handelt, die bei jeder Art des Lernens biologisch auf dieselbe Weise entsteht. Skinners euphorische Überzeugung, durch operante Konditionierung auch komplexe Sachverhalte lernen zu können, konnte nicht bestätigt werden, was die Zeit der »kognitiven Wende« einläutete. Allerdings gibt es eine Fülle von Lernzielen, die mit dem operanten Konditionieren erreicht werden können und Skinner hat auch viel dazu beigetragen, den Lernstoff in kleine Einzelheiten zu zerlegen, die nacheinander zusammengefügt werden können (»programmiertes Lernen«).

Skinner geht von einer »Black Box« aus

Bei der operanten Konditionierung bzw. dem instrumentellen Lernen muss das erwünschte Verhalten (oder zumindest Teile davon) zuerst einmal ansatzweise von der lernenden Person gezeigt werden, d.h., es muss im Bereich ihrer Möglichkeiten liegen. Dann geht es darum, wie beim Assoziationslernen und dem Lernen durch klassisches Konditionieren, dieses Verhalten immer wieder zu wiederholen, um die Neuronen in großer Zahl zu verschalten. Ob dieses Verhalten häufig wiederholt wird, entscheiden die Konsequenzen, die darauf folgen, z.B. Belohnung oder Strafe. Man spricht deshalb von einem »instrumentellen« Verhalten, weil dieses durch die nachfolgenden Instrumente beeinflusst bzw. gesteuert wird. Dabei ist wichtig, dass diese Konsequenzen möglichst sofort nach dem entsprechenden Verhalten erfolgen sollten.

Ansätze müssen vorhanden sein

Welche Konsequenzen sind möglich?

Verstärker:
Belohnung
und Strafe

Unter einem Verstärker versteht man jede dem Verhalten folgende Konsequenz, die die Verhaltenshäufigkeit steigert. Unter einer Bestrafung versteht man jeden dem Verhalten folgenden Stimulus, der die Verhaltenshäufigkeit mindert. Damit wird deutlich, dass man – zumindest im wissenschaftlichen Sinne – diese beiden Arten der Konsequenz nicht bewerten darf, also auch die Strafe ihren Sinn bzw. Effekt hat.

Ganz allgemein gilt, dass
* Verstärkung eher ein defizitär vorhandenes Verhalten aufbaut,
* Bestrafung eher ein exzessiv vorhandenes Verhalten abbaut.

Nachteil
der Strafe

Dass Strafen dennoch Nachteile haben können, zeigt sich daran, dass neben der operanten Konditionierung, die beim Abbau des Exzesses wirksam wird, gleichzeitig eine klassische Konditionierung eintritt, die die strafende Person oder Institution negativ konditioniert. Wenn etwa Kindern mit Gott als dem »Aufpasser« gedroht wird, der straft, wenn man einen Fehler macht, und der immer darüber wacht, dass man ja keinen Fehler macht, dann wird das Kind zwar weniger Fehler machen – aber gleichzeitig Mühe haben, zu Gott eine vertrauensvolle Beziehung zu entwickeln, weil es die angstbesetzte Beziehung klassisch konditioniert hat.

Vor diesem Hintergrund ist es sicherlich sinnvoll, eine ggf. zum Abbau des Verhaltensexzesses notwendige Strafe von nahen Beziehungspersonen zu trennen.

Man kann zwischen primären und sekundären Konsequenzen unterscheiden. Primäre Konsequenzen hängen mit biologischen Bedürfnissen zusammen (z.b. Nahrung, Schmerz usw.). Sekundäre bzw. auch soziale Konsequenzen (z.b. Geld, Lächeln, soziale Anerkennung, strafende Blicke usw.) spielen bei Erwachsenen eine größere Rolle als primäre Konsequenzen. Sie sind auch leichter und unmittelbarer einsetzbar, erfordern jedoch vom Lernenden ein Erkennen der Konsequenz als Verstärker oder als Strafe.

Es sind vier unterschiedliche Konsequenzen möglich:
1. **Positive Verstärkung (C⁺):** Durch einen positiven Verstärker kommt es zu einer Erhöhung der Auftretenswahrscheinlichkeit des gewünschten Verhaltens. Ein Beispiel hierfür ist die Belohnung, die ich mir selbst gebe (z.b. ein Stückchen Schokolade), nachdem ich das Kapitel in einem Buch zu Ende gelesen habe. Als Konsequenz habe ich nach einigen Übungen gelernt, das Kapitel auch ohne Belohnung bis zum Ende zu lesen.
2. **Wegnahme der Verstärkung (Ȼ⁺):** Hier folgt auf das Verhalten ein Ausbleiben eines unangenehmen Ereignisses (Verstärker). Ein Beispiel hierfür wäre die Drohung des Chefs, dass keine Gehaltserhöhung möglich ist, wenn keine Überstunden gemacht werden. Diese Drohung wird nicht verwirklicht, weil der Mitarbeiter dann doch mehr arbeitet. Auch das Vermeidungsverhalten wird durch Wegnahme der Verstärkung aufrechterhalten. Menschen vermeiden beispielsweise die Fahrt mit dem Fahrstuhl und gehen zu Fuß die Treppen hoch, weil sie Angst vor der Enge dort haben (Klaustrophobie). Dadurch wird allerdings verhindert, dass die Angstreaktion in Fahrstühlen verlernt werden kann.
3. **Bestrafung durch negative Reize (C⁻):** In dieser Form des Lernens folgt dem Verhalten ein unangenehmes Ereignis, also eine Bestrafung. Ein Mitarbeiter wird, weil er sich nicht angemessen verhält, von seinen Kollegen nicht mehr zu Geselligkeiten eingeladen bzw. durch Isolation bestraft. Er wird sich danach anstrengen und sein Verhalten ändern. Oder wer zu schnell fährt, sieht das Blitzlicht, das ein Foto macht, das zum Strafzettel führt. Er wird sofort langsamer fahren. Wie schon weiter oben angeführt, kann bei einer zu strengen Bestrafung die strafende Person oder Institution im Sinne einer klassischen Konditionierung eine negative Bedeutung bekommen.
4. **Bestrafung durch Entziehung positiver Reize/Löschung (Ȼ⁻):** Auf das Verhalten folgt weder ein unangenehmes noch ein angenehmes Ereignis. Ein Mitarbeiter zieht – um aufzufallen – ungewöhnliche Kleidungsstücke an. Die Kollegen und

Vorgesetzten ignorieren sein Äußeres und es kommt somit zur Löschung. Er kann damit keine weitere Aufmerksamkeit erregen. Ein weiteres Beispiel ist die Reaktion auf ein Fehlverhalten mit »Liebesentzug«, dem Entzug bereits versprochener Belohnungen usw.

Man kann die vier Konsequenzen in einer Matrix zusammenstellen:

	Geben	Nehmen
Belohnung	C^+ Positive Verstärkung (Belohnung)	C^+ Löschung (Extinktion)
Strafe	C^- Negative Verstärkung (Strafe)	C^- Entlastung von Strafe

Fazit für die Arbeit an der Persönlichkeit

Ist instrumentelles Lernen nur eine »Dressur«?

Auch das instrumentelle Lernen ist eine in unserer derzeitigen Gesellschaft nicht durchweg anerkannte Lernart; nicht selten wird sie mit »Dressieren« verglichen. Wir müssen jedoch auch bei dieser Art des Lernens festhalten, dass Neuronen im Sinne von Verbindungsstärken verschaltet werden und dass es für den Lernerfolg unwichtig ist, auf welchem Wege diese Verschaltung erreicht worden ist. D.h., es ist eine wirksame Art der Verstärkung, durch die auch die Persönlichkeitsstruktur verändert werden kann. Die positive Verstärkung führt dabei zum Aufbau eines zu wenig vorhandenen Verhaltens, die negative

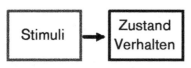

Abb. 24: Konsequenz und Verhalten
Kurzformel

Verstärkung zum Abbau eines exzessiven Verhaltens. Auch die Löschung lässt das exzessive Verhalten verringern, wenn auch weniger stark als eine negative Verstärkung.

86

Im Unterschied zum Lernen durch Assoziation und zur klassischen Konditionierung kann das instrumentelle Lernen – insbesondere was unser Thema der Persönlichkeitsentwicklung anbelangt – erfolgreich im Selbstmanagement[79] stattfinden. Damit ist gemeint, dass der Lernende die Verantwortung für die Erreichung der Lernziele selbst in die Hand nimmt und den Lernerfolg damit auch eigenverantwortlich steuern kann. Ein solches eigenständiges instrumentelles Lernen findet natürlich nur dann statt, wenn der Lernende motiviert ist, die spezifischen Konsequenzen herbeizuführen.

Einsatz beim Selbstmanagement

Auch bei der Selbstverstärkung und Selbstbestrafung geht es um ein Management der Konsequenzen des Verhaltens. Instrumentelles Lernen ist motiviert und zielgerichtet, aber eng an bestimmte Situationen bzw. mögliche Konsequenzen gebunden. Im Unterschied dazu ist das planvolle Handeln durch Flexibilität gekennzeichnet und kann eher in neuartigen Situationen angewandt werden.

Buchführung

In der Praxis führt eine ausgefeilte Buchführung der Konsequenzen oft zum schnellen Erfolg. Auch Verträge und insbesondere das Selbstmanagement mit Tagebüchern, in denen die Erfolge quantitativ aufgezeichnet werden, sind heute wichtige Wege bei der Arbeit an der Persönlichkeit.

1.5.2.4 Die Kontingenzen bei Verstärkung und Strafe

Im Rahmen seiner Forschungsarbeiten hat Skinner festgestellt, dass nicht nur die Konsequenzen alleine eine wichtige Rolle zum Erreichen des Lernzieles spielen, sondern auch die Art und Weise, wie diese Verstärker angeboten werden. Man spricht von der Kontingenz der Konsequenzen.

Die Kontingenz wird oft unterschätzt

In der Praxis wird dieser Aspekt oftmals zu wenig beachtet, er ist jedoch von sehr großer Wichtigkeit. Seelsorger, Psychothera-

---

79 Klaus Grawe hat bei seinen Wirksamkeitsstudien der unterschiedlichen Therapieformen gezeigt, dass das Selbstmanagement ein wichtiger Prädiktor für den Erfolg einer Psychotherapie ist. K. Grawe u.a. (1994). *Psychotherapie im Wandel.* Göttingen: Hogrefe S. 695ff.

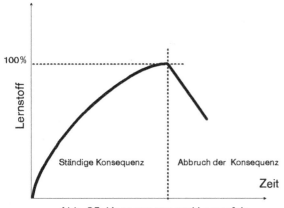

Abb. 25: Konsequenz und Lernerfolg

peuten und Berater kennen die Ungeduld ihrer Ratsuchenden, wenn bei ihnen nicht ein schneller Erfolg eintritt. Nicht selten halten sie dann die Pläne, die im Sinne von Lernprozessen ja immer auf eine längere Zeit hin angelegt sind, nicht ein, suchen bei anderen Menschen Rat usw. So ist es dann nicht verwunderlich, wenn Erfolge wegen mangelnder Kontingenz ausbleiben.

Was ist mit Kontingenz gemeint?

Kontingenz (von lat. contingere) meint ursprünglich das zeitlich unvorhergesehene Zusammenfallen zweier Ereignisse. Es wird damit aber auch ausgedrückt, dass ein Status der Ungewissheit und Offenheit möglicher künftiger Entwicklungen besteht.

Bei Lernprozessen ist die spezielle Beachtung der Durchführung der Belohnung oder der Strafe (in welcher Reihenfolge, mit welcher Regelmäßigkeit bzw. welchen zeitlichen Pausen usw.) als ebenso wichtig anzusehen wie die Konsequenzen selbst.[80]

Kontingenz-pläne Diese Erkenntnis führt zur Konzeption von ausgefeilten Kontingenzplänen, wobei folgende Erfahrungen beachtet werden sollten:

- Um den erwünschten Zustand als Lernerfolg zu erreichen, ist eine konsequente Reaktion auf das gezeigte Verhalten nötig (Lob, Strafe etc.). Das bedeutet, dass man möglichst jedes Mal reagieren sollte.

---

80 Dies hat Kanfer in seiner Formel SORKC herausgearbeitet, in der das K (Kontingenz) eine eigenständige Bedeutung erhält. Vgl. C. Hillenbrand (2005). *Einführung in die Pädagogik bei Verhaltensstörungen.* Stuttgart: UTB.

- Das Ziel wird durch eine solche Kontingenz schnell erreicht, ist jedoch (ähnlich dem Lernen durch Assoziation) nach Abbruch der Konsequenz noch nicht genügend stabil, weil noch zu wenig Verschaltungen bzw. Verbindungsstärken bei den Neuronen aufgebaut worden sind.

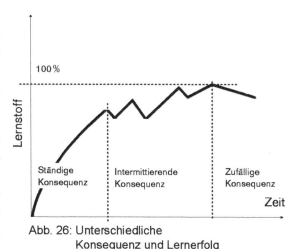

Abb. 26: Unterschiedliche Konsequenz und Lernerfolg

- Weil eine andauernde ständige von außen kommende Konsequenz in den meisten Fällen nicht möglich ist, muss nach Wegen gesucht werden, das erreichte Ziel zu stabilisieren. Würde überhaupt keine Konsequenz erfolgen, käme es im Laufe der Zeit zu einer Löschung.

- Eine intermittierende Verstärkung, bei der die Intervalle zwischen den Konsequenzen am Anfang klein und später immer größer werden, bis die Konsequenzen am Ende nur noch zufällig erfolgen, verspricht den besten Lernerfolg (vgl. Abb. 26).

Neben der zeitlichen Strategie des Angebots der Konsequenzen ist bei den Überlegungen zur Kontingenz die Motivation des Lernenden ein wichtiger Faktor. Während bei Kindern externale Konsequenzen zumeist das Mittel der Wahl sind (Süßigkeiten, Geschenke, Geld, Lob und Tadel, evtl. auch Sammelmarken, die später eingelöst werden können), ist es bei Erwachsenen sinnvoll, zu einer internalen Konsequenz zu kommen. Die Art dieser Belohnung bzw. auch Bestrafung ist sehr deutlich von der Persönlichkeitsstruktur des jeweiligen Lernenden abhängig. Weil – wie oben beschrieben – grundsätzlich jeder Mensch von seiner biologischen Ausstattung her motiviert werden kann, ist es hilfreich, den für ihn spezifischen Motivator zu kennen.

Kontingenz und Motivation

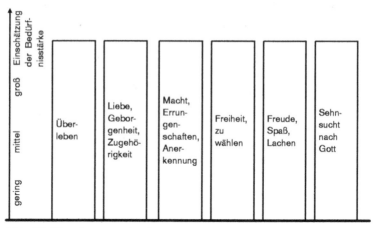

Abb. 27: Einschätzung der Grundbedürfnisse

Grund-
bedürfnisse
in der
Reality-
Therapie

Aus den humanistischen Psychotherapien ist bekannt, dass Menschen ganz unterschiedliche »Strebungen« haben. Hierzu gehören u.a. die bereits erwähnten klassischen Ansätze von Alfred Adler und Abraham Maslow. Um die bevorzugte Art der Motivation für den Lernprozess zu erkennen, ist das Adler'sche Konzept zu allgemein und das Maslow'sche zu sehr hierarchisch aufgebaut.[81] Neuere Ansätze, wie z.b. von Steven Reiss[82], der mit einer Faktorenanalyse 18 unterschiedliche Strebungen gefunden hat, sind für die Praxis zu aufwendig. Hier schlage ich als Kompromiss die Verwendung der fünf Grundbedürfnisse vor, wie sie William Glasser[83] in seiner Choice Therapy bzw. Reality Therapy gebraucht. Sie sind nicht hierarchisiert und können auch nebeneinander bestehen.

Abb. 27 zeigt einen Einschätzbogen mit diesen Grundbedürfnissen. Zusätzlich habe ich gemäß unserer biblisch-ganzheitlichen Anthropologie die Sehnsucht nach Gott (Psalm 42,2) hinzugenommen.

81 Bei Maslow könnte man z.B. nur dann an Gott glauben, wenn die vorangegangenen Bedürfnisse gestillt sind, was nachweislich nicht der Fall ist.
82 S.P. Reiss (2008). *The Normal Personality. A New Way of Thinking About People.* Cambridge: University Press.
83 Vgl. W. Glasser (1982). *Identität und Gesellschaft.* Weinheim: Beltz.

90

Fazit für die Arbeit an der Persönlichkeit

Es kommt für den Lernerfolg nicht nur auf die Konsequenzen alleine an, sondern auch auf die Art und Weise, wie diese angeboten werden.

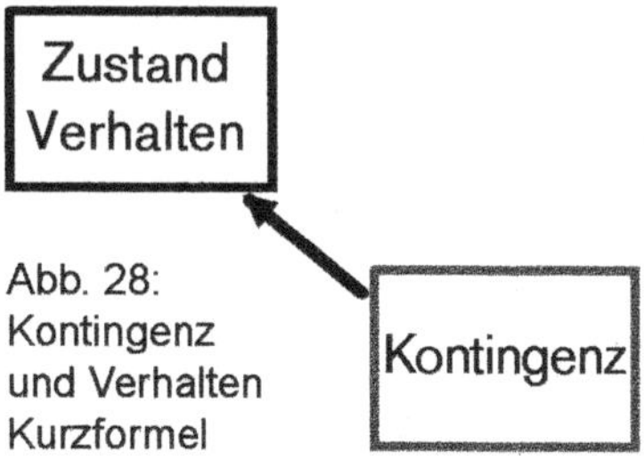

So ist zu Beginn des Lernprozesses eine konsequente Verstärkung bzw. auch Strafe erforderlich, um den gewünschten Zustand möglichst schnell zu erreichen. D.h., der Verstärker muss nach jedem erfolgreichen Ergebnis folgen. Dies gilt

Abb. 28:
Kontingenz
und Verhalten
Kurzformel

Zustand
Verhalten

Kontingenz

ebenso dann, wenn ein Exzess abgebaut werden soll. Ein praktisches Beispiel hierzu ist der Entzug von Zigaretten. Man darf nicht »ausschleichen«, sonst wird das alte Verhalten immer wieder neu verstärkt, sondern muss radikal damit aufhören.

Mit Kontingenzverträgen, die genau festlegen, welche Folgen im positiven und im negativen Sinne ein entsprechendes Verhalten hat, kann in der Praxis erfolgreich gearbeitet werden. Sehr hilfreich ist es auch, wenn möglichst viele im »System« befindliche Personen von den Lernzielen wissen, sodass alle gleichartig reagieren können.

Nicht nur die Verstärker, sondern auch wie sie angeboten werden, ist wichtig

1.5.2.5 Lernen am Modell (Imitationslernen)

Albert Bandura (geb. 1925 in Alberta, Canada) stellte bei seinen Forschungen[84] fest, dass es zu Lernprozessen kommen kann, ohne dass eine Konditionierung im klassischen oder operanten Sinne stattfindet. Bei seinen Forschungen untersuchte er die Zusammenhänge zwischen dem Verhalten von Menschen und den Modellen, die sie vorher gesehen hatten. Dabei stellte sich heraus, dass dieses Verhalten – ohne es absichtlich zu wollen – nachgeahmt wurde.

---

84 Vgl. Adelheid Kühn (2007). *Albert Bandura und seine soziale Lerntheorie – Die Abkehr vom orthodoxen Behaviorismus.* München: Grin Verlag.

Der Prozess des Lernens am Modell (Modeling-Prozess) läuft dabei in vier Stufen ab:

1. *Aufmerksamkeit*

Wer lernt, muss aufmerksam sein; umgekehrt ist jede Ablenkung hinderlich, um durch Beobachtung zu lernen. Wer müde, abgeschlafft, krank, aber auch nervös und übererregt ist, wird weniger gut lernen können. Dies gilt auch für die Ablenkung durch andere Stimuli.

2. *Festhalten (Retention)*

Man muss in der Lage sein, sich an das zu erinnern, worauf die Aufmerksamkeit gerichtet war. Hier kommen Bilder und Sprache ins Spiel. Was vom Modell beobachtet wurde, wird in Form von mentalen Bildern oder Beschreibungen gespeichert. Diese gespeicherten Inhalte können dann später wieder hervorgeholt und durch das eigene Verhalten reproduziert werden.

3. *Reproduktion*

Wer bis zu diesem Punkt gekommen ist, hat noch nichts getan außer sich zu erinnern. Jetzt geht es darum, die erinnerten Bilder oder Beschreibungen in reale Verhaltensweisen zu übersetzen. Erst damit kann das neue Verhalten reproduziert werden. Man kann den ganzen Tag geübten Rednern im Fernsehen zuschauen, ohne dadurch reden zu lernen, wenn man nicht auch selbst übt. Wenn hingegen praktisch und real geübt wird, werden sich die Fähigkeiten verbessern, besonders dann, wenn man gute Redner beobachtet, – und mit zunehmender Übung nimmt zudem die Nachahmungsfähigkeit zu.

Interessant ist dabei, dass sich die Fähigkeiten auch dann verbessern, wenn man sich nur gedanklich vorstellt, dass man handelt. Viele Athleten stellen sich zum Beispiel ihre Kür bis in alle Einzelheiten vor, ehe sie diese dann tatsächlich in die Praxis umsetzen (»mentales Training«).

4. *Motivation*

Wie schon im vorangegangenen Kapitelteil beschrieben, verläuft auch das Lernen am Modell nicht ohne eigene Motivation. Bandura sieht neben den weiter oben beschriebenen Motivationen noch die stellvertretende Verstärkung, d.h. zu sehen

Die vier Stufen des Lernens am Modell

und sich daran zu erinnern, wie das Modell verstärkt (oder bestraft) worden ist.

Bandura konnte zeigen, dass die durch das Beobachtungslernen erworbenen Verhaltensweisen sehr lange beibehalten werden, auch dann, wenn sich in der Zwischenzeit keine Gelegenheit zum Praktizieren ergibt. Er hat auch nachgewiesen, dass schon eine einmalige Darstellung des Modells genügt, um bestimmte Verhaltensweisen zu übernehmen. Besonders deutlich wird das Sozial- und Sprachverhalten durch Beobachtung erlernt. *Beobachtungslernen ist sehr stabil*

Einige der Forschungsarbeiten machten deutlich, dass die Eigenschaften des Modells sowie die Persönlichkeitsstruktur des Lernenden einen wichtigen Einfluss auf den Lernprozess und hier insbesondere auf die erste Stufe der »Aufmerksamkeit« haben. Im Folgenden sind Faktoren zusammengestellt, die das Beobachtungslernen steigern können.

a) Faktoren, die mit der Persönlichkeit des Modells zusammenhängen:

• Der soziale Status des Modells: Hat der Mensch, von dem gelernt wird, im Verhältnis zum Lernenden einen relativ hohen sozialen Status, so wird er stärker imitiert.
• Äußere Attribute: Menschen, die äußerlich einen attraktiven Eindruck vermitteln, werden eher nachgeahmt als solche, die unscheinbar wirken.
• Ähnlichkeit des Lernenden mit dem Modell: Je größer die erlebte Ähnlichkeit mit der eigenen Person ist, umso deutlicher kommt es zur Imitation. Die Nachahmung nimmt hingegen ab, je weniger das Modell einer realen Person ähnelt.
• Art des Modellverhaltens: Feindselige oder aggressive Verhaltensweisen werden relativ leicht nachgeahmt.
• Konsequenzen des Modellverhaltens: Ein beobachtetes Verhalten, das von anderen belohnt oder gebilligt wird, wird leichter übernommen. Die Wirkungen von Strafe sind nicht eindeutig.

b) Faktoren, die mit der Persönlichkeit des Lernenden zusammenhängen:

- Geringes Selbstvertrauen, Minderwertigkeitsgefühle: Personen, die ein geringes Selbstvertrauen haben oder in ihrer bisherigen Lerngeschichte für ein konformes Verhalten häufig belohnt wurden, übernehmen leichter das Verhalten ihres Vorbildes. Interessant ist, dass gerade bei der Übernahme von aggressiven Verhaltensweisen auch Verallgemeinerungen zu beobachten sind. So wird beispielsweise nach der Beobachtung von aggressivem Verhalten dieses nicht nur in einer vergleichbaren Situation demonstriert, sondern auch in ganz anderen Umständen.
- Mangelnde Kompetenz: Menschen, die das Gefühl der mangelnden Sicherheit bzw. der mangelnden Gewissheit haben, eine Sache zu beherrschen, lernen eher durch Beobachtung als andere.
- Zweifel: Wer an sich selbst zweifelt, lernt von anderen Menschen mehr durch Beobachtung als der Nichtzweifler.
- Isolation: Auch Einsamkeit und Isolation führen dazu, dass man deutlich mehr als andere Menschen durch Beobachtung lernt.

Modeling-Therapie

In der Praxis ist Bandura durch seine »Modeling-Therapie« bekannt geworden. Ihr Prinzip ist, dass man einen Menschen mit psychischer Störung dazu bringt, jemanden mit derselben Problematik zu beobachten, der mit dieser Störung produktiv umgeht. Dadurch wird die erstere Person von der zweiten am Modell lernen.

Menschen mit ähnlichen Problemen beobachten

Ursprünglich erforschte Bandura diesen Bereich mit Menschen, die eine neurotische Furcht vor Schlangen hatten. Der Klient wird zu einem Fenster geführt, von dem aus er das Labor einsehen kann. In diesem Labor befindet sich nur ein Stuhl, ein Tisch, ein Käfig auf dem Tisch mit verschlossenem Riegel und in dem Käfig gut sichtbar eine Schlange. Dann beobachtet der

94

Klient eine andere Person – einen Schauspieler – der sich langsam und unter Qualen der Schlange nähert. Zunächst wirkt er entsetzt, legt dies aber ab und sagt sich selbst, er müsse sich entspannen, normal atmen und sich Schritt für Schritt der Schlange nähern. Auf halbem Weg kann er innehalten, wieder in Panik verfallen und wieder von Neuem beginnen. Schließlich gelangt er zu dem Punkt, an dem er den Käfig öffnet, die Schlange herausnimmt, sich auf den Stuhl setzt und die Schlange um den Hals legt, während er sich weiter selbst beruhigend zuspricht. Nachdem der Klient das alles angeschaut hat, wird er ermutigt, es selbst zu versuchen. Allerdings weiß der Klient, dass die andere Person, die er beobachtet hatte, ein Schauspieler ist – er wird nicht hintergangen, sondern es geht um die Nachahmung! Und dennoch durchlaufen viele Klienten, die ihr Leben lang an dieser Phobie gelitten haben, die gesamte Routine gleich beim ersten Mal, sogar nachdem sie den Schauspieler nur einmal beobachtet hatten! Es handelt sich also um einen sehr wirksamen Lernprozess. *Die Furcht vor Schlangen wird durch Imitationslernen verringert*

Was die Therapie erschwert, ist, dass man Räumlichkeiten, Inventar, Schlangen und Schauspieler nicht so leicht beschaffen kann. Daher haben Bandura und seine Studenten verschiedene Versionen der Therapie getestet, wobei sie Aufnahmen der Schauspieler verwendeten oder den gesamten Prozess sogar nur imaginär unter Anleitung des Therapeuten stattfinden ließen. Diese Methoden funktionieren nahezu ebenso gut wie das reale Geschehen.

Sieht man das Modelllernen im weiteren sozialen Kontext, dann sollte man auch die neueren systemischen Ansätze besprechen, die nicht mehr nur vom Individuum allein ausgehen, sondern die Gruppe von Menschen, in der es sich befindet, mit einbeziehen. Dies wird im folgenden Abschnitt besonders behandelt. *Nicht nur das Individuum, sondern auch das System beobachten*

Systemischer Ansatz

Schon von Aristoteles (384–322 v.Chr.) ist der Satz bekannt: »Das Ganze ist mehr als die Summe seiner Teile.« Diese holistische Annahme, die auch unsere Anthropologie im Sinne einer lebendigen Seele kennzeichnet, führt dazu, dass nicht nur, wie bisher besprochen, die biologischen und psychischen Dimensionen bei Lernprozessen beachtet werden, sondern auch die sozialen Bedingungen des Lebens in der Gemeinschaft einbezogen werden müssen, um die Lernprozesse bzw. deren Störungen angemessen verstehen zu können.

Beim Modelllernen wird dies ansatzweise geübt, indem man die Eigenschaften des Lernenden und des Modells einander gegenüberstellt. Aber das ist zu wenig hinsichtlich der Bedeutung von Beziehungen und Kommunikation. Hier können die Forschungsarbeiten aus der Systemtheorie weiterhelfen.

Wichtiges Beispiel: Familientherapie

Im Unterschied zu den klassischen Psychotherapien gibt es hier nicht einen Begründer, sondern eine ganze Reihe von Namen und Konzepten.[85] Hierzu gehören u.a. Gregory Bateson, Paul Watzlawick und Virginia Satir aus den USA und Mara Selvini Palazzoli aus Italien. In Deutschland hat Helm Stierlin[86] die »Heidelberger Schule« begründet und im letzten Jahrzehnt Bert Hellinger[87] sein heftig umstrittenes »Familienstellen« auf den Markt gebracht. Vor naturwissenschaftlichem Hintergrund wird häufig auch die Kybernetik angeführt und im sozialen Bereich auf Niklas Luhmanns soziologische Systemtheorie[88] hingewiesen – Letztere aber wenig reflektiert.

Die Systemische Familientherapie

Der von der klassischen Systemischen Familientherapie entwickelte Ansatz sieht die Mitglieder des Systems Familie oder Arbeitsplatz (oder jedes andere organisierte System) nicht nur linear einander gegenüber, sondern zirkulär aufeinander bezogen. Diese Bezogenheit ist dann einerseits eine Ressource, die ganz neue Möglichkeiten eröffnet, sie kann aber auch andererseits zu Verhaltensstörungen führen. Im Unterschied zu

---

85 Eine Auflistung findet sich bei M. Dieterich (Hg.) (1998). *Der Mensch in der Gemeinschaft.* Wuppertal und Zürich: R. Brockhaus. S. 23ff.
86 Vgl. H. Stierlin (1976). *Das Tun des Einen ist das Tun des Anderen. Eine Dynamik menschlicher Beziehungen.* Frankfurt: Suhrkamp.
87 B. Hellinger (2007). *Das klassische Familienstellen: Ordnungen der Liebe.* Ein Kurs-Buch. Heidelberg: Carl Auer.
88 N. Luhmann (2006). *Soziale Systeme.* Frankfurt: Suhrkamp.

den herkömmlichen Störungsmodellen wird das Störverhalten eines Gruppenmitgliedes dann nicht an diesem persönlich festgemacht, sondern das System ist Ursache der Störung und der Einzelne nur Symptomträger. Konsequenterweise muss der Änderungsprozess dann auch nicht am Individuum, sondern am System erfolgen.

Es wäre zu einseitig, eine derartige systemische Kausalität generell als Störungsursache anzusehen. Das wird schnell deutlich etwa an dem neutestamentlichen Begriff von »Schuld«: Schuld ist das, was uns ganz persönlich von Gott trennt und hat mit dem System, in dem wir uns aufhalten, nichts zu tun. So kann die Lösung der Schuldfrage auch nicht vom Kollektiv, sondern nur persönlich erfolgen.

Grenzen der systemischen Therapie und Beratung

Gebraucht man die Gedanken der Systemtheorie hingegen partiell dann, wenn sie für einen Lernprozess Sinn machen, dann kann man sehr wohl einiges davon lernen. Nachfolgend deshalb eine kurze Beschreibung der Vorgehensweise einer Systemischen Beratung.

Die Systemische Beratung arbeitet mit ganzheitlichen Fragestellungen. Der Berater betrachtet dabei die vom Ratsuchenden als schwierig und konflikthaft empfundenen Situationen aus ganz verschiedenen Beziehungsebenen. Je nach Standort findet man dann auf die scheinbar gleiche Frage mehrere »richtige« Antworten.

Unter »System« werden im weitesten Sinne der Standort, das Element und seine Beziehungen zu anderen Elementen gesehen. Die Systemische Beratung ermöglicht den Beteiligten ...
- die Wahrnehmung neuer, bisher unbekannter Perspektiven
- das Verständnis für die Haltung der übrigen Beteiligten ...
- die Analyse von Mustern in Kommunikations- und Interaktionsvorgängen
- angemessene Interventionen
- die ganzheitliche Hypothesenbildung

Chancen der systematischen Beratung

Diese Zielvorstellung steuert dann den eigentlichen, auf Veränderung und Ressourcenkräftigung gerichteten beraterischen Prozess. Bei den Beratungssitzungen, die zumeist in Gruppen stattfinden, werden bei den einzelnen Schulen unterschiedliche Techniken verwendet.

Soziogramm und Genogramm

Für eine Gruppendiagnostik wird gern das Soziogramm[89] eingesetzt, bei dem die Beziehungen der Gruppenmitglieder untereinander grafisch dargestellt werden. Um die Herkunftsfamilien und deren Problematik zu diagnostizieren, wird das Genogramm erstellt, in dem die Vorfahren und wichtige Daten der Familie mit speziellen Symbolen aufgezeichnet werden.[90]

Nachfolgend einige häufig eingesetzte Techniken der Systemischen Arbeit:

Einige wichtige Techniken der systemischen Arbeit

Zirkuläre Fragen, die den Standpunkt Dritter wiedergeben
Hier wird vom Gruppenleiter ein Gruppenmitglied befragt, wie es dem anderen gehen könnte, was er oder sie empfinden könnte usw. Dadurch kommen Symptomträger zum Überlegen, ob die Antworten möglicherweise auch für sie selbst gelten könnten.

Reframing (Umdeutung), um eine andere Sicht zu bekommen
Hier wird der Blickwinkel, der die bisherige Sicht der Dinge (oder ihrer Ursachen) hat erleben lassen, verändert und der gegenwärtige Zustand mit einem anderen »Rahmen« gesehen.

Skalenfragen, um den Zustand zu operationalisieren
Allgemeine und schwammige Aussagen, auch über die Verbesserung und Verschlechterung des Zustandes, werden genauer bewertet und mit Zahlen oder zumindest unterscheidbaren Quantitäten versehen. Damit kann der Ratsuchende auch mehr zur Eigenverantwortlichkeit geführt werden.

---

89 Moreno, J.L. (1954, 2. Aufl. 1967). *Die Grundlagen der Soziometrie. Wege zur Neuordnung der Gesellschaft.* Köln und Opladen: Westdeutscher Verlag.
90 Einzelheiten zum Genogramm bei Monica McGoldrick (2002). *Genogramme in der Familienberatung.* München: Huber Verlag.

Paradoxe Interventionen, um den Ratsuchenden in Bewegung zu bringen
Es wird genau das Gegenteil dessen, was der Ratsuchende wünscht, von ihm verlangt. Oftmals öffnen solche Ratschläge die Sicht für neue Visionen, weil sie nachdenklich machen.

Metaphernarbeit, um sich eine neue Situation vorzustellen
Der Ratsuchende soll fantasievolle Geschichten erzählen, in denen die Helden gewinnen. Danach kommt es zu der Aufforderung, doch selbst so zu handeln und aus dem »wäre« ein »ist« zu machen.

Skulpturarbeit, um die Beziehungen im System auch physisch darzustellen
Es werden die Familienbeziehungen (oder die Beziehungen in einem anderen System) als Standbild dargestellt und mögliche Veränderungen dann auch physisch vorgenommen.

Fazit für die Arbeit an der Persönlichkeit

Das Lernen am Modell ist eine wichtige Methode, um Neuronen zu verschalten und damit das Ergebnis des Lernprozesses nachhaltig zu machen. Während bei den bisherigen Lernarten ein konsequentes Vorgehen wichtig war und der Lehrende als Person weniger wichtig, kommt es beim Modelllernen darauf an, dass sich die Lernperson in bestimmte soziale Situationen einfach hineinbegibt – möglicherweise ohne vorab diese Situation genauer zu reflektieren.

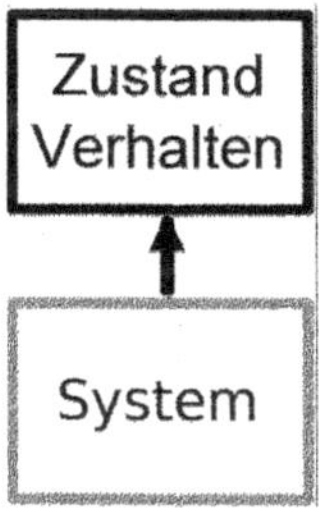

Wenn ein Mensch z.B. bei der Änderung der Persönlichkeitsstruktur an seiner Durchsetzungsfähigkeit arbeiten möchte, muss er sich Situationen suchen (die ggf. auch durch Filme repräsentiert sein können), in denen das erwünschte Verhalten deutlich vorkommt.

Die Modelle nehmen also eine wesentliche Rolle beim Lernprozess ein. Man könnte vereinfacht sagen: »Zeige mir die Menschen,

Zustand
Verhalten

↑

System

Abb. 29:
System und
Verhalten
Kurzformel

mit denen du häufig verkehrst – und ich sage dir, wer du bist.« Oftmals wird es demnach schon dadurch zu einer Änderung der Persönlichkeitsstruktur kommen können, wenn ein Ratsuchender die bisherige Bezugsgruppe wechselt.

Der Umgang in der Gruppe prägt

Bei der Arbeit mit den systemischen Therapien wird noch ein Weiteres deutlich: Es wird einem Thema viel mehr Zeit gewidmet (z.B. bei der Metaphern- oder der Skulpturarbeit), als dies beim Gespräch der Fall ist, und die neue Situation deshalb nicht nur kurz angedacht, sondern auch physisch durchgespielt. Indem die neue Situation über längere Zeit hinweg – nicht selten verbunden mit Emotionen – erlebt wird, bleibt auch viel Zeit zum Verschalten der Neuronen.

1.5.2.6 Das kognitive Lernen

Das kognitive Lernen, auch »Lernen durch Einsicht« genannt, ist u.a. deshalb eine so wichtige Art des Lernens, weil sie praktisch uneingeschränkt wirken kann. Allerdings wurde schon mehrere Male betont, dass es sich dabei – biologisch gesehen – nicht um etwas ganz anderes oder Besseres handelt: Auch beim kognitiven Lernen werden Neuronen miteinander verschaltet, wie bei den anderen Lernarten.

Abb. 30: Zusammenwirken der Kognitionen

Im Unterschied zu den bisher behandelten Lernarten wird jedoch nicht mehr ein Black-Box-Modell, sondern die innere Repräsentation der Umwelt in den Mittelpunkt gerückt.

100

Wie die Abb. 30 zeigt, gehören zu den Kognitionen außerdem Denken, Gedächtnis und Intelligenz – sie interagieren mit dem Lernen durch Einsicht. Daher ist es dann wichtig, insbesondere die Art bzw. Entwicklung des Denkens vom Lernenden zu erkennen, um den Prozess der Arbeit an der Persönlichkeit »auf Augenhöhe« zu beginnen.

Ehe diese Entwicklung genauer untersucht wird, soll jedoch vorab das »kognitive Lernen« definiert werden als eine »Informationsaufnahme und -verarbeitung, bei der die jeweilige Person aktiv beteiligt ist«. Dabei werden die *Begriffsbildung* und der *Wissenserwerb* zusammengefasst.

Mit dieser Definition wird gleichzeitig das Modell der Abb. 30 beschrieben, aus dem ersichtlich wird, dass sowohl Gedächtnis als auch Denken und Intelligenz zusammenwirken, um zu einem kognitiven Lernprozess zu gelangen.

Interaktion von Denken, Gedächtnis, Lernen durch Einsicht und Intelligenz

Was versteht man unter Begriffsbildung?

Bei der Begriffsbildung kann man unterscheiden zwischen ...
*   Eigenschaftsbegriffen
    Bei den Eigenschaftsbegriffen ist das Erfassen der logischen Struktur die Aufgabe der Begriffsbildung. Solche logische Strukturen werden aufgrund gemeinsamer Merkmale gefunden.

    Eigenschaft

*   Erklärungsbegriffen
    Bei den Erklärungen entstehen Ergebnisse, die sich auf Theorien im weitesten Sinn beziehen (z.B. Aggression im Sinne von Freud, Lorenz, Bandura usw.).

    Erklärung

Die Begriffe selbst können unter zwei Aspekten betrachtet werden:
*   sachliche Bedeutung und logische Struktur;
*   emotionale Bedeutung, bei der die gefühlsmäßige Beziehung einer Person zu dieser Sache beschrieben ist.

Sachlich

Emotional

101

Was versteht man unter Wissenserwerb?

Statt von Wissenserwerb spricht man auch vom Erwerb von Regeln. Damit wird Wissen zu einer Kombination von Begriffen. Die Voraussetzung für das Regellernen besteht darin, dass der Inhalt aller verwendeten Begriffe bekannt ist. Zusätzlich muss dann die Beziehung der Begriffe untereinander erfasst werden. Wir können im Anschluss an die Theorie von Michael Polanyi (1985)[91] zwischen explizitem und implizitem Wissen unterscheiden.

Grund-
legende
Aussagen

Das **explizite Wissen** ist uns geläufig. Es ist ein Wissen, das bewusst, verbalisierbar, transportierbar und durch Reflexion korrigierbar ist. Es lässt die Neukombination von Gedanken oder neue Gedanken zu. Das explizite Wissen enthält grundlegende Aussagen und ein persönliches Weltbild oder Glaubenssystem, das in der Regel nicht mehr hinterfragt wird, weil es stimmig ist. Kommt es zur Änderung von Aussagen, dann führt dies ggf. zum Zusammenbruch des Systems oder zu gravierenden strukturellen Veränderungen.

Das **implizite Wissen** ist ein Wissen, das nicht vollständig verbalisiert werden kann. Beispiele hierfür sind vor allem bestimmte »automatisierte« Handlungen (z.B. Kupplung und Gaspedal bedienen) ebenso wie Verhaltensweisen der Sozialkompetenz (z.B. einfühlsam zuhören im Sinne von Empathie).

Wissen »aus
dem Bauch«

Das implizite Wissen lässt sich nicht oder nur schwer erklären, es kommt »aus dem Bauch«. Ein Mensch mit hohem implizitem Wissen kann besser handeln, als er dies erklären kann, er »weiß« mehr, als sein ihm bewusstes Wissen erwarten lässt.[92]

Das Implizite Wissen umfasst Wissen und Können, d.h., es enthält im Sinne des Handlungswissens deklaratives Wissen (Fakten- und Begründungswissen) sowie prozedurales Wissen (Verfahrenswissen). Es ist personengebunden und kann zugleich situations- und kontextorientiert sein.

91 M. Polanyi (1985). *Implizites Wissen*. Frankfurt: Suhrkamp.
    Vgl. auch in der Übersicht: H.G. Neuweg (1999). *Könnerschaft und implizites Wissen*. Münster: Waxmann.
92 Hier können auch Begriffe wie »bauernschlau«, »schlitzohrig« usw. gebraucht werden.

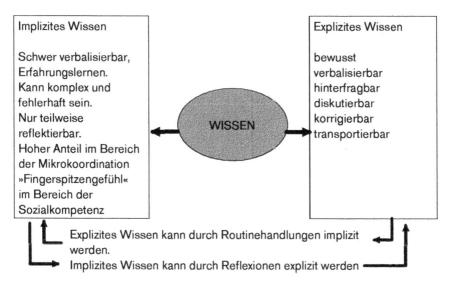

Implizites Wissen		Explizites Wissen
Schwer verbalisierbar, Erfahrungslernen. Kann komplex und fehlerhaft sein. Nur teilweise reflektierbar. Hoher Anteil im Bereich der Mikrokoordination »Fingerspitzengefühl« im Bereich der Sozialkompetenz	WISSEN	bewusst verbalisierbar hinterfragbar diskutierbar korrigierbar transportierbar

Explizites Wissen kann durch Routinehandlungen implizit werden.
Implizites Wissen kann durch Reflexionen explizit werden

Abb. 31 Impliziertes und explizites Wissen

Wie Abb. 31 zeigt, kann explizites Wissen durch Routinehandlungen im Laufe der Zeit zum impliziten Wissen werden. Es »schleift sich ein« oder wird »unbewusst«, wie man umgangssprachlich dazu sagt.

Implizites Wissen, das durch nicht bewusstes Lernen aufgenommen wurde, kann unreflektiert bleiben und damit Handlungen unbewusst beeinflussen. Weiter vorne wurde ja schon berichtet, dass nur ein kleiner Bruchteil der Neuronen über die Sinnesorgane Kontakt nach außen hat und der Großteil im Gehirn »unbewusst« zusammenarbeitet.

Das implizite Wissen bildet sich häufig durch Sammeln von Erfahrungen (wie im Umgang mit Menschen oder als Arbeitserfahrung; z.B. Nägel einschlagen) und kann dabei eine sehr komplexe Struktur aufweisen. Allerdings kann es auch fehlerhaft sein und diese Fehler können nur insoweit ausgeschaltet werden, als es gelingt, das implizite Wissen in explizites zu überführen.

Explizites Wissen wird im Laufe der Zeit zum impliziten Wissen

103

Planvolles Handeln

Bei der Veränderung der Persönlichkeit durch kognitives Lernen geht es um ein planvolles Handeln vor dem Hintergrund der Tatsache, dass sowohl planbares explizites Wissen vorliegt als auch implizites Wissen, das eine wesentliche Rolle spielen kann. Wenn Letzteres auch nicht immer erklärbar und reflektierbar ist, muss doch zumindest versucht werden, diesen Anteil des Wissens zu beschreiben.

Planvolles Handeln braucht Ziele

Wir gehen davon aus, dass sich Menschen selbst Ziele setzen oder vorgegebene Ziele verfolgen. Die Handlungen sind dann die Mittel zum Erreichen dieser Ziele. Die Handlungen sind dabei wählbar, d.h., es bestehen Handlungsalternativen und sie sind willkürlich, d.h., sie werden willentlich oder absichtlich eingesetzt. Dies macht dann auch den subjektiven Sinn der Handlung für den Handelnden aus.

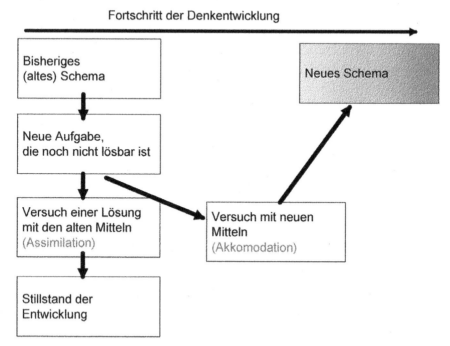

Abb. 32: Entwicklung des Denkens nach J. Piaget

104

Ein Handelnder ist verantwortlich für das, was er tut. Die Handlung wird gesteuert durch ein Handlungskonzept, das eine Antizipation der späteren Tätigkeit darstellt. Jean Piaget[93] ging bei seinen Überlegungen zur Entwicklung des Denkens (vgl. Abb. 32) davon aus, dass ein neues »Schema«[94] dann entsteht, wenn sich zeigt, dass die bisherige Art des Denkens nicht mehr weiterführt, um ein erwünschtes Ziel zu erreichen, und eine Barriere das Erreichen des Ziels verhindert. Wenn dann weiterhin mit den alten Mitteln gearbeitet (d.h., das Problem assimiliert) wird, bleibt die Denkentwicklung stehen. Weil jedoch Menschen planend und vorausschauend denken können, ist es ihnen möglich, neue und auch kreative andere Wege zu gehen. Wenn unter Denken ein »verinnerlichtes Handeln« verstanden wird, dann können (im Unterschied zum Lernen durch Versuch und Irrtum) in kürzester Zeit vielfältige Möglichkeiten durchgespielt, neue Strategien eingesetzt, neue Ordnungssysteme gefunden werden usw. In der Sprache Piagets wird dieser Versuch mit neuen Mitteln als Akkomodation bezeichnet – und er führt zu einem neuen Denkmuster. Dementsprechend sind Schwierigkeiten, die uns im Laufe des Lebens immer wieder begegnen, nicht nur negativ zu sehen, sondern auch als Chancen, die alten Paradigmen hinter sich zu lassen.

Die Entwicklung eines neuen Denkschemas

Piaget hat bei seinen Untersuchungen die Denkentwicklung vom Kind zum Erwachsenen erforscht und festgestellt, dass diese im Laufe der Entwicklung immer wieder zu neuen, für längere Zeit bestehen bleibenden Schemata des Denkens führt. Am Ende seiner Entwicklungsstufen steht der erwachsene Mensch, der in »formalen Operationen« denkt. Damit meint Piaget ein Denken, das von allgemeinen Sätzen und Regeln (Formeln, Gesetzen, Prinzipien) ausgehend auf spezielle Fragestellungen hin ableiten kann (Deduktion). Mit dieser Art des Denkens können viele naturwissenschaftliche Probleme – und insbesondere diejenigen, die auf Kausalitäten beruhen – gelöst werden.

Schemata bleiben längere Zeit stabil

---

93 Vgl. u.a. J. Piaget (1992). *Das Weltbild des Kindes*. Stuttgart: dtv.
94 Unter Schema wird nicht nur eine Einzelheit, sondern eine ganze Klasse von Einzelheiten verstanden. Z.B. Tiere allgemein, vierfüßige Tiere, Kriechtiere usw.

Nachfolgend eine Zusammenfassung der kognitiven Entwicklung nach Jean Piaget:

Typischer Altersbereich	Stadium (Schema)	Beschreibung	Merkmale
Geburt bis ca. 2 Jahre	Sensumotorisches Stadium	Erfahren der Welt durch Handlungen und Sinneswahrnehmung (schauen, anfassen, in den Mund nehmen, greifen)	Objektpermanenz, Fremdeln
Ca. 2.–6. Lebensjahr	Stadium des präoperationalen Denkens	Darstellen von Dingen mit Worten oder Bildern; noch kein logisches Denken	So-tun-als-ob-Spiele, egozentrisches Verhalten, Sprachentwicklung
Ca. 7.–11. Lebensjahr	Stadium des konkretoperationalen Denkens	Logisches Nachdenken über konkrete Ereignisse; konkrete Analogien erfassen, mathematische Operationen durchführen.	Mengenerhaltung (quantitative Invarianz), mathematische Transformationen
Ca. 12. Lebensjahr bis zum Erreichen des Erwachsenenalters	Stadium der formalen Operationen	Abstraktes Denken	Abstrakte Logik, Potenzial für reifes moralisches Denken

Problematischer wird die Lösungssuche mit dem formalen Denken allerdings immer dann, wenn es mehrere gleichwertige Lösungswege gibt, wenn keine linearen, sondern komplexe Zusammenhänge vorliegen oder wenn gegensätzliche Aussagen dennoch zu Lösungen führen.

Für solche Problemfelder, die zumeist auch dann vorliegen, wenn es um den linear kaum zu fassenden Umgang mit Menschen geht, habe ich versucht, noch zwei weitere Entwicklungsstufen des Denkens zu beschreiben[95]:

Synoptisches Denken	Vernetztes Denken. Viele Abläufe können gleichzeitig und auch gegeneinander verlaufen. *Beispiel: Zwei oder drei Aussagen zu einem Problem, die nicht nach einer gemeinsamen Lösung suchen, sondern nebeneinander bestehen bleiben. Richtig ist dann nicht eine, sondern sind alle Lösungen.*
Minimalisierendes Denken	Die wesentlichen Gesetze und Abläufe dieser Welt können mit einigen wenigen Grundgesetzen beschrieben werden. Diese gilt es zu finden und dann auf den jeweiligen Einzel-(Spezial-)Fall anzuwenden. *Beispiele: Die Suche nach Gemeinsamkeiten bei allen Psychotherapien oder die Suche nach einem vereinheitlichenden Gesetz, das Schwerkraft und elektromagnetische Kraft, die starke und die schwache Wechselwirkung zusammenfasst.*

Wenn bei der Arbeit an der Persönlichkeit das kognitive Lernen   *Diagnostik*
eingesetzt werden soll, ist es unabdingbar, vorher zu wissen, auf
welcher Denkebene dieser Lernprozess einzusetzen hat.[96]

Das False-Memory-Syndrom

Nachdem wir erkannt haben, welche kognitiven Strategien zu neuen Lernprozessen führen können, ist jedoch zu bedenken,

---

95 Vgl. M. Dieterich (2009a). *Seelsorge kompakt*. Witten: SCM R.Brockhaus.
96 Einige Vorschläge hierzu finden sich bei M. Dieterich (2006). *Wer bin ich? Wer sind die Anderen?* a.a.O. S. 76f, wo nach dem »kognitiven Stil« gesucht wird.

dass diese Chance auch mit der ständigen Gefahr verbunden ist, falsche Lösungen ins Visier zu nehmen. Wir sprechen in solchen Fällen von einem »verirrten Denken«[97], das für den Betroffenen jedoch keinesfalls verirrt ist, sondern genau dem entspricht, was er als persönliche Wahrheit sieht. Zumeist suchen die Menschen kausale Zusammenhänge, weil sie davon ausgehen, dass immer dann, wenn sich ein entsprechender Zustand einstellt, auch eine eindeutige Ursache bestehen muss. Lange Zeit, bis zu Beginn des 20. Jahrhunderts, war eine solche Sichtweise vor allem in den Naturwissenschaften üblich. Newtons »Actio gleich reactio«, ein wichtiges Axiom der Physik, ist ein schönes Beispiel dafür. Man versuchte, klare Gesetzmäßigkeiten zwischen Ursache und Wirkung herzustellen, hatte dabei in vielen Fällen auch Erfolg – und mit einer solchen Sichtweise gehen wir deshalb zumeist auch heute noch an unsere Probleme heran. Es ist ja auch einsichtig, dass es eine Ursache haben muss, wenn ein Stein von einem Turm fällt, seine Geschwindigkeit und die Aufschlagkraft lassen sich mit den bekannten Formeln der Newton'schen Physik errechnen. Auch in der Medizin setzt man im »Normalfall« voraus, dass somatische Störungen eine eindeutige Ursache haben. Man sucht nach Erregern, Infektionen, falschen Essgewohnheiten usw. – und wenn man diese gefunden und abgestellt hat, dann werden die Menschen wieder gesund.

Wie gesagt, diese Art des Denkens ist so weit verbreitet, dass kaum jemand anderes vermutet – wenn nicht neuere Erkenntnisse dagegen sprächen.

Um das Jahr 1900 entdeckten Max Planck und andere Physiker, dass eine eindeutige Kausalität nur im makrokosmischen Bereich gegeben ist und im Bereich der Atome keine genaue Gesetzmäßigkeit für den Einzelfall angegeben, sondern nur noch statistisch gerechnet werden kann. Zum Beispiel sind nicht gleichzeitig der Ort und die Geschwindigkeit eines Mikroteilchens exakt bestimmbar.

Falsches oder »verirrtes« Denken

Menschen suchen Zusammenhänge

Kausalität ist nicht immer gegeben

---

97 Dieser Begriff wurde eingeführt in W. Backus, M. Chapian (2006). *Befreiende Wahrheit: Lösen Sie sich von Lebenslügen und finden Sie zu innerer Freiheit.* Asslar: Gerth Medien.

Auch in der Medizin weiß man inzwischen, dass für manche Störungen nicht eine, sondern eine ganze Reihe von Ursachen verantwortlich gemacht werden muss – und zwar nicht selten bei jedem Menschen eine andere. In den frühen Jahren der Psychotherapie hat Sigmund Freud ausschließlich sexuelle Verdrängungen als Ursache für psychische Störungen ausgemacht und viele psychotherapeutische Schulen denken heute noch monokausal. Wenn wir allerdings vom holistischen Menschenbild der Allgemeinen Psychotherapie und Seelsorge[98] ausgehen, können solche Monokausalitäten als Ursache für psychische Störungen nicht mehr aufrechterhalten werden. Das Gleiche gilt auch für die Arbeit an der Persönlichkeit: Das, was wir heute messen können, entstand durch das Zusammenwirken von psychischen, somatischen und spirituellen Prozessen, d.h., es gibt in den meisten Fällen keine Monokausalität für die Persönlichkeitsentwicklung.

Viele Störungen sind multifaktionell bedingt

Obwohl wir also heute wissen, dass für die meisten menschlichen Probleme keine Monokausalitäten bestehen, sind viele Menschen doch weiterhin auf der Suche nach der (einzigen) Lösung für die Ursachen ihres Problems. Sie wollen genau wissen, warum sie depressiv sind, warum sie Zwangsverhalten zeigen, warum sie schüchtern sind usw. Wenn wir ihnen von den unterschiedlichen Möglichkeiten erzählen, die es gibt, um ein solches Verhalten zu erlernen, und dass es in den meisten Fällen gar nicht mehr möglich ist, die Entstehungsursache zu rekonstruieren, sind sie häufig unzufrieden und suchen trotz besserem Wissen weiterhin nach der Ursache.

»Wo ist die Lösung?«

Wie kann dieses Suchen nach Kausalitäten erklärt werden?

Menschen versuchen, wie die »Berliner Schule der Gestaltpsychologie«[99] in den 1920er-Jahren zeigen konnte[100], noch unfertige »Gestalten« (Bilder, Töne, Gebäude, aber auch Streitigkeiten untereinander usw.) abzuschließen, ohne dass dies ihnen

98 Vgl. M. Dieterich (2009). *Einführung in die Allgemeine Psychotherapie und Seelsorge* a.a.O.
99 Carl Stumpf, Max Wertheimer, Wolfgang Köhler, Kurt Koffka und später auch Kurt Lewin.
100 W. Metzger, M. Stadler, H. Crabus (1995). *Die Gestalt-Psychologie. Ausgewählte Werke aus den Jahren 1950 bis 1982*. Oberursel: Kramer.

in der Regel bewusst ist. Die vorliegenden Elemente werden dabei häufig in der Art verändert, d.h. »passend gemacht«, dass aus ihnen auf eine »gute« Gestalt geschlossen werden kann, die einfacher, symmetrischer, gleichartiger usw. ist als die Realität. In unserem Gehirn wird also, ohne dass wir das bewusst tun, aus einem unregelmäßigen Zustand ein regelmäßiger gemacht, d.h., unsere Wahrnehmungen sind oftmals nicht objektiv.

Unser Gehirn harmonisiert

Nachfolgend einige der »Gestaltgesetze«, wie sie von Wertheimer[101] und später erweitert von Palmer[102] formuliert worden sind:
- *Prägnanz*
  Es werden bevorzugt Gestalten wahrgenommen, die sich von anderen durch ein bestimmtes Merkmal abheben. Jede Figur wird so wahrgenommen, dass sie in einer möglichst einfachen Struktur (d.h. einer »guten Gestalt«) vorliegt.
- *Nähe*
  Elemente mit geringen Abständen zueinander werden als zusammengehörig wahrgenommen.
- *Ähnlichkeit*
  Einander ähnliche Elemente werden eher als zusammengehörig erlebt als einander unähnliche.
- *Kontinuität*
  Reize, die eine Fortsetzung vorangehender Reize zu sein scheinen, werden als mit ihnen zusammengehörig angesehen.
- *Geschlossenheit*
  Linien, die eine Fläche umschließen, werden unter sonst gleichen Umständen leichter als eine Einheit aufgefasst als diejenigen, die sich nicht zusammenschließen.
- *Gemeinsame Bewegung*
  Zwei oder mehrere sich gleichzeitig in eine Richtung bewegende Elemente werden als eine Einheit oder Gestalt wahrgenommen.
- *Fortgesetzt durchgehende Linie*
  Linien werden immer so gesehen, als folgen sie dem einfachsten Weg. Kreuzen sich zwei Linien, so gehen wir nicht

---

101 Vgl. W. Metzger (1953). *Gesetze des Sehens*. Frankfurt/M. Kramer.
102 S.E. Palmer (1999). *Vision Science*. Cambridge. MIT Press, USA.

110

davon aus, dass der Verlauf der Linien an dieser Stelle einen Knick macht.
- *Gemeinsame Region*
- Elemente in abgegrenzten Gebieten werden als zusammengehörig empfunden.
- *Gleichzeitigkeit*
  Elemente, die sich gleichzeitig verändern, werden als zusammengehörig empfunden.
- *Verbundene Elemente*
  Verbundene Elemente werden als ein Objekt empfunden.

Bezieht man diese vielen Möglichkeiten der Veränderung von Fakten auf die Suche nach der Lösung eines Problems in der Psychotherapie, so ist es dort leicht möglich, zu einem einseitigen Schluss zu kommen und z.B. bei einer Depression eine Monokausalität zu entdecken.

Ein solcher falscher Schluss wäre an und für sich noch nicht dramatisch, weil ja in allen messbaren Fällen eine empirische Überprüfung schnell zeigen kann, dass die Zusammenhänge in dieser Art und Weise nicht stimmen. Eine der Lösungsstrategien bei der Korrektur des »verirrten Denkens« beruht dann auch darauf[103], dass man den Ratsuchenden die handhabbare Realität zeigt, z.B. indem man sie mit Befragungsergebnissen konfrontiert, die zeigen, dass es nicht stimmt, dass alle Menschen schlecht von ihnen denken.

Man kann durch Überprüfen korrigieren

Wesentlich problematischer stellen sich die Verhältnisse beim sog. »False-Memory-Syndrom« dar.[104]

Das False-Memory-Syndrom – eine Erinnerungsstörung

Es kommt zu dieser »Erinnerungsstörung« nicht selten im Zusammenhang mit der tiefenpsychologischen Suche nach der Ursache einer aktuell vorliegenden psychischen Störung.

103 Hierzu gehört z.B. die Rational-Emotive-Therapie RET, die insbesondere von Albert Ellis entwickelt worden ist.
104 Vgl. M. Rollin. *Das Leben eine einzige Erfindung.* Spiegel-Online vom 28.10.2006. Vom Internet abrufbar unter: http://www.spiegel.de/wissenschaft/mensch/0,1518,444334,00.html

Therapeut und Ratsuchender gehen davon aus, dass diese Ursache im Freud'schen Sinne »verdrängt« ist und ihre Aufdeckung zur Lösung des Problems führt. Mit den oben beschriebenen Hintergründen aus der Gestaltpsychologie passiert dann Folgendes: Es werden einzelne Erlebnisse aus der Vergangenheit, zusammen mit »eingebildeten« Ereignissen aus der Fantasie (die aber prinzipiell sein könnten), zu einer »guten und geschlossenen Gestalt« zusammengefügt. Das Ergebnis ist dann zwar eine »runde« Lösung, die allerdings auf falschen Tatsachen beruht. Diese Lösung wird von den Betroffenen als wirklich und wahr gesehen, d.h., sie merken nicht, dass sie eine falsche Erinnerung produziert haben.

Untersuchungen haben gezeigt, dass ein von seinem Lösungsweg überzeugter Therapeut, der diesen Weg mit seinen Ratsuchenden bespricht, schon nach zwei oder drei Therapiesitzungen damit rechnen kann, dass der Ratsuchende die angebotene »Lösung« akzeptiert, ja sogar weitere »Einzelheiten« aus der Vergangenheit erzählt, obwohl alles niemals der Wirklichkeit entsprochen hat.

Auf dem Weg zu einer falschen Begründung

Therapeut und Ratsuchender haben jetzt eine Lösung gefunden, die »rund« zu sein scheint und häufig einfache kausale Zusammenhänge herstellt –, die aber auf falschen Annahmen und Erinnerungen beruhen.

Eine für wissenschaftliche Untersuchungen relevante Tatsache kommt dann noch erschwerend hinzu. Obwohl es eine falsche Erinnerung ist, geht es in der Regel den Ratsuchenden nach dieser Offenbarung viel besser, weil sie endlich einen für sie akzeptablen und einfach verständlichen Zusammenhang zur Lösung ihrer kognitiven Dissonanzen gefunden haben. Und weil es ihnen jetzt besser geht, wird der gefundene (falsche) Lösungsansatz propagiert – die Verbesserung des psychischen Gesundheitszustandes bestätigt ja diese Annahme.

Es geht den meisten Menschen besser, wenn sie Hintergründe »wissen«

Insbesondere bei der Diagnose »frühkindlicher Missbrauch« wurde und wird oftmals vor dem Hintergrund des False-Memory-Syndroms vorschnell verurteilt. Bei derartigen Vermutungen muss mit größter Vorsicht vorgegangen werden, denn wer missbraucht worden ist, weiß das in aller Regel, weil traumatische Erlebnisse, wie sie weiter vorne beschrieben wurden, im Gehirn nicht ungeschehen gemacht werden können. Dass erst nach vielen Jahren die Erinnerung an einen Missbrauch »aus dem Unbewussten« zurückkommt, ist sehr unwahrscheinlich – das False-Memory-Syndrom hingegen sehr wahrscheinlich.

Mit solchen Ergebnissen lassen sich viele »Erfolge« von Psychotherapien erklären. So ist es m.E. sehr wahrscheinlich, dass die gesamte Freud'sche Psychoanalyse, die Jung'sche Analytische Psychologie oder auch die Familienaufstellungen Hellingers nur deshalb zu positiven Ergebnissen kommen, weil sie den Ratsuchenden im gestaltpsychologischen Sinne gute »Lösungsgestalten« für die Zusammenhänge zwischen den derzeitigen Problemen und den Ursachen in der Vergangenheit anbieten. *Die Freud'sche Psychoanalyse ein »false memory-Syndrom«?*

Es ist traurig, aber wahr: Viele Menschen werden auch durch solche Lügen zumindest kurzfristig gesünder. Umso mehr sind wir deshalb aufgefordert, nach den überprüfbaren Faktoren der Änderung zu suchen und diese dann gezielt einzusetzen!

Die gestaltpsychologischen Ergebnisse gelten nicht nur für den Blick in die Vergangenheit, sondern auch für den in die Zukunft. Wer sich seine individuelle positive Vergangenheit zurechtbastelt, auch wenn diese falsch ist, und wer zu sich selbst sagt »es geht mir von Tag zu Tag besser«, dem geht es auch (zumindest psychisch) besser. Für Christen ist die Vergangenheit aber nicht nur gestaltpsychologisch, sondern real in der unsichtbaren Wirklichkeit geordnet, und unsere Zukunft kommt nicht (nur) in Ordnung durch die Selbstsuggestion des »Positiven Denkens«, sondern durch die biblisch begründete eschatologische Hoffnung: »Das Beste kommt noch.«

Denken und Emotionen

Mit dem holistischen Ansatz, der diesem Buch zugrunde liegt, ist das Denken des Menschen untrennbar mit seinen Gefühlen verbunden. Weiter vorne wurde auf die biologisch-somatischen Zusammenhänge hingewiesen, hier soll der psychologische Zusammenhang diskutiert werden. Während sich im Laufe des Lebens

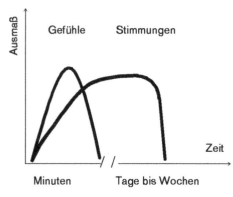

Abb. 33: Zeitliche Änderung von Gefühlen und Stimmungen

das Denken durch Akkomodation (vgl. Piagets Modell in Abb. 32) zu neuen Schemata entwickelt, sind die Emotionen bzw. die Gefühle und Stimmungen biologisch verankert.

Um damit umgehen zu lernen, geht es also – vereinfacht ausgedrückt – darum, sie innerhalb der Zeitspanne, in der sie auftreten (vgl. Abb. 33), kognitiv zu bewerten.

Bei den Gefühlen, die oftmals nur recht kurzzeitig auftreten, ist dies nicht immer einfach. Bei den Stimmungen, die länger andauern, gelingt die Bewertung zumeist besser.

Versucht man, Gefühle gemeinsam mit dem Denken in einer Grafik darzustellen, so gibt es drei grundsätzliche Möglichkeiten:

1. Die Gefühle treten vor den Gedanken auf. Sie sind durch irgendwelche äußere oder innere Reize entstanden. Oftmals spricht man umgangssprachlich von plötzlich »einschießenden« Gefühlen. Sie überrollen den Betroffenen und er reagiert möglicherweise mit Lachen, Weinen usw. Wenn das Gefühl in eine länger andauernde Stimmung übergeht, ohne kognitiv bewertet worden zu sein, kommt es manchmal auch zu Aggressionen. Die Zeitspanne zwischen dem spontan auftretenden Gefühl und den bewertenden Gedanken ist demnach dafür entscheidend, ob das Gefühl zu einer Aggression oder anderen reagierenden Handlungen führt oder nicht.

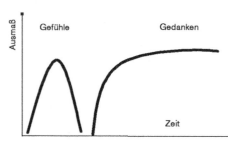

Abb. 34: Gefühle zeitlich vor den Gedanken

114

2. Die Gefühle folgen den Gedanken. Man denkt z.B., man sei von einem Menschen betrogen worden, und infolgedessen entstehen Wut-, Hass- und Rachegefühle. Wenn das falsche Denken (z.B. durch kognitive Therapie) korrigiert wird, verschwinden auch allmählich die dazugehörenden Gefühle.

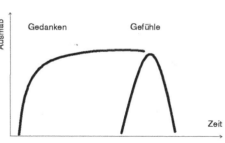

Abb. 35: Gedanken zeitlich vor den Gefühlen, Kurzformel

Es gibt die weitere Möglichkeit, dass Gedanken zu einem bestimmten Thema oder Ereignis gedacht werden – sich jedoch keine oder nur geringe Gefühle dazu einstellen. Solche Menschen werden dann oft als »gefühlskalt« beschrieben.

Unsere Untersuchungen zum PST-R haben gezeigt, dass eine derartige Konstellation oft dann möglich ist, wenn sich bei der Tiefenstruktur der Persönlichkeit kleine Werte auf der Dimension »sachlich-warmherzig« ergeben. Menschen mit solchen Profilen können ihre Gefühle von den Gedanken »abspalten«. Mit entsprechenden Übungen (siehe dazu Kap. 2 in diesem Buch) kann es gelingen, die Gefühle und die Gedanken näher zusammenzurücken.

3. Optimal sind die Zusammenhänge zwischen Gefühlen und Gedanken, wenn sie möglichst kongruent und zeitgleich auftreten. Wenn es gelingt, die zu den Gedanken passenden Gefühle und die zu den Gefühlen passenden Gedanken zusammenzubringen, dann wird ein Mensch als »identisch« oder »echt« beschrieben. Für die Arbeit an der Persönlichkeit kann das eines der erstrebenswerten Ziele sein (vgl. Kap. 2).

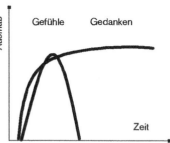

Abb. 36: Gedanken und Gefühle zeitlich gemeinsam

Fazit für die Arbeit an der Persönlichkeit

Wenn es bei Lernprozessen um die intensive Verschaltung von Neuronen im Sinne von Verbindungsstärken geht, dann hat das kognitive Lernen manche Vorzüge gegenüber den anderen Lernarten. Allerdings müssen kognitive Lernprozesse immer im Zusammenhang mit den Emotionen gesehen werden. *Es ist möglich, Gefühle und Gedanken zur Kongruenz zu bringen.*

Abb. 37: Gedanken und Verhalten
Kurzformel

Zustand
Verhalten

Vorteile des kognitiven Lernens

Vorteile des kognitiven Lernens gegenüber anderen Lernarten sind:

• Die inneren Verstärker sind immer parat, weil sie durch Einsicht eingesetzt werden (»Die Gedanken sind frei...«).

• Die positiven Ergebnisse führen in einem Regelkreis zu einer weiteren Stabilisierung des neuen Zustandes.

• Die internale Kontrolle nimmt bei Erfolgen zu.

• Es können Klassen und Zusammenhänge gebildet und Ergebnisse systematisiert werden.

• Misserfolge können umgedeutet werden und zu neuen Anstrengungen führen – neue Wege werden zumeist nur durch vorangegangene Misserfolge gefunden.

Grenzen des kognitiven Lernens

Kognitive Lernprozesse haben aber auch eine Reihe von Grenzen bzw. Gefahren:

• Einmal gefasste Ideen haben die Tendenz, sich zu verstärken und die Macht eines Paradigmas zu erreichen.

• Das »False-Memory-Syndrom« zeigt, wie notwendig in manchen Fällen der Beistand des Beraters ist, weil man selbst an »einfache Lösungen« glaubt.

• Wenn keine internale Motivation vorhanden ist, die die kognitiven Lernprozesse voraussetzt, dann braucht man eine externale, was in manchen Fällen auch ohne Einsicht geschehen muss.

• Es gibt Lernziele, die man kognitiv nicht verstehen kann – und trotzdem muss der Weg gegangen werden.

116

Zusammenfassung der bisherigen Änderungsmöglichkeiten

Wenn man die Änderungen, die über den Organismus ablaufen, die Einflussmöglichkeiten durch Medikamente und die unterschiedlichen Möglichkeiten des Lernens zusammenfasst sowie die Kontingenzen besonders beachtet, kommt man zu dem in Abb. 38 dargestellten Schema eine Kurzformel der verschiedenen Änderungsprozesse.

Es zeigt in der Mitte den derzeitigen Zustand bzw. das derzeitige Verhalten eines Menschen und weiter außen die acht Möglichkeiten der Änderung durch psychisch und somatisch orientierte Maßnahmen.

Ein Schema zur Zusammenfassung der Änderungsmöglichkeiten

Mit diesem Schema lässt sich in der Praxis recht gut arbeiten und es lässt nicht nur den Istzustand, sondern auch das angestrebte Ziel definieren. Schnell entdeckt man bei dieser Darstellung dann auch, wo noch nicht nach Zusammenhängen gesucht wor den ist. Es zeigt auf, wo möglicherweise noch Entwicklungsmöglichkeiten brachliegen, wo zu einseitig gearbeitet worden ist.

Sind die Kästchen gefüllt, wird auch sehr schnell deutlich, in welchem Bereich das Förderungsprogramm in optimaler Weise beginnen sollte. Allerdings sind die spirituellen Hintergründe bisher noch nicht berücksichtigt.

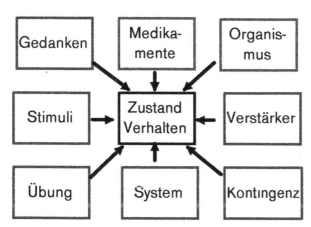

Abb. 38: Kurzformel der Zusammenhänge zwischen Psyche, Soma und dem Zustand (Verhalten) des Menschen

117

1.5.3 Änderungen unter spirituellem Aspekt

*Für Soma
und Psyche
ist
empirische
Forschung
geeignet*

Mit dem holistischen Ansatz zur Persönlichkeit gehen wir davon aus, dass im Sinne von Genesis 2,7 der Mensch eine Seele (nefesh) *ist*. Wir können diese Seele zwar unter verschiedenem Blickwinkel betrachten, wissen aber zugleich, dass Soma, Psyche und Pneuma eine Einheit darstellen. Praktisch bedeutet dies, dass z.b. jede biologische Änderung (Soma) auch mit den Gefühlen oder dem Denken (also der Psyche) und auch mit dem Glaubensleben (Pneuma) zu tun hat. Und wenn ein Mensch betet, kommt es dabei zu Gefühlen und Gedanken, d.h., es laufen auch neuronale Prozesse in seinem Gehirn ab.

Wissenschaftstheoretisch gesehen müssen wir jedoch, was den Zugang zu den unterschiedlichen Aspekten der Seele anbelangt, Unterschiede machen. Man kann den menschlichen Körper mit empirischen Methoden recht gut untersuchen. Es gibt dazu u.a. Blutdruckmessgeräte, Fieberthermometer usw., aber auch hoch komplizierte Magnetresonanztomografie, die in Echtzeit die Vorgänge im Gehirn abbildet. Man weiß zwar nicht, was der Mensch denkt – aber dass und wo er das tut, das kann man dabei sehen. Die diagnostischen Fortschritte werden weitergehen und die Methode der Empirie ist der angemessene Weg, um diese zu erkennen.

Ähnlich verhält es sich auch bei der Erforschung der psychischen Aspekte der Seele. Man kann auch hier mit empirischen Methoden zu neuer Erkenntnis kommen. Es gibt Fragebogen, mit deren Ergebnissen man die Gefühle und Emotionen des Menschen quantitativ ermitteln kann. Ebenso ist es möglich, die kognitiven Fähigkeiten, durch Intelligenz- und Lernentwicklungstests zu erfassen, um z.B. festzustellen, ob die eingeleiteten pädagogischen oder therapeutischen Maßnahmen erfolgreich waren.

In denjenigen Fällen, bei denen empirische Verfahren nicht möglich sind (z.B. wenn es um Erinnerungen aus der Vergangenheit geht), gibt es geisteswissenschaftliche Methoden[105], mit

---

105 Z.B. die Erfassung und das Verstehen mit den Methoden der Hermeneutik.

deren Hilfe man auch hier zu überprüfbaren Ergebnissen kommen kann. Die in weiten Kreisen bekannte »Lebensstilanalyse« ist ein Weg, um in dieser Richtung zu arbeiten.

Zusammengefasst kann man also feststellen, dass die Änderungen, die sich unter somatischem und psychischem Blickwinkel ergeben, mit wissenschaftlichen Methoden erfasst werden können, indem man den Zustand vor und nach der Änderung festhält.

1.5.3.1 Einige Gedanken zum »Leib-Seele-Problem«

Wie sieht es aber mit den Änderungen vor spirituellem Hintergrund aus, wenn Gott selbst eingreift und Wunder geschehen? Gewiss ist es auch in solchen Fällen möglich, den Zustand vor und nach dem Änderungsprozess zu erfassen – jedoch ist damit keine Erklärung für die Wirkungsweise geliefert. *Ist der Glaube nur ein Gefühl?*

Naturwissenschaftler gehen im Allgemeinen von einem »methodischen Atheismus« aus. Der einfachste Weg, um zu erklären, was passiert, ist für sie, dass es eine unsichtbare Wirklichkeit gar nicht gibt. Häufig wird dann der Glaube oder die Religiosität als eine innerpsychische (emotionale) Angelegenheit angesehen – die man dann ja irgendwann, wenn die Untersuchungsinstrumente genügend weiterentwickelt sind, mit empirischen Mitteln erforschen kann. Eine solche Betrachtungsweise ist heute deshalb weit verbreitet, weil die empirische Forschung als der Königsweg der Wissenschaften gesehen wird.

Für die historischen Wissenschaften ist auch die geisteswissenschaftliche Zugangsweise (z.B. im Sinne der Hermeneutik) akzeptabel – aber auch hier versucht man vermehrt, mit »harten Daten« und Forschungsmaterial einen Weg in Richtung der Empirie zu gehen. Die theologischen Auseinandersetzungen im Rahmen der »Leben-Jesu-Forschung« sprechen Bände zu dem Versuch, die biblischen Aussagen einer »historisch-kritischen« Forschung zu unterziehen. Was aber, wenn der Satz gar nicht stimmt, der die empirisch arbeitenden Disziplinen leitet, dass »alles was es gibt, auch in einem gewissen (messbaren) Ausmaß vorhanden sein muss«? *Historische Wissenschaft und Hermeneutik*

119

In der gegenwärtigen Philosophie geht man dieser Frage sehr intensiv nach. Auf der einen Seite stehen dabei die Vertreter des Monismus, für die letztendlich alle menschlichen Prozesse auf biologische Dimensionen zurückzuführen sind. Insbesonde-re der englische Biochemiker und Entdecker der DNS, Francis Crick, meint, dass alles, was wir als Menschen sind, denken und *Monismus* erleben, durch die große Anzahl von Neuronen im Gehirn er-klärbar ist. Auch der kanadische Philosoph Paul Churchland[106] vertritt die Ansicht, es werde sich im Laufe des neurowissen-schaftlichen Fortschrittes zeigen, dass es auch keine mentalen, sondern nur neuronale Zustände gibt. Die Akzeptanz solcher Po-sitionen führt konsequenterweise dazu, das, was »Glaube« oder »Spiritualität« genannt wird, ausschließlich auf Prozesse im Ge-hirn zu reduzieren.

Daneben gibt es aber heute auch Vertreter, die am Dualismus von Leib und Seele (vgl. René Descartes 1596–1650) festhal-*Dualismus* ten. Hatte Descartes noch zwischen einer physischen und ei-ner psychischen »Welt« unterschieden, so zeigte der australi-sche Gehirnphysiologe und Nobelpreisträger John C. Eccles[107] (1903–1997), dass neben der Welt 1, die die physischen Aspekte abdeckt, und der Welt 2, die die psychischen Vorgänge repräsen-tiert, auch noch eine Welt 3 besteht, zu der diejenigen Dinge ge-hören, die der menschliche Geist aufgefunden hat und die auch immateriell sein können. Allerdings ist auch diese »Welt 3« von *Eccles'* Eccles noch im Rahmen der menschlichen Erkenntnis zu ver-*drei Welten* stehen und sie reicht nicht aus, um Änderungsprozesse, die von Gott selbst im Sinne von Wundern verursacht sind, zu erklären. Aber ist eine rationale Erklärung von Wundern denn überhaupt möglich?

Ich habe versucht, im Anschluss an die 3 Welten, wie sie Ec-cles beschreibt, noch eine Welt 4 zu postulieren, die vollstän-dig transzendent ist. Dies geht über den »Drei-Welten-Ansatz«

---

106 Vgl. M. Bunge (1984). *Das Leib-Seele-Problem. Tübingen*: Mohr. R. Breuer (1997). *Das Rätsel von Leib und Seele*. Stuttgart: dva. D. Crick (1994). *Was die Seele wirklich ist. Die naturwissenschaftliche Erforschung des Bewusstseins.* München: Artemis & Winkler. P. M. Churchland (1997). *Die Seelenmaschine. Eine philosophische Reise ins Gehirn.* Heidelberg: Spektrum.
107 J. Eccles (1996). *Wie das Selbst sein Gehirn steuert.* München: Piper.

Eccles' deshalb hinaus, weil bei ihm die Transzendenz im biblischen Sinne von Pneuma explizit nicht vorkommt. Er versucht in seinen drei Welten Wissenschaft im überprüfbaren Sinne zu treiben.

Eine »4. Welt«, die die unsichtbare Wirklichkeit einbezieht

Ich bin davon überzeugt, dass im spirituellen Bereich weder Empirie noch Hermeneutik oder Phänomenologie den angemessenen Zugang bieten, sondern der Glaube allein der Weg in diesen Bereich ist. Es ist verständlich, dass der Mensch unter dem Aspekt des biblischen Gebotes »Machet euch die Erde untertan« (Gen 1,28) gewohnt ist, wissenschaftlich zu forschen. Das hebräische Wort, das in diesem Zusammenhang genannt wird, meint »erobern«. Diese Eroberung hat ihre qualitativen und quantitativen Grenzen. »Quantitativ« meint, dass die Ressourcen unserer Erde begrenzt sind, »qualitativ« meint, dass es nicht möglich ist, alles zu erobern. Der Bibeltext verweist auf die Grenzen der menschlichen Erforschungsmöglichkeiten: Es kann nicht gelingen, mit der Reichweite unserer rationalen Logik, die immer endlich und an sprachliche Vermittelbarkeit gebunden bleibt, ein umfassendes Wissen über die unsichtbare Wirklichkeit Gottes zu erreichen. Deshalb ist es notwendig, in Fortschreibung der Terminologie Eccles' eine ganz andersartige religiöse »Welt 4« im Sinne des »anthropos pneumatikos« anzunehmen. Paulus deutet das an, wenn er dem »fleischlichen« den »geistlichen« Menschen gegenüberstellt: »Ihr aber seid nicht im Fleische, sondern im Geiste, wenn anders Gottes Geist in euch wohnt. Wenn aber jemand Christi Geist nicht hat, der ist nicht sein« (Röm 8,9). Die Wechselwirkungen dieser Welt 4 auf den Menschen und die Beziehung des Menschen zu ihr gehören zur Seele des Menschen im Sinne von Genesis 2,7 hinzu bzw. sind deren spirituelle Komponente mit allen möglichen Wechselwirkungen zu Soma und Psyche.

121

1.5.3.2 Ein Zugang zur unsichtbaren Wirklichkeit Gottes

Wie kann nun eine religiöse »Welt 4« beschrieben werden, die vollkommen andersartig und damit nicht auf die Welten 1 bis 3 reduzierbar ist? Begrifflich ist dies kaum möglich, denn mit den Welten 1 bis 3 sind alle innerweltlichen Beschreibungskategorien ausgeschöpft. Eine Annäherung ist m.e. möglich, wenn man die Machtfrage einbezieht und davon ausgeht, dass es sich um »Mächte« handelt, die von »außen« her auf den Menschen einwirken. Bewusst sind die beiden entscheidenden Worte in Anführungszeichen gesetzt. Denn tatsächlich können nur die Folgen der Wechselwirkung auf die physische und psychische Wirklichkeit beschrieben werden.

Spiritualität ist Kennzeichen der Welt 4

Die religiös-spirituelle »Welt 4« wird demnach als Entität betrachtet, d.h. ohne das Wesen erklären zu müssen, lassen sich mit diesem Ansatz die transzendenten spirituellen Phänomene beschreiben – nicht jedoch auf rationale Erklärungen reduzieren. Zu der Welt 4 gehören dann u.a. die Fragen nach der Wirkung des Gebetes, der Leitung durch den Heiligen Geist, die Zusammenhänge zwischen Schuld und Gottesferne, die Frage nach Erlösung, nach Gebundenheit, Okkultismus usw. Diese Entität wirkt auf die Welten 1 und 2 (möglicherweise auch 3) ein und Menschen können diese Macht auch »weitergeben«, z.B. indem sie segnen, heilen, verfluchen usw.

Man muss in der Seelsorge unterscheiden

Für die Arbeit an der Persönlichkeit in Beratung und Psychotherapie wird mit einer solchen Vorgabe eine wesentliche Aufgabe so beschrieben, dass es notwendig wird, zwischen den Welten 1–3 und Welt 4 zu trennen und eindeutig zur Welt 4 gehörige (und damit nicht auf psychische und körperliche Dimensionen reduzierbare), d.h. »distinkte« Phänomene zu erkennen.

Während Eccles versucht, die Wechselwirkungen seiner drei Welten unter Zuhilfenahme von »Psychonen«[108] und auf der Grundlage der submikroskopischen Quantenübergänge wissenschaft-

---

108 Das sind nichtmaterielle Elementarteilchen der Psyche, die unsterblich sind.

lich-rational erklärbar zu machen, ist m.E. eine wissenschaftliche Erklärung für die religiöse Dimension grundsätzlich nicht möglich. Das Wirken Gottes (z.B. im Sinne von Römer 8,16»so bezeugt der Geist selber unserem Geist«) spricht von einer vollkommen andersartigen Entität als der von Soma und Psyche. Es handelt sich m.e. bei den Wechselwirkungen zwischen den Welten 1 bis 3 und der Welt 4 um ein »rätselhaftes Phänomen«, das zwar existent, jedoch im Sinne von Nicholas Reschers fünfter Strategie zum Umgang mit solchen Phänomenen[109] durch kein menschliches Erklärungsschema erfasst werden kann[110] und deshalb für unseren empirischen Zugriff unzugänglich ist.

Eine wissen-schaftliche Erklärung ist grundsätzlich unmöglich

Im Sinne der praktischen Erfahrungen oder der Alltagspsychologie, die ja möglicherweise mehr ist als eine empirische Theorie[111], kennen wir allerdings religiöse Erfahrungen in allen Kulturkreisen, die nicht auf psychische oder physische Zusammenhänge reduziert werden können. Beten, gesegnet zu werden, charismatische Gaben zu empfangen – aber auch wissenschaftlich unerklärbare okkulte Ereignisse – sind Erfahrungen, die nicht mit den Mitteln der Welten 1 bis 3 erklärt werden können. Menschen haben zur religiösen Entität einen privilegierten Zugang, der sich daraus ergibt, dass wir sie als innere Wahrnehmung erfahren, die nicht hergeleitet werden muss. Auch hierbei ist die Bedeutung des hebräischen Wortes nefesh ein theologischer Beleg, weil dort ausdrücklich von der Sehnsucht nach Gott gesprochen wird:»Wie der Hirsch lechzt nach frischem Wasser, so schreit meine Seele, Gott, zu dir« (Ps 42,2).

Menschen haben Zugang zur Spiritualität

Wie erfolgt nun aber der Zugang zur religiösen Welt 4? Empirie und Hermeneutik scheiden aus. Weil aber jeder »Wissenschaftsgegenstand« eine ihm entsprechende Methodik des Herangehens hat, müssen wir auch hier fragen, welche »Methodik« zur religiös-spirituellen Welt 4 führen kann.

Keine Empirie, keine Hermeneutik

109 Vgl. N. Rescher (2001). *Rationalität. Eine philosophische Untersuchung über das Wesen und die Rechtfertigung von Vernunft.* Würzburg: Königshausen & Neumann.
110 Vgl. N. Rescher (1991). *Baffling Phenomena and Other Studies in the Philosophy of Knowledge and Valuation.* Savage: Rowman and Littlefield. S.9.
111 Vgl. G. Brüntrup (1996). *Das Leib-Seele-Problem. Eine Einführung.* Stuttgart: W. Kohlhammer. S. 121.

Zugang über
den Glauben   Die Bibel spricht in Hebräer 11,1 vom Glauben als Zugang: »Es ist aber der Glaube eine gehofft werdende Wirklichkeit, ein Überführtsein von der Wirklichkeit nicht gesehen werdender Dinge.«[112] Das griechische Wort für Glauben (pistis) meint ein Vertrauen, das man auf Gott und die Menschen setzt. Im antiken Griechenland wurde das Wort im Zusammenhang mit Treue und Untreue gebraucht, insbesondere wenn die Glaubwürdigkeit eines Orakelspruchs auf dem Spiele stand. Bei Jesus steht »pistis« für das Vertrauen zu seiner Sendung und seiner Macht, aus der Not zu retten. Bei Paulus kommt der Glaube häufig im Spannungsfeld zwischen Sichtbarem und Unsichtbarem vor (vgl. 2Kor 4,18).

Die im Hebräerbrief vorgestellte Definition bringt nicht eine Zusammenfassung aller Elemente des Glaubens, wohl aber derer, die für eine verfolgte Gemeinde entscheidend wichtig sind: Bürgschaft für Gehofftes und Überführtsein von Unsichtbarem[113]. Wenn wir diese Definition semantisch genauer untersuchen, dann wird deutlich, dass es sich dabei nicht um einen Gegensatz zu den Wissenschaften handelt, sondern dass hier etwas, das nicht gesehen (das bedeutet: nicht mit Empirie oder Hermeneutik erfasst) werden kann, dennoch als existent angenommen wird. Und zwar genauso existent (deshalb das Wort »Überführtsein«), wie wenn es durch die Ergebnisse von Empirie oder Hermeneutik gefunden worden wäre.

Definition in
Hebräer 11,1

Glaube und Wissenschaft

In kürzester Form kann zusammengefasst werden: Der Glaube ist nicht ein Mehr oder Weniger an Wissenschaft, sondern der wissenschaftstheoretisch einzig mögliche und korrekte Zugang zum pneumatischen Aspekt der Seele.

Mit einer solchen Sicht ist es dann nicht sinnvoll, weil unmöglich, die Bibel da, wo sie den Glauben einfordert, zu entmytholo-

---

112 Nach dem griechischen Urtext.
113 Vgl. L. Coenen u.a. (1983). *Glaube.* In: *Theologisches Begriffslexikon zum Neuen Testament.* Band 1. Wuppertal: Theologischer Verlag Rolf Brockhaus. S. 565–576.

gisieren. Die biblischen Wunder sind nicht auf die Dimensionen der Welten 1 bis 3 reduzierbar – der Glaube ist hier der einzig mögliche Zugang.

Gewiss ist die Bibel auch ein Buch, das im historischen Kontext geschrieben worden ist und hermeneutische Überlegungen zur Exegese können eine wichtige Hilfestellung für diejenigen Passagen sein, die im Sinne der Welten 1 bis 3 verstanden werden müssen. Ein solcher Erklärungsprozess ist dann erfolgreich und berechtigt, wenn es sich nicht um »Mächte« aus der »Welt 4« handelt, die auf diese Weise reduziert (d.h. entmythologisiert) werden sollen. Diese Einschränkung gilt nicht nur für die Arbeiten im Rahmen der Leben-Jesu-Forschung, in deren 2. Phase[114] versucht wurde, die Wunder Jesus auf die Erkenntnisebene der Welten 1 bis 3 zu reduzieren, sondern auch im Bereich der Psychotherapie, wenn sie sich mit der Erfahrung dieser »Mächte« befasst. Dort war es z.B. der evangelische Theologe Joachim Scharfenberg[115], der in seiner Dissertation die okkulte Besessenheit der Gottliebin Dittus im freudianischen Sinne auf eine schizophrene und hysterische Symptomatik reduzierte. Weil seine Arbeiten eine wesentliche Grundlage für die Pastoralpsychologie geworden sind, haben die reformierten Kirchen in Deutschland bis heute beträchtliche Schwierigkeiten mit der Akzeptanz des in die Welt 4 gehörenden Okkultismus.[116]

»Entmytho-logisierung« ist nicht der richtige Weg

1.5.3.3 Wie können wir die Veränderung der Persönlichkeitsstruktur durch den Glauben beschreiben?

Wenn in den vorangegangenen Kapitelteilen von der »Arbeit« an der Persönlichkeit gesprochen und diese überwiegend durch Lernprozesse erklärt wurde, so zeigt sich vor dem Hintergrund des Glaubens einiges anders.

114 Z.B. von Rudolf Bultmann, Ernst Käsemann und Willi Marxen.
115 Vgl. J. Scharfenberg (1955). *Johann Christoph Blumhardts Bedeutung für die Seelsorge.* Dissertation Kiel.
116 Dass man zwischen Besessenheit und Schizophrenie unterscheiden kann, habe ich im Kap. 3.3. gezeigt in: M. Dieterich (2006). *Wer bin ich? Wer sind die Anderen?* A.a.O.

125

1. In der Bibel findet sich kein Bericht, der explizit darauf hinweist, dass Gott im Sinne eines Wunders (d.h. nicht durch die Gesetzmäßigkeiten der Welten 1 bis 3 erklärbar) die Persönlichkeit eines Menschen spontan geändert hätte.

2. Es gibt hingegen viele Berichte, in denen Jesus und auch die Apostel somatisch kranke Menschen (Blinde, Lahme, Leprakranke) geheilt sowie Tote auferweckt haben. Es wird berichtet, wie Dämonen bei Besessenen ausgetrieben worden sind – aber nicht von einer Spontanänderung der Persönlichkeitsstruktur.

3. Implizit können wir möglicherweise schließen, dass sich die Persönlichkeit z.b. eines Petrus im Laufe des Lebens geändert hat, aber dies war dann auch kein einmaliger Akt, sondern ein Prozess, der auch im Sinne der Erkenntnisse der Welt 1 bis 3 erklärt werden kann.

4. Neben der Befreiung von Krankheiten und von Besessenheit hat Jesus die Menschen viel gelehrt. Im NT gibt es ein griechisches Wort für das Lehren, das in seiner passiven Form auch gleichzeitig das Lernen einschließt: διδασκω (didasko) – wir gebrauchen dies heute im Begriff der »Didaktik«. Jesus hat es, insbesondere durch seine farbenprächtigen Gleichnisse, den Menschen leicht gemacht zu lernen. Die Zuhörer konnten seine Botschaft verstehen und sich durch Einsicht ändern.

5. Auch wenn Gott bei der Persönlichkeitsstruktur im Allgemeinen keine Spontanänderungen vollzieht, ist es doch ein ganz großes Geschenk Gottes, dass er bei der Erschaffung des Menschen die Fähigkeit zu Lernprozessen als eine ganz besondere Gabe eingestiftet hat. Es gilt dafür dankbar zu sein – auch wenn diese Änderungen Zeit und damit Geduld erfordern.

6. Natürlich kann Gott, wann immer er will, auch Spontanänderungen bei der Persönlichkeitsstruktur im Sinne eines Wunders vollziehen. Niemand kann Christen hindern, darum im Gebet zu bitten. Sie müssen aber wissen, dass es zur wirksamen Änderung den Weg des Lernens bereits gibt, um den wir nicht zu bitten brauchen, sondern für den wir danken dürfen. Und wir dürfen bitten, dass Gott uns auf diesem Weg Gelingen schenkt.

7. Die Lernfähigkeit ist eine Schöpfungsgabe für alle Menschen, aber es gibt für Christen einen Unterschied: Der Heilige Geist ist ihr ständiger Begleiter, Fürsprecher – und damit auch Lehrmeister. Wenn er tröstet, ermahnt und begleitet, d.h. immer bei und in uns ist, dann haben wir einen ganz vortrefflichen Lehrer, der sämtliche Arten des Lernens einsetzt. Er ist der beste Lehrer, weil er …
   – im Sinne des Lernens durch Einsicht in alle Wahrheit leitet,
   – die Lernprozesse verstärkt, indem er uns mit Freude belohnt,
   – die Verstärkung kontingent einsetzt, weil er immer bei uns ist,
   – uns durch Übung lehrt in den Fällen, wo wir unseren Weg nicht verstehen,
   – den neuen Weg mit Freude und Frieden konditioniert,
   – uns in die Gemeinschaft der Gläubigen führt, sodass wir am Modell lernen können.

Der Heilige Geist ist der beste aller »Lehrmeister«

Es sind also alle Arten des Lernens mit diesem Lehrmeister verbunden – und das in höchster Potenz. Wir dürfen deshalb auch im Sinne von Galater 5,22 die Frucht des Geistes sehen als Liebe, Freude, Friede, Geduld, Freundlichkeit, Gütigkeit, Glaube, Sanftmut und Keuschheit. Aber wir sollten nicht vergessen: Es handelt sich um einen Lernprozess, wenn auch mit hoher Effektivität. D.h., er braucht seine Zeit, weil das Verschalten der Neuronen nicht durch unmittelbares Wirken des Heiligen Geistes geschieht (das wäre dann ein Wunder), sondern indem er durch das Mittel der natürlichen Lernprozesse uns hilft, das Lernziel zu erreichen.

Ein Lernprozess mit hoher Effektivität

Fazit für die Arbeit an der Persönlichkeit

Auch wenn ein direktes Eingreifen Gottes und damit eine spontane Änderung der Persönlichkeitsstruktur in der Bibel m.W. nicht beschrieben ist, so kann doch der allmächtige Gott aus seiner Transzendenz bzw. der»unsichtbaren Wirklichkeit« im Sinne von Hebräer 11,3 heraus auch spontan ein Wunder wirken.

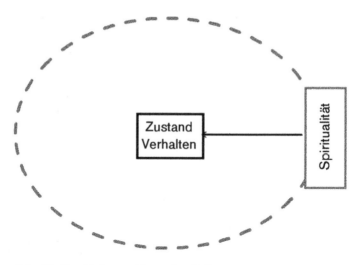

Abb. 39: Unmittelbares Eingreifen Gottes

Abb. 39 stellt dies in Kurzform dar. Dabei kann dieses Wunder unmittelbar auf den Zustand bzw. das Verhalten des Menschen eingreifen.

Ora et labora

Wer als Christ an seiner Persönlichkeitsstruktur arbeiten will oder muss, sollte sich dabei jedoch nicht auf ein spontanes Wunder verlassen, sondern den Begriff »Arbeiten« sehr ernst nehmen. Auch bei Christen werden die Neuronen im Normalfall nicht durch Wunder verschaltet, sondern die Verbindungsstärken erhöhen sich durch Übung. Eines der großen Wunder der Schöpfung ist es aber, dass wir bis ins hohe Alter lernen können, und eines der großen Wunder der Erlösung, dass Menschen, die in der Nachfolge Jesu stehen, ein Leben unter der Leitung des Heiligen Geistes führen. Die Änderungsprozesse erfolgen dann durch seine mittelbare Wirkung über die verschiedenen Lernprozesse, wie dies in Abb. 40 dargestellt ist.

Der Mensch: ein lebenslang Lernender

Mit dem Heiligen Geist als Lehrer wird jeder Lernprozess konsequenter, denn er ...
• ist der »zur Unterstützung Herbeigerufene« (Joh 14,16),
• will uns ausrüsten (1Kor 12,8-10),

- will uns Kraft geben (Apg 1,8),
- will uns führen (Joh 16,13),
- will uns aufblühen lassen (Gal 5,22),
- will uns nahe zu Gott hinbringen (Joh 4,23.24/Gal 4,6),
- will uns das Wort Gottes aufschließen,
- gibt uns Zeugnis, dass wir seine Kinder sind (Röm 8,16).

Konsequenzen der Wirkung des Heiligen Geistes

Deshalb gilt auch, dass wer den Geist dämpft (vgl. 1Thess 5,19), dadurch auch den von ihm begleiteten Lernprozess schwächt.

Zusammenfassung aller Änderungsmöglichkeiten

Nachdem nun alle Möglichkeiten zur Änderung der Persönlichkeitsstruktur zusammengefasst und in Abb. 40 in Kurzform dargestellt sind, ergibt sich ein übersichtliches Bild, bei dem in der Mitte der »Zustand« bzw. das »Verhalten« zu sehen ist und um dieses Verhalten die bisher besprochenen Möglichkeiten der Änderung angeordnet sind. Umhüllt werden diese Kästen durch die alles umfassende spirituelle Änderungsmöglichkeit, die sowohl mittelbar als auch unmittelbar wirksam sein kann.

Alle Änderungsmöglichkeiten zusammen

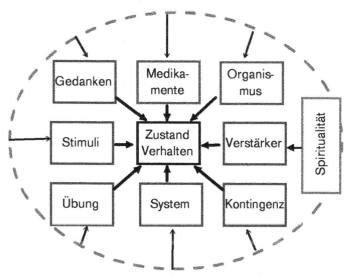

Abb. 40: Mittelbares Eingreifen durch den Heiligen Geist

Eine solche Darstellung bietet damit auch eine praktische Hilfe, um die Zusammenhänge und Beziehungen der unterschiedlichen Parameter zueinander darzustellen.

Vorlage für die Praxis

In der Praxis wird die Abb. 40 vergrößert kopiert, sodass in den einzelnen Kästen Raum für Notizen gegeben ist. Zuerst wird dann in den Kasten »Zustand/Verhalten« der derzeitige Zustand Z_1 des Ratsuchenden (von ihm selbst oder gemeinsam) eingetragen, entweder als Defizit oder als Exzess gegenüber einem Wunschzustand und möglichst quantifizierbar. Danach werden die anderen Kästen der Reihe nach ausgefüllt, wobei die Reihenfolge beliebig sein kann. In jedem Fall wird nach den Zusammenhängen mit Z_1 gesucht. Sind alle Kästen ausgefüllt, ergibt sich in aller Regel eine deutliche Grundlage für ein Förderungsprogramm.

Wenn daran anschließend auch der Zielzustand bzw. das Zielverhalten Z_2 operational definiert sind, ist es in einem zweiten Durchgang möglich, mit dieser Darstellung störende oder aufbauende Zusammenhänge zwischen Z_1 und Z_2 zu ermitteln und zu erstellen. Die praktischen Möglichkeiten hierzu werden in den nachfolgenden Kapitelteilen behandelt.

2. Praktische Möglichkeiten zur Arbeit an der Persönlichkeit

Im ersten Teil dieses Buches wurde das hypothetische Konstrukt Persönlichkeit vor dem Hintergrund einer biblisch ganzheitlichen Anthropologie der lebendigen Seele (Gen 2,7) operationalisierbar z.b. durch den PST-R beschrieben. Danach folgte ein Überblick der Änderungsmöglichkeiten unter somatischem, psychischem und pneumatischem Aspekt.

Mit diesen Grundlagen konnte deutlich gemacht werden, dass die praktische Arbeit an der Persönlichkeit überwiegend ein Lernprozess ist und dass die psychotherapeutischen Konzepte letztendlich alle auf Lernprozessen beruhen. Das 2. und 3. Kapitel des Buchs sind der Praxis gewidmet.

Ehe mit dem Lernprogramm begonnen wird, sollte mit dem PST-R der quantitative Istzustand erfasst worden sein. Danach müssen einige qualitative Überlegungen zum Lernstil des Ratsuchenden erfolgen. Es sollte dann überlegt werden, welche Ziele erreicht werden wollen, welchen Umfang die Lerneinheiten haben können bzw. ob es überhaupt ratsam ist, mit dem Programm zu beginnen. Diese Vorüberlegungen werden nachfolgend angestellt.

2.1 Vorüberlegungen zu den Lernprogrammen

Grundsätzliche Regeln für Lernprogramme

Für die Arbeit mit Lernprogrammen gibt es einige grundsätzliche Regeln. Vor allem, wenn Lernprozesse im Selbstmanagement[117] erfolgen sollen, ist es unabdingbar, dass die Lernenden motiviert sind. Wie weiter vorne beschrieben, sind alle Menschen

---

117 Zum Selbstmanagement gehören u.a. Selbstbeobachtung, Selbstinstruktionen, Zielklärung und -setzung, Selbstverstärkung, Selbstkontrolle und Selbstmotivation.

grundsätzlich zu motivieren. Wenn dies nicht gelingt, dann könnte es sein, dass Blockaden vorhanden sind, die jedoch erkannt und überwunden werden können.

Nachfolgend sind einige dieser Blockaden beschrieben.

1. Muss überhaupt eine Änderung erfolgen?

Wenn Ratsuchende die Ergebnisse des Persönlichkeitsstrukturtests erhalten, sollten die Ratgeber darauf aufmerksam machen, dass es kein »gutes« oder »schlechtes« Profil gibt. Lediglich bezüglich einzelner Aufgabenstellungen im Beruf oder Leben kann es Vorteile bringen, ein dafür passendes Profil zu haben. Wenn dies der Fall sein sollte, ist es m.E. ethisch verantwortlich, ein Lernprogramm zur Veränderung zu erstellen. Hingegen sollte der Vergleich mit anderen Menschen, Neidgefühle oder lediglich der Wunsch, auch so zu sein wie diese, m.E. nicht die Grundlage für Veränderungsprogramme sein.

2. Zu viele Ziele auf einmal

In der Regel wünschen sich Ratsuchende die Änderung mehrerer Persönlichkeitsmerkmale zugleich. Für die Praxis bewährt es sich jedoch, eher kleinere Lernziele anzugehen. Diese sollten hierarchisch so geordnet werden, dass zuerst die einfachen und zügig erreichbaren Ziele angegangen werden.

3. Der Unterschied ist zu groß

Der Unterschied zwischen dem gegenwärtigen Zustand oder Verhalten Z_1 und dem erwünschten Ziel Z_2 ist zu groß. Das führt dazu, dass die lernende Person schon bald aufgibt.

4. Der Unterschied ist zu klein

Der Unterschied zwischen dem gegenwärtigen Zustand oder Verhalten Z_1 und dem erwünschten Ziel Z_2 ist zu klein. Das führt dazu, dass die lernende Person das Ziel sehr schnell erreicht und sich dabei zu wenig Erfolgsgewinn für eine zukünftige Leistungssteigerung ergibt.

5. Erfolg zu Beginn

Unsere Untersuchungen[118] zur Lerngeschwindigkeit haben gezeigt, dass die Lernenden zu Beginn des Pensums mehr und damit schneller lernen als gegen Ende. Die Lernkurve zeigt also ein typisches Sättigungsverhalten (vgl. Abb. 41). Der Therapie- bzw. Beratungsplan sollte demnach so gestaltet werden, dass zu Beginn der Maßnahme die Bemühungen rasch zum Erfolg führen, um damit auch die intrinsische Motivation auf hohem Niveau zu halten.

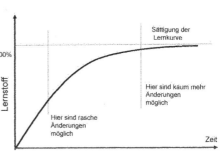

Abb. 41: Lernkurve

6. Mangelnde Leistungsmotivation

Es gibt Ratsuchende, deren Ergebnisse beim Persönlichkeitstest nur eine geringe Leistungsmotivation aufweisen. Mit ihnen lassen sich Lernprogramme nur schwer durchführen, weil die notwendige Kontingenz (die u.a. durch konsequente Selbst-Verstärkung erreicht werden kann) nicht gegeben ist. In solchen Fällen sollte überlegt werden, ob es vernünftig ist, vorab an der Leistungsmotivation selbst zu arbeiten und das ursprüngliche Lernziel zurückzustellen.

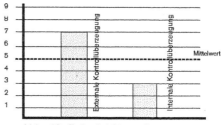

Abb. 42: Beispiel für geringe Leistungsmotivation

Um dies zu überprüfen, können die Kontrollüberzeugungen, die z.B. im PST-R quantitativ nachweisbar sind, herangezogen werden. Wenn, wie in der Abb. 42 gezeigt, die Werte bei der externalen Kontrollüberzeugung hoch (deutlich über SN 5[119]) und bei der internalen Kontrollüberzeugung niedrig (deutlich unter SN 5)

118 Vgl. hierzu das Handbuch zum HAMET2 Modul 2 in: M. Dieterich et al. (2001). hamet2 *Handlungsorientierte Module zur Erfassung und Förderung beruflicher Kompetenzen.* Göttingen: Hogrefe.
119 SN ist die Abkürzung für »Stanine«, eine Skala, die bei vielen Persönlichkeitstests verwendet wird. Der Mittelwert liegt bei SN 5.

133

sind, sollte vorab an diesem Teil der Persönlichkeitsstruktur gearbeitet werden.

7. Unsichere Kontingenzen

Wie schon weiter vorne beschrieben, ist es beim Lernprozess, d.h. bei der Verschaltung der Neuronen, wichtig, dass dies regelmäßig und in genügend großem Umfang geschieht. Geduld ist also notwendig, um das Ziel zu erreichen. Für die Praxis des Selbstmanagements bei der Arbeit an der Persönlichkeitsstruktur muss deshalb gewährleistet sein, dass der Therapie- bzw. Lernplan stetig durchgeführt wird. Wenn bereits nach dem ersten Misserfolg nach neuen Methoden gesucht wird, ist dies ein Beispiel für unsichere Kontingenzen und wenn am Arbeitsplatz und zu Hause andere Konsequenzen auf ein zu erreichendes Ziel erfolgen, wird der Lernprozess erschwert, wenn nicht gar unmöglich gemacht. Schriftlich ausformulierte Kontingenzverträge können eine gute Hilfestellung sein, um zu einer Absicherung zu kommen.

8. »Entsorgung« von Altlasten

Im Zusammenhang mit den Kontingenzen steht ein Entschuldungsprozess. Viele Menschen haben erfahren, dass man ihnen Unrecht getan hat. Sie klagen die Schuldigen an, ihr Denken kreist um die erfahrenen Wunden und sie kommen aus ihrem negativen Denken nur schwer heraus, was zu einer ständigen Neuverwundung führt. Sozialwissenschaftliche Untersuchungen[120] haben gezeigt, dass es – auch wenn man im Recht ist – hilfreich sein kann, den Schuldnern einseitig zu vergeben (auch wenn der andere möglicherweise nicht darauf eingeht), um damit Altlasten zu entsorgen und für neue Wege Raum zu finden. Weil Christen die Vergebung ihrer Schuld persönlich erfahren haben, können sie diesen Vergebungsprozess in der Regel leichter angehen und auch annehmen.

---

120 Vgl. R. Tausch (1993). *Verzeihen, die doppelte Wohltat.* In: Psychologie heute, Ausgabe April 1993, Seite 20ff. Im Internet unter http://uploader.wuerzburg.de/ emk-wue/text/dauer/verzeihen-wohltat.htm

9. Ablenkung

Wenn die lernende Person im Laufe des Lernprozesses immer wieder gestört wird, kann nicht mit Erfolg gerechnet werden, denn im Sinne der Themenzentrierten Interaktion (TZI) haben die Störungen Vorrang vor den Lernzielen.[121] In solchen Fällen ist zu überlegen, ob die Bearbeitung der Störungsursachen ggf. in das Lernkonzept eingebaut werden muss bzw. es ist aufzuzeigen, dass nicht alle Rahmenbedingungen des Lernprozesses beachtet worden sind.

10. Die Lernperson sieht wenig Sinn in der Maßnahme

Wenn das Lernziel für den Ratsuchenden selbst nicht sinnvoll ist (was bei Kindern häufig der Fall ist) bzw. eher von anderen verlangt wird (z.B. Ehepartner, Vorgesetzte), fehlt die intrinsische Motivation. Das Lernziel muss deshalb jedoch nicht unbedingt verworfen werden, denn es kann ja mit ganz unterschiedlichen Lernstrategien erreicht werden. So braucht das Üben oder Konditionieren, aber auch das Lernen am Modell, nicht unbedingt die Einsicht der lernenden Person. Allerdings wird die Arbeit an der Persönlichkeitsstruktur ohne intrinsische Motivation dann weitaus schwieriger und ein Selbstmanagement ist nicht möglich. So gesehen wird es immer günstiger sein, wenn die Lernenden den Sinn der Maßnahme einsehen bzw. verstehen, denn dann werden die eintretenden Erfolge selbst wieder zur Quelle der Motivation und es ist ein kontingenter Lernprozess zu erwarten.

11. Das Lernziel wird von anderen (nicht) unterstützt

Wenn viele Menschen aus dem System, in dem sich die Lernperson aufhält, das Lernziel kennen, wird es leichter, dieses zu erreichen, denn von vielen Seiten werden die entsprechenden Verstärker bzw. Kritiken bei falschem Verhalten kommen. Wenn die Familienangehörigen, Mitarbeiter und Kollegen das

---

121 Regel Nr. 7 Störungen haben Vorrang: »Seitengespräche haben Vorrang. Sie stören und sind meist wichtig. Sie würden nicht geschehen, wenn sie nicht wichtig wären ...«
Vgl. R. Cohn (2004). *Von der Psychoanalyse zur themenzentrierten Interaktion. Von der Behandlung Einzelner zu einer Pädagogik für alle.* Stuttgart: Klett-Cotta.

Lernziel nicht verstärken bzw. die Arbeit an der Persönlichkeit nicht unterstützen oder gar bekämpfen, wird es wesentlich schwieriger, das Lernprogramm durchzuführen, denn dann muss zusätzlich zum Lernprozess ständig auch noch gegen diese Vorurteile angegangen werden. In solchen Fällen ist es deshalb eher ratsam, nicht von den Programmen zu erzählen.

12. Unterschiedliche soziale Rahmenbedingungen
Wenn am Lernort und zu Hause unterschiedliche soziale Rahmenbedingungen herrschen, fällt es schwer, das Lernprogramm durchzuführen, weil die Verstärker jeweils unterschiedlich ausfallen (mangelnde Kontingenz). Wer sich an seinem Arbeitsplatz als Vorgesetzter dominant verhalten muss und als Lernprogramm für seine Persönlichkeitsstruktur eine Verringerung der Dominanz anstrebt, weil dies zu Hause erwünscht ist, wird hierbei einige Mühe haben, weil die Antworten auf sein jeweiliges Verhalten ganz unterschiedlich ausfallen werden.

13. Gruppenzwänge
In den meisten Gruppen gibt es bestimmte Normen und damit auch Zwänge für ein gruppenkonformes Verhalten. Wenn dieses Verhalten mit den im Programm angestrebten Zielen nicht kongruent ist, wird die lernende Person oftmals in Schwierigkeiten kommen. In solchen Fällen muss man, um das Ziel zu erreichen, ggf. für einige Zeit die Gruppe verlassen. Eine Entscheidung, die natürlich vor dem christlich orientierten Hintergrund, die Gemeinschaft zu suchen, nicht immer leicht sein wird.

14. Die Maßnahme dauert zu lange
Die Arbeit an der eigenen Persönlichkeit wird zwar über das ganze Leben hinweg gehen, jedoch sollten die gezielten Lernmaßnahmen zeitlich beschränkt sein. Mein Vorschlag ist es, Ziele auszusuchen, die in maximal ½ Jahr erreicht werden können. Dann kann man für einige Zeit aussetzen und ggf. später fortsetzen.

Meine persönlichen Erfahrungen beim Coaching von Führungskräften haben gezeigt, dass zumindest zehn der hier genannten Blockaden ausgeschlossen oder beseitigt sein müssen, um mit einem Programm zur Arbeit an der Persönlichkeit beginnen zu können.

Zusätzlich zu den motivationalen Voraussetzungen, die für das Selbstmanagement bei der Arbeit an der Persönlichkeit notwendig sind, sollten noch einige weitere mentale Einstellungen vorhanden sein:

1. Die Teilnehmer an der Maßnahme müssen von der Wirksamkeit der Maßnahme überzeugt sein. Deshalb ist es wichtig, die Arbeit an der Persönlichkeit als einen Lernprozess zu definieren, dessen Hintergründe wissenschaftlich zu klären sind und zu dem es nachvollziehbare Gesetzmäßigkeiten gibt (vgl. hierzu Kapitel 1 in diesem Buch). Hierzu ist eine gründliche Psychodidaktik des Lernenden durch den Berater notwendig. *Mentale Einstellung*

2. Auch mögliche Misserfolge können vor diesem wissenschaftlichen Hintergrund aufgelöst werden. Nachdem dann ggf. die Rahmenbedingungen geändert worden sind, ist ein Erfolg versprechender Neuanfang möglich.

3. Auch wenn es anlagebedingte Anteile der Persönlichkeitsstruktur gibt, die durch Lernprozesse nicht geändert werden können, so bleibt doch immer so viel Änderungspozential übrig, dass sich die Arbeit lohnen wird.

4. Niemand muss so bleiben, wie er ist – aber er darf auch so bleiben, wenn es keinen zwingenden Grund zu einer Änderung gibt.

5. Es gibt nur drei grundsätzliche Möglichkeiten, mit denen die Persönlichkeitsstruktur geändert werden kann:
   – Medikamente – was nur bei krankhaften Persönlichkeitsstrukturen ethisch korrekt ist.
   – Lernprozesse – die auf eine Verschaltung von Neuronen und Erhöhung der Verbindungsstärken zurückzuführen sind.
   – Das direkte Eingreifen Gottes – was, wie weiter vorne behandelt, in der Bibel ganz selten vorkommt.

Bei der Arbeit an der Persönlichkeit müssen wir in aller Regel von einem Lernprozess ausgehen, wobei es als besonderes Wunder angesehen werden darf, dass Gott bei der Erschaffung des Menschen ihn als einen hervorragenden Lerner im Sinne des »Homo educandus« ausgerüstet hat.

6. Die Teilnehmer am Lernprogramm müssen wissen, dass nicht ihre Lehrer, Berater oder Therapeuten, sondern sie selbst für den Lernprozess verantwortlich sind. Ohne Eigeninitiative und ständiges »am Ball bleiben« gibt es bei der Arbeit an der Persönlichkeitsstruktur keinen Fortschritt. So gesehen kommt der intrinsischen Motivation eine große Bedeutung zu. Wenn allerdings wenig eigene Motivation vorhanden ist und dennoch eine Änderung erwünscht wird, dann muss ggf. von außen her ein »ständiger sanfter Druck« ausgeübt und sehr intensiv auf die Verstärkerökonomie geachtet werden.

7. Die Teilnehmer müssen sich die neue Situation, die sich durch den Lernprozess ergeben wird, vorab mental vorstellen können (z.B. auf dem Sofa mit geschlossenen Augen liegen und eine Fantasiereise zum angestrebten Ziel machen). Wer sich das veränderte Verhalten nicht in Gedanken vorstellen kann, wird dieses schwerlich in der Praxis realisieren können. Hierbei ist großer Wert darauf zu legen, dass man sich keine Fehler vorstellt, kein Versagen usw. Zumindest mental sollte man bei diesen Vorstellungen immer der »Gewinner« sein.

8. Man sollte ausgewählte Personen in die Lernsituation einweihen und sie bitten, genaue Beobachtungen zu machen. Wenn diese Personen dann korrigieren, soll diese Korrektur nicht als »Angriff«, sondern als Hilfestellung gesehen werden.

9. Im Laufe des Lernens und insbesondere nach dem Erreichen des neuen Zieles stellen sich auch veränderte Gefühle ein. Diese Gefühle müssen beachtet werden, man sollte auf sie vorbereitet sein – und sie dann auch anderen Menschen mitteilen.

10. Wenn wir den Menschen ganzheitlich sehen, ist es unwichtig, welche Art des Lernens eingesetzt wird. In allen Fällen geht es darum, die Verbindungsstärken der Neuronen zu er-

höhen bzw. diese zu vernetzen. Ob wir den Lernprozess mit den Sinnesempfindungen (riechen, sehen, hören, berühren und schmecken) konditionieren, ihn gezielt verstärken, ob wir ihn durch Verstehen (kognitiv) oder durch Nachahmen realisieren, ist bezogen auf das Lernziel relativ unwichtig – Hauptsache, es wird erreicht.

11. Weil jeder Mensch auf seine individuelle Art des Lernens am besten anspricht, muss die Auswahl der jeweiligen Lernmethode individualisiert werden – und da kann es durchaus sein, dass es eindeutige Präferenzen für die unterschiedlichen Arten des Lernens gibt. Am besten wäre es natürlich, wenn alle Lernarten zusammenkämen. Im Zweifelsfall sollte man eher mit dem »Üben« oder »Spielen« als mit dem »Verstehen« beginnen.

12. Oftmals geht beim Verlernen eines nicht mehr gewunschten Anteils der Persönlichkeitsstruktur dem Betroffenen etwas verloren, das bisher (wenn auch möglicherweise negativ) zu seinem Leben gehörte. Wer z.b. lernt, sich durchzusetzen, wird danach nicht mehr als »armer und schwacher Mensch« bemitleidet werden können. Der damit möglicherweise verbundene Verlust von Zuwendung muss sowohl rational als auch emotional aufgearbeitet werden (im Gespräch z.b. die Vor- und Nachteile behandeln, das Verlustgefühl respektieren usw.).

13. Während im Bereich von Soma und Pneuma die Veränderungen oft sehr schnell ablaufen, darf man bei der Psyche bzw. den Lernprozessen nicht vergessen, was bei diesem Prozess dahintersteckt: Es müssen ausreichend Neuronen verschaltet werden, damit der neue Zustand überdauernd wird – und das kostet Zeit. Es ist so ähnlich, wie wenn man eine Fremdsprache lernt – auch das ist an einem Tag nicht möglich. Es kommt außerdem immer wieder zu Rückschlägen – jedoch geht die Tendenz nach oben. Wer an seiner Persönlichkeit arbeiten will, braucht demnach viel Geduld.

14. Die Änderung der Persönlichkeit wird häufig vom Lehrer, Berater, Coach oder Therapeuten begleitet. Man darf sich aber nicht zu sehr in deren Abhängigkeit begeben und diese

Fachleute sollten immer daran denken, nicht die »guten Vor-
sätze«, sondern nur den nachweisbaren (wenn auch kleinen)
Erfolg zu verstärken.

2.1.1 Lernen quantitativ – Lernkurve

Die Lernkurve (vgl. Abb. 41) macht deutlich, dass das Erreichen
des Lernziels nicht linear verläuft, sondern dass nach einiger Zeit
eine Sättigung eintritt. In der Praxis bedeutet dies, dass die Lern-
zuwächse bei gleichen Anstrengungen nach einiger Zeit nicht
mehr so deutlich sind bzw. der Aufwand zu groß wird, um noch
mehr zu erreichen.

So gesehen ist es wichtig zu wissen – ehe das Lernprogramm
begonnen wird – was der Lernende in dem Bereich, an dem gearbeitet werden soll, schon mitbringt bzw. in welchem Bereich der
Lernkurve er sich befindet.

Lernen hat Sättigungs-charakter (margin note)

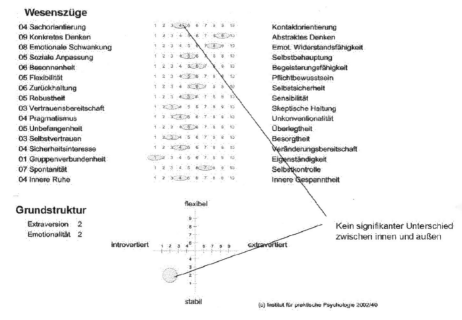

Abb. 43: Beispiel für den steilen Bereich der Lernkurve

140

Mit dem Profil des PST-R kann hier eine erste Annahme gefunden werden. Weil dort die Ergebnisse mit unterschiedlich alten »Jahresringen« erhoben worden sind, ist es möglich zu prüfen, ob mit dem Lernen noch nicht begonnen wurde bzw. ob es ein zu großer Aufwand wäre, noch weitere Lernprogramme zu beginnen.

Die nebenstehenden Abbildungen zeigen zuerst ein Testergebnis[122], bei dem ein Lernprogramm rasch wirksam sein wird und danach ein Profil, bei dem nicht mehr weiter mit diesem Faktor gearbeitet werden sollte. In der Abb. 43 liegen die Ergebnisse der Wesenszüge bei dem Paar Sachorientierung – Kontaktorientierung beim Wert 4 und in den entsprechenden Skalen der Grundstruktur (Sachorientierung –

Unterschied zwischen Wesenszügen und der Grund- und Tiefenstruktur beachten

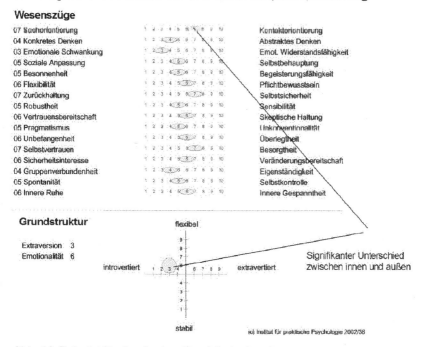

Abb. 44: Beispiel für den flachen Bereich der Lernkurve

122 Es handelt sich um Originalergebnisse zweier Ausbilder für einen mittelständischen Industriebetrieb.

141

Kontaktorientierung) beim Wert 2. Die Unterschiede zwischen den Wesenszügen und der Grundstruktur sind also nicht signifikant (bei einer Irrtumswahrscheinlichkeit von ca. ±1). Das bedeutet, dass in diesem Falle noch wenig an der Vergrößerung der Kontaktorientierung gearbeitet worden ist. Der Kandidat befindet sich also im steilen Teil der Lernkurve und rasche Ergebnisse sind zu erwarten.

Beim zweiten Kandidaten in Abb. 44 wird deutlich, dass dieser schon an sich gearbeitet haben muss, denn der Unterschied zwischen den Wesenszügen und der Grundstruktur ist deutlich größer. Er wird sich bei der Lernkurve eher im mittleren Teil befinden, sodass nicht mit allzu großen Fortschritten gerechnet werden kann.

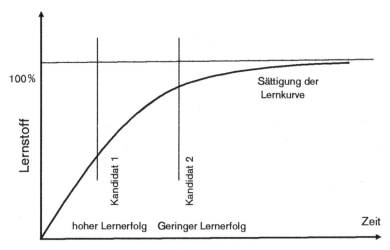

Abb. 45: Unterschiedliche Kandidaten auf der Lernkurve

2.1.2 Lernen qualitativ

Biologischer Hintergrund für Lernprozesse sind – wie beschrieben – die Vergrößerung der Verbindungsstärken und maximale Vernetzung von Neuronen. Diesem Ziel entsprechend ist die Auswahl der Sinnesorgane, die zur Wahrnehmung von neuen Eindrücken dienen, für jeden Lernenden zu optimieren.

Wir haben zur Aufnahme von Reizen die ...
- Augen für Bilder (visuell),
- Ohren für Töne (auditiv),
- Haut zum Tasten (kinästhetisch),
- Zunge für den Geschmack (gustatorisch),
- Nase für den Geruch (olfaktorisch).

Auswahl der Sinnesorgane

Weil die Sensibilität dieser Sinnesorgane unterschiedlich stark ausgeprägt sein kann, ist es hilfreich, das entsprechende Sinnesorgan herauszufinden, welches die Reize am besten wahrnehmen kann. Darauf aufbauend sollten dann die Lernprogramme mit dem Schwerpunkt der Wahrnehmung durch dieses sensible Sinnesorgan konzipiert werden.

Beim sog. Neurolinguistischen Programmieren (NLP) wurde dieses Konzept bestätigt, indem J. Grinder und R. Bandler[123] die Film- und Videoaufzeichnungen einiger der erfolgreichsten Therapeuten der damaligen Psychotherapie-Szene[124] genau beobachteten. Sie konnten zeigen, dass es sich bei diesen Therapien um sehr effektive Lernprozesse handelt und man Menschen besonders gut leiten bzw. auch manipulieren kann, wenn man mit den von ihnen bevorzugten Sinnesorganen Kontakt anknüpft.

Das NLP hat einige gute Methoden geliefert

Die Autoren haben danach gemeinsam erforscht, wie Lernprozesse gezielt und kontrolliert ablaufen können. Ihr Verfahren ist deshalb so effektiv, weil es bewusst die spezifische Struktur der subjektiven Erfahrung zur Grundlage von Veränderungsprozessen macht.

Auch wenn einige der Übungen, die das NLP anbietet, einer wissenschaftlichen Untersuchung nicht standhalten können[125], und wenn es durch die Möglichkeit der Manipulation in therapeutischen Kreisen nicht den besten Ruf hat, ist doch unbestritten, dass ein Lernprozess dann besonders effektiv ist, wenn die Reize deutlich und sensibel wahrgenommen werden können.

123 Vgl. J. Grinder, R. Bandler (2007). *Neue Wege der Kurzzeittherapie: Neurolinguistisches Programmieren.* Paderborn: Junfermann.
124 Darunter Fritz Perls (Gestalttherapie), Virginia Satir (Familientherapie), Milton H. Erickson (Hypnotherapie) und Gregory Bateson (Systemtherapie).
125 Z.B. die Stellung der Augen und die damit bevorzugte sinnliche Wahrnehmungsebene.

Diese Tatsache soll deshalb auch bei unseren Bemühungen um die Änderung der Persönlichkeitsstruktur gebührend berücksichtigt werden.

Wie kann man die die bevorzugte Wahrnehmungsebene erkennen?

Es ist eigentlich nicht sehr schwierig wahrzunehmen, welche Sinnesorgane bevorzugt werden. Man muss die Menschen nur genau beobachten. Nachfolgend einige Möglichkeiten der Beobachtung, wenn wir einem Menschen gegenübersitzen.

sehen Was kann man visuell wahrnehmen (sehen)?
- Atmung
- Atemfrequenz
- Augen
- Pupillengröße
- Lippengröße
- Atemvolumen
- Gesichtsfarbe
- Blickrichtung, Lidreflex
- Feuchtigkeit (Schweiß)
- Muskelspannung
- Haltung und Bewegungen von Kopf, Schultern, Händen, Armen, Körper, Beinen und Füßen
- unbewusste motorische Bewegungen

hören Was kann man auditiv wahrnehmen (hören)?
- Sprechtempo
- Lautstärke
- Tonlage
- Timbre
- Pausen oder Stockungen beim Gespräch

fühlen Was kann man kinästhetisch wahrnehmen (fühlen)?
- Hauttemperatur
- Muskelspannung
- Feuchtigkeit
- Druck

riechen Was kann man olfaktorisch wahrnehmen (riechen)?
- Alkohol
- Parfüm
- usw.
- Schweiß
- Speisegerüche

Was kann man gustatorisch wahrnehmen (schmecken)?   *schmecken*
* süß   * sauer
* salzig   * usw.

Bei der Suche nach dem bevorzugten Sinnesorgan gibt es eine
Reihe von bewährten Möglichkeiten. Recht einfach ist z.b. die
Erinnerung an das Zähneputzen. Hierbei wird um Antwort auf
eine der folgenden Fragen gebeten:

Woran erinnern Sie sich, wenn Sie an das Zähneputzen denken?   *ein Test*
* *An das Gesicht im Spiegel?*
* *An den Geruch oder Geschmack der Zahnpasta?*
* *An das Geräusch der Zahnbürste?*
* *An den Druck auf Zähne und Zahnfleisch?*

Die meisten Menschen werden einer der Antworten Priorität geben.

Es ist aber auch ohne solche suggestiven Fragen möglich, den
Ratsuchenden in ein Gespräch zu verwickeln, um das bevorzugte
Sinnesorgan zu erfahren. Man lässt ihn/sie z.b. aus der Kindheit
erzählen, vom letzten Urlaub, von einer Auseinandersetzung mit
Kollegen oder ganz einfach beim »Small Talk«.

Nachfolgend eine Übung zur Erkennung der Wahrnehmungsebe-
nen anhand von Gesprächsausschnitten.
    Bitte tragen Sie ein: v = visuell, a = auditiv, k = kinästhetisch,
o = olfaktorisch, g = gustatorisch

Ich sehe das halt aus einem anderen Blickwinkel als er.	
Mir geht das alles sehr nahe.	
Was er sagte, war für mich ein Schlag unter die Gürtellinie.	
Mir stinkt die ganze Sache.	
Deshalb sehe ich mich nicht in der Lage, ihm zu helfen.	
Die Dinge müssen von selbst ins Lot kommen.	
Die ganze Sache lastet sehr auf meinen Schultern.	
Das riecht nach Vorteilsnahme.	
Ich müsste richtig auf Abstand gehen, um zu sehen, was die richtige Richtung ist.	
Die ganze Angelegenheit schwankt.	
Die Aussichten, mit dem neuen Chef zurechtzukommen, sind ganz schön düster.	
Ich fühle mich der Sache nicht gewachsen.	
Wir stimmen in ziemlich vielen Dingen nicht überein.	
Mir wird richtig schwindlig, wenn ich daran denke.	
Das wird eine ganz heiße Kiste.	
Ich kann den Kerl nicht riechen.	
Mir ist das völlig einleuchtend.	
Du musst das nur aus der richtigen Perspektive sehen.	
Dann hört sich die Sache auch ganz anders an.	
Jedenfalls kannst du es ganz deutlich erkennen.	
Diese Worte hinterlassen ein schales Gefühl.	
Und es lastet nicht mehr auf deiner Seele.	
Heute geht mir alles auf den Geist.	
Ich bin völlig aus dem Takt.	
Das Bild hat sich mir unauslöschlich eingeprägt.	
Hier machte er eine scharfe Aussage.	
Mir wird eiskalt, wenn ich daran denke.	
Am liebsten würde ich alles unter den Teppich kehren.	
Schauen wir uns die Sache doch noch mal genau an.	
Über sein Gesicht strahlt ein mildes Lächeln.	
Vielleicht sollten wir das mal aus einer anderen Perspektive sehen.	
Das bringt Licht in die Angelegenheit.	
Die Sache drückt mich richtig nieder.	
Wir können dann eines gegen das andere abwägen.	

Eine gute Möglichkeit zur Erkennung der sensibelsten Wahrnehmungsebene ist auch die Frage, auf welche Art der Ratsuchende bisher sein Pensum in der Schule oder während der Ausbildung am besten erlernt hat. Mögliche Antworten könnten sein:

Test zum Erkennen des sensibelsten Sinnesorgans

- Durch stilles Lesen
- Durch lautes Lesen
- Im Hintergrund Musik
- Durch Zusammenfassen mit Worten
- Durch Zusammenfassen mit Grafiken
- Durch Sprechen auf Tonträger und anschließendes Abhören
- Wenn der Sachverhalt anderen erklärt wurde
- Wenn ein System gefunden wurde
- Im Freien
- Zusammen mit Freunden
- Durch regelmäßige Belohnung
- Durch die Zuordnung von Farben

Ganz allgemein gilt, dass die Menschen ihre Erfahrungen häufig so beschreiben, wie sie diese sinnlich wahrgenommen haben. Der Beobachter kann das durch genaues Zuhören während des Gespräches feststellen, wenn er auf die Verben, Adverbien, Adjektive (und manche Substantive) achtet. Solche Wörter zeigen an, ob es sich in der Erzählung um sehen, hören, fühlen, riechen oder schmecken handelt. Wörter, die eine sinnesspezifische Wahrnehmung anzeigen, sind z.B. »eine gute Aussicht haben«, »gehört haben«, »bedrückt sein«, »etwas gerochen haben« oder »etwas geschmacklos finden«.

Wo liegen die Präferenzen?

Es ist durchaus möglich, dass der Gesprächspartner nicht nur einen bevorzugten Sinneskanal hat oder alle Sinneskanäle gleichmäßig gebraucht. Nicht selten jedoch ist schon nach kurzer Zeit sehr deutlich, wo die Präferenzen liegen.

Beim NLP wird diese Kenntnis dann eingesetzt, um sich z.B. bei einem Verkaufsgespräch optimal auf den Kunden einzustellen. Der Verkaufserfolg steigt, wenn der Verkäufer die Bedürfnisse seines Kunden beachtet, mit ihm »seinen Schritt« geht (»Pacing«). Danach kann er ihn auch besser führen (»Leading«).

Es ist deutlich, dass mit solchen Techniken Menschen auch relativ leicht manipuliert werden können. Hiergegen hilft (auch nach Aussagen der Vertreter von NLP selbst) eine gute Aufklärung. Auch bei der Arbeit an der Persönlichkeit sollte der Ratsuchende im Sinne einer Psychodidaktik mit in die Diagnostik seines persönlichen Lernstils einbezogen werden. Er/sie muss selbst entscheiden, welches Sinnesorgan bevorzugt und damit besonders geeignet für ein Lernprogramm ist.

2.1.3 Fazit und Ablaufplan für ein Förderprogramm

1. Diagnostik der Persönlichkeitsstruktur (z.B. mit dem PST-R)
2. Klärung der gewünschten Ziele (Begründung)
3. Positionierung in der Lernkurve (im steilen oder im Sättigungsbereich)
4. Klärung des spezifischen Lernstils (welches Sinnesorgan ist priorisiert?)
5. Klärung der Rahmenbedingungen und Kontingenzen (systemisch orientierte Überprüfung)
6. Teilziele festlegen
7. Dauer der Arbeit
8. Klärung der eingesetzten Methoden
9. Überprüfung des Erfolges (Evaluation)
10. Stabilisierung und Nachhaltigkeit überprüfen

Abb. 46: Ablauf des Förderprogramms

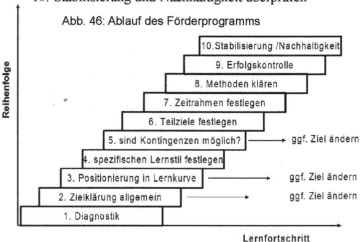

2.2 Praktische Arbeit an der Persönlichkeitsstruktur

Unter Beachtung der weiter vorne genannten Grundlagen sollen nachfolgend in sechs Kapitelteilen praktische Beispiele zu der Veränderung der Persönlichkeitsstruktur gemacht werden.

Als Grundlage werden die fünf Globalskalen (Zusammenfassung) der Wesenszüge im PST-R (»Big Five«) sowie die Kontrollüberzeugungen verwendet.

Vorab werden die Faktoren nochmals genauer beschrieben. Bei den Globalskalen des PST-R handelt es sich um:

1. Normgebundenheit (geringe vs. hohe Normgebundenheit)
2. Psychische Belastbarkeit (geringe vs. hohe Belastbarkeit)
3. Abhängigkeit von Menschen (geringe vs. hohe Unabhängigkeit)
4. Kontaktaufnahme (geringe vs. hohe Kontaktbereitschaft)
5. Wachsamkeit/Offenheit (Wachsamkeit vs. Reserviertheit)

Globalskalen die Zusammenfassung der Wesenszüge

Globalskala	Beschreibung der Faktoren	
	Hohe Anteile	Niedrige Anteile
1. Norm-gebundenheit	**Niedrige Normgebundenheit** Diese Menschen entwickeln neue Ideen und folgen dabei ihren spontanen Einfällen. Sie sind offen für Veränderungen und fragen dabei wenig nach dem, was andere denken. Schlagworte zur Persönlich-keitsstruktur: *Unkonventionell, kreativ, schlampig, unzuverlässig.* Lernprogramme sind möglich, um die Normgebundenheit zu erhöhen.	**Hohe Normgebundenheit** Diese Menschen halten sich an die anerkannten Normen und Regeln. Sie bleiben eher beim Bewährten und verfolgen dies zielstrebig und ausdau-ernd. Die Meinung anderer ist ihnen wichtig. Schlagworte zur Persönlich-keitsstruktur: *Korrekt, zuverlässig, pedantisch, unbeweglich.* Lernprogramme sind möglich, um die Normgebundenheit zu verringern.
2. Psychische Belastbarkeit	**Geringe psychische Belastbarkeit** Diese Menschen sind in ihrer Psyche leicht zu beeinflus-sen -- zur Fröhlichkeit und zur Trauer. Sie verhalten sich aktiv, spontan und angespannt. Bei anderen Menschen zeigen sie eine eher skeptische bzw. vor-sichtige Haltung. Sie denken sich intensiv in die Welt anderer Menschen hinein -- und übernehmen oft deren Gefühle und Gedanken. Schlagworte zur Persönlich-keitsstruktur: *Schnelle Änderung der Gefüh-le, empfindsam, leicht beein-flussbar, schwankend.* Lernprogramme sind möglich, um die psychische Belastbar-keit zu erhöhen.	**Hohe psychische Belastbarkeit** Diese Menschen sind nicht so leicht zu beunruhigen und deshalb zu großen psychi-schen Anstrengungen in der Lage. Sie sind durch Gefühle kaum ablenkbar und arbeiten deshalb aktiv, diszipliniert und zielstrebig. Anderen gegenüber sind sie vertrauensbereit. Sie denken sich wenig in die Ge-fühlswelt anderer hinein bzw. lassen sich durch andere nicht irritieren. Schlagworte zur Persönlich-keitsstruktur: *Psychische Stabilität, souverän, wenig beeinflussbar, geht sei-nen/ihren Weg.* Lernprogramme sind möglich, um die psychische Belastbar-keit zu verringern.

150

3. Abhängigkeit	**Geringe Unabhängigkeit** Diese Menschen sind bereit, sich anderen anzupassen und unterzuordnen. Sie sind vertrauensvoll und tolerant, zurückhaltend und vorsichtig. Schlagworte zur Persönlichkeitsstruktur: *Deutliche Sozialverträglichkeit, Bescheidenheit, wenig durchsetzungsfähig, Anpassung.* Lernprogramme sind möglich, um die Unabhängigkeit zu erhöhen.	**Hohe Unabhängigkeit** Diese Menschen treten selbstbewusst, sicher und auch herausfordernd auf. Dabei verhalten sie sich eher impulsiv und begeisterungsfähig. Schlagworte zur Persönlichkeitsstruktur: *Ichstärke, durchsetzungsfähig, Dominanz, geht »über Leichen«.* Lernprogramme sind möglich, um die Unabhängigkeit zu verringern.
4. Kontaktaufnahme	**Geringe Kontaktbereitschaft** Diese Menschen orientieren sich an Sachnormen, arbeiten gern allein und selbstständig. Sie überlegen vor dem Handeln die Folgen ihres Tuns. Andere Menschen können sie nur schwer von ihrem Ziel ablenken. Schlagworte zur Persönlichkeitsstruktur: *Sachorientierung, Introversion, Distanzierung, Isolation.* Lernprogramme sind möglich, um die Kontaktbereitschaft zu erhöhen.	**Hohe Kontaktbereitschaft** Diese Menschen arbeiten gern mit anderen zusammen und treffen auch gemeinsame Entscheidungen. Sie reagieren bei der Arbeit schnell und halten sich weniger lange bei einer Sache auf. Sie sind durch andere Menschen ablenkbar und könnten deshalb das Ziel verfehlen. Schlagworte zur Persönlichkeitsstruktur: *Extraversion, Umgänglichkeit, Distanzlosigkeit, Schwätzer/in.* Lernprogramme sind möglich, um die Kontaktbereitschaft zu verringern.

5. Wachsamkeit	**Wachsamkeit**	**Reserviertheit**
	Diese Menschen verhalten sich feinfühlig und empathisch. Sie sind ästhetisch anspruchsvoll und wachsam gegenüber kleinen Änderungen. Sie können ungewöhnliche Ideen entwickeln und andere Menschen herausfordern.	Diese Menschen denken nicht allzu viel über die psychischen Hintergründe nach, fügen sich Sachzwängen und beschäftigen sich mit der Realität des Lebens. Sie kümmern sich um praktische Angelegenheiten, auch um die Bedürfnisse anderer – sind jedoch insgesamt gesehen eher reserviert und sachbezogen.
	Schlagworte zur Persönlichkeitsstruktur: *Awareness, Empathie, leicht irritierbar, empfindsam.* Lernprogramme sind möglich, um die Wachsamkeit zu verringern.	Schlagworte zur Persönlichkeitsstruktur: *Praktisch, unkompliziert, wenig einfühlsam, kühl.* Lernprogramme sind möglich, um die Wachsamkeit zu erhöhen.

Kontrollüberzeugungen

Beschreibung der Faktoren	
Externale Kontrollüberzeugungen	**Internale Kontrollüberzeugungen**
Diese Menschen sind von anderen leicht zu beeinflussen. Sie reagieren eher auf ihre Gefühle bzw. warten, dass die Dinge, die geschehen, irgendwie in Ordnung kommen. Sie reagieren auf äußere Sachverhalte, aber auch auf innerliche Probleme im Sinne von »Schicksal« oder »Gottes Führung« – ohne dabei nach Kausalitäten zu suchen – mit dem Motto »Es kommt, wie es kommen soll«. Sie vertrauen auf den Staat oder auf höhere Gewalten und kämpfen nicht dagegen an. Von anderen Menschen werden sie oftmals als »demütig« oder »bescheiden« beschrieben.	Diese Menschen suchen nach Zusammenhängen zwischen Ursache und Wirkung in ihrem Leben. Sie vertrauen auf gute Informationen und das Wissen von Spezialisten. Sie sind der Meinung, dass man die Dinge dieser Welt mit einigem Aufwand auch lösen kann. Sie können auf Belohnungen warten, weil diese ja auf alle Fälle kommen werden. Von anderen Menschen werden sie oft als »Macher« oder »Kämpfer« beschrieben. Manchmal wird ihnen »Hochmut« oder »Überheblichkeit« zugeschrieben.
Schlagworte zur Persönlichkeitsstruktur: *Lässt sich führen, weiß um die Begrenztheit des Handelns, Entscheidungsschwach, gering leistungsmotiviert.* Lernprogramme sind möglich, um die externale Kontrollüberzeugung zu erhöhen oder zu verringern.	Schlagworte zur Persönlichkeitsstruktur: *Hoch leistungsmotiviert, erfolgsgewohnt, omnipotent, maßlos.* Lernprogramme sind möglich, um die internale Kontrollüberzeugung zu erhöhen oder zu verringern.

2.2.1 Arbeit an der Normgebundenheit

Mit der Normgebundenheit bei den Globalskalen, die weiter oben beschrieben worden ist, korrelieren[126] die folgenden Einzelskalen des PST-R mehr oder weniger hoch[127]. In der Tabelle finden sich die relevanten Einzelskalen in der bipolaren Darstellung. Dabei werden die Zusammenhänge mit der Globalskala mit hoch +++, mittel ++ und geringer + gekennzeichnet.

Globalskala		höher	Normgebundenheit	niedriger
	Zusammenhang mit Normgebundenheit			
Einzelheiten der Skalen im PST-R	+	Besorgtheit		Selbstvertrauen
	+++	Sicherheitsinteresse		Veränderungsbereitschaft
	++	Skeptizismus		Vertrauensbereitschaft
	+	Emotionale Störbarkeit	Emotionale Widerstandsfähigkeit

Man kann die Normgebundenheit erhöhen oder verringern.

Wie weiter vorne beschrieben, gilt ganz allgemein für Lernprozesse, d.h. für das Verschalten der Neuronen, dass Defizite durch ständige Wiederholung aufgefüllt und Exzesse durch ständige Verhinderung am schnellsten abgebaut werden können.

2.2.1.1 Erhöhung der Normgebundenheit
Das Ziel dieses Lernprogramms ist, dass Kandidaten, deren diagnostische Ergebnisse niedrige Werte der Normgebundenheit bei

126 Eine Korrelation beschreibt den Zusammenhang zwischen zwei Variablen, ohne diesen Zusammenhang ursächlich ermitteln zu können. Die Zahlenwerte liegen zwischen r = 1 und r = −1. Die Korrelation 0 bedeutet, dass es keinerlei Zusammenhang zwischen den beiden Variablen gibt.
127 Die 16 Skalen der Wesenszüge wurden mit einer Faktorenanalyse auf die fünf Globalskalen reduziert, deshalb gibt es auch unterschiedliche Korrelationen.

ihrer Persönlichkeitsstruktur aufweisen, Hilfestellungen zur Erhöhung erhalten.

Für die geringe Normgebundenheit werden in der Umgangssprache im negativen Sinne Begriffe wie »schlampig« oder »unzuverlässig« gebraucht. Dabei geht es ganz generell darum, dass die Lernperson zukünftig sich nicht nur verändert, umorganisiert und neue Ideen produziert, sondern ihre Ziele erreicht bzw. die begonnenen Arbeiten auch fertigstellt. Ratsuchende, die in diesem Bereich Änderungswünsche haben, sind allerdings eher selten und kommen oftmals nicht aus eigener Einsicht zur Beratung. Es ist auch nicht zu übersehen, dass die positiven Seiten einer geringen Normorientierung zum einen in vielen Arbeitsfeldern gesucht sind und zum anderen, dass eine gewisse Freiheit von Normen eher der Lebensphilosophie unserer Tage entspricht. Dies hat zur Folge, dass die Kontingenzen ganz besonders genau beachtet werden müssen und dass bei mangelndem Selbstmanagement ggf. eine ständige konsequente Rückmeldung bzw. Begleitung von außen her notwendig wird.

Was ist mit Normgebundenheit in der Umgangssprache gemeint?

Praktische Beispiele zur Erhöhung der Normgebundenheit:

Pünktlich zu Beginn von Sitzungen anwesend sein.
Eine neue Arbeit erst dann beginnen, wenn die alte abgeschlossen ist.

Nachdem durch die Eingangsdiagnostik mit dem PST-R festgestellt worden ist, in welchem Bereich der Lernkurve sich der Lernende befindet, kann überprüft werden, ob ein weiterer Lernprozess überhaupt sinnvoll ist. Das ist dann der Fall, wenn zwischen den Items bei den Wesenszügen und der Tiefenstruktur nur ein geringer Unterschied besteht (ca. 2 Skalenwerte). Beträgt der Unterschied drei oder mehr Skalenteile, dann wurde in diesem Bereich schon deutlich gearbeitet und es können keine größeren Änderungen mehr erwartet werden.

Die Abb. 47 zeigt die Ergebnisse aus dem PST-R, die einen guten Lernerfolg erwarten lassen, weil sie im steilen Bereich der Lernkurve liegen. In dem in Abb. 48 dargestellten Fall kann

Ist ein Lernprozess sinnvoll?

155

dagegen nur bei sehr viel Aufwand mit Veränderungen gerechnet werden, weil die Unterschiede zwischen Wesenszüge und Tiefenstruktur groß sind, d.h., hier der flache Bereich der Lernkurve vorliegt.

Wesenszüge

Zusammenfassung

02 geringe Normgebundenheit	(1 2 3) 4 5 6 7 8 9 10	hohe Normgebundenheit
05 geringe Belastbarkeit	1 2 3 4 5 6 7 8 9 10	hohe Belastbarkeit
07 geringe Unabhängigkeit	1 2 3 4 5 6 7 8 9 10	hohe Unabhängigkeit
05 geringe Kontaktbereitschaft	1 2 3 4 5 6 7 8 9 10	hohe Kontaktbereitschaft
08 Wachsamkeit	1 2 3 4 5 6 7 8 9 10	Reserviertheit

Tiefenstruktur

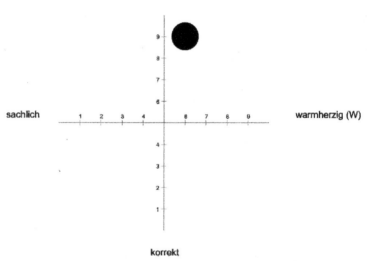

Abb. 47: Lernprogramm ist voraussichtlich erfolgreich

156

Wesenszüge

Zusammenfassung

02 geringe Normgebundenheit	1 2 3 4 5 (6 7) 8 9 10	hohe Normgebundenheit
05 geringe Belastbarkeit	1 2 3 4 5 6 7 8 9 10	hohe Belastbarkeit
07 geringe Unabhängigkeit	1 2 3 4 5 6 7 8 9 10	hohe Unabhängigkeit
05 geringe Kontaktbereitschaft	1 2 3 4 5 6 7 8 9 10	hohe Kontaktbereitschaft
08 Wachsamkeit	1 2 3 4 5 6 7 8 9 10	Reserviertheit

Tiefenstruktur

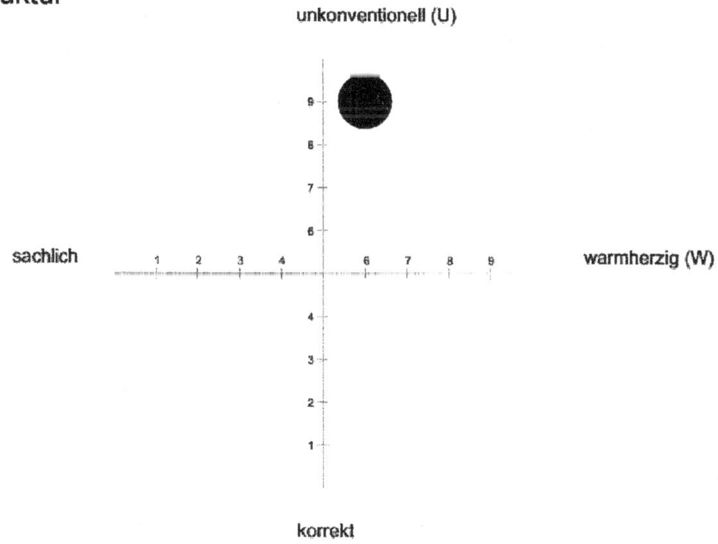

unkonventionell (U)

sachlich   1 2 3 4   6 7 8 9   warmherzig (W)

korrekt

Abb. 48: Lernprogramm hat voraussichtlich nur geringen Erfolg

Weiterhin wird überprüft, welche bevorzugten Sinneswahrnehmungen vorliegen, damit das Lernprogramm optimiert werden kann. Steht beispielsweise das Sehen im Vordergrund, sollten die Lernprogramme auch auf diesem Schwerpunkt aufgebaut sein.

157

Allgemeine Möglichkeiten zur Erhöhung der Normgebundenheit

Entsprechend den neun unterschiedlichen Möglichkeiten, vom Zustand Z_1 zum Zustand Z_2 zu kommen (vgl. Abb. 49), werden nachfolgend einige praktische Anwendungen vorgestellt, die dann in einen Beratungs-/Therapieplan eingearbeitet werden können. Dabei soll mit einfachen und schnell zu erlernenden Übungen begonnen und die Schwierigkeit dann gesteigert werden. In der Praxis hat es sich bewährt, von ca. sechs bis zehn Schritten auszugehen.

Mit einfachen Übungen beginnen

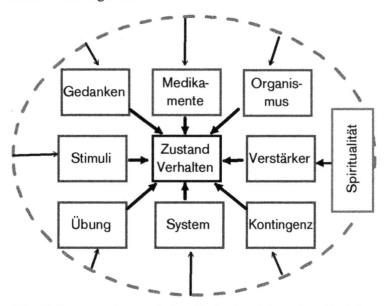

Abb. 49: Zusammenhang zwischen Zustand und den unterschiedlichen Lernzugängen

Erhöhung der Normgebundenheit

Ohne dass der Kandidat[128] dies unbedingt verstehen muss, sollte *Übung*
er sich selbst bei allen Möglichkeiten, die sich bieten, zur Ordnung rufen. D.h., er muss Ordnung einhalten, ohne dass er das
einsieht. Wenn er das alleine nicht kann, braucht er entsprechende Hilfen von anderen Personen. Es gilt das normgebundene Verhalten zu üben, zu üben – und weiter zu üben.

Er muss unbedingt eine Agenda führen, die überprüft wird und
er braucht evtl. (direktive) Hilfestellungen zu seinem Zeitmana-
gement.

Alle Reize, die zu einer höheren Normgebundenheit führen, *Stimuli*
müssen erkannt und weiterhin eingesetzt werden, während diejenigen Stimuli, die ein unordentliches Verhalten provozieren,
abgestellt werden müssen. Man sollte beispielsweise bestimmte Personen oder Gegenstände, die mit Unordnung verbunden
sind, meiden und solche Situationen, in denen Ordnung herrscht,
suchen. Die letztgenannten Situationen sollten gleichzeitig mit
angenehmen Gefühlen konditioniert werden (entsprechend dem
wichtigsten Zugang über die Sinnesorgane), also z.B. dabei
Lieblingsmusik hören, Lieblingskleider tragen, Parfüm verwenden usw.

Arbeiten mit ähnlichem Material bzw. ähnlichem Aufwand sollen zusammengefasst werden, z.B. Telefonate oder Ein- und
Ausbuchungen, ähnliche Küchen-, Garten- oder Schularbeiten
usw.

Jede Arbeit muss fertiggestellt werden, bevor die nächste begonnen werden kann – deshalb neue Stimuli nicht beachten.

Die Arbeitsorganisation muss vom Berater überprüft werden.

Nicht selten sind die Kandidaten der Meinung, dass ihre Unkor- *Gedanken*
rektheit »schick«, »künstlerisch« oder »jugendgemäß« sei, sie

---

128 Die Person, mit der das Lernprogramm durchgeführt wird, soll zukünftig als »Kandidat« bezeichnet werden, dies schließt selbstverständlich die weibliche Form mit ein.

159

wollen sich dann eigentlich gar nicht ändern und kommen nur auf Druck von anderen Personen oder Vorgesetzten zur Beratung.

Vorab gilt es, solche Gedanken zu korrigieren unter dem Aspekt, dass es keine »gute« oder »schlechte« Persönlichkeitsstruktur gibt.

Auch die Meinung, dass ein nicht aufgeräumter Arbeitsplatz »inspirierend« sei, ist falsch.

Die Kandidaten müssen verstanden haben, dass ein Mindestmaß (wobei dieses zu definieren ist) an Ordnung unerlässlich ist, nicht nur für sich selbst, sondern auch für den Nächsten.

In hartnäckigen Fällen können zur Veränderung des Paradigmas die Konzepte der kognitiven Therapien eingesetzt werden (z.B. der Rational-emotiven Therapie R-E-T)[129], bei denen anfangs die irrigen Meinungen akzeptiert werden und im Gespräch der Kandidat durch eigene Erfahrung selbst merkt, dass er sich mit seinen Gedanken geirrt hat.

Es hat sich bewährt, wenn der Kandidat das zu erreichende neue Verhalten verbal beschreibt und es dem Berater erklärt bzw. einige Male mit ihm durchspricht. Danach sollte er im Selbstmanagement – noch ehe er die Übungen entsprechend seinem Programm in der Praxis durchführt – alle möglichen Variationen in Gedanken durchspielen (»imaginieren«). Es ist wichtig, dass er sich dabei niemals vorstellt, dass die Übungen falsch ablaufen und misslingen, sondern immer nur positive Variationen des geplanten Verhaltens imaginiert. Erst dann, wenn in Gedanken alles funktioniert, soll mit der Praxis begonnen werden.

Medikamente Es kann sein, dass bei Kindern und Jugendlichen – aber auch über das Jugendalter hinweg[130] – die Möglichkeit eines Aufmerksamkeitsdefizitsyndroms« (ADHS) besteht. Dies wäre ggf. di-

---

129 Vgl. u.a.: A. T. Beck u.a. (2001). *Kognitive Therapie der Depression*. Weinheim: Beltz. H. Hobmair u.a. (Hg.) (2006). Pädagogik/Psychologie. Troisdorf: EINS GmbH. Wilken, Beate (1998). Methoden der kognitiven Umstrukturierung. Stuttgart: Kohlhammer.
130 Vgl. J. Krause u. K.-H. Krause (2004 2. Aufl.). *ADHS im Erwachsenenalter*. Stuttgart: Schattauer.

agnostisch abzuklären. Das ICD-10[131] bzw. das DSM IV[132] gibt unter F90 bzw. 314.01 für Kinder folgende neun Kriterien zur Diagnose, von denen in den letzten sechs Monaten mindestens drei erfüllt sein müssen:

1. beachtet häufig Einzelheiten nicht oder macht Flüchtigkeitsfehler bei den Schularbeiten, bei der Arbeit oder bei anderen Tätigkeiten,
2. hat oft Schwierigkeiten, längere Zeit die Aufmerksamkeit bei Aufgaben oder beim Spielen aufrechtzuerhalten,
3. scheint häufig nicht zuzuhören, wenn andere ihn/sie ansprechen,
4. führt häufig Anweisungen anderer nicht vollständig durch und kann Schularbeiten, andere Arbeiten oder Pflichten am Arbeitsplatz nicht zu Ende bringen (nicht aufgrund oppositionellen Verhaltens oder Verständnisschwierigkeiten),
5. hat häufig Schwierigkeiten, Aufgaben und Aktivitäten zu organisieren,
6. vermeidet häufig, hat eine Abneigung gegen oder beschäftigt sich häufig nur widerwillig mit Aufgaben, die länger andauernde geistige Anstrengungen erfordern (wie Mitarbeit im Unterricht oder Hausaufgaben),
7. verliert häufig Gegenstände, die er/sie für Aufgaben oder Aktivitäten benötigt (z.B. Spielsachen, Hausaufgabenhefte, Stifte, Bücher oder Werkzeug),
8. lässt sich öfter durch äußere Reize leicht ablenken,
9. ist bei Alltagstätigkeiten häufig vergesslich.

Wenn eine solche Diagnose gestellt wird, ist eine fachkompetente psychologisch-medizinische Behandlung notwendig.[133] Als Medikation wird das rezeptpflichtige Methylphenidat (Handelsname Ritalin) vorgeschlagen. Es ist kein Heilmittel, sondern unterdrückt lediglich Symptome, aber es ermöglicht z.B. in der

131 Dilling, W. u.a. (1993). ICD-10 Internationale Klassifikation psychischer Störungen. Bern, Göttingen: Hans Huber.
132 Vgl. H. Saß u.a. (1996). Diagnostisches und Statistisches Manual Psychischer Störungen DSM IV. Göttingen: Hogrefe S. 122.
133 Vgl. hierzu J. Dieterich (2002). Geliebter Zappelphilipp. Kinder verstehen und leiten. Holzgerlingen: Hänssler.

Schule eine konzentriertere Aufmerksamkeit. Ob Ritalin abhängig macht, ist umstritten. Relativ neu ist ein Behandlungsansatz[134] mittels Nährstofftherapie. Dabei werden neben den Medikamenten Omega-3-Fettsäure, Magnesium, Zink und Vitamin E als Lebensmittel- oder Nahrungsergänzungspräparate gegeben. Ebenfalls wird empfohlen, den Konsum von Lebensmitteln mit hoher glykämischer Last[135] zu vermeiden und möglichst proteinreiche und kohlenhydratarme Nahrung zu verzehren. Ob es sich dabei um einen wissenschaftlichen Ansatz oder um eine diätetische Mode handelt, sei dahingestellt. Ältere, mittlerweile verworfene Ansätze führten ADHS auf einen Phosphatüberschuss in der Nahrung zurück, was jeglicher wissenschaftlichen Grundlage entbehrt.

Organismus Es ist möglich, dass körpereigene Prozesse zu einer gewissen Unruhe führen. Beim ADHS, das in seiner sehr milden Form große Ähnlichkeit zur Ungebundenheit von Normen hat, geht man davon aus, dass möglicherweise eine striatofrontale[136] Dysfunktion vorliegt. Diese ist zu einem Teil vererbt, eventuell aber auch pränatal, also während der Schwangerschaft erworben. Geschwister haben drei- bis fünfmal so häufig ADHS wie Nichtgeschwister; die biologischen Eltern von ADHS-Erkrankten sind in etwa 18 Prozent der Fälle ebenfalls betroffen.

Frauen mit ADHS weisen offenbar stärkere hormonelle Schwankungen auf. Viele ADHS-Frauen leiden u.a. auch an einem prämenstruellen Syndrom bzw. der schwereren Form der sogenannten Prämenstruell-Dysphorischen Störung. In diesen Fällen hat sich die Einnahme von Östrogenpräparaten (z.B. Antibabypille) bewährt.

134 Vgl. hierzu http://de.wikipedia.org/wiki/ADHS
135 D.h. verbunden mit einem hohen Anstieg des Blutzuckerspiegels.
136 Das Striatum ist ein Teil des Gehirns, der für das Zusammenwirken von Motivation, Kognition, Emotion und Bewegungsverhalten verantwortlich ist.

Es muss genau ermittelt werden, welche Konsequenzen das bis- *Verstärker*
herige Verhalten für den Kandidaten hat – sowohl positive als
auch negative. Die positiven Konsequenzen für ein Leben ohne
Normen sind die Freiheit des Betroffenen und die Akzeptanz
(Anerkennung), die er/sie in bestimmten Kreisen für dieses Verhalten erlebt. Die negativen Konsequenzen können Mahnungen,
Strafzettel, Kritik durch Familienangehörige und Vorgesetzte
sein. Alle diese Verstärker bzw. Strafen werden notiert und gegen
den »Gewinn« abgewogen. Insgesamt gesehen sind Verstärker, die das bisherige Verhalten
aufrechterhalten, möglichst zu entfernen bzw. zu negieren. Verstärker, die zum Aufbau einer höheren Korrektheit führen, werden
noch intensiver eingesetzt. Zudem wird nach neuen Verstärkern
gesucht, die das gewünschte normorientierte Verhalten belohnen.

Es geht darum, alle Wege, die zu einer Vernetzung der Neuronen *Kontingenz*
führen, so zu nutzen, dass möglichst viele Neuronen miteinander
vernetzt werden. Insbesondere zu Beginn der Maßnahme sollte
diese Vernetzung permanent erfolgen.

Eine praktische Hilfestellung ist es, möglichst vielen Menschen mitzuteilen, dass man an der Erhöhung der Normgebundenheit arbeitet. Persönlich Bekannte, Familienangehörige oder
nahe Mitarbeiter sollte man bitten, dass sie immer korrigierend
agieren, wenn das angestrebte Ziel aus dem Blick gerät. Man
kann auch mit Uhren arbeiten, die in bestimmten Abständen ein
Signal geben (z.B. alle 30 Min.), das dann immer wieder auf den
Beratungsplan hinweist.

Auch Verträge mit deutlichen Konsequenzen sind ein gutes
Hilfsmittel.

Wenn die Normgebundenheit schon weiter vorangeschritten
ist, müssen die Erinnerungen nicht mehr regelmäßig erfolgen, sie
sollten aber nicht ganz wegfallen.

Da Normgebundenheit für das Funktionieren eines Systems (Fa- *System*
milie, Gemeinde, Betrieb usw.) von großer Wichtigkeit ist, ist das
System auch eine ausgezeichnete Hilfe für das Lernprogramm zu
deren Erhöhung.

Vom System her vorgegebene Regeln (z.B. Essenszeiten, Gesprächszeiten, regelmäßiger »Jour fix« usw.) bieten ergiebige Lernmöglichkeiten. Zusammen mit entsprechenden Hilfen (Ehepartner, Sekretariat) können ideale Synergieeffekte erreicht werden.

Allein die Tatsache, dass andere Mitglieder im System die Normen einhalten (und dabei nicht leiden!) ist ein Modell für das Lernen durch Imitation.

Es ist allerdings auch möglich, dass sich der Kandidat in Systemen aufhält, die ein Gegenmodell zum geplanten Lernziel sind. Häufig sind das locker zusammenhaltende Gruppen von Menschen, die sich »zwanglos« treffen oder Peer-Gruppen bei Jugendlichen, für die das Einhalten von Normen obsolet ist. In solchen Fällen ist es günstig, solche Modelle so lange zu meiden, bis das Lernziel erreicht ist.

Spiritualität Menschen mit geringer Normgebundenheit haben oft Probleme mit der Akzeptanz und noch mehr mit der Einhaltung biblischer Gebote. Was für andere eine Hilfestellung zu einem guten Leben sein kann, ist für sie nicht selten eine Last.

Es ist wichtig, diesen Kandidaten vorab deutlich zu machen, dass die biblischen Maßstäbe Hilfestellungen für das Leben sind, von Gott weise ausgedacht, um in einer Welt, deren Grundgesetz die Vergrößerung der Entropie ist, zu überleben.

Man sollte nicht Gebete unterstützen, in denen die Kandidaten darum bitten, dass ihnen Gott die Normgebundenheit schenken möge. Sie müssen erfahren, dass Gott solche Gebete nicht erhören kann, weil er die Fähigkeit, Normen einzuhalten, in den Menschen schon bei seiner Erschaffung eingestiftet hat, indem er ihm ein außerordentlich erfolgreiches Lernvermögen geschenkt hat.

Es ist gut zu wissen, dass zu den Früchten des Geistes auch Geduld und Treue (Gal 5,22) gehören und damit die Gewissheit, dass der Heilige Geist bei einem Lernprozess zu höherer Normgebundenheit der beste aller Lehrer ist, weil er – wenn wir wollen – immer bei uns und damit im höchsten Maße kontingent ist.

2.2.1.2 Verringerung der Normgebundenheit

Ziel dieses Lernprogramms ist es, Kandidaten, deren diagnostische Ergebnisse hohe Werte der Normgebundenheit bei ihrer Persönlichkeitsstruktur aufweisen, Hilfestellungen zur Verringerung zu geben.

Hoch normgebundene Menschen halten sich genau an die Regeln, sind pünktlich und sehr zuverlässig – bis hin zur Zwanghaftigkeit. Häufig kommen sie zur Beratung, weil sie zu viel Zeit zur Verrichtung der Arbeit brauchen, weil sie mit ihren Ergebnissen nicht zufrieden sind, weil sie in Rituale geraten sind, die sie nicht vorankommen lassen usw. Manchmal geht die Korrektheit fließend in eine Zwangsstörung über.

Ein praktisches Beispiel zur Verringerung der Normgebundenheit:

Nach 80 Prozent der geleisteten Arbeit aufhören und dabei zufrieden sein.

Nachdem durch die Eingangsdiagnostik mit dem PST-R festgestellt worden ist, in welchem Bereich der Lernkurve sich der Lernende befindet, kann überprüft werden, ob ein weiterer Lernprozess überhaupt sinnvoll ist. Das ist dann der Fall, wenn zwischen den Items bei den Wesenszügen und der Tiefenstruktur nur ein geringer Unterschied besteht (ca. 2 Skalenwerte). Beträgt der Unterschied drei oder mehr Skalenteile, dann wurde in diesem Bereich schon deutlich gearbeitet und es können keine größeren Änderungen mehr erwartet werden.

Die Abb. 50 zeigt die Ergebnisse aus dem PST-R, die einen guten Lernerfolg erwarten lassen, weil sie bezogen auf diesen Persönlichkeitsanteil im steilen Bereich der Lernkurve liegen.
Im Unterschied dazu zeigt die Abb. 51, dass in diesem Falle nur bei sehr viel Aufwand Veränderungen erreicht werden können. Die großen Unterschiede zwischen den Wesenszügen und der Tiefenstruktur machen deutlich, dass hier schon eine spezifische

Wesenszüge

Zusammenfassung

02 geringe Normgebundenheit	1 2 3 4 5 6 7 8 9 10	hohe Normgebundenheit
05 geringe Belastbarkeit	1 2 3 4 5 6 7 8 9 10	hohe Belastbarkeit
07 geringe Unabhängigkeit	1 2 3 4 5 6 7 8 9 10	hohe Unabhängigkeit
05 geringe Kontaktbereitschaft	1 2 3 4 5 6 7 8 9 10	hohe Kontaktbereitschaft
08 Wachsamkeit	1 2 3 4 5 6 7 8 9 10	Reserviertheit

Tiefenstruktur

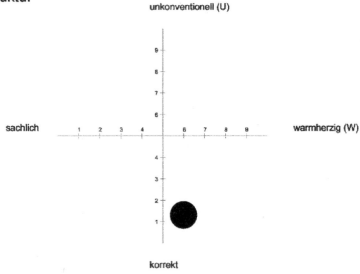

Abb. 50: Lernprogramm mit voraussichtlichem Erfolg

Lerngeschichte vorliegt bzw. der flache Bereich der Lernkurve bereits erreicht worden ist.

Weiterhin wird überprüft, welche bevorzugten Sinneswahrnehmungen vorliegen, damit das Lernprogramm optimiert werden kann. Steht hier beispielsweise das Sehen im Vordergrund, sollten die Lernprogramme auch auf diesem Schwerpunkt aufgebaut sein.

Wesenszüge

Zusammenfassung

02 geringe Normgebundenheit	1 2 3 4 5 (6 7) 8 9 10	hohe Normgebundenheit
05 geringe Belastbarkeit	1 2 3 4 5 6 7 8 9 10	hohe Belastbarkeit
07 geringe Unabhängigkeit	1 2 3 4 5 6 7 8 9 10	hohe Unabhängigkeit
05 geringe Kontaktbereitschaft	1 2 3 4 5 6 7 8 9 10	hohe Kontaktbereitschaft
08 Wachsamkeit	1 2 3 4 5 6 7 8 9 10	Reserviertheit

Tiefenstruktur

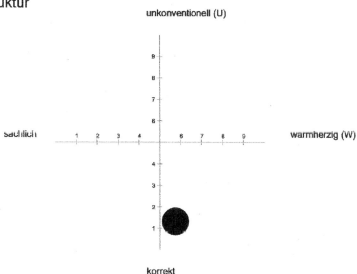

Abb. 51: Lernprogramm mit voraussichtlich geringem Erfolg

Allgemeine Möglichkeiten zur Verringerung der Normgebundenheit

Entsprechend den 9 unterschiedlichen Möglichkeiten, vom Zustand Z_1 zum Zustand Z_2 zu kommen (vgl. Abb. 49), werden nachfolgend einige praktische Anwendungen vorgestellt, die dann in einen Beratungs-/Therapieplan eingearbeitet werden können. Dabei wird mit einfachen und schnell zu erreichenden Übungen begonnen, denen immer schwierigere folgen. In der Praxis hat es sich bewährt, von ca. sechs bis zehn Schritten auszugehen.

167

Verringerung der Normgebundenheit

Übung Ohne mit dem Berater zu diskutieren, nachzudenken oder den Sinn zu erkennen und selbst dann, wenn innere Widerstände auftauchen, sollen die folgenden Punkte so lange und so häufig wie möglich geübt werden:

- Mehrere Tätigkeiten gemeinsam durchführen und dabei immer von der einen zur andern gehen, ohne die einzelnen abzuschließen.
- Zwänge abbauen, indem man versucht, diese zu ignorieren nach dem Motto »Ich kann nicht aufhören – aber ich tue es doch«, »Ich will probieren, ob es geht« usw.
- Nur »halb fertig« aus dem Haus gehen (ohne Krawatte, kaum geschminkt, ohne Vorbereitung für die Rede) und probieren, was passiert. Wichtig ist dabei: »Ich will jetzt einfach mal üben, ob es funktioniert. Wenn nicht, dann ist mein Berater schuld ...«
- Jeden Tag andere Wege zur Arbeit gehen, die Büro- oder Haushaltsarbeiten in anderer Reihenfolge durchführen.
- Gleichzeitig zwei Musikstücke hören, mehrere Gerüche riechen, mehrere Bilder oder Oberflächen berühren (entsprechend der majorisierten sinnlichen Eingangspforte).
- Eine angefangene Zeichnung (Bild) auf zwei ganz unterschiedliche Arten fertigstellen.
- Angefangene Sätze erweitern (in zwei oder mehrere Richtungen). Danach mit dem Berater diskutieren, welche Lösung »besser« ist. (Antwort: keine)

Stimuli

Alle Reize (Stimuli), die zu einer hohen Normorientierung führen, sollten erkannt und überprüft werden, ob es möglich ist, sie abzustellen (z.b. mit Gedankenstopp). Ebenso werden alle Stimuli, die zu der erwünschten niedrigeren Normorientierung führen, aufgebaut. Man muss hierzu bestimmte Personen, Gegenstände oder Situationen, die mit Normen und Zwängen verbunden sind, möglichst meiden und solche Situationen, in denen ein gewisses Maß an Unordnung herrscht, suchen.

168

Diese »unordentlichen« Situationen sollen mit angenehmen Gefühlen konditioniert werden (entsprechend dem wichtigsten Zugang über die Sinnesorgane), also z.b. dabei Lieblingsmusik hören, Lieblingskleider tragen, Parfüm verwenden usw.

Der Tendenz, immer nur von einem einzigen Reiz geleitet zu werden und die Umgebung nicht wahrzunehmen, bis die Aufgabe vollständig erledigt ist, muss entgegengewirkt werden. Wenn 80% der Arbeit erledigt sind, sollte man innehalten (siehe weiter unten bei »Gedanken«).

Es sollte geübt werden, auf zwei oder mehrere Stimuli gleichzeitig zu reagieren.

Es geht darum, die Gedanken, die in die falsche Richtung gehen, zu erkennen und sie rational zu verändern. Die »Gedanken sind frei«, sie können deshalb auch zu jedem beliebigen Augenblick »einschließen« – und müssen darum kontrolliert werden. Es ist wichtig, sich den alten Gedanken nicht hinzugeben, sondern nach gedanklichen Alternativen zu suchen und diese möglichst oft und intensiv durchzudenken. *Gedanken*

Sehr hilfreich ist die Einsicht: eine 100%ige Lösung ist nicht nötig! Deshalb muss das »Pareto-Prinzip«[137] (vgl. Abb. 52) verstanden werden, das zwischen dem erreichten Grad der Normerfüllung (z.B. an Genauigkeit oder Vollständigkeit, eine Aufgabe zu lösen) und dem dazu notwendigen Aufwand an Energie kein linearer, sondern ein kurvilinearer Zusammenhang in dem Sinne besteht, dass man bei einer 80%igen Korrektheit nur 50 % des Aufwands benötigt, d.h., für die letzten 20 % der Normerfüllung nochmals genauso viel Energie braucht wie für die vorhergehenden 80 %.

Wir sollten gemäß der Pareto-Kurve immer überlegen, ob die letzten Prozent der Genauigkeit denn überhaupt notwendig sind. Gewiss gibt es Aufgaben, die 100%ig gelöst werden müssen. Dies ist jedoch eher in der Naturwissenschaft und Technik der Fall. Im psychologischen und soziologischen Feld hingegen sind die letzten Prozente der Genauigkeit oftmals wenig wirkungsvoll bzw. kaum zu bemerken.

137 Vilfredo Pareto (1848–1923) war ein italienischer Ökonom und Soziologe.

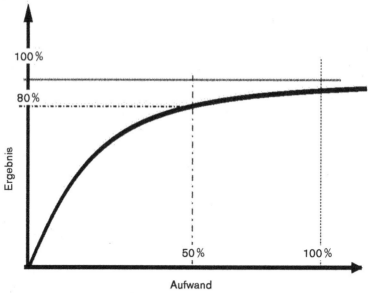

Abb.52 Das Pareto-Prinzip

Mit den Erkenntnissen aus der kognitiven Therapie (s.o.) können gedankliche Alternativen zu den derzeitigen Möglichkeiten des Lebens, der Arbeit usw. gesucht und diese dann so oft wie möglich (Verschaltung der Neuronen!) mit unterschiedlichen Varianten imaginiert werden. D.h., noch ehe diese Gedanken in die Praxis umgesetzt werden, sollen sie gründlich mental trainiert werden – dabei muss das Ergebnis klappen, denn die Gedanken sind frei!

Folgende Übungsaufgaben können der Verringerung von Normgebundenheit dienen:
1. Ein abstraktes Bild unterschiedlich interpretieren.
2. Eine Wohnung von 100 Quadratmetern Grundriss mit zwei oder drei wirklich unterschiedlichen Versionen planen (Ehepaar und zwei Kinder).
3. Wo haben wir Regeln in unserer Familie, die wir eigentlich gar nicht brauchen? Was würde passieren, wenn man diese Regeln abschafft?

4. Angefangene Geschichten (auch Fortschreibungen von Firmenideen) ergänzen und mehrere ganz unterschiedliche Lösungen finden.
5. Ein Urlaub ganz anderer Art?
6. Planung eines Kindergeburtstages.
7. Einen ganzen Tag ohne Uhr verbringen.
8. Welche Vorschriften in unserem Betrieb sind eigentlich »Schikanen«? Was würde passieren, wenn man diese abschafft?
9. Wie könnte man eine Hierarchieebene im Betrieb einsparen?
10. Was passiert, wenn ich anstelle der Aussage »Ich muss!« frage: »Muss ich?«

Eine Verringerung der Normgebundenheit kann auch als Erhöhung der Kreativität beschrieben werden. Damit ist die Fähigkeit des menschlichen Gehirns beschrieben, eine Lücke zwischen zwei bisher nicht sinnvoll miteinander verbundenen Gegebenheiten durch Assoziationen fantasievoll zu schließen. Hierzu gibt es eine Reihe von wissenschaftlichen Untersuchungen[138].

Für die Praxis haben sich Kreativitätstechniken bewährt, zu denen in Industriebetrieben z.B. das Brainstorming, Brainwriting, Mindmapping, Bisoziation, Synektik, »Denkstühle« usw. gehören. Alle Einzelheiten zu diesen praktischen Übungen sind in der einschlägigen Fachliteratur nachlesbar[139].

Gemäß unserem Menschenbild der ganzheitlichen und bedürfti- *Medikamente* gen Seele im Sinne von Genesis 2,7 kann an der Verringerung der Normgebundenheit selbstverständlich auch über die somatischen Aspekte gearbeitet werden, weil ja die ganze »Seele« miteinander zusammenhängt.

Eine gute Möglichkeit, um aus einer körperlichen Normierung und Enge herauszukommen, sind Entspannungsübungen[140], die

138 Vgl. u.a. M. Csikszentmihalyi (1997). *Kreativität*. Stuttgart: Klett-Cotta.
139 Vgl. hierzu das leicht lesbare Buch von M. Nölke (2001). *Kreativitätstechniken*. Planegg: STS-Verlag.
140 Vgl. hierzu M. Dieterich (2002). *Wir brauchen Entspannung*. Gießen: Brunnen. Zu diesem Thema gibt es auch eine große Zahl von Hörbüchern mit unterschiedlichen Entspannungsübungen.

entsprechend unserem ganzheitlichen Ansatz dann auch die gesamte Persönlichkeit beeinflussen.

Ohne hier auf die unterschiedlichen Möglichkeiten der Entspannung und die kritischen Anmerkungen dazu im Einzelnen einzugehen[141], wird als unbedenkliche Form die Progressive Muskelentspannung (Progressive Muskelrelaxation PMR) nach Edmund Jacobson empfohlen. Hierbei wird durch die willentliche An- und Entspannung bestimmter Muskelgruppen (angefangen bei den Händen bis zum ganzen Körper, deshalb »progressiv«) ein Zustand tiefer Entspannung des ganzen Körpers erreicht. Die Muskelspannung wird ca. zehn Sekunden gehalten, danach wird die Spannung gelöst. Die Konzentration der Person ist dabei auf den Wechsel zwischen Anspannung und Entspannung gerichtet und auf die Empfindungen, die mit diesen unterschiedlichen Spannungszuständen einhergehen. Ziel ist eine Senkung der Muskelspannung unter das normale Niveau aufgrund einer verbesserten Körperwahrnehmung.

Mit der Zeit lernt der Kandidat, eine Muskelentspannung herbeizuführen, wann immer er dies möchte. Durch die Entspannung der Muskulatur können auch andere Zeichen körperlicher Unruhe oder Erregung reduziert werden, wie beispielsweise Herzklopfen, Schwitzen oder Zittern.

Eine krankhafte Form der Normgebundenheit ist die Zwangsstörung. Sie wird in der Psychotherapie den Neurosen zugerechnet und ist demnach überwiegend durch Lernprozesse entstanden. Bis die krankhafte Form erreicht wird, gibt es eine ganze Reihe von Übergängen, die nach meinen Erfahrungen durch die Abb. 53 folgendermaßen beschrieben werden können:

141 Vgl. ebd.

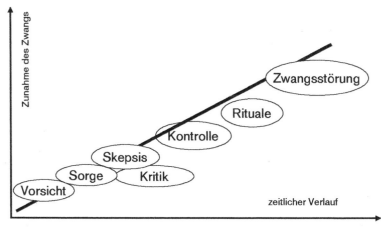

Abb. 53: Von der Vorsicht bis zur Zwangsstörung

Bei der am Ende dieser Treppe erreichten anankastischen Zwangsstörung (beschrieben nach ICD-10 F60.5 bzw. DSM IV 301.4[142])
handelt es sich um ein tief greifendes Muster von starker Beschäf-
tigung mit Ordnung, Perfektion und psychischer sowie zwischen-
menschlicher Kontrolle auf Kosten von Flexibilität, Aufgeschlos-
senheit und Effizienz. Die Störung beginnt im frühen Erwachsenenalter und zeigt sich in verschiedenen Situationen.
Mindestens vier der folgenden Kriterien müssen zutreffen:
1. beschäftigt sich übermäßig mit Details, Regeln, Listen, Ordnung, Organisation oder Plänen, sodass der wesentliche Ge-
   sichtspunkt der Aktivität dabei verloren geht,
2. zeigt einen Perfektionismus, der die Aufgabenerfüllung behindert (z.B. F5 kann ein Vorhaben nicht beendet werden, da die
   eigenen überstrengen Normen nicht erfüllt werden),
3. verschreibt sich übermäßig der Arbeit und Produktivität (ohne
   offensichtliche finanzielle Notwendigkeit) unter Ausschluss
   von Freizeitaktivitäten und Freundschaften,
4. ist übermäßig gewissenhaft, skrupulös und rigide in Fragen
   von Moral, Ethik und Werten (ohne dass dies auf die kulturelle
   oder religiöse Orientierung zurückführbar ist),

---

142 H. Dilling u.a. (2004). *Internationale Klassifikation psychischer Störungen.* A.a.O.
H. Saß, H. Wittchen, M. Zaudig u.a. 2003). *Diagnostisches und Statistisches Manual Psychischer Störungen.* (DSM-IV-TR) Textrevision. Hogrefe.

173

5. ist nicht in der Lage, verschlissene oder wertlose Dinge wegzuwerfen, selbst wenn sie nicht einmal Gefühlswert besitzen,
6. delegiert nur widerwillig Aufgaben an andere oder arbeitet nur ungern mit anderen zusammen, wenn diese nicht genau die eigene Arbeitsweise übernehmen,
7. ist geizig sich selbst und anderen gegenüber; Geld muss im Hinblick auf befürchtete künftige Katastrophen gehortet werden,
8. zeigt Rigidität und Halsstarrigkeit.

In der Medizin gibt es einige Medikamente, um gegen Zwänge vorzugehen. Sie sind jedoch nicht spezifisch, sondern ähnlich wie bei den Depressionen eher als Begleitung von Lernprozessen zu sehen.

Zur Auswahl für den Arzt kann Folgendes zusammengefasst[143] werden:

- SSRI (Serotoninwiederaufnahmehemmer), wie sie auch bei der Behandlung von Depressionen – allerdings in höheren Dosen – eingesetzt werden, sind die Mittel der Wahl; ansonsten ist Clomipramin wirksam.
- Trizyklika sind unwirksam, ebenso unwirksam sind MAO-Hemmer, Lithium, Benzodiazepine (mögliche Ausnahme Clonazepam) als Dauerbehandlung, Buspiron oder Elektrokrampf-Therapie.
  In der Kombinationsbehandlung kann es bei einzelnen Patienten sinnvoll sein, zusätzlich atypische oder typische Antipsychotika zu verordnen.
- Clomipramin ist ein Mittel der Wahl für Patienten, die SSRI nicht vertragen.
- Eine Langzeitbehandlung mit wirksamen Antidepressiva verhindert Rückfälle.

Organismus Die Frage, ob Normgebundenheit angeboren sei, ist wissenschaftlich nicht geklärt. Die Wahrscheinlichkeit eines Lernprozesses ist sehr hoch. Bei den Organismusvariablen ist zu fragen,

---

143 Vgl. http://www.neuro24.de/zwangsneurosen.htm

ob es bestimmte Faktoren, die aus dem Körper selbst kommen, gibt, die eine Veränderung der Normgebundenheit verursachen könnten. Dies ist m.W. jedoch nicht der Fall.

Auch beim pathologischen Grenzfall einer Zwangsstörung herrscht Uneinigkeit darüber, ob es hierfür körpereigene Ursachen gibt. Die Tendenz geht derzeitig eher nicht in diese Richtung.

Es muss genau ermittelt werden, welche Konsequenzen das bis- *Verstärker* herige Verhalten für den Kandidaten hat – sowohl positive als auch negative.

Die positive Konsequenz für ein Leben mit deutlicher Normorientierung ist eine gewisse Sicherheit für die Zukunft. Das Leben verläuft in überschaubaren Bahnen. Neue Erfahrungen können in vorhandene Raster abgelegt werden. Wahrscheinlich erhalten diese Kandidaten auch Verstärkung für ihre Treue am Arbeitsplatz oder in anderen sozialen Systemen: Man kann sich auf sie verlassen und belohnt dies dann auch entsprechend.

Die negative Konsequenz könnte eine gewisse Routine bis hin zur Langeweile sein. Man kommt schwer auf neue Ideen, hat Mühe beim Einsatz neuer Aufgaben oder neuer Systeme, bleibt lieber beim Althergebrachten und kommt deshalb im Berufs- und Familienleben nicht mehr richtig weiter.

Alle diese Verstärker bzw. Strafen werden auf einem speziellen Arbeitsblatt notiert und gegeneinander abgewogen. Verstärker, die das bisherige Verhalten aufrechterhalten, sind möglichst zu entfernen bzw. zu negieren. Verstärker, die zum Aufbau einer geringeren Korrektheit führen, werden noch intensiver eingesetzt. Zudem wird nach neuen Verstärkern gesucht, die das gewünschte Verhalten belohnen.

Alle Wege, die zu einer Vernetzung der Neuronen führen, sind so *Kontingenz* zu gestalten, dass in eindeutiger Weise möglichst viele Neuronen miteinander vernetzt werden. Insbesondere zu Beginn der Maßnahme sollte diese Vernetzung permanent erfolgen. Eine praktische Hilfestellung ist es, möglichst vielen Menschen mitzuteilen, dass man an der Verringerung der Normgebundenheit arbeitet.

Persönlich Bekannte, Familienangehörige oder nahe Mitarbeiter sollte man bitten, dass sie immer korrigierend agieren, wenn das angestrebte Ziel aus dem Blick gerät.

Eine Schwierigkeit bei Kandidaten, die an der Verringerung der Normgebundenheit arbeiten, ist, dass ihr Problem eigentlich von Hause aus für eine hinreichende Kontingenz sorgt, sodass in diesem Zusammenhang beobachtet werden muss, ob nicht die exakte und regelmäßige Kontrolle des Lernfortschrittes diesen selbst konterkariert. Kontingenzverträge sind aus diesem Grunde zumeist nicht erforderlich. Eher wird es hilfreich sein, im Sinne eines Zufallsgenerators immer wieder zu ganz unterschiedlichen Zeiten Signale zu geben, bei denen der Kandidat dann prüft, ob er gerade wieder in seine »alte Falle« der Zwanghaftigkeit geraten ist.

System Das Lernen am Modell braucht Vorbilder, deshalb ist die Notwendigkeit des Systems zum Imitationslernen unbestritten. Allein die Tatsache, dass andere Mitglieder im System großzügiger mit den Normen umgehen (und dabei nicht leiden, sondern trotzdem zu sehr guten Erfolgen kommen!), ist ein Modell für das Lernen durch Imitation.

Weil davon ausgegangen werden muss, dass die Normgebundenheit überwiegend erlernt worden ist, kann es sein, dass der Kandidat aus einer normorientierten Situation in Familie, Gemeinde oder Betrieb kommt, die eine Veränderung kaum ermöglicht. Wenn dort auf die minutiöse Einhaltung von Terminen, Einhalten von Vorschriften, exakt formalem Ablauf von Sitzungen usw. großer Wert gelegt wird, kann das Ziel nur schwer erreicht werden.

Wünschenswert für einen Lernprozess sind Systeme, in denen ein Mittelmaß an Freiheit besteht (zu viel Freiheit würde den Kandidaten irritieren). Deshalb muss ggf. ein Wechsel angeraten werden, um die systemische Verstärker-Wirkung für den Änderungsprozess zu gewährleisten.

Es ist dann u.U. wegen der notwendigen Kontingenz erforderlich, die alten Modelle so lange zu meiden, bis das Lernziel erreicht ist.

Kandidaten mit hoher Normorientierung haben oftmals bibli- *Spiritualität*
sche Argumente, die sie mit »Treue«, »konsequenter Nachfolge«,
dem »genauen Einhalten der biblischen Gebote« usw. beschreiben. Es gibt ja auch einen orthodoxen Frömmigkeitsstil, der
sehr viel Wert darauf legt, dass alle biblischen Vorgaben bis ins
Kleinste eingehalten werden.

Aus theologischer Sicht ist zu sagen, dass die Bibel solche
Einseitigkeiten eigentlich nicht kennt. Für wichtige und schwer
fassbare Aussagen über Gott und den Menschen gebraucht die
Bibel häufig die Komplementarität eines Gegensatzpaars, um die
Komplexität der angesprochenen Sache zu beschreiben. So ist
dann der Abend und der Morgen ein Tag, Sommer und Winter
machen das Jahr aus und Gesundheit und Krankheit müssen gemeinsam gesehen werden.

Dementsprechend finden wir in der Bibel sowohl viele Text-
stellen, die für die Normen, als auch viele, die für die Freiheit
sprechen. Es müssen im jeweiligen Falle die für den Kandidaten
relevanten Verse ausgesucht werden. Hierzu gehört z.b. Psalm
31,9 »du stellst meine Füße auf weiten Raum ...« oder die Aussagen des Paulus, wenn er über das Götzenopferfleisch spricht
(vgl. 1Kor 8). Bei den Galatern (vgl. Gal 5) wird deutlich, dass
es dort auch eine Tendenz gab, von der Freiheit wieder in die
Gesetzlichkeit zurückzufallen.

Im Gespräch sollte der Kandidat die biblische Komplementarität zu verstehen suchen (was ihm mit seiner derzeitigen Persönlichkeitsstruktur nicht ganz leicht fällt, weil er den »einzig
richtigen Weg« sucht). Er darf dann genau diejenigen Bibelstellen, die für seine Persönlichkeitsentwicklung relevant (also ge-
gensätzlich) sind, aussuchen und anwenden.

2.2.2 Arbeit an der psychischen Belastbarkeit

Mit der Normgebundenheit bei den Globalskalen, die weiter oben
beschrieben worden ist, korrelieren die folgenden Einzelskalen
des PST-R mehr oder weniger hoch. Nachfolgend die relevanten

Einzelskalen in der bipolaren Darstellung. Dabei werden die Zusammenhänge mit der Globalskala mit hoch +++, mittel ++ und geringer + gekennzeichnet.

Globalskala		höher	psychische Belastbarkeit	niedriger
	Zusammenhang mit der psychischen Belastbarkeit			
Einzelheiten der Skalen im PST-R	+++	Emotionale Störbarkeit		Emotionale Widerstandsfähigkeit
	+	Besorgtheit		Selbstvertrauen
	+	Sicherheitsinteresse		Veränderungsbereitschaft
	+	Skeptizismus		Vertrauensbereitschaft

Man kann die psychische Belastbarkeit erhöhen oder verringern.

2.2.2.1 Erhöhung der psychischen Belastbarkeit

Das Ziel dieses Lernprogramms ist es, Kandidaten, deren diagnostische Ergebnisse eine geringe psychische Belastbarkeit aufweisen, Hilfestellungen zu deren Erhöhung zu geben, um – vereinfacht ausgedrückt – die Schwankungen der Gefühle besser »in den Griff« zu bekommen.

Für die geringe psychische Belastbarkeit werden in der Umgangssprache Worte wie »schwankend« oder »sometimes up – sometimes down«, aber auch »schwach« und »wenig belastbar« gebraucht. Diese Beschreibungen sind hier negativ ausformuliert und auch kumuliert – aber es gibt durchaus auch Situationen oder Aufgabenstellungen, bei denen die geringere psychische Belastbarkeit eine Hilfe sein kann (z.B. wenn es darum geht, andere Menschen intensiv zu verstehen).

Ganz allgemein geht es bei dem Programm darum, dass der Kandidat psychischen Anforderungen zukünftig besser begegnen und sie besser aushalten kann.

Praktische Beispiele zur Erhöhung der psychischen Belastbarkeit:
Als Vorgesetzter ein Kündigungsgespräch führen.
Einen Menschen, der trauert, sachlich verstehen.

Wesenszüge

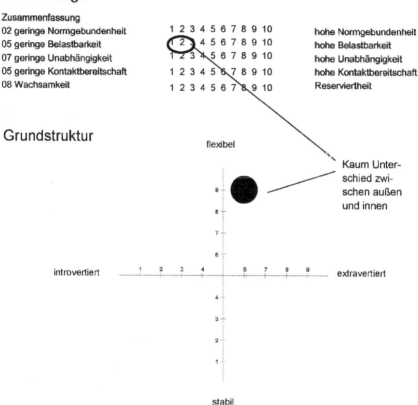

Zusammenfassung

02 geringe Normgebundenheit	1 2 3 4 5 6 7 8 9 10	hohe Normgebundenheit
05 geringe Belastbarkeit	1 2 3 4 5 6 7 8 9 10	hohe Belastbarkeit
07 geringe Unabhängigkeit	1 2 3 4 5 6 7 8 9 10	hohe Unabhängigkeit
05 geringe Kontaktbereitschaft	1 2 3 4 5 6 7 8 9 10	hohe Kontaktbereitschaft
08 Wachsamkeit	1 2 3 4 5 6 7 8 9 10	Reserviertheit

Grundstruktur

flexibel

Kaum Unterschied zwischen außen und innen

introvertiert — extravertiert

stabil

Abb. 54: Profil mit voraussichtlichem Erfolg

Menschen, deren Emotionen sich leicht ändern, gleichen Segelbooten auf dem Meer, die vom Wind schnell in eine andere Richtung getrieben werden können. Dabei ist dieser Wesenszug nicht unbedingt so ausgeprägt, dass er ständig auftritt, und oftmals kommt eine kritische bzw. skeptische Einstellung der Welt

179

gegenüber hinzu. Nicht selten damit verbunden ist auch die Frage nach der Selbstakzeptanz.

Um zu prüfen, in welchem Bereich der Lernkurve sich der Kandidat befindet, werden die unterschiedlichen »Jahresringe« des PST-R miteinander verglichen. Abb. 54 zeigt Ergebnisse aus dem PST-R, die einen guten Lernerfolg erwarten lassen, weil sie im steilen Bereich der Lernkurve liegen, was daraus abzuleiten ist, dass zwischen den inneren »Jahresringen« (Grundstruktur) und den Wesenszügen kaum ein Unterschied gegeben ist. Das bedeutet, dass wahrscheinlich noch kein spezifisches Lernprogramm eingesetzt worden ist.

Allgemeine Möglichkeiten zur Erhöhung der psychischen Belastbarkeit

Entsprechend den neun unterschiedlichen Möglichkeiten, vom Zustand Z_1 zum Zustand Z_2 zu kommen (vgl. Abb. 49), werden nachfolgend einige praktische Anwendungen vorgestellt, die dann in einen Beratungs-/Therapieplan eingearbeitet werden können. Dabei wird mit einfachen und schnell zu erreichenden Übungen begonnen, denen immer schwierigere folgen. In der Praxis hat es sich bewährt, von ca. sechs bis zehn Schritten auszugehen.

Erhöhung der psychischen Belastbarkeit

Übung Manche Kandidaten haben Angst vor psychisch belastenden Situationen und vermeiden diese schon weit im Vorfeld. Es sind aber oftmals nur die Gedanken, die sie hindern, einer solchen Situation zu begegnen, und die Realität wäre möglicherweise weitaus unkomplizierter. So gesehen sollte der Berater zusammen mit dem Kandidaten (ohne viel vorher zu überlegen) psychisch belastende Situation aufsuchen und möglichst lange dort verweilen. Später kann der Kandidat auch alleine üben.

Die höhere psychische Belastbarkeit muss gelernt werden, deshalb muss auch geübt werden, die Situationen auszuhalten und immer wieder neu zu beginnen.

180

Sätze (Selbstinstruktionen) im Rahmen dieser Übungen könnten lauten:

- »Ich gehe einfach hin.«
- »Augen zu und durch.«
- »Ich werde nicht umfallen, das haben andere auch schon geschafft.«
- »Ich halte ein Schild vor mich, da werden die Pfeile abprallen.«
- »Ich will und werde das lernen.«

Alle Reize (Stimuli), die zu einer Erhöhung der Verwundbarkeit *Stimuli* (Vulnerabilität) führen, sollten erkannt und überprüft werden. So sind es vielleicht bestimmte Sinnesreize (hier sollte das bevorzugte Sinnesorgan besonders beachtet werden), die zu psychischen Schwankungen führen, oder bestimmte Personen, Gruppen oder bestimmte Situationen. Wenn solche Auslöser erkannt worden sind, muss geprüft werden, ob es möglich ist, sie abzustellen, z.B. indem man den Reizen einfach aus dem Wege geht. Ein Satz hierzu könnte lauten: »Ich muss nicht immer und unbedingt kämpfen!«

Alle Reize, die zu einer höheren Stabilität führen, müssen ebenso erkannt werden. Es kann sein, dass bestimmte Situationen, Menschen und Gruppen – aber auch Filme, Musik, Bewegungen, Speisen und Getränke usw. bei dem Kandidaten mit dem Gefühl der psychischen Sicherheit und Geborgenheit verbunden sind.

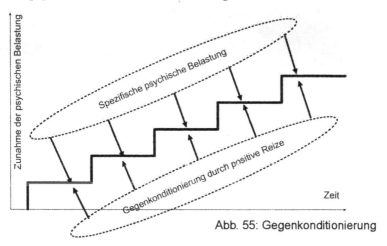

Abb. 55: Gegenkonditionierung

181

Wenn diese Reize genau herausgearbeitet worden sind, wird es möglich, sie mit der psychisch belastenderen Situation zu konditionieren. Ganz praktisch kann das so verlaufen, dass sich der Kandidat diese Situation mental vorstellt und dabei gleichzeitig seine Lieblingsmusik hört (oder sein Lieblingsbild anschaut usw.). In Gedanken wird nun der unangenehme Reiz mit dem positiven Reiz konditioniert. Nachdem das einige Male mit immer schwierigeren Gedankenaufgaben funktioniert hat, kann man zu einem Rollenspiel mit demselben Thema übergehen und daran anschließend den Versuch in der Realität fortsetzen.

Die Abb. 55 zeigt schematisch, dass die psychische Belastbarkeit von Stufe zu Stufe immer mehr zunimmt und ihr jeweils eine positive Gegenkonditionierung gegenübersteht.

Je nach Art und Schwere können so bis zu zehn Stufen aufeinanderfolgen. Dabei wird mit dem Kandidaten die Hierarchie besprochen, d.h. er bestimmt, welche Situation für ihn anstrengender ist als die anderen.

Gedanken Wie schon bei den Stimuli angemerkt, ist es häufig gar nicht die reale Situation, die zu psychischem Stress führt, sondern die (zumeist falschen) Gedanken über diese Situation bzw. an die Niederlage, die man möglicherweise in dieser Situation einstecken könnte.

Mittlerweile gibt es ein breites Angebot an Literatur zur Kognitiven Umstrukturierung[144]. Es geht bei dieser Arbeit an der Veränderung der Persönlichkeitsstruktur darum, zuerst falsche Gedanken zu identifizieren und die gedachten Konsequenzen zu erfahren. Oftmals haben dabei die im Denken des Kandidaten vorliegenden Zusammenhänge die Qualität eines Paradigmas, d.h., er hat nicht selten alle möglichen Alternativen (falsch) durchdacht und kann so rationalen Überlegungen des Beraters ohne Mühe stereotypisch entgegnen: »Bei mir klappt das doch nicht!«

Das Durchbrechen eines falschen Paradigmas ist nicht einfach. Aus der kognitiven Therapie[145] ist bekannt, dass der Weg

144 Vgl. u.a. B. Wilken (1998). *Methoden der Kognitiven Umstrukturierung.* A.a.O.
145 A. T. Beck (1999). *Kognitive Therapie der Depression.* A.a.O.

zu einer psychischen Störung vor dem Hintergrund des falschen Denkens gestuft verläuft. Ellis[146] hat dies in drei Schritten beschrieben, dem sogenannten ABC-Schema, das er später zum ABCDE-Schema erweitert hat:

1. A (activating event = auslösendes Ereignis): z.b. das Ende einer Partnerschaft
2. B (irrational belief = irrationales Denkmuster):»Ich bin nichts wert, sonst hätte mich meine Partnerin nicht verlassen.«
3. C (consequence = Konsequenz): Entwicklung von Niedergeschlagenheit und Trauer bis hin zur Depression.

Beim therapeutischen Prozess soll der Kandidat zusammen mit dem Berater die Irrationalität seines Denkmusters erkennen. Im Gespräch versuchen beide herauszufinden, ob das möglich ist. Dies geschieht mithilfe eines Dialoges, in dem beide rational untersuchen, ob die Interpretationen des Kandidaten angemessen sind oder nicht. Dabei steht nicht von vornherein fest, dass alle seine Interpretationen unangemessen sind, sondern es wird tatsächlich durch eine genaue Analyse herausgefunden, ob und wenn ja, welche Interpretationen auf irrationalen Denkmustern beruhen.

Diesen Abschnitt der Therapie nennt Ellis

4. D (Disput d).

Bei dem Gespräch, das sich in der Gegenwartssituation abspielen soll (also nicht nach Gedanken und Gefühlen aus der Kindheit fragt), werden einige Techniken gebraucht, die helfen können, das stabile (falsche) Paradigma aufzulösen, indem es aus unterschiedlicher Sicht bewertet wird:

- Empirische Bewertung: z.b.»Sind die Fakten wirklich so eindeutig, wie ich annehme?«
- Logische Bewertung: z.b.»Sind meine Schlussfolgerungen wirklich so schlüssig, wie ich meine?
- Emotionale Bewertung: z.b.»Sind die Gefühle tatsächlich so negativ?«

---

146 A. Ellis, T. Junek (1977). *Grundlagen und Methoden der Rational-Emotiven Verhaltenstherapie (Leben Lernen Band 26).* Stuttgart: Pfeiffer bei Klett-Cotta.

- Pragmatische Bewertung: z.B. »Nützt mir diese negative Bewertung?«
- Ethische Bewertung: z.B. »Sind meine moralischen Vorstellungen in dieser Strenge tatsächlich notwendig?«

Für gläubige Menschen bewährt es sich, noch eine biblische Bewertung hinzuzunehmen:
- Biblische Bewertung: z.B. »Kann ich diese negative Bewertung vor der Bibel verantworten? Welche Bibelstellen gibt es hierzu? Sind diese einseitig ausgesucht?«

Um zu präzisen Aussagen zu kommen, soll der Kandidat zudem seine Gedanken, Gefühle und Verhaltensweisen im Alltag systematisch beobachten, um den Einfluss von Gedankenmustern auf die Bewertung von Ereignissen und das Entstehen von Gefühlen zu identifizieren.

Ziel der rational-emotiven Therapie ist es, die jetzt identifizierten irrationalen Gedankenmuster durch angemessenere zu ersetzen bzw. die vorhandenen Gedankenmuster in angemessenere (»effektivere«) zu verändern, deshalb folgt als letzte Stufe E (Effekt e).

Nachfolgend einige Beispiele von positiven Gedanken, die die psychische Stabilität erhöhen können. Diese Gedanken sollten – nachdem sie innerlich akzeptiert worden sind – im Sinne von »Einreden« ständig wiederholt werden.
- Wenn ich einen Fehler mache, dann kann ich diesen meistens auch wiedergutmachen. Nicht meine ganze Persönlichkeit ist deshalb schlecht.
- Es ist nicht wahr, dass mich die Menschen laufend beobachten und Negatives über mich denken. Übung hierzu: Ich gehe mit schiefer Krawatte oder mit Lockenwicklern im Haar auf die Straße und warte, bis mich jemand deshalb anspricht (wird zumeist nicht der Fall sein).
- Ich habe einige ganz tolle Eigenschaften ... (nennen).
- Ich frage mir bekannte Menschen, was sie über mich denken (zumeist gar nichts Negatives ...).

- Ich ändere mein Denken in dem Sinne, dass ich nicht mehr sage: »Das Glas ist halb leer«, sondern »Das Glas ist halb voll.«
- Ich ziehe mich schön an, auch wenn die Stimmung nicht besonders gut ist. Und wenn mich die Kolleginnen fragen: »Warum?«, dann sage ich: »Weil es mir gefällt.«
- Je nach Art der Eingangsdiagnostik (d.h. meinen bevorzugten sinnlichen Eingangspforten wie hören, sehen, riechen, schmecken, fühlen) gönne ich mir ein gutes Essen und Trinken, höre schöne Musik, fabriziere eine Bastelarbeit oder suche etwas Schönes zum Anschauen (Tierpark, Kunstgalerie etc.).
- Ich mache Entspannungsübungen (z.B. die progressive Muskelentspannung) und entdecke, wie sich die Verspannungen in meinem Körper auflösen.
- Ich muss nicht immer der Sieger sein – aber auch nicht immer der Verlierer. Manchen Situationen gehe ich aus dem Wege, jedoch bei der nächsten Situation (nennen) werde ich erfolgreich sein, weil ich schon mental gewonnen habe.
- Ich stelle mir eine Lieblingssituation vor. Dort kann ich ankern, wenn dumme Gedanken auf mich zukommen wollen.
- Ich versuche, eine neue und positive Sinngebung für mein Leben (neue Einstellungswerte) zu finden.

Interessant ist vor dem Hintergrund des falschen Denkens der Einsatz der »Impact-Technik«[147]. Dabei werden auf allen Sinneskanälen Bilder, Metaphern, Bewegungen, Musik usw. kreativ so eingesetzt, dass sie zu einem intensiven Lernprozess führen.

Ein Beispiel hierzu von Danie Beaulieu, bei der eine Klientin schildert[148]: »Ich wurde missbraucht. Alle treten auf mir herum. Ich bin nichts wert.« Die Therapeutin holt einen 20-Euro-Schein aus der Geldbörse und fragt: »Was ist der Wert dieser Banknote?« Die Klientin nennt irritiert den Wert des Geldscheines. Die Therapeutin zerknüllt den Schein, wirft ihn auf den Boden, tritt auf ihm herum, hebt ihn wieder auf und entfaltet ihn mit der Frage: »Was ist der Wert dieses Geldscheines?«

147 »Impact« meint, einen bleibenden Eindruck zu hinterlassen.
148 Vgl. D. Beaulieu (2007). *Impact-Techniken für die Psychotherapie*. Heidelberg: Carl Auer.

Medikamente In starker Ausprägung findet man die psychischen Schwankungen auch bei depressiven Verstimmungen. Das ICD 10 beschreibt eine solche Störung nach F34.1 als Dysthymia[149].

Hierbei handelt es sich um eine chronische depressive Verstimmung, wobei die Patienten oftmals auch zusammenhängende Perioden von Tagen oder Wochen haben, in denen sie ein gutes Befinden beschreiben. Aber meistens, oft monatelang, fühlen sie sich müde und depressiv; alles ist für sie eine Anstrengung und nichts wird genossen. Sie grübeln und beklagen sich, schlafen schlecht und fühlen sich unzulänglich, sind aber in der Regel fähig, mit den wesentlichen Anforderungen des täglichen Lebens fertig zu werden.

Im DSM IV (300.4) werden die genauen diagnostischen Kriterien mit acht Punkten folgendermaßen beschrieben[150]:

1. Depressive Verstimmung, die die meiste Zeit des Tages an mehr als der Hälfte aller Tage, entweder vom Patienten berichtet oder von anderen beobachtet, über einen mindestens zweijährigen Zeitraum andauert. (Beachte: Bei Kindern und Heranwachsenden kann reizbare Verstimmung vorliegen, und die Dauer muss mindestens ein Jahr betragen.)
2. Während der depressiven Verstimmung bestehen mindestens zwei der folgenden Symptome:
   • Appetitlosigkeit oder übermäßiges Bedürfnis zu essen,
   • Schlaflosigkeit oder übermäßiges Schlafbedürfnis,
   • Energiemangel oder Erschöpfung,
   • geringes Selbstwertgefühl,
   • Konzentrationsstörungen oder Entscheidungserschwernis,
   • Gefühl der Hoffnungslosigkeit.
3. In der betreffenden Zweijahresperiode (ein Jahr bei Kindern und Heranwachsenden) gab es keinen Zeitraum von mehr als zwei Monaten ohne Symptome, wie unter 1. und 2. beschrieben.
4. In den ersten zwei Jahren der Störung (ein Jahr bei Kindern und Heranwachsenden) bestand keine andere Form der Depression (z.B. Major Depression).

149 A.a.O. S. 150.
150 A.a.O. S. 410–411.

186

5. Zu keinem Zeitpunkt ist eine Manische Episode oder Zyklothyme Störung aufgetreten.

6. Die Störung tritt nicht ausschließlich im Verlauf einer Psychose (Schizophrenie oder Wahnhafte Störung) auf.

7. Die Symptome gehen nicht auf die direkte Wirkung einer Substanz (z.B. Droge, Medikament) zurück.

8. Die Symptome verursachen in klinisch bedeutsamer Weise Leiden oder Beeinträchtigungen in sozialen, beruflichen oder anderen wichtigen Funktionsbereichen.

Ist die Diagnose einer Dysthymen Störung gegeben, werden in der Regel Antidepressiva verordnet (siehe Kap. 1.5.1.4). Diese allein führen jedoch in der Regel nicht zur Gesundung.

Hilfestellungen aus somatischer Sicht
In Ergänzung zu den im Kap. 1.5.1.4 beschriebenen Psychopharmaka, die in der Regel rezeptpflichtig sind und deshalb vom Arzt verordnet werden müssen, gibt es eine Reihe von Studien[151], die darauf hinweisen, dass biologische Hilfestellungen bzw. auch entsprechende Ernährung hilfreich sein können. Nachfolgend einige Beispiele hierzu.

Ernährung
Es ist belegt, dass sich eine ausgewogene, kohlenhydratreiche Ernährung mit reichlich Fisch (»Mittelmeerkost«) positiv auf leichte Depressionen auswirken kann. Eine solche »antidepressive Diät« sollte zudem viel Obst, Gemüse und Olivenöl, jedoch wenig Fleisch oder Nüsse enthalten. Das für die Ernährung notwendige Protein sollte weitgehend aus Fisch stammen. Die kohlenhydratreiche Ernährung führt im Körper zu einer besseren Verfügbarkeit von Tryptophan, aus dem im Gehirn der Botenstoff Serotonin aufgebaut wird. Serotonin spielt eine wichtige Rolle bei der Stressbewältigung und vermittelt auch Glücksgefühle.
Wissenschaftliche Studien lassen weiterhin auf die besondere Bedeutung von EPA (Eicosapentaensäure) zur Stimmungsaufhel-

151 http://de.wikipedia.org/wiki/Depression

lung und günstigen Einflussnahme auf Minderung von Depressionen schließen.

Johanniskraut und Passionsblume

Seit Jahrhunderten wird Johanniskraut für leichtere Depressionen angewandt. Die Wirksamkeit ist jedoch abhängig von der Dosierung. Einige Studien gehen von mindestens 900 mg bis zu 1800 mg Johanniskrautextrakt[152] aus. Bei gleichzeitiger Einnahme anderer Mittel sollte man die Nebenwirkungen beachten. So darf Johanniskraut nicht zusammen mit den trizyklischen Antidepressiva wie Amitriptylin und Nortriptylin verwendet werden, weil diese dann beschleunigt abgebaut werden. Auch die Lichtempfindlichkeit wird durch die Einnahme von Johanniskrautextrakt erhöht.

Neben Johanniskraut werden in der Naturheilkunde auch die Blätter der Passionsblume eingesetzt.

Sport

Positive Effekte des Joggings bei Depressionen sind im Gegensatz zu anderen Sportarten empirisch nachgewiesen. Wenn Sport zudem im sozialen Kontext stattfindet, erleichtert er eine Wiederaufnahme gesellschaftlicher Kontakte. Ein weiterer Effekt der körperlichen Betätigung ist das gesteigerte Selbstwertgefühl und die mögliche Ausschüttung von Endorphinen.

Organismus Menschen mit geringer psychischer Belastbarkeit sind häufig auch psychisch verletzlich (vulnerabel). Sie reagieren dann mit ihrer psychischen Befindlichkeit (Emotionen) leicht auf körpereigene Vorgänge. So kann es sein, dass sie nach intensiver Arbeit müder als andere Menschen sind oder intensiver auf Nebenwirkungen von Medikamenten reagieren. Dies muss berücksichtigt werden – allerdings nicht in dem Sinne, dass das Ziel des Lernprozesses durch eine erhöhte Sensibilität für sich selbst im Sinne von Narzissmus konterkariert wird.

152 Kann rezeptfrei in der Apotheke gekauft werden.

Bei Frauen sollte ggf. das Prämenstruelle Syndrom PMS berücksichtigt werden, bei dem von deutlichen Stimmungsschwankungen berichtet wird. Ein Viertel der betroffenen Frauen klagen über ernste Symptome und 3–8 % leiden unter einer besonders starken Form, der Prämenstruellen dysphorischen Störung (PMDS), die das Arbeitsumfeld und sonstige soziale Kontakte erheblich behindert.

Es muss genau ermittelt werden, welche Konsequenzen das bis- *Verstärker* herige Verhalten für den Kandidaten hat – sowohl positive als auch negative.

Die positive Konsequenz (C^+) der geringen psychischen Belastbarkeit könnte sein, dass man häufig von schwierigen Arbeiten entlastet wird. Man wird als »psychisch schwach« eingeschätzt und deshalb bevorzugt behandelt. Weiterhin kommen Menschen mit einer hohen psychischen Beweglichkeit schnell auf neue Gedanken bzw. Gefühle. Sie sind bereit, sich rasch umzustellen usw. – und das wird entsprechend honoriert.

Die negativen Konsequenzen (C^-) können der Entzug von Verantwortung in Familie, Beruf und Gemeinde sein wegen der deutlichen Stimmungsschwankungen und der Unbeständigkeit bis hin zur depressiven Verstimmung.

Alle diese Verstärker bzw. Strafen werden auf einem speziellen Arbeitsblatt notiert und gegeneinander abgewogen. Verstärker, die das bisherige Verhalten aufrechterhalten, sind möglichst zu entfernen bzw. zu negieren. Verstärker, die zum Aufbau einer geringeren Korrektheit führen, werden noch intensiver eingesetzt. Zudem wird nach neuen Verstärkern gesucht, die das gewünschte Verhalten belohnen.

Es geht darum, alle Wege, die zu einer Vernetzung der Neuro- *Kontingenz* nen führen, so zu gestalten, dass eindeutig und möglichst viele Neuronen miteinander verbunden werden. Insbesondere zu Beginn der Maßnahme sollte diese Vernetzung permanent erfolgen. Eine praktische Hilfestellung ist es, möglichst vielen Menschen mitzuteilen, dass man an der Erhöhung der psychischen Stabilität arbeitet. Persönlich Bekannte, Familienangehörige oder nahe

189

Mitarbeiter sollte man bitten, dass sie immer korrigierend agieren (z.B. aufmuntern), wenn sich Mutlosigkeit einschleicht oder das angestrebte Ziel aus dem Blick gerät.

Kontingenzverträge können bei der Erhöhung der psychischen Stabilität eine wichtige Rolle spielen, weil sie bei den Stimmungsschwankungen eine Art von »Anker« bilden können. In diesen Kontingenzverträgen soll so genau wie möglich beschrieben werden, wie bei der jeweiligen Situation vorgegangen werden soll. Z.B.: »Ich darf meinen Berater anrufen und zwei Minuten mit ihm sprechen«. Oder: »Immer wenn ich meinen alten negativen Gedanken nachgehe, werfe ich einen Euro in eine Kasse. Mit dem Geld kaufe ich mir etwas, das Freude macht.«

System Weil die psychische Belastbarkeit in großem Umfang erlernt ist, spielt auch das Lernen am Modell, das in den unterschiedlichen Systemen (Familie, Schule, Betrieb, Gemeinde) erworben worden ist, eine wichtige Rolle.

In Systemen, die sehr schnell, mit hoher Empathie und Sensibilität auf die Mitglieder reagieren, werden diese zu hoher Vulnerabilität erzogen. Bei einem Systemwechsel kommt es dann oftmals im doppelten Sinne zu Schwierigkeiten. Zum einen, weil in einem weniger empathischen System auf die Aktionen des Kandidaten gar nicht eingegangen wird, man diese gar nicht bemerkt – und zum anderen, weil der Kandidat von den Mitgliedern dieses Systems sehr deutliche Reaktionen erfährt, die in dieser Stärke eigentlich gar nicht notwendig wären.

Wie dem auch sei: Um eine höhere psychische Stabilität zu erreichen, ist es wichtig, sich in ein solches neues, weniger empathisches System zu begeben, dessen Mitglieder ein mittleres bis höheres Maß an Stabilität aufweisen. In aller Regel wird es also notwendig werden, das alte System (zumindest zeitweise) zu verlassen, wenn schwerpunktmäßig ein Lernen durch Imitation favorisiert wird.

Spiritualität Als Dimension der Persönlichkeitsstruktur wird die psychische Stabilität gläubigen Menschen in der Nachfolge Jesu in aller Regel nicht durch ein Wunder geschenkt, sondern muss erarbeitet werden. Der Heilige Geist ist dabei ein optimaler Lehrmeister mit hoher Kontingenz, weil er uns immer umgibt, leitet und tröstet.

Besonders für die Tiefen im Leben hat die Bibel sehr viele tröstende Worte vorbereitet und es gibt zudem einen reichen Schatz von Liedern zu diesem Thema. Nachfolgend einige Beispiele hierzu:

Matthäus 11,28-29:
Kommt her zu mir, alle, die ihr mühselig und beladen seid; ich will euch erquicken. Nehmt auf euch mein Joch und lernt von mir; denn ich bin sanftmütig und von Herzen demütig; so werdet ihr Ruhe finden für eure Seelen. Denn mein Joch ist sanft, und meine Last ist leicht.

Römerbrief 8,32-39:
Was wollen wir nun hierzu sagen? Ist Gott für uns, wer kann wider uns sein? Der auch seinen eigenen Sohn nicht verschont hat, sondern hat ihn für uns alle dahingegeben – wie sollte er uns mit ihm nicht alles schenken? Wer will die Auserwählten Gottes beschuldigen? Gott ist hier, der gerecht macht. Wer will verdammen? Christus Jesus ist hier, der gestorben ist, ja vielmehr, der auch auferweckt ist, der zur Rechten Gottes ist und uns vertritt. Wer will uns scheiden von der Liebe Christi? Trübsal oder Angst oder Verfolgung oder Hunger oder Blöße oder Gefahr oder Schwert? Wie geschrieben steht (Psalm 44,23):»Um deinetwillen werden wir getötet den ganzen Tag; wir sind geachtet wie Schlachtschafe.« Aber in dem allen überwinden wir weit durch den, der uns geliebt hat. Denn ich bin gewiss, dass weder Tod noch Leben, weder Engel noch Mächte noch Gewalten, weder Gegenwärtiges noch Zukünftiges, weder Hohes noch Tiefes noch eine andere Kreatur uns scheiden kann von der Liebe Gottes, die in Christus Jesus ist, unserm Herrn.

Oswald Chambers beschreibt[153] am Beispiel von Elias, dessen psychische Belastung ja übergroß war (1Kön 19,5), eine»Initiative gegen die Niedergeschlagenheit«:

153 O. Chambers (2000). *Mein Äußerstes für sein Höchstes*. 28. Aufl. Wuppertal: Blaukreuz-Verlag. Abschnitt »Stehe auf und iss« 1Kön. 19,5.

Der Engel gab Elia weder eine Vision noch erklärte er ihm die Heilige Schrift oder tat sonst irgendetwas Auffallendes; er hieß ihn die allergewöhnlichste Sache tun, nämlich aufstehen und essen. Wenn wir niemals niedergeschlagen wären, wären wir nicht lebendig, dann hätten wir die Natur eines Kristalls. Ein menschliches Wesen hat die Fähigkeit, niedergeschlagen zu sein, sonst hätte es nicht die Fähigkeit, sich aufzuschwingen. Es gibt Dinge, die dazu bestimmt sind, uns niederzudrücken, Dinge, die das Wesen des Todes an sich haben; und wenn du dich selbst einschätzen willst, dann musst du auch mit der Fähigkeit des Niedergeschlagenseins rechnen.

Wenn der Geist Gottes kommt, gibt er uns keine Vision; er heißt uns die allergewöhnlichsten Dinge tun, die wir uns vorstellen können. Die Niedergeschlagenheit kann uns von den gewöhnlichen, alltäglichen Dingen in Gottes Schöpfung abwenden; doch überall, wo Gott dazukommt, haben wir die Eingebung, die allernatürlichsten, einfachsten Dinge zu tun – jene Dinge, von denen wir nie gedacht hätten, dass Gott in ihnen sein könnte; und erst, wenn wir sie tun, merken wir, dass er da ist. Die Eingebung, die uns auf diesem Wege kommt, ist eine Initiative gegen die Niedergeschlagenheit: Wir müssen die nächstliegende Sache tun und müssen sie im Geiste Gottes tun. Wenn wir etwas einzig zu dem Zweck unternehmen, unsere Niedergeschlagenheit zu überwinden, vertiefen wir sie nur noch; wenn Gott uns jedoch durch Eingebung fühlen lässt, dass wir diese Sache tun müssen und wir sie dann auch tun, ist unsere Niedergeschlagenheit verschwunden. Sobald wir aufstehen und gehorchen, betreten wir eine höhere Lebensebene.

Einer der bekannten Liederdichter und Seelsorger, Paul Gerhardt (1607–1676), schrieb im Jahr 1653 das Lied »Warum sollt ich mich denn grämen«, das bis heute wegen seines Inhalts und auch der Schönheit der Sprache ein Kleinod in der Seelsorge geblieben ist.
1. Warum sollt ich mich den grämen? Hab ich doch Christum noch, wer will mir den nehmen?
Wer will mir den Himmel rauben, den mir schon Gottes Sohn beigelegt im Glauben?

2. Schickt er mir ein Kreuz zu tragen, dringt herein Angst und Pein, sollt ich drum verzagen? Der es schickt, der wird es wenden! Er weiß wohl, wie er soll all mein Unglück enden.

3. Gott hat mich bei guten Tagen oft ergötzt: sollt ich jetzt nicht auch etwas tragen? Fromm ist Gott und schärft mit Maßen sein Gericht, kann mich nicht ganz und gar verlassen.

4. Unverzagt und ohne Grauen soll ein Christ, wo er ist, stets sich lassen schauen. Wollt ihn auch der Tod aufreiben, soll der Mut dennoch gut und fein stille bleiben.

5. Kann uns doch kein Tod nicht töten, sondern reißt unsern Geist aus viel tausend Nöten, Schließt das Tor der bittern Leiden und macht Bahn, da man kann geh'n zu Himmelsfreuden.

6. Was sind dieses Lebens Güter? Eine Hand voller Sand, Kummer der Gemüter. Dort, dort sind die edlen Gaben, da mein Hirt, Christus, wird mich ohn' Ende laben.

7. Herr, mein Hirt, Brunn aller Freuden, du bist mein, ich bin dein, niemand kann uns scheiden: Ich bin dein, weil du dein Leben und dein Blut mir zugut in den Tod gegeben.

8. Du bist mein, weil ich dich fasse und dich nicht, o mein Licht, aus dem Herzen lasse. Lass mich, lass mich hingelangen, da du mich und ich dich leiblich werd' umfangen.

2.2.2.2 Verringerung der psychischen Belastbarkeit

Das Ziel dieses Lernprogramms ist es, Kandidaten, deren diagnostische Ergebnisse eine hohe psychische Belastbarkeit aufweisen, Hilfestellungen zu geben, dass sie ...

- ihr Persönlichkeitsmerkmal erkennen,
- Menschen mit geringerer psychischer Belastbarkeit akzeptieren,
- Lernen, ihre Psyche mehr den Gegebenheiten anzupassen.

193

Menschen mit hoher psychischer Belastbarkeit, deren Emotionen sich nur wenig ändern, gleichen großen Tankern auf dem Meer, die sich von den herrschenden Winden kaum von ihrem Kurs abbringen lassen. Sie können mit kleineren Schiffen kollidieren – oftmals ohne dies überhaupt zu bemerken.

Hauptziel des Programms ist es, den Menschen mit hoher psychischer Belastbarkeit nahezubringen, wie sie mit den »leichtbeweglichen Segelbooten« umgehen und sie akzeptieren können – und dabei möglicherweise auch einige Schritte in diese Richtung zu tun.

Um zu prüfen, in welchem Bereich der Lernkurve sich der Kandidat befindet, werden die unterschiedlichen »Jahresringe« des PST-R miteinander verglichen.

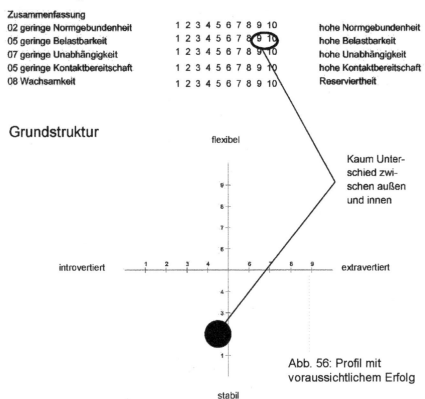

Wesenszüge

Zusammenfassung

02 geringe Normgebundenheit	1 2 3 4 5 6 7 8 9 10	hohe Normgebundenheit
05 geringe Belastbarkeit	1 2 3 4 5 6 7 8 9 10	hohe Belastbarkeit
07 geringe Unabhängigkeit	1 2 3 4 5 6 7 8 9 10	hohe Unabhängigkeit
05 geringe Kontaktbereitschaft	1 2 3 4 5 6 7 8 9 10	hohe Kontaktbereitschaft
08 Wachsamkeit	1 2 3 4 5 6 7 8 9 10	Reserviertheit

Grundstruktur

flexibel

Kaum Unterschied zwischen außen und innen

introvertiert — extravertiert

Abb. 56: Profil mit voraussichtlichem Erfolg

stabil

194

Die Abb. 56 zeigt Ergebnisse aus dem PST-R, die einen guten Lernerfolg erwarten lassen, weil sie im steilen Bereich der Lernkurve liegen. Dies ist daraus abzuleiten, dass zwischen den inneren »Jahresringen« (Grundstruktur) und den Wesenszügen kaum ein Unterschied gegeben ist. Das bedeutet, dass wahrscheinlich noch kein spezifisches Lernprogramm eingesetzt worden ist.

Allgemeine Möglichkeiten zur Verringerung der psychischen Belastbarkeit

Während die Zahl der Kandidaten, die daran arbeiten wollen, ihre psychische Belastbarkeit zu erhöhen, recht groß ist, sind es nur wenige, die die psychische Belastbarkeit reduzieren möchten. Häufig wird für Leitungsfunktionen in der Industrie eine hohe psychische Belastbarkeit eingefordert und Menschen, die diesen Anforderungen nicht genügen, kommen in der Regel deshalb in die Beratung. Anders ist es bei Menschen mit hoher psychischer Belastbarkeit. Häufig merken sie gar nicht, dass sie zu einer kleinen Gruppe gehören (Werte von Stanine 1 oder 9 entsprechen ca. 2% der Gesamtbevölkerung) und nehmen an, dass alle anderen Mitarbeiter (oder auch der Ehepartner) ihnen ähnlich sein müssten. In solchen Situationen sind es dann oft nicht die Betroffenen, sondern die Partner oder die Mitarbeiter, die um Rat nachsuchen. Wenn es dann gelingt, die Menschen mit hoher psychischer Belastbarkeit zur Einsicht bzw. Empathie für andere Menschen zu bringen, können mit ihnen die nachfolgend genannten Lernmöglichkeiten besprochen werden. Das Ziel kann auch unter dem Gesamtaspekt der »Erhöhung der Dynamik der Gefühle« gesehen werden.

Dabei werden die neun verschiedenen Möglichkeiten, vom Zustand Z_1 zum Zustand Z_2 zu kommen (vgl. Abb. 49), nachfolgend vorgestellt. Sie können dann in einen Beratungs-/Therapieplan eingearbeitet werden.

195

Verringerung der psychischen Belastbarkeit

Übung Der Kandidat darf vor emotional anstrengenden Situationen nicht mehr fliehen, sondern muss üben, es dort auszuhalten. Er muss sich immer wieder in solche Situationen hineinbegeben, auch dann wenn er dies nicht einsieht. Möglicherweise sollte der Kandidat hierzu auch gemeinsam mit anderen Menschen oder dem Berater emotional stark ansprechende Filme oder Theaterstücke anschauen. Hier einige Beispiele von käuflich zu erwerbenden DVDs:

- Das Leben ist schön (Roberto Benigini 1997)
- Schindlers Liste (Steven Spielberg 1993)
- Beautiful Mind. Genie und Wahnsinn (Ron Howard 2001)
- Die Passion Christi (Mel Gibson 2004)

Stimuli Alle Reize (Stimuli), die zu einer Erhöhung der psychischen Beweglichkeit führen, sollten erkannt und überprüft werden. Hierzu können die folgenden Fragen dienen:

- Welches Sinnesorgan ist bei mir am empfindlichsten?
- Welche Stimuli verändern meine Stimmung?
- Bei welchen Ursachen werde ich traurig oder fröhlich?
- Wann habe ich das letzte Mal geweint?
- Welche Menschen beeinflussen meine Stimmung? In welche Richtung?
- In welchen Gruppen ändern sich meine Gefühle?
- Bei welchen Situationen sagen meine Mitarbeiter (Ehepartner usw.), dass ich »cool« bleibe? Bin ich dann auch wirklich »cool«?

Wenn solche Auslöser erkannt worden sind, muss geprüft werden, ob es möglich ist, diese zu hierarchisieren und für ein Lernprogramm einzusetzen. Zu Beginn werden die stärksten Reize eingesetzt, dann zunehmend die schwächeren.

Gedanken Gedanken sind eine Art von internen Stimuli, die dazu führen, dass ein Verhalten ausgeführt wird oder nicht und dass es auf Dauer gesehen zur Verschaltung von Neuronen kommt.

196

Gedanken können oftmals viel schneller »einschießen« als äußere Reize, deshalb müssen sie sehr genau beachtet werden – insbesondere auch deshalb, weil es leicht auch »irrige« Gedanken sein können (s.o.). Wie schon bei den Stimuli angemerkt, ist es häufig gar nicht die reale Situation, die zu einem bestimmten Verhalten führt, sondern es sind falsche Gedanken. Diese Gedanken, die nicht selten die Qualität eines Paradigmas haben, können z.B. mit der ABCDE-Regel (s.o.) durchbrochen und durch neue ersetzt werden.

Nachfolgend einige Hilfestellungen und Übungen, wenn Kandidaten sagen, dass sie keine Gefühle haben. Diese Situationen werden gründlich besprochen und dabei genügend Zeit zum Überlegen gegeben – sie sollen also nicht abgefragt werden.

1. Stellen Sie sich eine Situation vor, in der Sie sehr fröhlich oder sehr traurig waren und holen Sie diese in Gedanken wieder zurück. Erzählen Sie diese Situation so genau wie möglich. Welche Einzelheit war es, die Sie besonders bewegt hat? Können Sie nochmals lachen oder weinen? Versuchen Sie die Situation so lange wie möglich anzuhalten, also nicht sofort zu »rationalisieren«.

2. Ist es denkbar, dass Ihre Mitarbeiter oder Familienangehörigen Probleme mit Ihnen haben? Welche könnten das sein? Welche Gründe gibt es hierfür? Bitte jetzt nicht sich verteidigen, sondern beschreiben!

3. Versuchen Sie die Stimmung Ihrer Mitarbeiter herauszufinden, wenn diese morgens zur Arbeit kommen, oder die Stimmung Ihrer Familienangehörigen, wenn Sie gemeinsam frühstücken. Teilen Sie Ihren Eindruck vorsichtig mit und fragen Sie, ob Sie mit Ihrer Meinung richtig liegen. Wenn nicht, dann lassen Sie sich korrigieren, ohne sich zu verteidigen.

4. Was überlegen Sie, wenn Sie Ihren Mitarbeitern oder Familienmitgliedern ein Geburtstagsgeschenk aussuchen? Werden diese damit zufrieden sein? Sind Sie sicher? Was könnte schieflaufen?

5. Wie werden Sie reagieren, wenn Ihnen jemand sagt, dass Sie etwas falsch gemacht haben? Z.B. dass Sie eine falsche Einschätzung vorgenommen haben?

6. Welche Art von Musik/Geruch/Geschmack/Speisen und Getränke, Bilder oder Filme (entsprechend den favorisierten »Eingangspforten«) stimmten Sie fröhlich? Bitte erzählen Sie das ganz gründlich und versuchen Sie dann, diese Stimmung gut bekannten Menschen zu erklären.

7. Welche der Eingangspforten macht Sie traurig? Versuchen Sie zu erklären, warum das so ist.

8. Wenn Sie einen Menschen entlassen müssen, was wird in ihm vorgehen? Versuchen Sie zu erklären, wie dieser Mensch und seine Familie reagieren wird und wie er diesen schweren Weg weitergehen kann.

9. Bereiten Sie mental ein Jahresgespräch vor. Was werden Sie Ihrem Mitarbeiter sagen? Wo werden Sie ihn loben? Wo müssen Sie kritisieren? Wie wird der Mitarbeiter reagieren? Und wie werden Sie auf ihn eingehen? Im Anschluss an das mentale Training kann dann ggf. eine Übungsphase mit dem Berater folgen.

10. Versuchen Sie, Ihre Wohnung ganz neu einzurichten, und beachten Sie die Gedanken und Gefühle, die Sie dabei haben.

Medikamente Zur Verringerung der psychischen Belastbarkeit bzw. Erhöhung der psychischen Dynamik sind Medikamente nicht erforderlich. Es ist jedoch zu beachten, dass einige Medikamente dazu führen, dass Menschen in ihrer psychischen Dynamik eingeschränkt werden. Hierzu gehören insbesondere Neuroleptika, die im Zusammenhang mit Psychosen vom Arzt verordnet werden (vgl. Kap. 1.5.14).

Organismus Es gibt möglicherweise Zeiten, in denen einzelne Menschen psychisch stabiler bzw. beweglicher sind. Die Ursachen hierfür können durch körpereigene Stoffe entstehen (Hormone usw.). Durch genaue Beobachtung kann ein solcher Sachverhalt aufgefunden und dann berücksichtigt werden.

Die Konsequenzen des bisherigen Verhaltens für den Kandidaten *Verstärker*
müssen genau ermittelt werden – sowohl die positiven als auch
die negativen.

Eine positive Konsequenz (C^+) der hohen psychischen Belast-
barkeit könnte sein, dass man schwierige Arbeiten besser durch-
steht, weil man sich nicht von den Gefühlen beeinflussen lässt.
Man wird als »Kämpfer« eingeschätzt und von leistungsorientierten Vorgesetzten oftmals bevorzugt behandelt.
Es ist aber auch möglich, dass die Mitarbeiter mit negativen
Reaktionen antworten. Negative Konsequenzen (C^-) könnten
dann eine schlechte Arbeitsatmosphäre oder auch ein höherer
Krankenstand der Mitarbeiter sein.
Die Verstärker bzw. Strafen werden auf einem speziellen Arbeitsblatt notiert und gegeneinander abgewogen.
Verstärker, die das bisherige Verhalten aufrechterhalten haben,
werden dann entfernt bzw. negiert. Verstärker, die zum Aufbau
einer höheren psychischen Beweglichkeit führen, werden noch
intensiver eingesetzt. Zudem wird nach neuen Verstärkern gesucht, die das gewünschte Verhalten belohnen.

Es geht darum, alle Wege, die zu einer Vernetzung der Neuronen *Kontingenz*
führen, so zu gestalten, dass eindeutig und möglichst viele Neuronen miteinander verbunden werden. Insbesondere zu Beginn
der Maßnahme sollte diese Vernetzung permanent erfolgen. Eine
praktische Hilfestellung ist, möglichst vielen Menschen mitzuteilen, dass man an der Erhöhung der Wahrnehmung für psychische Flexibilität arbeitet. Persönlich Bekannte, Familienangehörige oder nahe Mitarbeiter sollte man bitten, dass sie immer
korrigierend agieren (z.B. aufmuntern), wenn man Fehler macht
oder das angestrebte Ziel aus dem Blick gerät. Es darf also zukünftig dem Kandidaten direkt gesagt werden, dass er zu wenig
Sensibilität zeigt, zu hart durchgreift usw. Damit dies auch sicher
funktioniert, können Kontingenzverträge bei der Verringerung
der psychischen Stabilität eine wichtige Rolle spielen. Dabei soll
auch besprochen werden, welche Leistungen zu erbringen sind,
wenn Fehler gemacht werden.

System Weil die psychische Dynamik überwiegend erlernt ist, spielt das Lernen am Modell, das in den unterschiedlichen Systemen (Familie, Schule, Betrieb, Gemeinde) seinen Hintergrund hat, eine wichtige Rolle. In Systemen, deren Mitglieder wenig auf Stimmungswechsel achten können oder wollen, ist die Wahrscheinlichkeit, eine hohe psychische Stabilität zu erlernen hoch. Für manche Berufe ist es sogar eine notwendige Voraussetzung, hohe psychische Stabilität zu haben, um den besonderen Anforderungen standzu - halten. Dies haben z.b. unsere langjährigen Erfahrungen mit OP-Krankenschwestern gezeigt, die sich nicht selten mit einer stabilen Mauer umgeben, um sich psychisch zu schützen. Sie müssen dann mit Lernprogrammen üben, diese Mauer im Freizeitbereich wieder abzubauen. Hierzu ist u.a. ein System hilfreich, in dem psychische Schwankungen normal bzw. sogar gewünscht sind. Gute Beispiele hierzu können im privaten Bereich Hauskreise sein oder im eher professionellen sind es Balint-Gruppen[154], in denen die Mitglieder gegenseitig ihre Gefühle austauschen können.

Spiritualität Die psychische Dynamik hängt u.a. auch damit zusammen, wie sehr der Kandidat seinen Nächsten in dessen Andersheit akzeptiert. Mit der biblischen Sicht des Menschen als einer unteilbaren, aber verletzlichen Seele im Sinne von Genesis 2,7 ist immer auch verbunden, dass jede Seele individuell als einzelne und von anderen Menschen zu unterscheidende Person zu sehen ist.[155] Einen hilfreichen Weg zu einem solchen Lernprozess nennt Paulus in Römer 12 in einem doppelten Schritt. Zum einen geht es dort um die Akzeptanz der Andersheit, wenn er schreibt (V. 3-8): »Denn ich sage durch die Gnade, die mir gegeben ist, jedem unter euch, dass niemand mehr von sich halte, als sich's gebührt zu halten, sondern dass er maßvoll von sich halte, ein jeder, wie Gott das Maß des Glaubens ausgeteilt hat. Denn wie wir an »einem« Leib viele Glieder haben, aber nicht alle Glieder dieselbe Aufgabe haben, so sind wir viele »ein« Leib in Chris-

154 S. Häfner (Hg.) (2006). *Die Balintgruppe. Praktische Anleitung für Teilnehmer. Im Auftrag der Deutschen Balint-Gesellschaft.* Köln: Deutscher Ärzte-Verlag.
155 Vgl. H.W. Wolff (1984). *Anthropologie des Alten Testaments.* A.a.O. S. 41f.

tus, aber untereinander ist einer des andern Glied, und haben verschiedene Gaben nach der Gnade, die uns gegeben ist. Ist jemand prophetische Rede gegeben, so übe er sie dem Glauben gemäß. Ist jemand ein Amt gegeben, so diene er. Ist jemand Lehre gegeben, so lehre er. Ist jemand Ermahnung gegeben, so ermahne er. Gibt jemand, so gebe er mit lauterem Sinn. Steht jemand der Gemeinde vor, so sei er sorgfältig. Übt jemand Barmherzigkeit, so tue er's gern.« Zum andern zeigt Paulus auch einen Weg zu dieser Akzeptanz, wenn er in Römer 12,10 schreibt, dass man dem andern in Ehrerbietung zuvorkommen möge – d.h. als Erster die Initiative ergreifen soll.

2.2.3 Arbeit an der Abhängigkeit

Mit der »Abhängigkeit« bei den Globalskalen, die weiter oben beschrieben worden ist, korrelieren die folgenden Einzelskalen des PST-R mehr oder weniger hoch. Nachfolgend die relevanten Einzelskalen in der bipolaren Darstellung. Dabei werden die Zusammenhänge mit der Globalskala mit hoch +++, mittel ++ und geringer + gekennzeichnet.

Globalskala	höher	Abhängigkeit	niedriger
	Zusammenhang mit der Abhängigkeit		
Einzelheiten der Skalen im PST-R	+++	Soziale Anpassung	Selbstständigkeit
	++	Zurückhaltung	Selbstsicherheit
	++	Besorgtheit	Selbstvertrauen

Man kann die Abhängigkeit erhöhen oder verringern.

2.2.3.1 Verringerung der Abhängigkeit

Das Ziel dieses Lernprogramms ist es, Kandidaten, deren diagnostische Ergebnisse eine hohe Abhängigkeit von anderen Menschen aufweisen, Hilfestellungen zu geben, die zu mehr Eigenständigkeit, Durchsetzungsfähigkeit und Individualität verhelfen.

Für die hohe Abhängigkeit werden in der Umgangssprache Worte wie »schwach«, »anpassungsfähig« oder »hat kein Rückgrat« gebraucht. Diese Beschreibungen sind negativ ausformuliert, aber es gibt – entsprechend der Philosophie des PST-R, die kein »schlecht« kennt – durchaus auch Situationen oder Aufgabenstellungen, bei denen die hohe Abhängigkeit hilfreich sein kann. Menschen mit einem solchen Persönlichkeitsprofil werden z.B. nicht ständig Machtprobleme mit ihren Vorgesetzten haben, können sich bescheiden, den anderen Menschen dienen usw.

Ganz allgemein geht es bei diesem Programm zur Erhöhung der Sozialkompetenz darum, dass der Kandidat sich besser durchzusetzen lernt.

In der Literatur gibt es eine Fülle von Programmen zur Erhöhung dieses Aspektes der Sozialkompetenz. Besonders häufig eingesetzt werden die Arbeiten von Rüdiger Hirsch und Ulrich Pfingsten[156]. Eine wertvolle Übersicht der »psychotherapeutischen Schätze« zu diesem Thema bieten auch Steffen Fliegel und Annette Kämmerer an.[157]

Menschen, die sich nicht gut durchsetzen können, haben nicht selten zusätzlich Minderwertigkeitsgefühle bzw. fragen nach ihrer Identität und Selbstakzeptanz. Es ist auch gut möglich, dass sie zu den weiter oben besprochenen Menschen mit hoher psychischer Beweglichkeit gehören, deshalb werden die Lernprogramme nicht selten zusammengefasst.

---

156 R. Hirsch, H. Pfingsten (2007). *Gruppentraining sozialer Kompetenzen GSK: Grundlagen, Durchführung, Anwendungsbeispiele.* Weinheim: Beltz Psychologie Verlags Union.
157 S. Fliegel, A. Kämmerer (2007). *Psychotherapeutische Schätze. 101 bewährte Übungen und Methoden.* Tübingen: dgtv-Verlag.

Praktische Beispiele zur Verringerung der Abhängigkeit von anderen Menschen:
Den Urlaubsanspruch beim Vorgesetzten einfordern.
Dem Machogehabe des Ehepartners widerstehen.

Um zu prüfen, in welchem Bereich der Lernkurve sich der Kandidat befindet, werden die unterschiedlichen »Jahresringe« des PST-R miteinander verglichen.

Wesenszüge

Zusammenfassung

02 geringe Normgebundenheit	1 2 3 4 5 6 7 8 9 10	hohe Normgebundenheit
05 geringe Belastbarkeit	1 2 3 4 5 6 7 8 9 10	hohe Belastbarkeit
07 geringe Unabhängigkeit	1 2 3 4 5 6 7 8 9 10	hohe Unabhängigkeit
05 geringe Kontaktbereitschaft	1 2 3 4 5 6 7 8 9 10	hohe Kontaktbereitschaft
08 Wachsamkeit	1 2 3 4 5 6 7 8 9 10	Reserviertheit

Tiefenstruktur

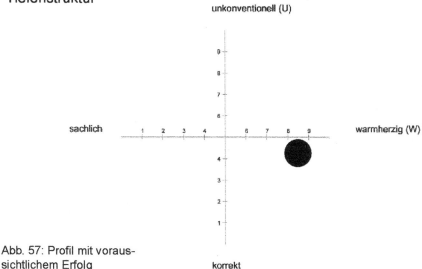

Abb. 57: Profil mit voraussichtlichem Erfolg

Die Abb. 57 zeigt Ergebnisse aus dem PST-R, die einen guten Lernerfolg erwarten lassen, weil sie im steilen Bereich der

203

Lernkurve liegen, was daraus abzuleiten ist, dass zwischen den inneren »Jahresringen« (Tiefenstruktur) und den Wesenszügen kaum ein Unterschied gegeben ist.

Das bedeutet, dass wahrscheinlich noch kein spezifisches Lernprogramm eingesetzt worden ist.

Allgemeine Möglichkeiten zur Verringerung der Abhängigkeit

Entsprechend den neun unterschiedlichen Möglichkeiten, vom Zustand Z_1 zum Zustand Z_2 zu kommen (vgl. Abb. 49), werden nachfolgend einige praktische Anwendungen vorgestellt, die dann in einen Beratungs-/Therapieplan eingearbeitet werden können. Dabei wird mit einfachen und schnell zu erreichenden Übungen begonnen, denen immer schwierigere folgen. In der Praxis hat es sich bewährt, von ca. sechs bis zehn Schritten auszugehen. Vorab ist es wichtig, dass der Kandidat von der Notwendigkeit der Maßnahme überzeugt ist. Weiterhin sollte er wissen, dass die Ichstärke mit einer verantwortlicheren Aufgabenstellung und mit zunehmendem Alter sozusagen »automatisch« zunimmt.[158]

Verringerung der psychischen Abhängigkeit

Übung Zumeist werden die Kandidaten zu Beginn des Programms Furcht vor Situationen haben, bei denen sie sich durchsetzen sollen. Es gilt jetzt nicht über diese Furcht, über die Folgen, Unannehmlichkeiten usw. nachzudenken, sondern die neue Situation ohne weitere Reflexionen zu üben. Je länger und je intensiver die Situation geübt wird, umso mehr Neuronen werden dabei verschaltet.

Folgende Übungen sind dabei hilfreich, wobei wiederum auch hier die bevorzugte sinnliche Eingangspforte in dem Sinne zu berücksichtigen ist, dass gerade in diesem Bereich dann die Aufgaben eher nicht geübt werden. Es soll vor diesem Hintergrund

---

158 Das belegen die höheren Normwerte bei den Wesenszügen des PST-R bei zunehmendem Alter.

eine individuelle Hierarchie von der einfachen zur schwierigeren Übung aufgestellt werden. Der Kandidat soll sich diese Situationen suchen und immer wieder üben.

- Auf der Straße Menschen nach dem Weg fragen oder nach der Uhrzeit.
- In der Straßenbahn Menschen darum bitten, etwas leiser zu sprechen.
- Bitten vor einem Automaten, Geld zu wechseln.
- Einen Menschen bitten, kurz sein Handy zu benutzen.
- Den Chef um Urlaub bitten.
- Beim Einkaufen nach einem Rabatt fragen.
- Im Restaurant nach (kostenlosem) Leitungswasser fragen.
- Den Nachbarn um die Tageszeitung bitten.
- Nach dem Probieren im Restaurant den Wein zurückgehen lassen, weil er beispielsweise zu wenig trocken ist.
- Ein Gericht im Restaurant zurückgehen lassen, weil es zu kalt ist.
- Kollegen bitten, eine Vertretung zu übernehmen.
- Den Gebrauch eines Videorekorders im Fachgeschäft zeigen lassen und nicht kaufen.
- Nein sagen, wo man bisher aus Angst immer Ja gesagt hat (hierzu Beispiele suchen).
- Eine Probefahrt beim Autohändler durchführen, ohne das Auto zu kaufen, und sagen, warum es nicht gefällt.
- Fünf Paar Schuhe (oder fünf Anzüge/Kostüme) anprobieren und nicht kaufen.
- Einen Menschen, der etwas für Sie tun soll und vorher Nein sagte, doch dazu bringen.
- Traktate auf der Straße verteilen bzw. an der Haustüre abgeben.
- Den Wunsch nach einem bestimmten Lied im Gottesdienst beim Pastor durchsetzen.

Es gibt eine Reihe von Kennzeichen für sicheres und unsicheres Verhalten, die der Kandidat kennen sollte. Er sollte sich selbst einschätzen und dann die entsprechenden Übungen durchführen, d.h. die nachfolgenden Kennzeichen auf- bzw. abbauen.

Bei **sicheren** Menschen ist die Stimme laut, klar und deutlich, die Formulierung ist eindeutig, der Inhalt wird präzise begründet. Es werden eigene Bedürfnisse ausgedrückt und in der Ichform geredet. Die Gefühle werden ausgedrückt und benannt. Die Gestik und Mimik unterstreichen das Gesagte, sie sind lebhaft und mit entspannter Körperhaltung. Zum Gegenüber herrscht Blickkontakt.

Bei **unsicheren** Menschen ist die Stimme zaghaft und leise. Die Formulierungen sind vage und unklar. Sie werden oftmals stockend vorgetragen. Was den Inhalt anbelangt, kommt es zu überflüssigen Erklärungen und zur Verleugnung eigener Bedürfnisse. Häufig wird das Wort »man« benützt und die Gefühle werden nur indirekt ausgedrückt.

Bei den Übungen zum selbstsicheren Verhalten bzw. einer Verringerung der Abhängigkeit sollte man drei Phasen unterscheiden:

1. Vor der Situation:
Der Berater und der Kandidat selbst sollten positive Zusprüche bzw. Einreden gebrauchen:
Vom Berater:
- »Sie schaffen das!«
- »Wir haben es schon einige Male probiert und immer hat es geklappt.«
- »Es wird auch ohne meine Anwesenheit gut gehen.«
- »Und wenn nicht 100%ig, dann zumindest 70 %, das ist immerhin weit besser als früher.«
Vom Kandidaten:
- »Ich habe viel geübt, es wird klappen.«
- »Heute bin ich ganz ruhig und cool – ich weiß ja, was abläuft.«
- »Wenn ich stärker als bisher auftrete, dann ist das nicht falsch, sondern notwendig, um das Ziel zu erreichen.«
- »Was ich möchte, ist mein gutes Recht.«
- »Ich schaffe das auch ohne meinen Coach.«
- »Psalm 27: Der Herr ist mein Licht und mein Heil, vor wem sollte ich mich fürchten?«

2. In der Situation:

Es gibt einige wenige Regeln für das Gespräch, in dem es gilt, die Abhängigkeit von anderen zu verringern. Diese Regeln kann man vor dem eigentlichen Gespräch (auch einzeln) immer wieder üben – so lange, bis sie zum Repertoire der Kommunikation gehören.

• Laut und deutlich reden. Es muss nicht unbedingt die Hochsprache sein, aber auch nicht zu viel Dialekt. Der Kandidat muss sich beim Reden wohlfühlen und es soll nicht gekünstelt wirken.

• Den Partner anschauen und Blickkontakt halten. Wenn man etwas vom Gesprächspartner möchte, sollte man (maximal) drei Sekunden den intensiven Blickkontakt halten. Danach können die Augen ein wenig abschweifen, um danach wieder zum Blickkontakt zurückzukehren.

• Eine unverkrampfte Körperhaltung einnehmen. In der Mitte des Stuhles sitzen, sodass man den Oberkörper nach vorne und nach hinten bewegen kann. Beim intensiven Eingehen auf den Partner bzw. bei Forderungen bewegt sich der Oberkörper auf den Gesprächspartner zu. Bei Ablehnung (oder Langeweile) bewegt sich der Oberkörper nach hinten in die Richtung der Lehne.

• Die Forderungen und Wünsche sollten in der Ichform geäußert werden. Wer etwas erreichen will, muss sagen, dass er/sie das will und nicht »man will«.

• Gefühle sollten nicht durchgängig, aber durchaus hin und wieder gezeigt und auch thematisiert werden.

• Man sollte mit dem beginnen, was man erreichen will, und erst danach erklären, warum man es will.

• Wer berechtigte Forderungen zu stellen hat, braucht sich nicht zu entschuldigen.

3. Nach der Situation:

Jetzt wird zusammen mit dem Berater oder auch allein im Selbstmanagement die Situation kritisch reflektiert. Dabei sollen die Erfolge anerkannt und nicht als »zufällig« kleingeredet werden. Die eigenen Bemühungen sollten belohnt werden. Auch die kleinste Verbesserung ist ein Fortschritt. Nicht vergessen: Ein überdauerndes neues Verhalten zu erreichen, braucht viel Übung und damit viel Zeit, weil eine genügend große Zahl von Neuronen verschaltet werden muss. Man kann nur schnell und gründlich lernen, wenn man seine Aufmerksamkeit auf positive Fortschritte richtet, d.h. stolz und zufrieden ist, wenn man ein kleines Stück weitergekommen ist.

Es ist wichtig, sich nicht mit dem Ideal, das vielleicht vor Augen steht, zu vergleichen, sondern den relativen Fortschritt anzuerkennen und, wenn nicht alles so geklappt hat, trotzdem nicht den Schuldgefühlen nachzugehen. Durch Selbstbestrafung wurde noch nie viel erreicht, aber sehr oft mancher Ansatz zur Selbstentfaltung unterdrückt. Deshalb: Selbsthass und Ungeduld mit sich selbst vermeiden. Wenn das Ziel heute nicht erreicht wurde, dann wird es morgen sicherlich klappen!

Stimuli Es gibt bestimmte Reize (Stimuli), bei denen der Kandidat deutlicher als bei anderen furchtsam bzw. nur gering durchsetzungsfähig reagiert. Diese Stimuli sollen aufgelistet werden. Möglicherweise sind sie im Zusammenhang mit der sensibelsten Eingangspforte der Sinne für den Lernprozess zu sehen.

Wenn die Reize notiert sind, werden sie hierarchisiert und dabei an vorderer Stelle diejenigen genannt, die einfach und schnell zu erreichen sind.

Danach werden die einzelnen Hierarchiestufen nacheinander angegangen, um in ihnen das neue Verhalten zu üben. Als Konzept für den positiven Lernerfolg dient die Konditionierung des derzeitig noch schwierigen Verhaltens mit einem positiven Eindruck (Gegenkonditionierung). Wenn z.B. die Nachfrage nach einem anderen Urlaubstermin beim Chef Schwierigkeiten macht, weil man sich nicht durchsetzen kann, so kann gleichzeitig mit der Nachfrage der positive Effekt einer Entspannungsübung eingesetzt werden.

Erst dann, wenn eine Stufe der Hierarchie relativ entspannt erlebt werden kann, sollte man zur nächsten übergehen.

Die meisten Menschen, die an einer Verringerung der Abhängig- *Gedanken* keit arbeiten, sind der Meinung, dass sie sich aus irgendwelchen Gründen nicht durchsetzen dürfen. Dieses Denken ist oftmals über viele Jahre hinweg bestätigt worden und hat nicht selten die Qualität eines Paradigmas. Deshalb muss vorab im Gespräch zwischen Berater und Kandidat geklärt werden, ob und in welchem Ausmaß seine Gedanken falsch sind. Hierzu haben sich die weiter oben beschriebenen Regeln von Ellis (ABCDE) gut bewährt. Nachfolgend einige Beispiele zur kognitiven Lösung der Verringerung der Abhängigkeit. Wenn diese neuen Sätze verstanden sind, darf man allerdings nicht davon ausgehen, dass sie auch schon gelernt worden sind. Die kognitive Akzeptanz ist nur ein erster Schritt des Lernprozesses, dem dann die Übungen »in vivo« folgen müssen und bei dem viel Geduld nötig ist.

Beispiele zur Verringerung der Abhängigkeit:
Zusammen mit dem Kandidaten sollen Antworten mit mehr Selbstsicherheit als die hier vorgegebenen gesucht und ggf. mit dem Berater geübt werden.
1. Eine Ehefrau sagt ihrem Mann, dass sie gern ihre Berufsausbildung beenden möchte. Er ist aber gar nicht dafür, dass sie wieder weiterstudiert, und sagt:»Warum willst du denn das alles tun? Du weißt doch, dass du gar nicht fähig bist, diese Extrabelastung auch noch zu verkraften.«
2. Sie tun sich ziemlich schwer damit, einen Bericht zu schreiben, und wissen nicht genau, welche weitere Information Sie dafür noch brauchen und wo Sie diese einholen sollen. Sie sagen zu sich selbst:»Ich bin doch einfach blöd; ich weiß überhaupt nicht, wo ich anfangen und wie ich weitermachen soll bei diesem Bericht.«
3. Ihr Mann möchte im Fernsehen Fußball ansehen. Zur gleichen Zeit läuft ein Stück, das Sie gerne sehen möchten. Sie sagen:»Ja, hm, Schatz, dann schalt ruhig ein und schau dir das Fußballspiel an. Vielleicht kann ich inzwischen ein bisschen bügeln.«

4. Sie haben während der vergangenen Sitzungen häufiger als andere Teilnehmer das Protokoll geführt. Der Leiter bittet Sie auch diesmal wieder darum. Sie sagen zu sich selbst: »Ich bin ja nur eine Sekretärin, da kann ich nichts dagegen machen.«

5. Sie haben sich gut vorbereitet, möchten in Ihrer Firma eine neue Idee vorstellen und sagen zu Ihrem Chef: »Man müsste über diese Dinge auch mal intensiver als bisher nachdenken, meinen Sie nicht auch?«

6. Sie unterrichten in einem Lehrerteam. Ein Kollege drückt sich ständig davor, seine Unterrichtsaufgabe zu übernehmen und fragt Sie heute auch wieder, ob Sie für ihn einspringen könnten. Sie sagen: »Ja, na, hm, ich denke, ja, es geht in Ordnung, obwohl ich fürchterliche Kopfschmerzen habe.«

7. Sie haben sich vorgenommen, am Nachmittag zwischen vier und fünf Uhr eine Stunde zu entspannen und die Dinge zu tun, die Sie gerne möchten. Jemand ruft an und bittet, Sie um diese Zeit besuchen zu dürfen. Sie sagen: »Ah, hm, okay, Sie können dann, eh, kommen. Um vier Uhr, ja? Sind Sie sicher, dass der Zeitpunkt auch für Sie günstig ist?«

8. Sie mögen die laute Musik im Gottesdienst nicht so sehr, ja, Sie bekommen sogar ein wenig Kopfschmerz davon. Der Pastor fragt Sie, ob alles okay ist, und Sie sagen: »Es ist ein bisschen laut – aber das sind halt junge Leute, die muss man lassen, wie sie sind.«

9. Ihre Zimmernachbarin möchte spätabends noch ausgehen, um etwas zu essen. Sie sind zu müde zum Ausgehen und sagen: »Mir ist eigentlich gar nicht nach Ausgehen zumute. Ich bin zu müde; aber ich gehe mit dir und schau dir beim Essen zu.«

10. Sie werden wie üblich gefragt, ob Sie wieder einen Kuchen für eine Gemeindeveranstaltung backen können. In dieser Woche müssen Sie aber ihre kranke Mutter in einer fremden Stadt besuchen und haben eigentlich keine Zeit. Sie sagen: »Ich habe diese Woche so viel zu helfen, aber ich werde versuchen, den Kuchen dennoch zu backen.«

Nachfolgend einige angemessene Antworten, die zeigen, dass die Kandidaten genügend sicher und dennoch nicht aggressiv auftreten.

1. Ein Bekannter bittet Sie um eine Verabredung. Sie sind schon einmal mit ihm aus gewesen und haben keinerlei Interesse, sich wieder mit ihm zu verabreden. Sie sagen:»Ich möchte nicht mehr mit Ihnen ausgehen, weil ich sicher bin, dass wir beide nicht zusammenpassen.«

2. Ihr Partner hat Ihre äußere Erscheinung in Gegenwart von Freunden kritisiert. Sie sagen ihm danach:»Es verletzt mich, wenn du mein Äußeres kritisierst in Gegenwart anderer Leute. Wenn du mir in der Beziehung etwas sagen möchtest, dann tu das doch bitte, bevor wir von zu Hause weggehen.«

3. Obwohl Sie für eine große Veranstaltung viel gearbeitet haben, bedankt sich der Leiter öffentlich bei den anderen Mitarbeitern – vergisst aber, Sie zu nennen. Sie sagen danach zu ihm:»Ich habe viel gearbeitet und mir wurde nicht öffentlich gedankt – hat das Gründe?«

4. Sie sind in Eile und stehen in der Schlange im Supermarkt. Jemand fragt Sie, ob er nach vorne gehen darf. Sie sagen:»Das geht leider nicht, denn ich habe gleich einen dringenden Termin.«

5. Jede Nacht knallt Ihre Zimmergenossin die Bade- und Schlafzimmertür zu, was Sie sehr stört. Sie sagen:»Bitte knall nicht so mit den Türen; es ist für mich furchtbar störend so mitten in der Nacht. Ich wach davon auf und kann nicht wieder einschlafen.«

6. Sie werden gebeten, bei einer Festveranstaltung Ihrer Gemeinde beim Bedienen zu helfen. Sie antworten:»Ich bedauere sehr, aber ich bin an diesem Abend nicht abkömmlich, um bei der Veranstaltung zu helfen.«

7. Sie werden zu einem Vorstellungsgespräch gebeten. Im Verlauf der Unterhaltung schaut der Personalchef sie abschätzend an und sagt zweideutig:»Also, Sie sehen wirklich aus, als hätten Sie alle Qualifikationen für diese Stelle.« Sie

antworten:»Ich bin sicher, dass ich die beruflichen Fähigkeiten habe, die für diese Stelle erforderlich sind.«

8. Gemeinsame Ferienpläne werden ganz abrupt von Ihrem Freund geändert und Ihnen am Telefon mitgeteilt. Sie antworten:»Oh, das ist wirklich eine Überraschung für mich. Ich möchte dich gerne später wieder anrufen, nachdem ich mir das alles durch den Kopf habe gehen lassen.«

9. Ihr Zehnjähriger hat Sie dreimal unterbrochen mit irgendetwas Nebensächlichem, während Sie telefonieren. Sie haben jedes Mal freundlich gebeten, Sie nicht zu unterbrechen; jetzt kommt er wieder an. Sie sagen:»Ich kann dir jetzt nicht zuhören und gleichzeitig telefonieren. Ich habe noch ein paar Minuten hier zu tun, dann können wir uns unterhalten.«

10. Obwohl es einen Kindergottesdienst in Ihrer Gemeinde gibt, rennen die Kinder während des Gottesdienstes im Raum herum, was sichtlich stört. Die Eltern scheinen das nicht zu bemerken oder halten das vielleicht sogar für die richtige Erziehungsmethode. Sie sagen zu ihnen:»Ich wäre dankbar, wenn die Kinder in die Kinderstunde gebracht würden.«

Zusammen mit dem Kandidaten können die angemessenen Antworten auch im Rollenspiel geübt werden.

Medikamente Es sind überwiegend Lernprozesse, die Menschen dazu geführt haben, dass sie sich nicht genügend durchsetzen können, deshalb ist die Arbeit an der Persönlichkeit, die zu einer größeren Unabhängigkeit führen soll, auch schwerpunktmäßig als Lernprozess zu sehen. Die Rolle von Medikamenten, die einen solchen Prozess begleiten könnten, ist sehr umstritten, denn deren Wirksamkeit ist ja zum einen nur vorübergehend und zum anderen können sie u.U. zu einem Substanzmissbrauch (Sucht) führen.

Während viele der klassischen Antidepressiva Nebenwirkungen haben (z.B. Mundtrockenheit) und erst nach ca. zwei Wochen zu wirken beginnen (vgl. 1.5.14), hat das 1987 in USA auf den Markt gekommene Prozac (in Deutschland: Fluctin) mit dem Wirkstoff Fluoxetin geringere Nebenwirkungen. In Deutschland ist dieses Medikament verschreibungspflichtig, nicht hingegen in den USA, sodass man dort von über 20 Millionen Konsumenten ausgeht.

Fluoxetin bewirkt allerdings ein chemisch produziertes Hochgefühl. Es greift gezielt in den Serotonin-Haushalt des Gehirns ein. Dessen Konzentration wird künstlich erhöht, es kann daher länger in den Verbindungsspalten zwischen den Nervenenden verbleiben.

Bei schweren Depressionen ist eine solche medikamentöse Therapie in vielen Fällen angebracht, nicht jedoch, um ein künstliches Stärkegefühl zu produzieren, von dem die Konsumenten berichten. Bei einer Langzeiteinnahme von Fluoxetin besteht deshalb im Vergleich zu anderen Antidepressiva die Gefahr der Abhängigkeit.

Die meisten Menschen berichten, dass sie immer wieder Tage *Organismus* haben, an denen sie sich stärker fühlen, selbstsicherer sind und sich besser durchsetzen können. Die Unterschiede zu anderen Tagen, an denen das nicht der Fall ist, können u.a. auch durch körpereigene Mechanismen verursacht sein. Für den Kandidaten ist es wichtig, solche Zusammenhänge zu finden und dazu über mehrere Wochen hinweg Protokoll zu führen.

Oft wird er oder sie äußere Zusammenhängen zwischen den »guten« und den eher »schlechten« Tagen durch Selbstbeobachtung finden – aber möglicherweise auch eine Organismusvariable, die dann zukünftig zu beachten sein wird.

Die Konsequenzen des bisherigen Verhaltens für den Kandidaten *Verstärker* müssen genau ermittelt werden – sowohl die positiven als auch die negativen.

Die positiven Konsequenzen (C^+) könnten sein, dass er von den Menschen als »dienend«, als »Helfer«, als »bescheiden«, »wenig streitsuchend« usw. anerkannt wird. Wenn solche Belohnungen für den Kandidaten sehr wichtig sind, wird er sich kaum ändern wollen bzw. können und die Belohnung für sein abhängiges Verhalten auch weiterhin suchen.

Häufig kommt der Kandidat aber wegen der negativen Konsequenzen (C^-) seiner hohen Abhängigkeit zur Beratung: Er klagt, dass er fremdbestimmt wird, dass die Mitarbeiter nicht auf ihn hören, dass er sich zu Hause und am Arbeitsplatz nicht durchsetzen kann usw. Die Verstärker bzw. Strafen werden auf einem speziellen Arbeitsblatt notiert und gegeneinander abgewogen. Verstärker, die das bisherige Verhalten aufrechterhalten, sind möglichst zu entfernen bzw. zu negieren. Verstärker, die zum Abbau der Abhängigkeit führen, werden noch intensiver eingesetzt. Zudem wird nach neuen Verstärkern gesucht, die das gewünschte Verhalten belohnen.

Kontingenz Lernprozesse brauchen deshalb viel Zeit, weil eine hinreichende Zahl von Neuronen verschaltet werden muss. Die meisten Kandidaten wollen jedoch sehr schnell Erfolge erleben, haben wenig Geduld und brechen den Lernprozess dann vorschnell ab. Deshalb ist es wichtig, dass zu Beginn des Änderungsprogramms alle Möglichkeiten gebündelt werden, um zum Erfolg zu kommen: Der Prozess muss kontingent ablaufen.

Eine Hilfe hierzu ist, lange und ausdauernd zu üben, auch wenn der Erfolg nicht sofort sichtbar ist. Manchmal braucht der Kandidat deshalb von außen her zusätzlich Verstärkung (Lob und Aufmunterung). Eine weitere praktische Hilfestellung ist, möglichst vielen Menschen zu erzählen, dass man an der Erhöhung der Durchsetzung arbeitet, und darum bittet, korrigiert zu werden, wenn man sich nicht entsprechend verhält.

Um die Gedanken, die immer wieder in eine falsche Richtung zu gehen drohen (und damit die Kontingenz verhindern), in den Griff zu bekommen, kann es hilfreich sein, einen Wecker zu stellen, der regelmäßig immer wieder klingelt. Der Klingelton ist dann ein Signal dafür, die Gedanken zu überprüfen und ggf. zu korrigieren.

Kontingenzverträge mit dem Berater oder auch anderen Menschen können bei der Erhöhung der Durchsetzungsfähigkeit bzw. Verringerung der Abhängigkeit eine wichtige Rolle spielen. In dem Vertrag muss dann auch notiert werden, welche Leistungen zu erbringen sind, wenn Fehler gemacht werden.

Abhängigkeit von Menschen, mangelnde Durchsetzungsfähig- *System*
keit und Ichstärke sind nicht angeboren, sondern überwiegend im
Rahmen der Personalisation und Sozialisation erlernt worden. Bei
diesen Lernprozessen spielt das Lernen am Modell, das bevorzugt
im sozialen Kontext abläuft, eine herausragende Rolle. Kinder-
garten, Schule, Betrieb und Gemeinde sind die Hintergründe für
die jetzige Ausprägung der Abhängigkeit von anderen Menschen
des Kandidaten. So gesehen ist es von großer Wichtigkeit, den
Common Sense seines Bezugssystems oder der unterschiedlichen
Bezugssysteme zu erkennen.
Es gibt z.B. Betriebe, bei denen wenig Wert auf direktes Durchsetzungsvermögen gelegt wird bzw. bei denen die Mitarbeiter ihre
Probleme durch Überzeugung des anderen lösen. In anderen wiederum spielt das »mit-Kraft-über-den-Tisch-ziehen-Können« die
ausschlaggebende Rolle, um Probleme zu lösen. Schwierig wird es,
wenn Kandidaten von dem einen in einen anderen Betrieb wechseln
oder wenn sie geschäftlich bzw. privat auch mit dem anderen System zu tun haben. Manchmal ist es notwendig, um wirtschaftlich
zu überleben, die Durchsetzungsfähigkeit zu erhöhen (bzw. wie im
nachfolgenden Kapitelteil beschrieben, auch zu verringern).
Auf alle Fälle ist es wichtig zu erkennen, welches Maß der Ausprägung der Abhängigkeit in einem System gegeben ist, um dann
ggfs. ein entsprechendes Änderungsprogramm zu entwickeln.

Vor biblischem Hintergrund wird häufig in dem Sinne argumen- *Spiritualität*
tiert, dass Durchsetzungsfähigkeit und Ichstärke unangemessen,
hingegen soziale Anpassung ein wichtiges (biblisches) Lebens-
ziel seien. Ist dies so richtig?
Zwar finden wir in der Tat Bibelworte im AT und NT, die in
eine solche Richtung gehen. Z.B., wenn es um die Stärke geht, in
Sprüche 16:
»Ein Geduldiger ist besser als ein Starker und wer sich selbst
beherrscht, besser als einer, der Städte gewinnt.«
Oder in 2Kor 12,10, wenn Paulus sagt:»Darum bin ich guten
Mutes in Schwachheit, in Misshandlungen, in Nöten, in Verfolgungen und Ängsten um Christi willen; denn wenn ich schwach
bin, so bin ich stark.«

Auch der *Sanftmut* kommt in der Bibel ein hoher Stellenwert zu. Z.B. in Ps 45,5:»Es möge dir gelingen in deiner Herrlichkeit. Zieh einher für die Wahrheit in Sanftmut und Gerechtigkeit, so wird deine rechte Hand Wunder vollbringen.« Oder wenn Jesus sagt (Mt 11,29):»Nehmt auf euch mein Joch und lernt von mir; denn ich bin sanftmütig und von Herzen demütig; so werdet ihr Ruhe finden für eure Seelen.« Auch Paulus fordert an vielen Stellen Sanftmut, z.b. in Kol 3,12:»So zieht nun an als die Auserwählten Gottes, als die Heiligen und Geliebten, herzliches Erbarmen, Freundlichkeit, Demut, Sanftmut, Geduld,« oder in 1Tim 6,11:»Jage aber nach der Gerechtigkeit, der Frömmigkeit, dem Glauben, der Liebe, der Geduld, der Sanftmut!«

Neben solchen Worten finden wir aber auch viele, die für Durchsetzung, Stärke und Unabhängigkeit von den Menschen plädieren.

In der Weisheitsliteratur geht Salomon gegen die Menschenfurcht an (Spr 29,25):»Menschenfurcht bringt zu Fall; wer sich aber auf den HERRN verlässt, wird beschützt.« Zudem gibt es viele biblische Berichte, die vom Kämpfen im positiven Sinne berichten und dazu auch auffordern. Z.B. im AT, wenn Gott zum König Ahab sagt (1Kön 20,25):»Sei auf der Hut! Rüste dich für einen neuen Ansturm. Im nächsten Frühjahr wird der König von Syrien wieder gegen dich heranziehen.«

Im NT wird viel von geistlichen Kämpfen berichtet. Hierzu bedarf es eines Siegeswillens. Z.B. sagt Paulus in Röm 15,30:»Ich ermahne euch aber, liebe Brüder, durch unsern Herrn Jesus Christus und durch die Liebe des Geistes, dass ihr mir kämpfen helft durch eure Gebete für mich zu Gott.« Oder in 1Tim 4,10:»Denn dafür arbeiten und kämpfen wir, weil wir unsre Hoffnung auf den lebendigen Gott gesetzt haben, welcher ist der Heiland aller Menschen, besonders der Gläubigen.« Seinem jungen Mitarbeiter Timotheus schreibt Paulus (1Tim 6,12):»Kämpfe den guten Kampf des Glaubens; ergreife das ewige Leben, wozu du berufen bist und bekannt hast das gute Bekenntnis vor vielen Zeugen«; oder in 2Tim 2,5: »und wenn jemand auch kämpft, wird er doch nicht gekrönt, er kämpfe denn recht.« Aufs Neue wird durch diese unterschiedlichen Aussagen zu einem Thema deutlich, dass die Bibel viele Aussagen in komplementärer Diktion löst. So wie der »neue Tag« im AT durch den Abend und den Morgen zusammen beschrieben wird, muss auch die Abhängigkeit und Unabhängigkeit bei der Persönlichkeitsstruktur im Zusammenhang gesehen werden. Beide Anteile gehören zusammen, wobei manchmal mehr der eine und dann mehr der andere betont wird. So wie sich Jesus vor dem Hohen Rat bespucken ließ, während er zu einem anderen Zeitpunkt die Verkäufer mit der Peitsche vom Tempelplatz trieb. In der Beratung und Seelsorge ist es eine wichtige Aufgabe, den jeweils angemessenen Aspekt zu finden.

Vor einem solchen Hintergrund kann es hilfreich sein, ehe mit dem Förderprogramm begonnen wird, zusammen mit dem Kandidaten zu prüfen, ob das angestrebte Ziel vor biblischem bzw. ethischem Hintergrund angemessen ist. Hier kann das Entscheidungsdiagramm in der nachfolgenden Abb. 58 helfen:

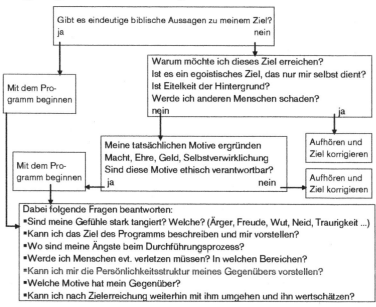

Abb. 58: Entscheidungsfindung

2.2.3.2 Erhöhung der Abhängigkeit

Das Ziel dieses Lernprogramms ist es, Kandidaten, deren diagnostische Ergebnisse eine geringe Abhängigkeit von anderen Menschen aufweisen, deutlich zu machen, dass sie andere benützen, oftmals beherrschen und dadurch nicht selten auch disqualifizieren. In der Regel werden Menschen mit solchen Ausprägungen kaum eine Änderung anstreben. Sie haben ja augenscheinlich Erfolg, führen ihre Familien, Betriebe oder Gemeinden mit »starker Hand« und brauchen eigentlich niemanden neben sich.

Möglicherweise entdecken sie aber dennoch, dass der Krankenstand in ihrer Firma steigt, dass sich Ehepartner und die Kinder in der Familie kaum individuell entwickeln oder dass in der Gemeinde keine selbstständigen und mündigen Gemeindeglieder heranwachsen. Wenn nun ein gewisser »Leidensdruck« entstanden ist, ist die notwendige Motivation für ein Änderungsprogramm gegeben.

Der Kandidat soll in diesem Programm mehr auf die Mitarbeiter zugehen und mit ihnen im Team arbeiten, die Qualitäten anderer erkennen und einsetzen und darauf hin arbeiten, dass sie selber ersetzbar werden.

Ganz allgemein geht es also bei dem Programm zur Veränderung der Sozialkompetenz darum, dass der Kandidat lernt, abhängiger von anderen zu werden.

Praktische Beispiele zur Erhöhung der Abhängigkeit von anderen Menschen:

Ein bisher immer allein vorbereitetes Fest jetzt gemeinsam und gleichberechtigt mit Anderen planen.
Den nächsten Urlaub gemeinsam so planen, dass die Interessen aller berücksichtigt werden.

Um zu prüfen, in welchem Bereich der Lernkurve sich der Kandidat befindet, werden die unterschiedlichen »Jahresringe« des PST-R miteinander verglichen.

Die Abb. 59 zeigt Ergebnisse aus dem PST-R, die einen guten Lernerfolg erwarten lassen, weil sie im steilen Bereich der Lernkurve liegen, was daraus abzuleiten ist, dass zwischen den inneren »Jahresringen« (Tiefenstruktur) und den Wesenszügen kaum ein Unterschied gegeben ist. Das bedeutet, dass wahrscheinlich noch kein spezifisches Lernprogramm eingesetzt worden ist.

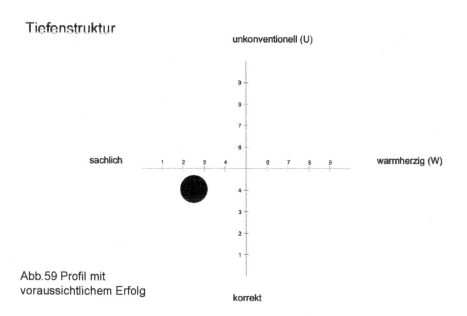

Wesenszüge

Zusammenfassung

02 geringe Normgebundenheit	1 2 3 4 5 6 7 8 9 10	hohe Normgebundenheit
05 geringe Belastbarkeit	1 2 3 4 5 6 7 8 9 10	hohe Belastbarkeit
07 geringe Unabhängigkeit	1 2 3 4 5 6 7 8 9 10	hohe Unabhängigkeit
05 geringe Kontaktbereitschaft	1 2 3 4 5 6 7 8 9 10	hohe Kontaktbereitschaft
08 Wachsamkeit	1 2 3 4 5 6 7 8 9 10	Reserviertheit

Tiefenstruktur

Abb. 59 Profil mit voraussichtlichem Erfolg

Allgemeine Möglichkeiten zur Erhöhung der Abhängigkeit

Entsprechend den 9 unterschiedlichen Möglichkeiten, vom Zustand Z_1 zum Zustand Z_2 zu kommen (vgl. Abb. 49), werden nachfolgend einige praktische Anwendungen vorgestellt, die dann

219

in einen Beratungs-/Therapieplan eingearbeitet werden können. Dabei wird mit einfachen und schnell zu erreichenden Übungen begonnen, denen immer schwierigere folgen. In der Praxis hat es sich bewährt, von ca. sechs bis zehn Schritten auszugehen. Vorab ist es wichtig, dass der Kandidat von der Notwendigkeit der Maßnahme überzeugt ist. Weiterhin sollte er wissen, insbesondere dann, wenn er älter ist, dass die Ichstärke mit einer verantwortlicheren Aufgabenstellung und mit zunehmendem Alter sozusagen »automatisch« zugenommen hat, ohne dass er das möglicherweise selbst bemerkt hat. Nicht selten sind es vor einem solchen Hintergrund dann auch nicht die Betroffenen selbst, die eine Änderung wünschen, sondern die Angehörigen, Mitarbeiter oder Gemeindeglieder, die über zu hohe Ichstärke, Unnachgiebigkeit oder Arroganz klagen.

Manchmal ist die Unabhängigkeit von anderen auch mit aggressivem Verhalten verbunden, das sich daran zeigt, dass die Betroffenen schreien oder gar brüllen bzw. dass ihre Formulierungen drohend und beleidigend sind. Die Anweisungen werden oftmals ohne Erklärung und Begründung vorgetragen, verbunden mit Kompromisslosigkeit und der Ignoranz der Rechte anderer. Insgesamt gesehen gibt es also viele Gründe, um mit einem Programm zur Erhöhung der Abhängigkeit zu beginnen.

Erhöhung der Abhängigkeit

Übung In aller Regel werden die Kandidaten nicht einsehen, dass sie auf diesem Gebiet einen Lernbedarf haben. Ihre Angehörigen oder Mitarbeiter sind oftmals mehr motiviert als sie selbst.

Umso mehr müssen die Kandidaten gebeten werden, sich dem Programm zu unterziehen und mit dem Üben zu beginnen. Der Sinn des heuristischen Vorgehens wird erklärt und danach sollen sie sich ohne weitere Überlegungen auf die Lernübungen einlassen. Je länger und je intensiver die Situation geübt wird (unabhängig davon, ob dies eingesehen wird oder nicht), umso mehr Neuronen werden verschaltet bzw. Verbindungsstärken erhöht.

220

Folgende Übungen sind dabei hilfreich, wobei eine individuelle Hierarchie von der einfachen zur schwierigen Übung aufgestellt wird.

Der Kandidat soll sich die folgenden Situationen suchen und immer wieder üben:

- Lassen Sie Ihre Mitarbeiter vor Ihnen in das Besprechungszimmer eintreten.
- Reden Sie bei einem Gespräch leiser als bisher.
- Fragen Sie andere Menschen nach deren Meinung und hören Sie zu, ohne sofort Ihre eigene Ansicht dazu zu nennen.
- Hören Sie einen Vortrag oder eine Predigt und suchen Sie nur die guten Details zu behalten.
- Geben Sie nach, wenn Ihre Kinder Sie inständig um eine Ausnahme bitten.
- Sagen Sie nicht mehr »Ich will«, sondern »Könnten Sie mir dabei helfen, wenn ...«
- Bitten Sie einen Ihrer Mitarbeiter, dass er versucht, Sie zu überreden. Erklären Sie ihm danach, was Sie dabei empfunden haben.
- Fragen Sie andere Menschen, wie Sie wirken.

Um die Situationen, in denen eine zu geringe Abhängigkeit bzw. eine zu starke Selbstsicherheit vorkommen, besser meistern zu können, sollten folgende Überlegungen angestellt werden:

Vor der Situation:
- Prüfen Sie die Sitzordnung. Sie sollten Ihrem Gesprächspartner nicht am Schreibtisch gegenübersitzen, sondern an einem kleineren Besprechungstisch und rechtwinklig zu ihm.
- Prüfen Sie die Tagesordnung. Kennen ihre Gesprächspartner diese? Ist die Tagesordnung auch an den Teilnehmern orientiert? Haben diese die Möglichkeit, Änderungen zu vollziehen? Welche?
- Legen Sie vor sich einen kleinen Merkzettel mit den Worten: Nicht zu laut! Reden lassen! Nicht ständig unterbrechen! Wer fasst zusammen? Auch einmal meine Schwäche zeigen! Mich entschuldigen!

Während der Situation:
• Sie haben zwar Ihr gutes Recht – aber Sie müssen das nicht immer durchsetzen.
• Versuchen Sie, die Menschen allein etwas nacherfinden zu lassen.
• Versuchen Sie die Stimmung und die Gefühle der anderen Menschen zu erspüren und diesen mitzuteilen. Äußern Sie ruhig auch einmal Verständnis für die Position des anderen.
• Die Körpersprache, Gestik und Mimik beachten: Wirken Sie zu dominant?
• Gibt es bei dem Gespräch auch offene Fragen mit vielen möglichen Antworten?
• Hat jemand eine ganz andere Idee, die Ihnen vielleicht gar nicht passt?
• Ihr Ziel darf nicht sein, jemanden »fertigzumachen«.
• Werden Sie nicht aggressiv, sondern bleiben Sie ruhig und bestimmt im Auftreten. Sie dürfen dabei auch Ihre Gefühle beschreiben.
• Werten Sie Ihren Partner nicht durch polemische und globale Wertungen ab (»du bist immer ...«, »du hast wieder ...«).

Nach der Situation:
• Ziehen Sie sich für einige Minuten zurück und lassen Sie das Gespräch Revue passieren.
• Was hat Sie geärgert?
• Wo waren Sie dominant?
• Können Sie die Gefühle der Gesprächspartner im Nachhinein rekonstruieren?
• Haben Sie verstanden, was man Ihnen sagen wollte?
• Wo haben Sie nachgegeben? Wie empfinden Sie das?
• Belohnen Sie sich für Ihre Fortschritte. Anerkennen Sie Ihre eigenen Bemühungen und beachten Sie jeden kleinen Fortschritt, den Sie erzielen.

Stimuli Es muss so genau wie möglich untersucht werden, welche Reize (Stimuli) dazu führen, dass der Kandidat eine höhere Achtung vor den anderen Menschen bekommt. Dies ist auch hier im Zusammenhang mit den Sinnesorganen, die besonders empfindlich sind, zu sehen. Diese Stimuli sollen dann im Rahmen des Lernprogrammes immer wieder eingesetzt werden, um das erwünschte Verhalten zu erreichen. Möglicherweise ist es eine bestimmte Musik oder ein ausgewähltes Bild, vielleicht auch ein Geruch oder Geschmack, bei dem der Kandidat besonders sensibel reagiert. Ebenso muss untersucht werden, welche Reize oder Auslöser das unerwünschte Verhalten der Unabhängigkeit provozieren – diese sollten dann wenn möglich abgestellt werden.

Wenn es notwendig ist, das Durchsetzungsvermögen zu verrin- *Gedanken* gern, muss es vorab zu einem Paradigmenwechsel der festgefahrenen Meinung des Kandidaten kommen. Wie schon weiter oben beschrieben, haben die Vertreter der kognitiven Psychotherapie hierzu einige Hilfestellungen entwickelt. Ellis weist im Rahmen seines ABCDE-Programms[159] darauf hin, dass Diskussionen in solchen Fällen wenig Sinn machen, weil dabei immer mehr nach einer Bestätigung des bisherigen Paradigmas gesucht wird. So gesehen ist es sinnvoll, die folgenden fünf Regeln zur Arbeit an festgefahrenen Paradigmen zu verwenden:

1. Bestätige das »persönliche Paradigma« des Kandidaten und arbeite in der Gegenwart.
Der Kandidat hält seine subjektive Sicht für vernünftig und plausibel, d.h. ist von der Richtigkeit der für ihn wichtigen Unabhängigkeit von Menschen und seiner Durchsetzungsstärke überzeugt – auch wenn andere Menschen ihm das Gegenteil rückmelden. Er vertritt beharrlich die Meinung, dass er (in diesem Falle) nicht dominant sei. Sobald der Berater die Gründe für das Festhalten an seinen Vorstellungen aufzudecken beginnt, benützt der Kandidat in der Regel zwei Wege der »Beweisführung« seiner eigenen Sicht:
• Er stellt eine Einschätzung bestimmter vergangener Ereignisse dar, die seine Meinung bestätigen.
• Er kann mehrere Ereignisse aus der Vergangenheit als Beweis für die Richtigkeit seiner Vorstellungen heranziehen.

159 Vgl. A. Ellis, T. Junek (1977) a.a.O.

Solche Beweise sind allerdings zumeist nur aus der Sicht des Kandidaten richtig, weil wir Menschen keine objektive Vergangenheitsspeicherung haben, d.h. die Erinnerungen subjektiv so bewerten, wie sie unseren Wünschen entsprechen. Um zu objektiven Ergebnissen zu kommen, ist es im Rahmen der Lernprogramme günstiger, wenn man sich stärker auf gegenwärtige Ereignisse verlagert, da der Kandidat das, was er gerade erlebt, protokollieren kann. Fehlinterpretationen gegenwärtiger Ereignisse werden bereitwilliger korrigiert, da die empirischen Beweise jüngeren Datums sind.

Wenn Gegenbeweise allerdings zu früh angeführt werden, wird der Kandidat diese häufig von sich weisen oder versuchen, sie zu entkräften. Dies sollte der Berater beachten und deshalb zu Beginn des Programms eher die Rolle eines einfühlsamen Zuhörers übernehmen. Der Kandidat sollte dabei den Eindruck gewinnen, dass er die Chance hat, seine Sicht der Dinge (sein persönliches Paradigma) darzustellen, ehe er bereit ist, Gegenbeweise zu berücksichtigen.

Eine weitere Regel zur Optimierung des Lernprogramms ist, dass der Berater keine Werturteile fällen sollte. Wenn der Kandidat etwas anderes tun möchte als der Berater, sollte man ihm nicht sofort »Faulheit« oder »mangelnden Willen« unterstellen. Um ihn zu überzeugen, braucht es neben guten Argumenten viel Zeit, denn jahrelang eingeschliffene Verhaltensweisen, ständige Bestätigung des dominanten Verhaltens und geringe Abhängigkeit von Menschen wurden als Lernprozess neuronal verschaltet und können nicht in wenigen Tagen verändert werden. Das neue Verhalten muss also geduldig geübt werden.

Obwohl das tiefenpsychologische Paradigma schon seit vielen Jahren als widerlegt gelten kann[160], gibt es doch noch viele Berater und Therapeuten, die in psychoanalytischen Strukturen denken. Als Berater oder Therapeut sollte man vermeiden, den »Widerstand« des Kandidaten gegen die Änderung seines omnipotenten

160 Vgl. u.a. D. E. Zimmer (1990). *Tiefenschwindel. Die endlose und die beendbare Psychoanalyse.* Reinbek: Rowohlt.

Verhaltens seinen »unbewussten Wünschen« zuzuschreiben. Der Durchsetzungswille hat nichts mit einem unterdrückten Sexualtrieb zu tun, sondern wurde in einer entsprechenden Umgebung erlernt (er ist auch nicht angeboren). Anstelle von psychodynamischen Erklärungsversuchen für die Dominanz zu suchen, ist es günstiger, dass der Kandidat seine Auffassung von der eigenen Person, seine Lebenssituation und seine Zukunftserwartungen als wichtige und verhaltensbestimmende Faktoren anzusehen lernt.

2. *Anforderungen sollten an den Bedürfnissen des Kandidaten orientiert sein.*
Menschen mit geringer Abhängigkeit von anderen bzw. hoher Dominanz müssen auch entsprechend dominant behandelt werden.

In der Anfangsphase der kognitiven Therapie ist der Berater am aktivsten. Er bestimmt jedoch das Ausmaß seiner Aktivität nach den offensichtlichen Strukturierungsbedürfnissen des Kandidaten. Ist der Berater allerdings zu aktiv, kann der Kandidat den Eindruck bekommen, er werde manipuliert, es gilt also ein richtiges Mittelmaß abzuwägen.

3. *Fragen einsetzen, anstelle zu belehren.*
Fragen gehören zum wichtigen methodischen Inventar bei Veränderungen im Sinne des kognitiven Lernens.

Vorsichtig formulierte Fragen können dem Kandidaten dazu verhelfen, ein bestimmtes Thema oder eine Aussage, die mit seiner hohen Dominanz zusammenhängt, herauszugreifen und zu überdenken. Durch sorgfältig ausgewählte Fragen kann auch die Neugier zur Lösung geweckt werden. Die bisher möglicherweise sehr rigide dargelegten Ansichten erhalten dadurch die Bedeutung von Arbeitshypothesen und sind dann auch leichter zurückzunehmen.

Anstatt dass der Berater seine eigenen Vermutungen und Erwartungen mitteilt, sollte er unbedingt dem Kandidaten zu entlocken versuchen, was er wirklich denkt. Oftmals sind dann seine Äußerungen ganz anders, als dies der Berater erwartet hatte.

Zu Beginn des Programms sollte der Kandidat frei und ungezwungen erzählen und dabei dürfen ihn die Fragen des Beraters nicht in eine bestimmte Richtung lenken. Beim Zuhören wird schnell deutlich, welche Begebenheiten der Kandidat häufiger erzählt, wo er stockt, seine Stimme verändert usw. Gemeinsam mit dem Berater soll der Kandidat dann versuchen, Alternativen zu finden, z.b. indem das Für und Wider der verschiedenen Möglichkeiten abgewogen wird, um dann die am wenigsten wünschenswerte Alternative auszuschließen.

Der Kandidat sollte unterstützt werden bei der Überprüfung der Konsequenzen seines dominanten Verhaltens. Dies kann z.b. durch die folgende Frage geschehen: »Was gewinnen Sie, wenn Sie sich weiterhin so autoritär und stark durchsetzen?« oder bei der Einschätzung des Wertes dominanten Verhaltens: »Was haben Sie zu verlieren?« oder »Welchen Vorteil bringt es, Missfallen durch Selbstbehauptung zu erregen?« bzw. »Welche Nachteile gibt es dabei für Sie?«

Verändert werden muss dabei ggf. die Bedeutung von Denkansätzen, die der Kandidat seinem Paradigma zur Unabhängigkeit von Menschen beimisst:

- Überprüfung der Bedeutung, dass nur starke und unabhängige Menschen mit hoher Ichstärke ein Ziel wirklich erreichen können.
- Aufforderung an den Kandidaten, die Kriterien seiner dominanten Haltung zu überprüfen.
- Verdeutlichung der Tatsache, dass der Kandidat bei seinen Schlussfolgerungen (»nur wenn ich stark auftrete, habe ich Erfolg«) eine selektiv ausgewählte Möglichkeit trifft und dass es dazu viele Alternativen gibt.
- Verdeutlichung der Neigung des Ratsuchenden, andere Erfahrungen unterschiedslos zu verleugnen oder abzuwerten.

4. Gleichnisse und Bilder einsetzen
Zu allen Zeiten haben Menschen mit Geschichten, Fabeln oder Allegorien versucht schwer verständliche Dinge zu erklären. Es bewährt sich, wenn der Berater für die unterschiedlichsten Personen und Situationen solche kleine Geschichten parat hat.

Oftmals sind sie überzogen oder auch stark vereinfacht – aber sie können den Sachverhalt damit auf einen Punkt bringen. Ein neues »Geschichtenbuch«, das sich in der Praxis gut bewährt hat, stammt aus der Feder des Katalanen Jorge Bucay.[161]

5. Humor und Übertreibungen gebrauchen.

Humor und Übertreibungen können wichtige Hilfsmittel sein, wenn es darum geht, eingeschliffene Denkmuster aufzulösen. Humor ist besonders dann nützlich, wenn er spontan ist und dem Kandidaten ermöglicht, seine Ansichten oder Ideen distanzierter zu betrachten. Er sollte jedoch so eingesetzt werden, dass dieser nicht das Gefühl hat, verspottet zu werden. Mit Humor könnten festgefahrene Überzeugungen erschüttert bzw. gelockert werden, ohne den Kandidaten direkt anzugreifen. Der Berater kann vielmehr indirekt die derzeitigen Behauptungen des Kandidaten in Zweifel ziehen, ohne bei jedem einzelnen Beweisstück für oder gegen eine Meinung ausführlich argumentieren zu müssen. Humor kann zur Aufdeckung kognitiver Dissonanzen (»wenn ich stark auftrete, kommt das meinen Mitarbeitern zugute«) eingesetzt werden und – als Konsequenz – den Kandidaten dazu bringen, nach möglichen alternativen Erklärungen oder Ideen zu suchen[162]. Dabei muss jedoch immer beachtet werden, dass nicht der Kandidat selbst, sondern nur seine Gedanken Zielscheibe des Humors sind.

Auch Übertreibungen verdeutlichen oftmals, wie unvernünftig und unangemessen das Denken des Kandidaten ist. Wenn es um das Thema der Dominanz geht, von dem der Kandidat meint, dass es die einzige Möglichkeit ist, um den erwarteten Gewinn um 8% zu erhöhen, könnte der Berater sagen: »Wenn Sie weiterhin so gebieterisch auftreten, werden Sie sicherlich in kürzester Zeit die Produktion mindestens verdoppelt haben.« Der Kandidat kann dann über die widersinnigen Aspekte seiner Überzeugungen lachen oder zumindest schmunzeln.

---

161 Vgl. J. Bucay (2005). *Komm, ich erzähl dir eine Geschichte.* Zürich: Amman Verlag (auch bei Fischer 2007).
162 Vgl. M. Titze, C.T. Eschenröder (2003). *Therapeutischer Humor. Grundlagen und Anwendungen.* Frankfurt/Main: Fischer.

In der praktischen Arbeit können zusammen mit dem Kandidaten die folgenden Beispiele diskutiert und nach Lösungen gesucht werden:

1. Bei der Tankstelle, an der Sie häufig tanken, hat einer der Tankwarte vergessen, die Verschlusskappe wieder auf Ihren Tank zu schrauben. Sie bemerken das, fahren zurück und forschen nach, indem Sie sagen:»Einer von euch Jungs hier hat doch glatt vergessen, die Verschlusskappe wieder auf meinen Tank zu schrauben. Ich möchte das sofort geändert haben. Falls Sie sie nicht wiederfinden, hat einer von Ihnen sie mir zu ersetzen.«

2. In Ihrer Gemeinde werden Sie vom Pastor gebeten, sich nach einem von ihm erstellten Plan an den Reinigungsarbeiten in der Kirche zu beteiligen. Sie fühlen sich gegängelt und antworten:»Ich muss die ganze Woche über jeden Tag vom Morgen bis zum Abend schuften – das sollen andere machen, die weniger als ich zu tun haben.«

3. Ihre Zimmernachbarin geht gerade zur Arbeit und sagt Ihnen im Weggehen, dass sie einem Freund versprochen hat, dass sie ihn heute Abend mit Ihrem Auto abholen werden. Darauf sagen Sie:»Du hast vielleicht Nerven, mich einfach festzunageln, ohne mich vorher zu fragen. Das gibt's überhaupt nicht. Ich fahre heute nicht zum Flughafen. Lass ihn ein Taxi nehmen, wie jeder andere das auch macht.«

4. Sie sind auf einer Ausschusssitzung mit sieben Männern die einzige Frau. Zu Beginn der Sitzung bittet Sie der Vorsitzende, das Protokoll zu führen. Sie antworten:»Nein, das ärgert mich, hier den Protokollanten zu machen, nur weil ich die einzige Frau in dieser Runde bin.«

5. Ein Arbeitgeber schickt ein Rundschreiben durch die Firma mit der Anweisung, dass für private Ferngespräche ab jetzt eine Erlaubnis einzuholen sei. Ein Angestellter antwortet darauf:»Sie greifen damit in meine berufliche Entscheidungsfähigkeit und Entscheidungsfreiheit ein; ich empfinde das als eine Beleidigung.«

6. Sie sind gerade auf dem Weg zum Kopierer, als ein Kollege, der Ihnen immer wieder Kopierarbeit für sich aufbürdet,

Ihnen begegnet und fragt, wohin Sie gehen. Sie antworten:
»Ich gehe zum Pokalturnier. Oder wonach sehe ich sonst aus?«

7. Sie werden von einem Callcenter angerufen und um ein Interview gebeten. Es ist schon Feierabendzeit. Sie geben als Antwort: »Das ist ungehörig, dass Sie mich nach Feierabend anrufen, ich brauche doch auch mal Zeit zur Entspannung. Haben Sie denn den ganzen Tag nichts getan?«

8. Ihre 17-jährige Tochter möchte mit ihren Freundinnen eine Veranstaltung besuchen, bei der sie erst nach Mitternacht zurückkommen kann. Sie haben die strikte Regel, dass alle Kinder spätestens um 23 Uhr zu Hause sein müssen. Die Tochter fragt immer wieder und sagt, dass ihre Freundinnen tolerantere Eltern hätten. Sie sagen zu ihr: »Was ich gesagt habe, das habe ich gesagt. Solange du in unserem Hause bist, hältst du dich auch an die Regeln dieses Hauses.«

9. Sie unterrichten in einem Lehrerteam. Ein Kollege drückt sich immer wieder davor, seine Unterrichtsaufgabe zu übernehmen und fragt Sie auch heute wieder, ob Sie seinen Anteil nicht übernehmen, weil er Kopfschmerzen hat. Sie sagen: »Jetzt habe ich genug – gehen Sie doch einfach mal früher zu Bett, dann können Sie auch morgens unterrichten.«

10. Als Leiter einer Arbeitsgruppe ärgern Sie sich, dass die Mitarbeiter nicht pünktlich zum angegebenen Termin erscheinen. Sie sagen zu den bisher Anwesenden: »Wenn das so weitergeht, werde ich dafür sorgen, dass es zu einer Abmahnung kommt.«

Um die Selbstwahrnehmung des Kandidaten zu verbessern, kann er in der nachfolgenden Tabelle sein eigenes Verhalten einschätzen und zusammen mit dem Berater diskutieren. Es handelt sich dabei um ein Diskriminationstraining[163] vor dem Hintergrund der bevorzugten Sinneswahrnehmung.

---

163 Es gibt Übungsmaterial zur Unterscheidung von selbstsicherem, unsicherem und aggressivem Verhalten. Vgl. U. Pfingsten und R. Rüdiger Hirsch. *Gruppentraining sozialer Kompetenzen.* A.a.O..

Kriterien für sicheres, unsicheres und aggressives Verhalten:

	Sicheres Verhalten	Unsicheres Verhalten	Aggressives Verhalten
Stimme	laut, klar, deutlich	leise, zaghaft	schreiend, brüllend,
Formulierung	eindeutig	unklar, vage	drohend, beleidigend
Inhalt	präzise Begründung Ausdrücken eigener Bedürfnisse Benutzung von »Ich« Gefühle werden direkt ausgedrückt	überflüssige Erklärungen Verleugnung eigener Bedürfnisse Benutzung von »man« Gefühle werden indirekt ausgedrückt	keine Erklärung und Begründung Drohungen Beleidigungen Kompromisslosigkeit Rechte anderer werden ignoriert
Gestik/Mimik	unterstreichend lebhaft entspannte Körperhaltung Blickkontakt	kaum vorhanden oder verkrampft kein Blickkontakt	unkontrolliert drohend wild gestikulierend kein Blickkontakt oder »Anstarren«

Medikamente Es ist denkbar, dass der Kandidat seine Mitarbeiter bzw. Familien- oder Gemeindeangehörigen nicht genügend deutlich mit seinen Sinnesorganen wahrnimmt und dass er sie deshalb zu wenig beachtet. Um dies abzuklären muss die optische und akustische Wahrnehmungsfähigkeit geprüft werden. Oftmals schleichen sich Schwächen auf diesen Gebieten sehr langsam ein und werden von den Betroffenen kaum wahrgenommen. Es könnte sein, dass durch die Verordnung eines Hörgerätes oder einer Brille auch eine Veränderung der Umwelt einhergeht.

Organismus Die meisten Menschen berichten, dass sie immer wieder Tage haben, an denen sie sich stärker fühlen, selbstsicherer sind und sich besser durchsetzen können. Die Unterschiede zu anderen Tagen, an denen das nicht der Fall ist, können u.a. auch durch körpereigene Mechanismen entstanden sein. Für den Kandidaten ist es wichtig, solche Zusammenhänge zu finden und dazu über mehrere Wochen hinweg Protokoll zu führen.

Oft wird er äußere Zusammenhänge zwischen den »guten« und den eher »schlechten« Tagen durch Selbstbeobachtung finden – aber möglicherweise auch eine Organismusvariable, die dann zukünftig zu beachten sein wird.

Menschen mit geringer Abhängigkeit von anderen haben die- *Verstärker* se Persönlichkeitsdimension im Laufe ihres Lebens erlernt und möglicherweise immer dann, wenn sie diese Eigenschaft gezeigt haben, eine Verstärkung (C^+) hierfür erhalten. Um ein solches Verhalten zu reduzieren, müssen (theoretisch gesehen) diese Verstärker ausbleiben bzw. gar durch negative Verstärker (C^-) verringert werden.

Daneben kann das erwünschte Verhalten der höheren Abhängigkeit durch gezielte Verstärker aufgebaut werden, die sofort nach dem erwünschten Eintreten der höheren Abhängigkeit angeboten werden.

In der Praxis sollte man in dem Sinne vorgehen, dass das Verstärkerverhalten insgesamt gesehen durchleuchtet wird. Man trägt in die entsprechende Spalte des Arbeitsblatts alle möglichen Belohnungen und Strafen ein, die im Zusammenhang mit der Abhängigkeit stehen, und versucht dann im Lernprogramm diese zur Steuerung heranzuziehen.

Wenn beispielsweise bisher ein vom Pastor allein und erfolgreich in seiner Gemeinde durchgezogenes Programm von den Mitarbeitern im Ältestenrat stets gelobt wurde, müsste jetzt das Ergebnis zwar weiterhin anerkannt und hierfür ein Lob als Verstärkung vergeben werden – ein Tadel jedoch dafür, dass dadurch andere Mitarbeiter in ihrer Entwicklung nicht gefördert worden sind.

Lernprozesse brauchen deshalb viel Geduld, weil eine hinrei- *Kontingenz* chende Zahl von Neuronen verschaltet werden muss. Die meisten Kandidaten wollen jedoch sehr schnell Erfolge erleben, haben wenig Geduld und brechen den Lernprozess dann vorschnell ab. Deshalb ist es wichtig, dass zu Beginn des Änderungsprogramms alle Möglichkeiten gebündelt werden, um zum Erfolg zu kommen: Der Prozess muss kontingent ablaufen.

231

Eine Hilfe hierzu ist, lange und ausdauernd zu üben, auch wenn der Erfolg nicht sofort sichtbar ist. In aller Regel wollen die Kandidaten eines Programmes zur Erhöhung der Abhängigkeit wenig Hilfe von anderen, dennoch sollten möglichst viele Menschen wissen, dass sie in dieser Weise an sich arbeiten und die Bitte um Korrektur durch viele andere trägt nicht nur zur Erhöhung der Kontingenz bei, sondern ist selbst noch ein Verstärker, weil er die gewünschte Abhängigkeit aufzeigt.

Kontingenzverträge mit dem Berater oder auch anderen Menschen können bei der Erhöhung der Abhängigkeit eine wichtige Rolle spielen. In dem Vertrag muss dann auch notiert werden, welche Leistungen zu erbringen sind, wenn Fehler gemacht werden.

System Das Lernen am Modell ist effektiv, jedoch haben die Forschungsergebnisse aufgezeigt (vgl. Kap. 1.5.2.5) dass sie dann einen besonders guten Effekt haben, wenn der Lernende ein geringes Selbstwertgefühl hat. Zumeist ist der Kandidat jedoch in leitender Funktion tätig und kann deshalb in den Gruppen, die er anführt, von diesen Teilnehmern nur wenig hinzulernen. Im Gegenteil, sie werden zumeist das bisherige Verhalten eher stabilisieren.

Vor einem solchen Hintergrund ist ein Systemwechsel zu erwägen, z.B. dadurch, dass der Kandidat spezielle Fortbildungskurse in seinem fachlichen Gebiet besucht, die ein hohes Niveau der Kursbesucher haben und gleichzeitig darauf angelegt sind, in Teamarbeit Lösungen zu finden.

Spiritualität Wer an der Erhöhung der Abhängigkeit arbeitet, muss in vielen Fällen einen gedanklichen Paradigmenwechsel vollziehen, wie das weiter vorne verschiedentlich beschrieben worden ist.

Vor biblischem Hintergrund wird das Paradigma der Abhängigkeit beschrieben, wenn z.B. Paulus ausführt (1Kor 1,27): »Was töricht ist vor der Welt, das hat Gott erwählt, damit er die Weisen zuschanden mache; und was schwach ist vor der Welt, das hat Gott erwählt, damit er zuschanden mache, was stark ist«; oder in 2Kor 12,10: »Darum bin ich guten Mutes in Schwachheit, in Misshandlungen, in Nöten, in Verfolgungen und Ängsten um Christi willen; denn wenn ich schwach bin, so bin ich stark.«

Solche Bibelstellen, auch verbunden mit dem bekannten Wort aus Phil 2,3-4 »Tut nichts aus Eigennutz oder um eitler Ehre willen, sondern in Demut achte einer den andern höher als sich selbst, und ein jeder sehe nicht auf das Seine, sondern auch auf das, was dem andern dient«, die uns auf die Gesinnung Christi hinweisen, zeigen den radikal anderen Ansatz des Evangeliums. Hier geht es nicht um Macht, auch nicht um Mut, sondern um Demut.

Natürlich gibt es, entsprechend der biblischen Komplementarität, auch gegensätzliche Worte, die uns auf Kampf und Durchsetzung hinweisen. Diese Bibelstellen sind allerdings in diesem Falle nicht angemessen und es bedarf der seelsorgerlichen und beraterischen Weisheit, zum richtigen Zeitpunkt die passenden Worte aufzuzeigen.

Menschen, die an der Verringerung ihrer Ichstärke bzw. an der Erhöhung ihrer Abhängigkeit arbeiten wollen, sind oftmals schnell bereit, die griechischen Worte »praüs« und »epieikes« (Sanftmut und Milde) mit »schwächlichen« Eigenschaften zu belegen. Sie werden aber im NT anders gebraucht: Sanftmut hat viel eher mit der Eigenschaft zu tun, die man zu einem Freund hat, also wohlwollend, was schicklich ist, einer anständigen Lebensweise entspricht, rücksichtsvoll, nachsichtig gütig und milde ist usw. Entgegengesetzt dazu sind Worte wie »losfahrender Zorn, Strenge, Gewalttätigkeit«.

In der griechischen Philosophie sind Sanftmut und Milde hohe soziale Tugenden, die bei Aristoteles in der Mitte zwischen Jähzorn und Unempfindlichkeit (psychischer Robustheit) stehen. Oftmals kommen die beiden Begriffe deshalb auch im Zusammenhang mit dem Kampf vor. Z.B. Hebräer 12,1 oder 2. Timotheus 2,5 (zurechtweisen in Sanftmut).

Sanftmut hat viel mit Weisheit gemeinsam (vgl. Jak 3,13 ff) und ist eines der Merkmale der besonderen Herrschaftsart Christi: Selig sind die Sanftmütigen, denn sie werden das Erdreich ererben (Mt 5,5) – eine triumphale Tugend.

Wir sollten dabei wissen, sanftmütig zu sein bedeutet nicht unbedingt Passivität. Der Sanftmütige kann durchaus auch kämpfen bzw. sogar kämpfen müssen.

Interessant ist in diesem Zusammenhang bei Paulus, dass die Sanftmütigkeit nicht in erster Linie eine Persönlichkeitstugend ist, sondern ein Merkmal der Erlösung im Sinne von Berufung (Eph 4,2) und von Erwählung (Kol 3,12), und dass sie durch die Wirkung des Heiligen Geistes erst fruchtbar wird (Gal 5,22). Zusammengefasst kann man zur Sanftmut ausführen:

- Sie ist ein Merkmal der Erlösung und eine gottgeschenkte Lebensweisheit.
- Sie ist eine wünschenswerte und positive Eigenschaft.
- Sie ist aktiv und passiv.
- Sie ist zwischen Gleichgültigkeit und Jähzorn (Aggression) angesiedelt.
- Sie ist mit Weisheit verbunden.
- Sie geht nicht mit Angst einher.

Wenn wir die Sanftmut unter spirituellem Aspekt sehen, dann darf sie als eine Gabe oder ein Geschenk an die gläubigen Christen gesehen werden. Wenn Gott einem Menschen als Frucht des Geistes Sanftmut schenkt, braucht er diese also nicht in einem Programm zur Veränderung der Persönlichkeitsstruktur zu lernen. Dann kann dieser Mensch, durch den Geist Gottes gewirkt, einmal fast unerklärbar milde sein, zum andern aber auch den »guten Kampf des Glaubens« kämpfen. Er wird dann nicht klagen, dass er sich zu wenig durchsetzen könne, sondern in ständiger Abhängigkeit von seinem Herrn leben. Dabei wird er diese göttliche Sanftmut möglicherweise selbst kaum spüren – so wie' ein gesundes Auge sich selbst auch nicht sieht.

Nochmals sei hier allerdings darauf hingewiesen (vgl. Kap. 1.5.3.2), dass neben der Sanftmut als einem Merkmal der Erlösung und damit Geschenk Gottes auch ein Erlernen möglich ist. Es gibt viele Nichtchristen, die durchaus sanftmütig sein können.
Gott hat uns eine nahezu unbegrenzte Lernfähigkeit gegeben, die es auszunützen gilt. So gesehen darf die »Gabe der Sanftmut«

nicht gegen die »Aufgabe des Lernens der Sanftmut« ausgespielt werden. Es sind zwei Aspekte der Änderung, die zu einem Ziel führen: der Erhöhung der Abhängigkeit.

2.2.4 Arbeit an der Kontaktaufnahme

Mit der Kontaktaufnahme bei den Globalskalen, die weiter oben beschrieben worden ist, korrelieren die folgenden Einzelskalen des PST-R mehr oder weniger hoch. Nachfolgend die relevanten Einzelskalen in der bipolaren Darstellung. Dabei werden die Zusammenhänge mit der Globalskala mit hoch +++, mittel ++ und geringer + gekennzeichnet.

Globalskala		höher	Kontaktaufnahme	niedriger
	Zusammenhang mit Kontaktaufnahme			
Einzelheiten der Skalen im PST-R	+++	Kontaktorientierung		Sachorientierung
	++	Gruppenverbundenheit		Eigenständigkeit
	+	Spontaneität		Selbstkontrolle
	+	Selbstsicherheit		Zurückhaltung

Man kann die Kontaktaufnahme erhöhen oder verringern.
Wie weiter vorne beschrieben gilt ganz allgemein für Lernprozesse, d.h. für das Verschalten der Neuronen, dass Defizite durch ständige Wiederholung aufgebaut und Exzesse durch ständige Verhinderung am schnellsten verändert werden können.

2.2.4.1 Erhöhung der Kontaktorientierung

Ziel dieses Lernprogramms ist, dass Kandidaten, deren Testergebnisse geringe Werte bei der Kontaktorientierung aufweisen und die aus privaten oder beruflichen Gründen auf eine Erhöhung der Kontaktorientierung angewiesen sind, Hilfestellungen erfahren. Sie sollen sich intensiver und häufiger mit Menschen unterhalten, auf diese zugehen, Gesprächsrunden aufrechterhalten usw. Es ist durchaus möglich, dass die Kandidaten die geringe Ausprägung der Kontaktorientierung bisher nicht deutlich wahrgenommen haben. Oftmals haben sie auch eine entsprechende Einstellung hierzu, sodass vorab die Motivation für eine Änderung verändert werden muss, z.B. in dem Sinne, dass nicht jeder, der viel redet, gleichzeitig auch ein »Schwätzer« sein muss usw.

Die Kandidaten sollen erkennen, dass man im Sinne von P. Watzlawick »nicht nicht kommunizieren« kann, und dass die Kontaktorientierung durch gute Kommunikation ein wichtiger Aspekt der Sozialkompetenz ist. Zu beachten ist weiterhin, dass ab sofort Situationen, bei denen sich Gruppen bilden, in denen kommuniziert wird, nicht mehr gemieden werden.

> *Praktische Beispiele zur Erhöhung der Kontaktorientierung:*
> Auf eine Gruppe von Kollegen zugehen und sich in das Gespräch einmischen.
> Nach einer Sitzung auf die Gesprächspartner zugehen und sie fragen, ob die Art und Weise, wie miteinander geredet wurde, angemessen war (Diskussion der »Metakommunikation«) bzw. was zukünftig geändert werden müsste.

Nachdem durch die Eingangsdiagnostik mit dem PST-R festgestellt worden ist, in welchem Bereich der Lernkurve sich der Lernende befindet, kann überprüft werden, ob ein weiterer Lernprozess überhaupt sinnvoll ist. Das ist dann der Fall, wenn zwischen den Items bei den Wesenszügen und der Grundstruktur nur ein geringer Unterschied besteht (ca. 2 Skalenwerte). Beträgt der Unterschied drei oder mehr Skalenteile, dann wurde in diesem

Bereich schon deutlich gearbeitet und es können keine größeren Änderungen mehr erwartet werden.

Die Abb. 60 zeigt Ergebnisse aus dem PST-R, die einen guten Lernerfolg erwarten lassen, weil sie sich im steilen Bereich der Lernkurve befinden.

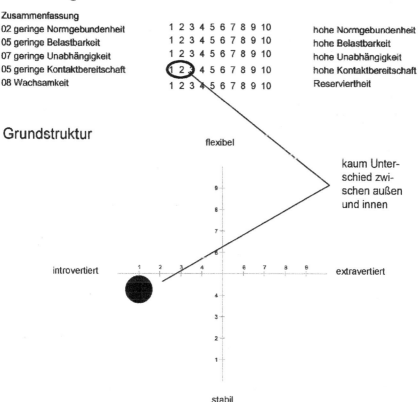

Wesenszüge

Zusammenfassung

02 geringe Normgebundenheit	1 2 3 4 5 6 7 8 9 10	hohe Normgebundenheit
05 geringe Belastbarkeit	1 2 3 4 5 6 7 8 9 10	hohe Belastbarkeit
07 geringe Unabhängigkeit	1 2 3 4 5 6 7 8 9 10	hohe Unabhängigkeit
05 geringe Kontaktbereitschaft	1 2 3 4 5 6 7 8 9 10	hohe Kontaktbereitschaft
08 Wachsamkeit	1 2 3 4 5 6 7 8 9 10	Reserviertheit

Grundstruktur

flexibel

kaum Unterschied zwischen außen und innen

introvertiert — — — extravertiert

stabil

Abb. 60: Profil mit voraussichtlichem Erfolg

Weiterhin wird überprüft, welche bevorzugten Sinneswahrnehmungen vorliegen, damit das Lernprogramm optimiert werden kann. Stünde hier beispielsweise das Hören im Vordergrund, sollten die Lernprogramme auch auf diesem Schwerpunkt aufgebaut sein im Sinne von »mehr auf die anderen Menschen hören«.

237

Allgemeine Möglichkeiten zur Erhöhung der
Kontaktorientierung

Entsprechend den neun unterschiedlichen Möglichkeiten, vom Zustand Z_1 zum Zustand Z_2 zu kommen (vgl. Abb. 49), werden nachfolgend einige praktische Anwendungen vorgestellt, die dann in einen Beratungs-/Therapieplan eingearbeitet werden können. Dabei wird mit einfachen und schnell zu erreichenden Übungen begonnen, denen immer schwierigere folgen. In der Praxis hat es sich bewährt, von ca. sechs bis zehn Schritten auszugehen.

Erhöhung der Kontaktorientierung

Übung Meine täglichen Kontakte am ....

Zeit von bis	Gesprächs-partner	Thema	Benotung A bis E	Kommentar

Abb. 61: Kontakttagebuch

Die Erhöhung der Kontaktorientierung muss geübt werden – so wie dies bei den Fingerübungen des Klavierspielen-Lernens der Fall ist. Auch dann, wenn der Kandidat möglicherweise nicht einsieht, dass er »schon wieder unter die Leute gehen soll«, muss er dazu angehalten werden, jede Möglichkeit zur Kontaktaufnahme auszunützen, um dabei festzustellen, dass die möglichen Voreingenommenheiten in der Realität zumeist gar nicht bestehen.

Es gilt das normgebundene Verhalten zu üben, zu üben und nochmals zu üben. Hierzu kann es hilfreich sein, ein »Kontakttagebuch« zu führen, das in der Regel am Ende des Tages rückblickend ausgefüllt wird (vgl. Abb. 61).

Nachfolgend werden einige praktische Übungen beschrieben, deren Sinn der Kandidat nicht unbedingt verstanden haben muss und die er vielleicht sogar ablehnt. Er wird gebeten, sich im heuristischen Sinne dennoch darauf einzulassen und zu üben. Es ist wichtig, dass er bei diesen praktischen Übungen wenn immer möglich in der ICH-Form redet, d.h. ICH-Botschaften gibt und nur selten »wir sollten« oder »man müsste« gebraucht. Für die meisten Kandidaten, die an der Erhöhung der Kontaktorientierung arbeiten wollen, gibt es unterschiedlich schwierige Situationen zu diesem Thema. Nachfolgend werden zehn verschiedene Situationen beschrieben und der Kandidat gebeten, diese nach steigendem Schwierigkeitsgrad zu ordnen. Danach werden diese Situationen in der bestimmten Reihenfolge geübt, d.h., es wird mit der einfachsten begonnen. Ehe die Situationen in vivo angegangen werden, ist es sinnvoll, diese mental vorab zu trainieren (ggf. parallel mit Entspannungsmusik).

Der Kandidat erhält die folgenden Instruktionen:
Im Folgenden finden Sie eine Reihe von Situationen. Wir möchten Sie zunächst bitten, diese bezüglich ihrer Schwierigkeit in einer Rangskala einzuschätzen. Danach wählen Sie bitte eine der einfachsten Situation aus, die Sie in der folgenden Woche angehen wollen. Ehe Sie in die Realität gehen, sollten Sie diese Situation vorab mental »durchgespielt« haben – und zwar immer so, dass Sie in dieser Situation Gewinner sind.

Situation 1:
Rufen Sie bei einem Geschäft Ihrer Wahl (oder bei einem Reisebüro oder Kino) an und erkundigen Sie sich nach dem Preis oder den besonderen Eigenschaften eines bestimmten Produktes (oder nach Filmen oder Anfangszeiten). Lassen Sie sich

gleichzeitig auch noch einige Details zu der Ware oder zu der Reise oder dem Film erklären.

Situation 2:

Fragen Sie einen Menschen auf der Straße, welche Sehenswürdigkeiten es in dieser Stadt gibt und ob er Ihnen eine ganz spezielle Empfehlung geben kann.

Situation 3:

Sprechen Sie einen Menschen im Zug oder in der Straßenbahn an, indem sie auf eine aktuelle Thematik hinweisen.

Situation 4:

Rufen Sie jemanden an, den Sie lange nicht mehr gesehen haben, und sprechen Sie mit ihm mindestens zehn Minuten darüber, wie es ihm und Ihnen in der letzten Zeit ergangen ist.

Situation 5:

Sagen Sie zu drei Leuten »Guten Tag«, die Sie bisher noch nicht gegrüßt haben. Lächeln Sie freundlich dabei.

Situation 6:

Suchen Sie eine Aufgabe, für die Sie einen Rat brauchen (betr. Arbeit, Auto, Haushalt usw.). Fragen Sie jemanden in Ihrem Betrieb oder in der Nachbarschaft um Rat, den Sie nicht gut kennen.

Situation 7:

Stellen Sie sich in die Schlange in einem Supermarkt, an der Bushaltestelle o.Ä. Machen Sie zu dem Nächstbesten eine Bemerkung, die ein Gespräch einleiten könnte.

Situation 8:

Gehen Sie in ein Café, lächeln Sie eine Person an Ihrem Tisch oder am Nebentisch an. Machen Sie eine Bemerkung, die ein Gespräch einleiten könnte.

Situation 9:

Machen Sie beim Bezahlen in einem Geschäft, auf dem Markt, in einem Restaurant o.Ä. eine Bemerkung, aus der sich ein kürzeres Gespräch ergeben könnte. Erkundigen Sie sich etwa nach einem Rezept für eine bestimmte Speise o.Ä.

Situation 10:

Unterbrechen Sie in einer Gesprächsrunde den Vorredner und versuchen Sie selbst ins Gespräch zu kommen.

Obwohl sich der Kandidat in der Regel schnell für eine Situation, die er in der nächsten Woche angehen wird entscheidet, bereitet die Realisierung dieses Schrittes anfänglich oftmals Schwierigkeiten. Ein solches Vorgehen erscheint ihm »künstlich« oder »unnatürlich«, weil er normalerweise dazu neigt, die Situationen eher auf sich zukommen zu lassen. Gerade das bewusste, konkrete und aktive Herangehen ist jedoch außerordentlich wichtig!

Nachdem die Situation einige Male geübt worden ist (bitte immer daran denken, dass ein einmaliger Versuch nicht ausreichend ist, weil ja gelernt werden soll und dabei Neuronen verschaltet werden müssen), soll der Kandidat die Übung evaluieren und dabei folgende Fragen beantworten:

1. Wo und wann haben Sie die Situation durchgeführt?

2. Waren Sie mit Ihrem eigenen Verhalten zufrieden?

| *sehr* | *weitgehend* | *eher* | *eher* |
| *zufrieden* | *zufrieden* | *zufrieden* | *unzufrieden* |

3. Wie haben Sie sich vor der Situation gefühlt?

4. Wie haben Sie sich nach der Situation gefühlt?

5. Wie haben die anderen Personen reagiert?

Alle Reize, die zu einer höheren Kontaktorientierung führen, *Stimuli* müssen erkannt und weiterhin eingesetzt werden, während diejenigen Stimuli, die den Kontakt verhindern, abgestellt werden sollten. Es gilt dabei festzustellen, mit welchen Personen der Kandidat gern bzw. überhaupt nicht kommunizieren will bzw. kann. Daneben gibt es aber auch zumeist bestimmte Situationen oder Themen, in denen er/sie durchaus kommunikativ sein kann.

Solche Situationen oder Themen sollen vorrangig geübt werden, um dabei das Gefühl entstehen zu lassen, dass das »Reden« mit Menschen« angenehm sein kann. Es ist sinnvoll, die Kommunikation über dasjenige Thema zu beginnen, das dem wichtigsten Zugang über ein Sinnesorgan am nächsten kommt. Z.B. wäre es sinnvoll, für Menschen, deren Zugang bevorzugt über Geschmack bzw. Geruch entsteht, über unterschiedliche Zubereitungsarten von Speisen zu reden, bei akustisch orientierten Musikliebhabern über den Klang der Instrumente usw. Alle Stimuli, die die Kommunikation fördern, werden im Beratungsgespräch bevorzugt ausgesucht und das Gespräch damit positiv konditioniert.

Gedanken Oft sind Kandidaten der irrigen Meinung, dass man nur reden kann, wenn man die Lösung für ein Problem kennt, wenn man die auszusprechenden Sätze schon vorab überlegt hat, wenn man dem Gesprächspartner »intellektuell gewachsen« ist usw.

In solchen Fällen kann es hilfreich sein, gemeinsam zu überlegen, welchen Sinn Kommunikation ganz allgemein haben kann und welche Kommunikationsfehler häufig auftreten. Es gibt eine ganze Reihe hilfreicher Bücher zu diesem Thema. Einfach zu verstehen ist die Einteilung von F. Schulz von Thun[164], dass man redet um

- zu informieren,
- sich selbst darzustellen,
- zu beeinflussen,
- Beziehungen zu verbessern.

Dementsprechend kann der Kandidat zukünftig die Kommunikation in einer Gruppe nach den jeweiligen Zielen der Redner einschätzen. Jedoch ist das eher eine intellektuelle Leistung, denn diese Einschätzung verhilft ihm in der Regel nicht dazu, dass er selber praktisch kommunikativer wird. Ähnlich verhält es sich mit den Regeln aus der Transaktionsanalyse, mit denen zwar ein Gespräch darauf hin analysiert werden kann, ob es z.B. vom Eltern-Ich zum Erwachsenen-Ich verläuft (wobei Kommunikation immer dann gut funktionieren soll, wenn es sich um eine parallele Kommunikation der jeweiligen Ich-Zustände handelt). Das Wissen um solche Spielarten der Kommunikation ist aber nicht hinreichend, um auch praktisch kommunizieren zu können.

Es kann jedoch sinnvoll sein, Kommunikation durch das Reden über Kommunikation (Metakommunikation) zu erlernen. Hierzu bieten die Grundlagen der Transaktionsanalyse[165], die nachfolgend dargestellt werden, eine Hilfestellung.

164 Vgl. F. Schulz v. Thun (1981). *Miteinander reden. Band 1: Störungen und Klärungen.* Reinbek: Rowohlt Taschenbuch Verlag.
165 E. Berne (2002). *Spiele der Erwachsenen. Psychologie der menschlichen Beziehungen.* Reinbek: Rowohlt Taschenbuch Verlag.

Eric Berne ging davon aus, dass es drei unterschiedliche Ich-Ebenen gibt (vgl. Abb. 62), aus denen heraus die jeweilige Kommunikation zum Partner hin verläuft. Diese Ebenen sind als Kreise dargestellt. Die jeweiligen Ebenen zeigen unterschiedliche Kommunikationsstile, die sowohl positiv als auch negativ gesehen werden können. Die Identifizierung der jeweiligen Stile kann helfen zu verstehen, warum die Kommunikation oftmals stockt. Nachfolgend sind einige Kennzeichen der unterschiedlichen Stile beschrieben:

Kennzeichen des Eltern-Ich:
a) kritisches Eltern-Ich
  • wertet negativ bzw. wertet ab
  • denkt verallgemeinernd in Schwarz-Weiß-Kategorien
  • befiehlt
  • kritisiert
  • weist zurecht
  • schulmeistert
  • stellt rhetorische und inquisitorische Fragen
  • moralisiert
  • bestraft

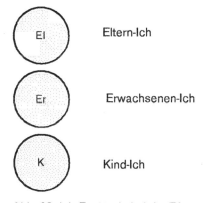

Abb. 62: Ich-Zustände bei der TA

b) unterstützendes Eltern-Ich
  • hört zu
  • hat Verständnis
  • hat Geduld
  • wertet positiv bzw. wertet auf
  • hilft
  • tröstet
  • beruhigt
  • ermutigt
  • gleicht aus

Kennzeichen des Erwachsenen-Ich:
  • sammelt und gibt Informationen
  • hört zu

243

- beobachtet
- stellt sachliche Fragen
- sammelt Fakten
- konzentriert sich auf das, was tatsächlich ist
- formuliert wertfrei
- schätzt Wahrscheinlichkeiten ein
- überlegt
- wägt ab
- denkt in Alternativen
- überprüft eigene Normen u. Gefühle
- differenziert
- trifft Entscheidungen
- versucht, Probleme konstruktiv zu lösen

Kennzeichen des Kind-Ich:
a) natürliches Kind-Ich
- spontan und impulsiv
- direkt
- sucht Abwechslung und Spaß
- egozentrisch
- rebellisch
- aggressiv
- authentisch

b) angepasstes Kind-Ich
- hilflos
- tut sich leid
- wartet, bis es von allein besser wird
- orientiert sich an Normen
- verzichtet
- traut sich nicht
- hat Angst
- gibt nach
- lächelt devot oder unsicher

c) kleiner Professor
- intuitiv, schlau, listig
- manipuliert
- kreativ, lässt sich was einfallen

In der TA kennt man drei Möglichkeiten (Transaktionen) der Kommunikation:

1. Parallele Transaktionen: Der Gesprächsverlauf ist ohne Überraschungen und kann beliebig lange weitergehen.
2. Überkreuz-Transaktionen: Sie wirken überraschend, weil der erwartete Gesprächsverlauf abgebrochen wird, und sind ein Mittel, um Gesprächen eine Wende zu geben (positiv oder negativ).
3. Verdeckte Transaktionen: Sie sind oft schwer zu durchschauen, weil etwas anderes gesagt wird, als gemeint ist. Sie können ein Ventil für Verletzungen sein oder für Gefühle, über die man nicht sprechen will. Die Gefahr von Missverständnissen wächst.

Aufgabe an den Kandidaten:
Beobachten Sie, wann, wo und mit wem sich Situationen ergeben, die das Gespräch nicht mehr weiterlaufen lassen und die mithilfe der TA erklärt werden können?
Die Ergebnisse werden anschließend mit dem Berater diskutiert und Alternativvorschläge entwickelt, die dann auch praktisch geübt werden müssen.

Lösungsvorschläge, wenn das Gespräch nicht mehr weiterläuft

Im Sinne der TA läuft ein Gespräch nicht mehr weiter, wenn Personen mit unterschiedlichen Ichniveaus miteinander kommunizieren, bzw. das Gespräch wird weitergehen, wenn sich die Partner auf eine parallele Kommunikationsform einigen können.

Ein weiterer Grund für mangelhafte Kommunikation kann sich daraus ergeben, dass die Gesprächspartner nicht genügend Empathie bzw. Perspektivenübernahme und Wertschätzung füreinander zeigen. Mit Perspektivenübernahme ist gemeint, dass man sozusagen »in den Schuhen« seines Gegenübers geht, d.h. seine Gedanken, Gefühle, Motivationen und Ziele zu verstehen sucht. Falls der Kandidat auf diesem Gebiet Mühe hat (bzw. die Ergebnisse des PST bei der »Wachsamkeit« entsprechende Werte aufweisen), sollte vorab ein Förderprogramm auf diesem Gebiet begonnen werden.[166]

Paul Watzlawick hat mit seinen Axiomen zur Kommunikation[167] weitere Möglichkeiten genannt, die dazu führen könnte, dass das Gespräch nicht mehr weiterläuft. Er geht davon aus, dass bei der Kommunikation die Beziehung der Gesprächspartner zueinander entscheidender ist als das, was sie miteinander reden. Anders formuliert bedeutet dies, dass bei einer guten Beziehung weitaus tiefere und auch persönlichere Inhalte angesprochen werden können als ohne eine solche. Vor einem solchen Hintergrund ist es wichtig, sich zu bemühen, Sympathie zu erwerben. Ich kann einen Menschen, den ich für meine Sache überzeugen will, dann gewinnen, wenn er spürt, dass er das Recht hat, sich nicht meinen Wünschen entsprechend zu verhalten, d.h., er muss das Gefühl der Freiheit behalten. Ihn dennoch im Gespräch zu gewinnen heißt, dass er freiwillig auf eine Sicht zu verzichten bereit wird, von der er bisher überzeugt war. Dies ist nur dann möglich, wenn mir mein Gegenüber ein möglichst großes Maß an Sympathie entgegenbringt und sich von mir anerkannt weiß. Man muss sich dabei aber immer wieder klarmachen, dass man eigentlich kein Recht darauf hat, andere Menschen zu gewinnen, jedoch das Recht zu versuchen, den anderen zu überzeugen. Dabei kann man das Gespräch in drei Abschnitte einteilen und dem Kandidaten die folgenden Instruktionen zur Gewinnung von Sympathie geben.

Vor der Situation:
Geben Sie sich selbst positive Instruktionen und sagen zu sich selbst: »Ich habe das Recht darauf, jemand anderen anzusprechen«, oder: »Es ist mein gutes Recht, einen Versuch zu machen ...«

In der Situation:
Die wichtigste Technik, um einen Sympathiegewinn zu erzielen, ist die allgemeine Verstärkung des anderen (interessiert zu-

---

166 Vgl. hierzu das nachfolgende Kapitel zur Erhöhung der Wachsamkeit.
167 P. Watzlawick, J. H. Beavin, D. Jackson (2007): *Menschliche Kommunikation – Formen, Störungen, Paradoxien.* Bern: Huber.

hören, nachfragen,»Komplimente« machen, freundlich anlächeln, evtl. auch: eigene Fehler und Schwächen zugeben). Hat man ein spezielles Ziel, kann man dann zur gezielten Verstärkung übergehen, d.h. jede Äußerung des anderen, die einen Schritt in Richtung der eigenen Position bedeutet, verstärken. Darüber hinaus gibt es für Kontaktaufnahmesituationen noch einige Taktiken, die sich als hilfreich erweisen:

- Versuchen Sie im rechten Winkel zu Ihrem Gesprächspartner zu sitzen.
- Nehmen Sie Blickkontakt auf. Lächeln Sie! Versuchen Sie, sich ganz auf die konkrete Situation zu konzentrieren. Achten Sie auf die Dinge und Personen, die Sie hören und sehen. Die konkrete Situation liefert oft Themen für den Gesprächsbeginn.
- Falls Sie im Gespräch auf einem Stuhl sitzen, sollten Sie sich auf die Mitte des Sitzes setzen. Von dort können Sie mit Ihrem Oberkörper nonverbal deutlich kommunizieren: Wenn Sie sich nach vorne auf Ihren Gesprächspartner zu bewegen, signalisieren Sie Interesse, wenn Sie nach hinten zur Lehne hin rücken, bedeutet dies, dass Sie nicht unbedingt seiner Meinung sind.
- Suchen Sie gezielt nach persönlichen Äußerungen Ihres Partners. Verstärken Sie diese Äußerungen und fragen Sie nach! Auf diese Weise können Sie den Kontakt zunehmend persönlicher gestalten. Der Anfang wird fast immer eher oberflächlich sein.
- Erzählen Sie auch etwas von sich. Nur wenn Sie dem anderen Menschen Informationen über sich selbst liefern, geben Sie ihm auch Gelegenheit, Sie selbst und die Situation angemessen einschätzen zu können.
- Akzeptieren Sie auch ablehnende Antworten. Versuchen Sie nicht, sich zu verteidigen.
- Sollte der andere keinerlei Interesse an einem Gespräch zeigen, dann denken Sie daran, dass das sein gutes Recht ist und absolut nichts mit dem Wert oder der Attraktivität Ihrer Person zu tun haben muss.

Nach der Situation:
Verstärken Sie sich für jeden Versuch und für jeden Fortschritt, auch wenn er noch so klein ist! Denken Sie daran: Um Sympathie werben kann keine Garantie sein, sie auch zu gewinnen!

Nicht selten scheitert die Bemühung um eine Erhöhung der Kontaktorientierung daran, dass der Kandidat gar nicht einsieht, auf diesem Gebiet an sich arbeiten zu müssen. Er geht davon aus, dass man so wenig wie möglich reden müsse, dass die meisten Leute »Schwätzer« seien usw. Diese Annahmen können derartig stabil sein, dass sie den Charakter eines Paradigmas angenommen haben. In solchen Situationen können zur Veränderung des Paradigmas die Konzepte der kognitiven Therapien eingesetzt werden (z.B. der Rational-emotiven Therapie R-E-T)[168], bei der anfangs die irrigen Meinungen akzeptiert werden und dann im Gespräch der Kandidat durch eigene Erfahrung selbst merkt, dass er sich bei seinen Gedanken geirrt hat.

Es hat sich bewährt, wenn der Kandidat das zu erreichende neue Verfahren verbal beschreibt und es dem Berater erklärt bzw. einige Male bespricht. Danach sollte er im Selbstmanagement – noch eher er die Übungen entsprechend seinem Programm in der Praxis durchführt – alle möglichen Variationen in Gedanken durchspielen (»imaginieren«). Es ist wichtig, dass er sich dabei niemals vorstellt, dass die Übungen falsch ablaufen, sondern immer nur Variationen des geplanten Verhaltens imaginiert. Erst dann, wenn in Gedanken alles funktioniert, darf mit der Praxis begonnen werden.

Medikamente Es kann sein, dass der Kandidat in früherer Zeit an Sprachstörungen gelitten hat und hiervon noch Reste übrig geblieben sind. Vielleicht war er *Stotterer.* Stottern ist heilbar: 80 % der Kinder, die gestottert haben, hören damit bis zum Ende der Pubertät auf. Jugendliche und Erwachsene sind unter Mithilfe von Logopäden durch eine spezielle Stottertherapie einfacher zu behandeln[169] als Kinder, weil sie mit größerem Verständnis mitarbeiten.

168 Vgl. u.a.: A.T. Beck u.a. a.a.O. H. Hobmair u.a. a.a.O. B. Wilken a.a.O.
169 Vgl. C. Ochsenkühn, M. Thiel (2004). *Stottern bei Kindern und Jugendlichen: Bausteine einer mehrdimensionalen Therapie.* Heidelberg: Springer.

Eine Reihe von Therapieansätzen (z.B. die »Kasseler Stottertherapie« oder die »Reutlinger Stottertherapie«) bieten unterschiedliche Methoden an, die teilweise computerunterstützt arbeiten oder auch medikamentöse Hilfestellungen geben.[170] Um das Stottern zu besiegen, muss man motiviert sein, aber man braucht nicht zu kämpfen. Im Gegenteil sollte man aufhören, sich beim Sprechen anzustrengen. Weder Atemtechnik noch Psychologie allein führen zum Ziel. Bei einer guten Therapie verändert sich alles gleichzeitig: die Atmung, das Sprechen, das Denken, das Verhalten und die Gefühle.

Neben dem Stottern kann häufig der *Sigmatismus* (Lispeln) vor somatischem Hintergrund die Kommunikation behindern. Unter Lispeln versteht man, dass der S-Laut nicht korrekt ausgesprochen wird.

Es gibt einige unterschiedliche Arten des Lispelns:
• Sigmatismus interdentalis
  (Zwischenzahnlispeln, d.h., der Ersatzlaut ist das englische th)
• Sigmatismus addentalis
  (Zungenspitze stößt gegen die Zähne – Folge: Zahnfehlstellung)
• Sigmatismus lateralis
  (Luftstrom im Mund geht nicht zentral, sondern seitlich)
• Sigmatismus nasalis (Luftstrom geht durch die Nase)
• Sigmatismus stridens
  (ein Pfeifen ersetzt den korrekten S-Laut)

In allen Fällen kann durch die Logopädie geholfen werden.

Mit ziemlicher Sicherheit ist die Kontaktorientierung nicht genetisch prädisponiert und deshalb deutlich von der Lerngeschichte abhängig. Dennoch gehen einige Forscher auch von einem Zusammenhang mit den in unterschiedlichem Ausmaß körpereigen produzierten Hormonen wie Östrogen, Testosteron usw. aus. *Organismus*

---

170 Eine gute Übersicht über die medikamentöse Behandlung des Stotterns bietet folgender Artikel: G. A. Maguire et al. (2004). *Alleviating stuttering with pharmacological interventions*. In: Expert Opin. Pharmacotherapy 5 (7) S. 1565–1571.

Eysenck liefert einige Ergebnisse hierzu[171], die deutlich machen, dass die Extraversion-Intraversion (und damit das Ausmaß der Kontaktorientierung) mit den Konzentrationen von Testosteron und Östrogen korrelieren.

Aus Korrelationen dürfen allerdings keine Kausalbeziehungen abgeleitet werden. Eine subjektive Beobachtung der Zusammenhänge zwischen Menstruationszyklus und Kontaktorientierung kann dennoch hilfreich sein.

Mit dem weiblichen Zyklus vergleichbare Schwankungen im Monatsbereich treten beim Mann nicht auf.[172] Bei ihm laufen insgesamt gesehen eher bestimmte Reaktionsmuster aufgrund der Ausschüttung von Neurohormonen ab, die im Gehirn gebildet werden. So sind es die Hormonschwankungen im Tagesbereich, die sich ganz verschiedenartig auswirken können. Z.B. hat Cortisol, das am Abend in geringerem Ausmaß als in den Morgenstunden ausgeschüttet wird, Auswirkungen auf Wachstum, Stoffwechsel und Psyche und wird in Stresssituationen bei Männern stärker ausgeschüttet als bei Frauen.

Verstärker Die Konsequenzen des bisherigen Verhaltens für den Kandidaten müssen genau ermittelt werden – sowohl die positiven als auch die negativen.

So ist es denkbar, dass er für sein bisher ruhiges und zurückgezogenes bzw. kontaktarmes Verhalten von manchen Seiten eine positive Verstärkung erhält. Solche Verstärker werden eine Änderung verhindern. Negative Konsequenzen könnten Mahnungen von Verwandten oder auch Mitarbeitern sein, doch endlich aus der Isolation herauszukommen, mehr und intensiver zu kommunizieren usw.

Ein Verstärker für den Aufbau der höheren Kommunikationsfähigkeit könnte auch sein, dass an einem neuen Arbeitsplatz mit dieser Fähigkeit wesentlich mehr Geld, Macht oder mehr soziales Prestige erworben werden kann.

---

171 Vgl. S. Mogadil u.a. (1986). *Hans Eysenck: Consensus and Controversy.* Falmer International Master-Minds Vol. 2 (Routledge Falmer) S. 276f.
172 Vgl. Science orf.at vom Oktober 2007.

Insgesamt gesehen sind Verstärker, die das bisherige Verhalten aufrechterhalten, möglichst zu entfernen bzw. zu negieren. Verstärker, die zum Aufbau einer höheren Korrektheit führen, werden noch intensiver eingesetzt. Zudem wird nach neuen Verstärkern gesucht, die das gewünschte Verhalten belohnen.

Es geht darum, alle Wege, die zu einer Vernetzung der Neuro- *Kontingenz* nen führen, so zu gestalten, dass eindeutig und möglichst viele Neuronen miteinander vernetzt werden. Insbesondere zu Beginn der Maßnahme sollte diese Vernetzung permanent erfolgen. Eine praktische Hilfestellung ist es, möglichst vielen Menschen mitzuteilen, dass man an der Erhöhung der Kontaktorientierung arbeitet. Persönlich Bekannte, Familienangehörige oder nahe Mitarbeiter sollte man bitten, dass sie immer korrigierend agieren, wenn das angestrebte Ziel aus dem Blick gerät. Man kann auch mit Uhren arbeiten, die in bestimmten Abständen ein Signal geben (z.B. alle 30 Minuten), das dann wieder auf den Beratungsplan hinweist.

Wenn die Kontaktorientierung schon weiter vorangeschritten ist, müssen die Erinnerungen nicht mehr regelmäßig erfolgen, sie sollten aber nicht ganz wegfallen.

Auch Verträge mit deutlichen Regeln und Konsequenzen sind ein gutes Hilfsmittel.

Eine der besten Möglichkeiten, die Kontaktorientierung zu er- *System* höhen, ist das Lernen am Modell. Es ist deshalb unverzichtbar, dass sich der Kandidat in Gesprächsgruppen hineinbegibt und nicht vor ihnen flieht. Dabei ist es relativ unwichtig, welche Ziele diese Gruppen haben. Allerdings sollte das, was dort gemeinsam erarbeitet wird, im Bezugsrahmen des Kandidaten liegen.

Neben dem ganz allgemeinen Aufenthalt in Gruppen kann auch das gemeinsame Essen, Trinken, Spielen, Singen und Beten in der Gemeinschaft ein recht einfacher, aber wirksamer Weg sein, um die Kontaktorientierung funktional zu verbessern. Dabei muss allerdings beachtet werden, dass der Aufenthalt in solchen Gruppen, zumindest zu Beginn des Programms, zu einem deutlichen psychischen Stress für den Kandidaten führen wird.

Pausen, in denen er auch wieder alleine sein kann, müssen deshalb im Beratungsplan vorgesehen werden.

Es ist jedoch auch möglich, dass sich der Kandidat derzeitig in Systemen aufhält, die ein Gegenmodell zum geplanten Lernziel sind, weil die Teilnehmer dort wenig Kontakt miteinander aufnehmen. In solchen Fällen ist es günstig, diese Systeme so lange zu meiden, bis das Lernziel erreicht ist.

Spiritualität Menschen mit geringer Kontaktorientierung sind vor dem Hintergrund der Bibel nicht »schlecht« oder »gut«, sondern für bestimmte Tätigkeiten oder Funktionen in der Gemeinde besser geeignet als andere. So gesehen ist es beim verantwortlichen Umgang mit den »Gaben« sinnvoll, ihnen nicht unbedingt den Besuchsdienst, Evangelisation oder die Aufgabe des Fundraisings zuzuteilen.

Wenn es aber aus besonderen Gründen dennoch notwendig wird, dass ein Mitarbeiter derartige Aufgaben übernimmt, dann können entsprechende Lernprogramme zu einer Veränderung führen. Nicht selten wird man nach einiger Zeit bei diesen Personen, bezogen auf die nach außen hin sichtbaren Wesenszüge, nicht mehr feststellen, dass diese früher eine deutlich sachorientierte Persönlichkeitsstruktur hatten. Jedoch darf dabei nicht übersehen werden, dass die Grundstruktur bestehen bleibt, sodass es zu einer Spannung zwischen dem »Außen« und »Innen« kommen kann. Praktisch kann sich diese Spannung so zeigen, dass ein solcher Mitarbeiter im Laufe des Arbeitstages sehr viel Kontaktorientierung zeigt, sich jedoch am Abend müde und etwas ausgebrannt fühlt. Dieser Zustand muss nicht zu einer psychischen Störung führen – man sollte ihn akzeptieren und sich nach Abschluss der Tätigkeiten Ruhe und Entspannung gönnen.

Es sind in der Bibel keine Berichte verzeichnet, bei denen introvertierte oder kontaktarme Menschen von Gott durch ein Wunder zu größerer Kontaktorientierung hin verändert worden sind. Deshalb sollten wir auch nicht um ein solches Wunder bitten – obwohl für Gott alles möglich ist. Besser ist es, für die Möglichkeit des Lernens zu danken, die Gott bei der Erschaffung des Menschen in ihn eingestiftet hat. Dass der Heilige Geist bei einem notwendigen Lernprozess der beste Lehrmeister sein wird, weil es dabei zu den größten Kontingenzen kommt, sei hier nochmals erwähnt.

2.2.4.2 Verringerung der Kontaktorientierung

Ziel dieses Lernprogramms ist, dass Kandidaten, deren Testergebnisse sehr hohe Werte bei der Kontaktorientierung aufweisen und die aus privaten oder beruflichen Gründen auf eine Verringerung der Kontaktorientierung angewiesen sind, Hilfestellungen erfahren. Sie sollen sich zukünftig mehr sachorientiert verhalten, weniger mit den Leuten reden, sich weniger schnell von Menschen ablenken lassen usw. Dabei ist es durchaus möglich, dass die Kandidaten ihre überdurchschnittlich hohe Ausprägung der Kontaktorientierung bisher noch gar nicht deutlich wahrgenommen haben. Sie gehen davon aus, dass ihr Verhalten »normal« ist und sind oft erst durch die Ergebnisse des Persönlichkeitstests und die dazugehörigen Zahlen der Normalverteilung davon zu überzeugen, dass sich an ihrem Ort z.B. nur ca. 4 % (bei Stanine 9) der Menschen befinden.

Zumeist haben sie auch erlebt, dass andere Menschen gerne auf sie zukommen, sich mit ihnen unterhalten und dass sie soziologisch gesehen der »Star« in der Gruppe sind. Sie finden ihre Identität nicht selten über die Anerkennung der Gruppenmitglieder und sehen deshalb eigentlich keinen Grund, sich hier zu ändern. Deshalb kommen sie in der Regel nicht freiwillig zur Beratung, sondern es sind zumeist äußere Anlässe, die sich durch die Berufspositionierung oder im System Familie bzw. Gemeinde ergeben, die die Kandidaten dazu führen, über ein Änderungsprogramm nachzudenken.

Praktische Beispiele zur Verringerung der Kontaktorientierung:

Nach den nächsten drei Sitzungen ohne weitere Gespräche an den Arbeitsplatz bzw. nach Hause zurückgehen und den diesbezüglich nachfragenden Kollegen sagen, dass diese ihr Problem alleine lösen sollen.
Im Restaurant an einem Einzeltisch sitzen.

Nachdem durch die Eingangsdiagnostik mit dem PST-R festgestellt worden ist, in welchem Bereich der Lernkurve sich der Lernende befindet, kann überprüft werden, ob ein weiterer Lernprozess überhaupt sinnvoll ist. Das ist dann der Fall, wenn zwischen den Items bei den Wesenszügen und der Grundstruktur nur ein geringer Unterschied besteht (ca. 2 Skalenwerte). Beträgt der Unterschied drei oder mehr Skalenteile, dann wurde in diesem Bereich schon deutlich gearbeitet und es können keine größeren Änderungen mehr erwartet werden.

Die Abb. 63 zeigt Ergebnisse aus dem PST-R, die einen guten Lernerfolg erwarten lassen, weil sie sich im steilen Bereich der Lernkurve befinden.

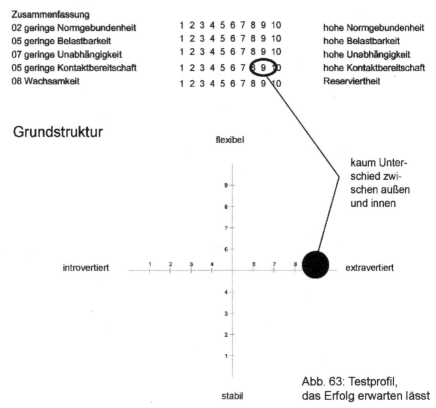

Wesenszüge

Zusammenfassung

02 geringe Normgebundenheit	1 2 3 4 5 6 7 8 9 10	hohe Normgebundenheit
05 geringe Belastbarkeit	1 2 3 4 5 6 7 8 9 10	hohe Belastbarkeit
07 geringe Unabhängigkeit	1 2 3 4 5 6 7 8 9 10	hohe Unabhängigkeit
05 geringe Kontaktbereitschaft	1 2 3 4 5 6 7 8 9 10	hohe Kontaktbereitschaft
08 Wachsamkeit	1 2 3 4 5 6 7 8 9 10	Reserviertheit

Grundstruktur

flexibel

kaum Unterschied zwischen außen und innen

introvertiert — extravertiert

stabil

Abb. 63: Testprofil, das Erfolg erwarten lässt

254

Weiterhin wird überprüft, welche bevorzugten Sinneswahrnehmungen vorliegen, damit das Lernprogramm optimiert werden
kann. Stünde hier beispielsweise das Hören im Vordergrund,
sollten die Lernprogramme auch auf diesem Schwerpunkt aufgebaut sein (»mehr auf die innere Stimme hören«).

Verringerung der Kontaktorientierung

Die Verringerung der Kontaktorientierung muss geübt werden – *Übung*
so wie dies bei den Fingerübungen des Klavierspielen-Lernens
der Fall ist. Auch dann, wenn der Kandidat möglicherweise nicht
einsieht, dass es auffallend ist, wie er ständig im Vordergrund
steht (und er damit einen starken sozialen Verstärker hat), dass er
anderen Menschen »die Luft zum Atmen nimmt« usw., muss er
dennoch das neue Verhalten üben und immer wieder üben.

Um zu dieser Einsicht zu kommen, kann es hilfreich sein,
ein Kontakttagebuch (vgl. Abb. 64) zu führen, das am Ende des
Tages rückblickend ausgefüllt wird. Mit der Benotung wird das
Ergebnis des Kontakts beurteilt und unter der Rubrik »Kommen-
tar« eingetragen, ob diese Kontakte überhaupt notwendig sind
bzw. ob und wie sie verringert werden könnten.

Meine täglichen Kontakte am ....

Zeit von bis	Gesprächs- partner	Thema		Benotung A bis E	Kommentar

Abb. 64: Kontakttagebuch

Praktische Übungen

Für die meisten Kandidaten, die an der Verringerung ihrer Kontaktorientierung arbeiten wollen, gibt es unterschiedlich schwierige Situationen zu diesem Thema. Auch hier sollte auf die wichtigsten sinnlichen Eingangspforten geachtet und dann die Übungen bevorzugt in diesem Bereich durchgeführt werden.

Nachfolgend werden zehn solcher Situationen beschrieben und der Kandidat gebeten, diese nach für ihn steigendem Schwierigkeitsgrad zu ordnen.

Situation 1:

Gehen Sie in ein Kloster oder an einen ähnlichen Ort, um dort stille zu sein (Meditation bzw. Kontemplation).

Situation 2:

Feiern Sie einen Festtag (z.B. Geburtstag) alleine oder nur mit engsten Bekannten.

Situation 3:

Lehnen Sie die nächste Wahl zum Leiter einer Projektgruppe ab, weil sie endlich einmal ihre bisherigen Tätigkeiten überdenken müssen.

Situation 4:

Sie sollen eine Tageswanderung alleine durchführen.

Situation 5:

Setzen Sie sich im Flugzeug, Zug oder Straßenbahn bzw. im Restaurant auf einen Sitzplatz ohne Nachbarn.

Situation 6:

Sagen Sie bei der Einladung von Kollegen zu einem gemütlichen Treffen ab.

Situation 7:

Wenn sich ein guter Bekannter an Ihren Tisch im Restaurant sitzen will, sagen Sie ihm, dass Sie einen ganz wichtigen Artikel in der Zeitung fertig lesen müssen.

Situation 8:

Treten Sie in Ihrem Gebetskreis dafür ein, dass eine Zeit lang still gebetet wird.

Situation 9:
Machen Sie Ihrem Ehepartner deutlich, dass Sie zwei Wochen in getrennten Zimmern schlafen wollen, um etwas mehr über sich selbst nachdenken zu können.

Situation 10:
Plädieren Sie für ein Einzelbüro, wenn bisher im Großraumbüro gearbeitet wurde.

Nachdem die zehn Aufgaben nach dem für den Kandidaten steigenden Schwierigkeitsgrad geordnet sind, wird vereinbart, sofort mit der einfachsten zu beginnen. Ehe die Situation in vivo angegangen wird, ist es sinnvoll, diese mental vorab zu trainieren (ggf. parallel mit Entspannungsmusik).

Nachdem die Situation einige Male geübt worden ist (bitte immer daran denken, dass ein einmaliger Versuch nicht ausreichend ist, weil ja gelernt werden soll und dabei Neuronen verschaltet werden müssen), soll der Kandidat die Übung evaluieren und dabei folgende Fragen beantworten:

1. Wo und wann haben Sie die Situation durchgeführt?

2. Waren Sie mit Ihrem eigenen Verhalten zufrieden?

sehr	*weitgehend*	*eher*	*eher*
zufrieden	*zufrieden*	*zufrieden*	*unzufrieden*

3. Wie haben Sie sich vor der Situation gefühlt?

4. Wie haben Sie sich nach der Situation gefühlt?

5. Wie haben die anderen Personen reagiert?

Veränderung des Kommunikationsstils
Möglicherweise muss der Kandidat eine veränderte Art der Kommunikation erlernen und deshalb laufend üben. Wenn er sich bisher bei den Gesprächen ständig durchgesetzt hat, soll er nunmehr auf die Gesprächspartner in einem dreifachen Sinne hören:

- Was will der Redner ausdrücken? (Inhaltsaspekt)
- Welche Emotionen übermittelt der Redner? (Gefühlsaspekt)
- Welche Ziele hat der Redner? (Zielaspekt)

Bei Gesprächen in der Gruppe soll der Kandidat erst dann zum nächsten Thema übergehen, wenn sichergestellt ist, dass das, was der derzeitige Redner unter diesen drei Aspekten ausdrücken wollte, auch angekommen ist. Bei Unklarheiten soll nachgefragt werden.[173] Für die Praxis bedeutet dies, dass der Kandidat üben muss, die Gedanken, Gefühle und Perspektiven des anderen mit eigenen Worten auszudrücken, ehe das Gespräch weiterläuft.

Weiterhin kann der Kandidat in der Gesprächsgruppe nach Außenseitern suchen, d.h. nach solchen Personen, die wenig mit anderen im Gespräch sind. Er sollte diese Menschen dann gezielt ansprechen bzw. ermuntern und geduldig warten, bis ihre Reaktionen kommen.

Zur Veränderung des Kommunikationsstils ist es wichtig, sich während des Gespräches immer wieder die folgenden Fragen zu stellen:
* Welche Ziele will ich in der Gruppe erreichen?
* Ist es ethisch korrekt, dass ich die Gruppenmitglieder hierzu »benütze«?
* Welche der nachfolgenden Ziele habe ich neben dem eigentlichen Thema, das bearbeitet werden soll:
  - Selbstbestätigung,
  - Anerkennung,
  - Wertschätzung,
  - Nähe,
  - Wärme,
  - Sicherheit,
  - Information,
  - Macht
  - usw.

Stimuli Alle Reize, die zu einer höheren Kontaktorientierung führen, müssen erkannt und danach genau überprüft werden, ob es möglich ist, sie zu verhindern.

---

173 Das sind auch die Regeln der Gesprächspsychotherapie. Vgl. hierzu R. Tausch, A. Tausch (1990). *Gesprächspsychotherapie. Hilfreiche Gruppen- und Einzelgespräche in Psychotherapie und alltäglichem Leben.* Göttingen: Hogrefe.

In umgekehrter Weise werden diejenigen Reize gesucht, die den Kandidaten mehr in die Ruhe und Stille führen, und diese dann systematisch eingesetzt. Dabei ist es ggf. wichtig zu überprüfen, über welchen Eingangskanal der Sinne die optimale Stimulation erfolgt (Bilder, Töne, Geschmack und Geruch, Hautempfindungen), und diesen dann bevorzugt einzusetzen.

Häufig sind Kandidaten mit einer zu hohen Kontaktorientierung *Gedanken* der Meinung, dass Probleme ausschließlich durch verbale Kommunikation zu lösen sind. Für sie ist es wichtig zu erfahren, dass man »nicht nicht kommunizieren kann«[174], d.h., dass es ganz unterschiedliche Arten der Kommunikation (z.B. auch als Körpersprache) gibt und sie ganz unterschiedliche Aufgaben haben kann. Es gibt eine ganze Reihe hilfreicher Bücher zu diesem Thema.[175] Einige Anmerkungen hierzu können dem vorangegangenen Abschnitt 2.2.4.1 (Erhöhung der Kontaktorientierung) entnommen werden.

Möglicherweise sind die Gedanken des Kandidaten jedoch durch die jahrelange Übung so verfestigt, dass sie zu einem Paradigma geworden sind. Er kann sich überhaupt nicht vorstellen, dass sein Leben anders als mit dieser hohen Kontaktorientierung verlaufen kann. In solchen Fällen kann dann mit den Regeln der kognitiven Therapie (z.B. der ABCDE-Regel)[176] gearbeitet werden.

Eine gute Hilfe hierzu ist es auch, eine Videoaufnahme vorzuführen, in der der Kandidat sich selbst beobachten und dabei feststellen kann, in welcher Art und Weise er mit den Menschen Kontakt sucht.

Ein weiterer Grund für mangelhafte Kommunikation kann dadurch gegeben sein, dass der Kandidat nicht genügend Empathie bzw. Perspektivenübernahme und Wertschätzung für seine Gesprächspartner zeigt. Mit Perspektivenübernahme ist gemeint, dass er die Gedanken, Gefühle, Motivationen und Ziele seines Gegenübers zu verstehen sucht. Falls der Kandidat hierbei Mühe hat (bzw. die Ergebnisse des PST bei der »Wachsamkeit« entspre-

174 Vgl. P. Watzlawick a.a.O.
175 Vgl. Abschnitt 2.24.1: u.a. von F. Schulz v. Thun, E. Berne, R. u. A. Tausch, a.a.O.
176 Vgl. A. Ellis a.a.O.

chende Werte aufweisen) sollte vorab ein Förderprogramm auf diesem Gebiet begonnen werden[177].

Medikamente Es ist denkbar, dass Medikamente, die im weitesten Sinne als »Beruhigungsmittel« (Sedativa) bezeichnet werden, zur Verringerung von Unruhezuständen und deshalb im Extremfall auch zur Verringerung der Kontaktorientierung eingesetzt werden können. In höherer Dosis bewirken sie allerdings ein Ausschalten der bewussten Wahrnehmung. Die verschreibungspflichtigen Medikamente (u.a. Benzodiazepine und Neuroleptika) wurden im Kap. 1.5.1.4 behandelt. Hier kommen, wenn überhaupt, eher Naturprodukte (Phytopharmaka) wie Johanniskraut, Baldrian oder Kava-Kava infrage[178].

Johanniskraut
Johanniskraut wird eingesetzt bei depressiven Verstimmungen, Angst, Unruhe, Schlafstörungen und psychovegetativen Störungen. Es wirkt mild antidepressiv, schlaffördernd und beruhigend. Das Medikament wird aus dem Kraut der Pflanze gewonnen.

Nachfolgend die Handelsnamen einiger Johanniskraut-Medikamente mit Angabe des Gewichts des Johanniskraut-Extraktes in mg: Jarsin® 300/450/750, Neuroplant® 600, Laif® 600, Felis® 425/650, Johanicum® 425, Helarium® 425, Cesran® 425, JOHANNISKRAUT® ratiopharm 425, Viviplus® 425, Turineurin® 425, Kytta® Modal 425, Hyperimerck® 425, Aristo® 350, Psychotonin® 300, Kira® 300.

Kava-Kava
Kava-Kava wirkt muskelentspannend, hilft bei depressiven Verstimmungen, ist beruhigend und wirkt angstlindernd – ist also sehr gut als Tranquilizer zu verwenden. Das Medikament wird aus dem Wurzelstock der Pflanze gewonnen.

Nachfolgend die Handelsnamen einiger Kava-Kava-Medikamente mit Angabe des Gewichts des Extraktes in mg: Antares®

---

177 Vgl. hierzu das nachfolgende Kapitel zur Erhöhung der Wachsamkeit.
178 Vgl. http://www.onlineberatung-therapie.de/psychopharmaka/tranquilizer/pflanzliche-beruhigungsmittel.html

120, Laitan® 100, Maoni® forte 120, Kavatino® 60. Ardeydystin®
forte 50, Kavasedon® 50, Kavosporal® forte 50.

Baldrian

Baldrian wirkt schlaffördernd (Dieser Schlaf ist gesund, anders
als beim erzwungenen Schlaf bspw. durch Benzodiazepine) und
beruhigend. Dieses pflanzliche Beruhigungsmittel kann deshalb
hervorragend bei Schlafstörungen, Unruhe und Angst eingesetzt
werden. Das Medikament wird aus der Wurzel der Baldrianpflanze gewonnen und enthält über 100 Inhaltsstoffe. Nebenwirkungen gibt es so gut wie keine (sehr selten bei Überdosis: leichte
Kopfschmerzen oder Übelkeit, Hang-over-Effekte am Morgen).

Nachfolgend die Handelsnamen einiger Baldrian-Medikamente: Baldrian-Mono-Präparat: Sedonium® 300 mg; Baldrian-
Hopfen-Präparat (Mischpräparat): Hova®, Ivel®, Euvegal® N.

Organismus

Mit ziemlicher Sicherheit ist die Kontaktorientierung kaum
genetisch prädisponiert und demnach deutlich von der Lerngeschichte abhängig.

Dennoch gehen einige Forscher auch von einem Zusammenhang zwischen den in unterschiedlichem Ausmaß körpereigen
produzierten Hormonen wie Östrogen, Testosteron usw. geben.
Eysenck liefert einige Ergebnisse hierzu[179], die deutlich machen,
dass die Extraversion – Intraversion (und damit das Ausmaß der
Kontaktorientierung) mit Testosteron und Östrogen korrelieren.

Aus den Korrelationen dürfen allerdings keine Kausalbeziehungen abgeleitet werden. Eine subjektive Beobachtung der Zusammenhänge zwischen Menstruationszyklus und Kontaktorientierung kann dennoch hilfreich sein.

Mit dem weiblichen Zyklus vergleichbare Schwankungen im
Monatsbereich treten beim Mann nicht auf[180]. Bei ihm laufen insgesamt gesehen eher bestimmte Reaktionsmuster aufgrund der
Ausschüttung von Neurohormonen ab, die im Gehirn gebildet werden. So sind es die Hormonschwankungen im Tagesbereich, die
sich ganz verschiedenartig auswirken können. Z.B. hat Cortisol,

179 Vgl. S. Mogadil u.a. (Hg). *H. Eysenck* a.a.O.
180 Vgl. Science orf.at vom Oktober 2007.

das am Abend in geringerem Ausmaß als in den Morgenstunden ausgeschüttet wird, Auswirkungen auf Wachstum, Stoffwechsel und Psyche und wird in Stresssituationen bei Männern stärker ausgeschüttet als bei Frauen.

Verstärker

Die Konsequenzen des bisherigen Verhaltens für den Kandidaten müssen genau ermittelt werden – sowohl die positiven als auch die negativen. So ist es denkbar, dass er für sein kontaktreiches Verhalten von vielen Seiten eine positive Verstärkung erhält und dass solche Verstärker eine Änderung verhindern.

Es gibt aber auch Konsequenzen für ein zu kontaktorientiertes Verhalten, die dazu geführt haben, dass der Kandidat einen Veränderungsprozess anstrebt. Diese Konsequenzen im Sinne von C⁻ werden genau notiert.

Hierzu genügt eine einfache Tabelle, wie sie in der Abb. 65 abgedruckt ist.

Art der Kontaktorientierung (genau beschreiben)		
	häufig	selten
Wann?		
Wer ist dabei?		
Wo?		

Abb. 65: Beobachtung der Kontaktorientierung

Insgesamt gesehen sollen Verstärker, die das bisherige Verhalten aufrechterhalten, eher negiert und nach neuen Verstärkern gesucht werden, die das gewünschte Verhalten belohnen.

Kontingenz Es geht darum, alle Wege, die zu einer Vernetzung der Neuronen führen, zu bündeln. Insbesondere zu Beginn der Maßnahme sollte diese Vernetzung permanent erfolgen.

Eine praktische Hilfestellung ist es, möglichst vielen Menschen mitzuteilen, dass man sich, was die Kontaktorientierung anbelangt, zukünftig etwas mehr zurücknehmen wolle. Persönlich Bekannte, Familienangehörige oder nahe Mitarbeiter sollte man bitten, dass sie immer korrigierend agieren, wenn das angestrebte Ziel aus dem Blick gerät. Man kann auch mit Uhren arbeiten, die in bestimmten Abständen ein Signal geben (z.b. alle 30 Minuten), das dann wieder auf den Beratungsplan hinweist. Wenn der Änderungsprozess schon weiter vorangeschritten ist, müssen die Erinnerungen nicht mehr regelmäßig erfolgen, sie sollten aber nicht ganz wegfallen. Auch Kontingenzverträge sind ein gutes Hilfsmittel.

Weil die Kontaktorientierung das System benötigt, ist das Lernen *System* im System bzw. am Modell eine der einfachsten Möglichkeiten, daran zu arbeiten. Vor diesem Hintergrund ist es unbedingt erforderlich, die systemischen Hintergründe zu erkunden.

Wahrscheinlich ist, dass sich der Kandidat in Systemen aufhält, die das von ihm derzeitig gezeigte kontaktorientierte Verhalten modellhaft anbieten und dass er dieses dort möglicherweise auch gelernt hat. Ein Wechsel zu einer Gruppe von Menschen, die eine geringere Kontaktorientierung aufweist, wäre eine wichtige Hilfestellung. Daher ist es zum Abbau der Kontaktorientierung notwendig, Gruppen zu finden, in denen wenig gesprochen oder gar systematisch geschwiegen wird (z.B. Retraiten). Manchmal ist es auch (z.b. in der Schule) möglich, die Klasse zu wechseln, um das Verhalten durch andere Modelle zu verändern.

Es muss dabei allerdings beachtet werden, dass der Aufenthalt in solchen ganz andersartigen Gruppen, zumindest zu Beginn des Programms, zu einem deutlichen psychischen Stress für den Kandidaten führen wird.

Menschen mit hoher Kontaktorientierung sind vor biblischem *Spiritualität* Hintergrund nicht »schlecht« oder »gut«, sondern für bestimmte Tätigkeiten oder Funktionen in der Gemeinde besser geeignet als andere. So gesehen ist es beim verantwortlichen Umgang mit den

»Gaben« sinnvoll, ihnen den Besuchsdienst, Evangelisation oder die Aufgabe des Fundraisings zuzuteilen.

Menschen mit geringer Kontaktorientierung sind beruflich im Bereich der Organisation, der Planung, der systematisch angebotenen Lehre usw. günstiger unterzubringen. Wenn es jedoch aus besonderen Gründen notwendig sein sollte, dass ein Mitarbeiter mit hoher Kontaktorientierung solche Aufgaben übernehmen soll, dann können entsprechende Lernprogramme zu einer Veränderung führen. Es sind in der Bibel keine Berichte verzeichnet, bei denen extrovertierte Menschen (wie vermutlich z.b. Petrus) durch ein Wunder zu geringerer Kontaktorientierung hin verändert worden sind. Darum sollten wir auch nicht um Wunder bitten – obwohl Gott sicherlich auch hier spontan antworten könnte. Besser ist es, für die Möglichkeit des Lernens zu danken, die Gott dem Menschen geschenkt hat, und um Geduld für diesen Lernprozess zu bitten.

Im Laufe der Kirchengeschichte gab es immer wieder besondere Orden, in denen *Stille, Meditation und vor allem Kontemplation*[181] zu den hauptsächlichen Ordensregeln gehörte. Nachfolgend der Abschnitt 21 aus der Ordensregel der Karmeliter[182].

»Der Apostel aber empfiehlt das Schweigen, wenn er vorschreibt, in Ruhe zu arbeiten, wie auch der Prophet bezeugt: ›Die Übung der Gerechtigkeit ist das Schweigen.‹ Und ferner: ›Im Schweigen und in der Hoffnung liegt eure Stärke.‹ Deshalb ordnen wir an, dass ihr nach dem Beten der Komplet das Schweigen halten sollt, bis die Prim des folgenden Tages gebetet ist. Wenn auch in der übrigen Zeit das Schweigen nicht so sehr gewahrt zu werden braucht, hüte man sich dennoch sorgfältig vor Geschwätzigkeit, denn wie geschrieben steht und nicht minder die Erfahrung lehrt: ›Bei vielem Reden bleibt die Sünde nicht aus‹ und ›Wer unbedachtsam im Reden ist, dem ergeht es übel.‹ Sodann: ›Wer viele Worte macht, schadet seiner Seele.‹ Und der Herr

---

181 Kontemplation (von lat. contemplare »anschauen, betrachten«) ist die christliche Ausprägung der Meditation und meint eine zu Gott hin gerichtete Beschaulichkeit oder auch beschauliche Betrachtung von Gottes Wort.
182 H.-M. Jaeger (2005). *Gott lebt, sie sind seine Zeugen.* Band 1 und 2. Straubing: Cl. Attenkofer'sche Buch- und Kunstdruckerei.

selbst sagt im Evangelium: ›Über jedes unnütze Wort, das die Menschen reden, werden sie am Tag des Gerichts Rechenschaft ablegen müssen.‹ Daher wäge ein jeder seine Worte und zügle seine Zunge, damit er nicht strauchle und durch seine Rede zu Fall komme und sein Fall unheilbar zum Tod führe. Mit dem Propheten achte jeder auf seine Wege, damit er sich mit seiner Zunge nicht verfehle, und er mühe sich sorgfältig und gewissenhaft um das Schweigen, in dem die Übung der Gerechtigkeit besteht.«

2.2.5 Arbeit an der Wachsamkeit

Mit der Wachsamkeit bei den Globalskalen, die weiter vorne beschrieben worden ist, korrelieren die folgenden Einzelskalen des PST-R mehr oder weniger hoch.

Nachfolgend die relevanten Einzelskalen in der bipolaren Darstellung. Dabei werden die Zusammenhänge mit der Globalskala mit hoch +++, mittel ++ und geringer + gekennzeichnet.

Globalskala		höher niedriger	Wachsamkeit Reserviertheit	niedriger höher
	Zusam- men- hang mit Wach- samkeit			
Einzelheiten der Skalen im PST-R	+++	Sensibilität		Robustheit
	++	Flexibilität		Pflichtbewusstsein
	+	Emotionale Schwankung	Emotionale Widerstandsfähigkeit	
	+	Soziale Anpassung		Selbstbehauptung

Man kann die Wachsamkeit erhöhen oder verringern.

Wie weiter vorne beschrieben, gilt ganz allgemein für Lernprozesse, d.h. für das Verschalten der Neuronen, dass defizitär vorhandene Verhaltensweisen durch ständige Wiederholung aufgebaut und exzessiv vorhandene durch ständige Verhinderung am schnellsten abgebaut werden können

Anmerkung zur Wachsamkeit

Bei der Sensibilität, die den höchsten Zusammenhang zur Wachsamkeit in der Globalskala aufweist, zeigt sich eine spezifische Besonderheit, die beachtet und diskutiert werden muss, ehe mit einem Lernprogramm begonnen wird. Immer wieder kam es in den vergangenen Jahren vor, dass sich Menschen mit den Ergebnissen des PST-R bezüglich der Sensibilität nicht identifizieren konnten: Diese Ausprägung brachte bei den Testergebnissen niedrige Werte, während sich die Betroffenen selbst weitaus sensibler einschätzten. Bei einer genaueren Überprüfung dieses Sachverhaltes stellte sich heraus, dass es sich dabei um Menschen handelte, die sich – bedingt durch ihre berufliche Situation – vor hohen spezifischen Anforderungen *abschotten* mussten. Anfangs fanden wir diese Ergebnisse häufig bei Krankenschwestern im OP-Bereich. Sie hatten, bildlich gesprochen, einen »Schutzwall« um sich aufgebaut, um die hohen psychischen Anforderungen zu meistern. Wir sprechen deshalb vom »Krankenschwesternprofil der Sensibilität«. Später haben wir dieses Profil auch bei anderen Tätigkeiten gefunden, die ständig hohe Anforderungen psychischer Art stellen.

Bei diesen Menschen zeigt sich beim PST-R, nachdem sie den »Schutzwall« abgebaut haben, bei den Wesenszügen, also nach außen hin, ein höherer Sensibilitätswert. Für die Praxis empfiehlt es sich daher, bei geringen Sensibilitätswerten und der Vermutung eines solchen Schutzwalls mit dem Betroffenen *darüber zu reden* und abzuklären, wie die Werte bewertet werden müssen. In solchen Fällen ist dann kein Programm zur Erhöhung der Wachsamkeit erforderlich, sondern lediglich der Hinweis, den »Schutzwall« nach der psychisch anstrengenden Arbeit bewusst wieder zurückzunehmen.

Bei einer Weiterentwicklung des PST-R soll vor diesem Hintergrund geprüft werden, ob die Sensibilität auch bei den älteren Schichten der Persönlichkeit, also der Grundstruktur und der Tiefenstruktur, überprüft werden kann. Bisher ist das noch nicht der Fall und deshalb können auch noch keine Aussagen zu den Lernkurven gemacht werden.

Wachsamkeit und Lernkurve

Während es bei den anderen Globalfaktoren der Wesenszüge also möglich war, Unterschiede zwischen den unterschiedlichen »Jahresringen« zu erkennen und damit festzustellen, in welchem Bereich der Lernkurve sich der Kandidat befindet, wurden diese wissenschaftlichen Untersuchungen bezogen auf den Faktor Wachsamkeit – Reserviertheit bisher noch nicht vorgenommen. Als Forschungshypothese vermuten wir, dass eine mäßige Korrelation zwischen Wachsamkeit bei den Wesenszügen, Flexibilität in der Grundstruktur und Warmherzigkeit in der Tiefenstruktur besteht.

Falls sich diese Vermutung bestätigen sollte, kann man davon ausgehen, dass es Menschen gibt, die schon in der Kindheit hohe Wachsamkeit erlernt haben und diese heute auch noch zeigen – oder aber aufgrund von Herausforderungen ihres Lebens daran gearbeitet haben, sodass sie nun geringere Werte bei den Wesenszügen aufweisen.

Um derzeitig ohne Zahlenergebnisse zu ermitteln, ob sich voraussichtlich ein Lernerfolg einstellen wird, muss eine idiografische Exploration der Lerngeschichte vorgenommen werden.

2.2.5.1 Erhöhung der Wachsamkeit

Ziel dieses Lernprogramms ist, dass Kandidaten, deren Testergebnisse geringe Werte bei der Wachsamkeit aufweisen und die aus privaten oder beruflichen Gründen auf eine Erhöhung dieser »Awareness[183]« angewiesen sind, Hilfestellungen erfahren.

Insbesondere für Menschen, die viel mit anderen Leuten zu tun haben, die sich einfühlen sollten und bei denen dies bisher nicht

---

183 Mit diesem englischen Wort, das Bewusstsein, Kenntnis, Wahrnehmen dessen, was abläuft, ausdrückt, kann in kurzer Form beschrieben werden, was gemeint ist.

klappt, kann mit den Programmen weitergeholfen werden. Oft merken diese Menschen bei der Begegnung mit anderen nicht, dass Sie sich ungeschickt verhalten, dass sie nicht verstehen, was gemeint ist, dass sie Veränderungen wenig wahrnehmen und sich damit nicht selten auch etwas tollpatschig wie der »Elefant im Porzellanladen« verhalten.

Vor psychologischem Hintergrund spricht man in diesem Zusammenhang von der fehlenden »Empathie« bzw. von »Perspektivenübernahme« und das Ziel des Lernprozesses wird sein, dass der Kandidat lernt, »in den Schuhen des anderen« zu gehen. In der nondirektiven Gesprächspsychotherapie, die von Carl Rogers[184] in den USA in den 1940er-Jahren begründet und in Deutschland von Reinhard Tausch[185] weiterentwickelt worden ist, gehört ein empathisch geführtes Gespräch zum Grundwerkzeug, das dazu führt, dass der Klient beginnt, intensiv über sich nachzudenken.

Wissenschaftliche Untersuchungen der Wirksamkeit der Gesprächspsychotherapie konnten belegen, dass durch ein empathisches und wertschätzend geführtes Gespräch eine deutliche Verbesserung des Wohlbefindens und des zwischenmenschlichen Beziehungsverhaltens erreicht werden kann. Für Menschen, die an einer solchen Verbesserung interessiert sind, ist es daher sehr wichtig, sich auf einen Lernprozess gerade in diesem Bereich einzulassen.

Praktische Beispiele zur Erhöhung der Wachsamkeit:

Ohne danach zu fragen, sollen die Gedanken und Gefühle der Mitarbeiter beim Zurückkommen von einer wichtigen Sitzung »erraten« werden.

Wenn ein Partner oder ein Freund einen sachlichen Bericht erstattet, soll versucht werden zu erkennen, welche Gefühle er dabei hatte.

184 C.R. Rogers (1991). *Therapeut und Klient*. Frankfurt/M: Fischer.
185 R. Tausch, A.-M. Tausch (1999). *Wege zu uns und anderen: Menschen suchen sich selbst zu verstehen und anderen offener zu begegnen*. Reinbek: Rowohlt.

Während bei den bisherigen Items immer zwischen einem »Innen« und »Außen« bei der Persönlichkeitsstruktur unterschieden werden konnte und damit anzugeben war, in welchem Bereich der Lernkurve angesetzt werden kann bzw. ob ein Lernerfolg überhaupt noch realisierbar ist, hat der PST-R hier derzeitig noch seine Grenzen. Wir können die Wachsamkeit bei den Wesenszügen erfassen, nicht jedoch in der Grund- und Tiefenstruktur. Wie schon weiter vorne angedeutet, werden in absehbarer Zeit die entsprechenden Ergebnisse vorliegen. Grundsätzlich kann jedoch mit unseren bisherigen Erfahrungen davon ausgegangen werden, dass an der Erhöhung der Wachsamkeit gearbeitet werden kann.

Weil die Wahrnehmung in einem direkten Zusammenhang mit den Sinnesorganen steht, ist es bei den die Wahrnehmung betreffenden Lernprozessen besonders wichtig, die bevorzugten Eingangskanäle zu erkennen und das Lernprogramm dann konsequenterweise ganz spezifisch dort anzusetzen.

Allgemeine Möglichkeiten zur Erhöhung der Wachsamkeit

Entsprechend den neun unterschiedlichen Möglichkeiten, vom Zustand Z_1 zum Zustand Z_2 zu kommen (vgl. Abb. 49), werden nachfolgend einige praktische Anwendungen vorgestellt, die dann in einen Beratungs-/Therapieplan eingearbeitet werden können. Dabei wird mit einfachen und schnell zu erreichenden Übungen begonnen, denen immer schwierigere folgen. In der Praxis hat es sich bewährt, von ca. sechs bis zehn Schritten auszugehen.

Erhöhung der Wachsamkeit

Kandidaten für dieses Lernprogramm haben Defizite bei ihrer *Übung* Wahrnehmung und sollen diese ausgleichen. Nachdem das sensibelste Sinnesorgan ermittelt worden ist, kann mit den Aufgaben begonnen werden. Entsprechend unserem ganzheitlichen Ansatz wird sich die Erhöhung der Wachsamkeit, angefangen mit einem beliebigen Sinnesorgan, dann auf die gesamte Sensibilität des Menschen auswirken. Die Erhöhung der Wachsamkeit muss allerdings permanent geübt werden – so lange, bis eine hinreichende Anzahl von Neuronen verschaltet ist und das neue Verhalten dann definitiv und überdauernd verankert ist.

Nachfolgend einige Übungsprogramme für die unterschiedlichen Sinnesorgane. Es geht dabei darum, dass Wahrnehmungsunterschiede realisiert werden und diese mit zunehmendem Schwierigkeitsgrad immer feiner werden.

Präferenz beim Hören
- Auf zwei Gruppen von Gesprächspartner hören und deren unterschiedliche Gespräche verfolgen.
- Bei einem Jazz-Konzert[186] sowohl die nacheinander eintretenden Instrumente verfolgen, als auch die anderen, die im Hintergrund musizieren.
- Bei einem Streichquartett (z.B. von Dvořák oder Schubert) die einzelnen Instrumente verfolgen. Zuerst auf das gesamte Quartett hören, danach das Cello verfolgen, anschließend die 1. Violine, danach die Viola und zum Abschluss die 2. Violine (diese Reihenfolge stellt den steigenden Schwierigkeitsgrad bei der Differenzierung der Instrumente dar).
- Am frühen Morgen die Vogelstimmen differenzieren.

Präferenz beim Riechen
Unterschiedliche Duftnoten (z.B. bei Parfums) nach bestimmten Duftnoten ordnen (z.B. herb – süß – frisch) oder wissenschaftlich entsprechend dem am häufigsten verwendeten Klassifizierungssystem für Gerüche[187], das sieben Grundgerüche unterscheidet.

---

186 Oder auch einer Fuge für Kandidaten, die klassische Musik bevorzugen.
187 A. Corbin (2005). *Pesthauch und Blütenduft*. Berlin: Wagenbach-Verlag.

Grundgeruch	Beispiel
kampferähnlich	Mottengift
moschusartig	Engelwurz
blumenduftartig	Rosenduft
mentholartig	Minze
ätherisch	Trockenreinigungsmittel
beißend	Weinessig
faulig	faule Eier

Dabei sollen die Gerüche entweder in immer mehr verdünnter Form angeboten und vom Kandidaten nach ihrer Intensität geordnet oder in die unterschiedlichen Grundgeruchsarten eingeteilt werden.

Eine zusätzliche Erkenntnis ergibt sich auch dann, wenn man mit den Kandidaten über die Gefühle spricht, die die entsprechenden Gerüche auslösen.

Eine weitere Übung in diesem Bereich kann die Zuordnung verschiedener frisch abgesägter Hölzer sein, die unterschiedlich riechen. Auch hier kann zusätzlich gefragt werden, welcher Geruch am besten gefällt und welcher am wenigsten.

Auch der Besuch eines botanischen Gartens mit seinen unterschiedlichen Düften oder eines Rosengartens, eines Parfümerieladens usw. bietet viele Möglichkeiten, den Geruchssinn zu erproben und vor allem zu differenzieren.

Wichtig ist bei all diesen Übungen, auf Unterschiede zu achten und diese dann zu differenzieren und zu interpretieren. Mit zunehmendem Schwierigkeitsgrad der Übungen sollen die Unterschiede dabei immer geringer werden.

Präferenz beim Schmecken

Die Rezeptorzellen für die Geschmacksqualitäten sind in den Geschmacksknospen angeordnet, die sich auf der Zunge und in den Schleimhäuten der Mundhöhle befinden.

Grundgeschmack	Beispiel
süß	Zucker
salzig	Speisesalz
sauer	Essig
bitter	Bitterstoffe
umami[188]	Glutaminsäure

Auch hier können dem Kandidaten entsprechende Speisen und Getränke in immer schwächer ausgeprägter Geschmacksform angeboten und dann differenziert oder aber die unterschiedlichen Geschmacksrichtungen gegeneinander abgegrenzt werden. Ganz allgemein soll der Kandidat bei allen Mahlzeiten mehr als bisher üblich auf den unterschiedlichen Geschmack der Speisen und Getränke achten und sich auch dazu äußern. Er soll versuchen, Speisen mit Gewürzen zu verfeinern, unterschiedliche Arten des Dressings entwickeln usw.

Präferenz beim Tasten und Fühlen
Unsere Haut hat die Fähigkeit,
* Berührungen,
* Druck,
* Spannung,
* Temperaturunterschiede
wahrzunehmen. Die Rezeptoren für diese Empfindungen liegen in der Oberhaut und in der Lederhaut.
Man benötigt zur Übung geeignete Materialien. Dabei können z.b. verschieden bearbeitete Metalle oder Hölzer nebeneinandergelegt und abgetastet werden. Es soll dann die Temperatur (kälter bei Metallen, wärmer bei Holz) und die Oberflächenbearbeitung (unbearbeitet, geschruppt, geschlichtet, feingeschlichtet, poliert) beschrieben werden.

---

188 Umami (jap.: fleischig, herzhaft) ist die neueste Geschmacksart, die von dem Japaner Kikunae Ikeda 1908 beschrieben worden ist und in eiweiß- und aminosäurereichen Nahrungsmitteln vorkommt. Glutamat als Geschmacksverstärker vermittelt den Umami-Geschmack sehr konzentriert.

Sehr gut eignen sich auch verschiedene Stoffe mit ihren unterschiedlichen Oberflächen (Leine, Baumwolle, Seide...), die den Kandidaten zur Unterscheidung angeboten werden können.

Präferenz beim Sehen

Wenn das Sehen zum bevorzugten Eingangskanal für Sinneswahrnehmungen gehört, können z.b. Übungen durchgeführt werden, bei denen zwei Farben (z.b. Acrylfarben) stetig miteinander abgemischt werden. Man beginnt auf einer Pappe links und rechts jeweils mit der Originalfarbe (z.b. Weiß und Blau) die Kästchen auszumalen (vgl. Abb. 66) und setzt nach innen mit möglichst regelmäßigen Abständen der Farbmischungen fort.

blau								weiß

Abb. 66: Abtönübung   gleichmäßig abtönen

Der Kandidat kann auch bei allen anderen Möglichkeiten der Differenzierung von Farben an der Verbesserung der Wahrnehmung bzw. der Wachsamkeit arbeiten. Das Förderprogramm sieht dabei u.a. vor, auf farbliche Abstimmung von Kleidern und Accessoires zu achten, auch Farben in Wohnungen (Tapeten, Anstriche) usw. aufeinander abzustimmen, d.h. ganz allgemein sowohl auf die Farbtemperatur als auch die Farbintensität zu achten.

Eine weitere Möglichkeit ist, eine Fernsehsendung ohne Ton (bzw. fremdsprachlich) anzusehen und von der Gestik und Mimik des Schauspielers zu schließen, welche Handlung gerade abläuft.

Einen ganzheitlichen Ansatz zur Förderung der Wahrnehmung können auch Programme wie das »Genusstraining« bieten, das in den 1990er-Jahren von Koppenhöfer und Lutz in einer verhaltenstherapeutisch arbeitenden Klinik entwickelt wurde.[189] Ursprünglich war es für depressive Patienten gedacht, um ih-

---

189 Vgl. E. Koppenhöfer (2004). *Kleine Schule des Genießens*. Lengerich: Papst Verlag.

nen wieder einen Zugang zu positivem Erleben und Handeln zu ermöglichen. Spätere Erfahrungen zeigten aber auch positive Ergebnisse bei anderen Störungen und es ist präventiv für Menschen geeignet, die unter hoher beruflicher, sozialer oder familiärer Anspannung stehen und wenig Zeit für einen Ausgleich ihrer Belastungssituation finden.

In ein- oder mehrtägigen Seminaren sollen die Betroffenen auf vielfältige Art und Weise lernen, ihre fünf Sinne (wieder) zu entdecken, sie zu schulen und intensiver wahrzunehmen unter dem Motto:»Wer nicht genießt, wird ungenießbar.«

Stimuli Alle Reize, die zu einer höheren Wachsamkeit führen können, müssen erkannt und weiterhin eingesetzt werden, während diejenigen Stimuli, die die Wachsamkeit verhindern, abgestellt werden müssen. Wie schon weiter oben erwähnt, ist es deshalb wichtig, die sensiblen und die weniger sensiblen sinnlichen Eingangspforten vorab zu diagnostizieren.

Es können auch bestimmte Filmszenen, Musikstücke oder Bilder sein, die den Kandidaten mehr als andere stimulieren, d.h., im diagnostischen Vorgespräch wird eruiert, welche Erlebnisse im bisherigen Leben ausgesprochen starke emotionale Reaktionen hervorgerufen haben, welche äußerst peinlich waren usw.

Vor dem Hintergrund dieser Ergebnisse können dann in sensu und danach in vivo Konfrontationen herbeigeführt werden, die dazu dienen, die Wahrnehmung zu verbessern.

Eine besondere Beachtung bei Übungen zur Erhöhung der Wachsamkeit verdienen die sog.»Kim-Spiele«, die auf einen Roman von Rudyard Kipling (1865–1936) zurückgehen. Er schildert darin den Jungen Kim, der in Indien aufwächst und einen Hindujungen kennenlernt, gegen den er jedes Spiel verliert, weil dessen Wahrnehmung und Gedächtnis schärfer und besser geschult sind, während Kim Probleme mit der Wahrnehmung, im Denken, im Tasten und im Sehen hat. Als Kim den Hindujungen fragt, wie er zu dieser Leistung gekommen ist, antwortet ihm dieser, dass »man es so lange macht, bis man es gut macht und dass es wert ist, dies zu lernen«.

Die unterschiedlichen Kim-Spiele können vom Dreijährigen bis zum Erwachsenen eingesetzt werden, um durch sinnliches Lernen die Wachsamkeit zu verbessern. Nachfolgend einige Beispiele für Kinder, die aber auch für Erwachsene modifiziert werden können:[190]

- **Seh-Kim:** Was hat sich verändert? Ein Teilnehmer wird hinausgeschickt und es wird an den anderen Teilnehmern etwas verändert; beispielsweise wechselt jemand den Sitzplatz, eine Brille wird vertauscht, ein Kleidungsstück wird abgelegt. Dann wird er/sie hereingerufen und aufgefordert zu raten, was sich verändert hat.
- **Nasen-Kim:** Hier geht es neben dem Gedächtnis um die gute Nase. Der Spielleiter hat eine Menge vorbereiteter Düfte bei sich: halbierte Früchte wie Äpfel, Orangen oder Bananen, Fläschchen mit Essig, Parfüm und eine Medizin, Stücke von Schokolade, Wurst und Käse und vieles mehr. Dem ersten Spieler werden nun die Augen verbunden. Dann hält man ihm einen der Gerüche unter die Nase und er muss raten, was es ist. Dann ist der nächste Riecher an der Reihe.
- **Mund-Kim:** Hier dreht sich alles um den Geschmack. Ähnlich wie beim Nasen-Kim muss hier jeder Spieler mit verbundenen Augen herausfinden, worein er gerade beißt: einen Apfel, ein Stück Brot oder gar eine rohe Kartoffel.
- **Gedächtnis-Kim:** Ein Spielleiter präsentiert ein Tablett mit einer Anzahl von kleinen Gegenständen, damit die Mitspieler sie sich einprägen können. Nach Ablauf einiger Sekunden wird das Tablett verdeckt, und die Spieler sollen die Gegenstände möglichst vollständig aufzählen.
- **Tast-Kim:** Gegenstände hinter einem Tuch müssen ertastet und erraten werden.

In vielen Fällen kann es sein, dass der Kandidat den Sinn des *Gedanken* Trainings nicht einsieht, d.h. er von einer Maßnahme zur Erhöhung der Wahrnehmung kaum überzeugt ist. Dann muss vorab

190 Vgl. http://www.familienhandbuch.de/cmain/f_Programme/a_Aktivitaeten_mit_Kindern/s_1083.html

275

an einer kognitiven Rekonstruktion dieses Denkens im Sinne der Methoden der kognitiven Therapie gearbeitet werden[191] oder durch ein nondirektiv geführtes Gespräch[192] die Akzeptanz des Trainings erreicht werden.

Ist dann eine hinreichende Motivation vorhanden, kann mit der eigentlichen Arbeit zur Erhöhung der Wahrnehmung begonnen werden. Es geht dabei im Wesentlichen darum, dass die Kandidaten lernen, ihre Gedanken und Gefühle miteinander zu verbinden (vgl. hierzu Kap. 1.5.2.6). Bisher haben die meisten wenig über diese Zusammenhänge nachgedacht und noch weniger darüber geredet.

Bei der praktischen Arbeit werden unterschiedliche Gefühle provoziert, damit sie dann im Gespräch mit dem Berater dem Denken zugeordnet werden können. Hierzu ist es möglich – entsprechend dem bevorzugten Eingangskanal der Sinnesorgane – Bilder zu zeigen, Musikstücke anzubieten, Gerüche vorzustellen usw.

In der Praxis bewährt es sich z.b., dem Kandidaten einen Bildband vorzulegen, der Bilder aus unterschiedlichen Stilepochen enthält[193], und ihn sein Lieblingsbild aussuchen zu lassen. Dann soll er erzählen, was er beim Anschauen empfindet. Mit großer Geduld (es müssen genügend Neuronen verschaltet werden!) wird der Berater nachfragen und vertiefen. Es geht insbesondere darum, über die Gefühle zu reden und sie sowohl qualitativ (z.b. Freude, Trauer oder Wut) als auch quantitativ (z.B. wenig, mittelmäßig, sehr) zu differenzieren.

Ähnliches ist auch mit Musik möglich. Zu Beginn eignet sich eher symphonische Programmmusik (z.B. »Die Moldau« von Smetana, »Bilder einer Ausstellung« von Mussorgsky oder »Der Karneval der Tiere« von Camille Saint-Saëns usw.).

Später können es auch anspruchsvollere Musikwerke sein, denen der Kandidat dann seine Gefühle zuordnen bzw. diese beschreiben kann.

191 Vgl. u.a. bei A. Ellis a.a.O
192 Vgl. R. Tausch, A. Tausch a.a.O.
193 Z.B. Christian Rohlfs 1849–1938. München: Hirmer Verlag.

Für den Geruchs- und Geschmackssinn lassen sich leicht ähnliche Programme entwickeln.

Eine weitere Aufgabe sind Einschätzübungen zum PST-R. Hierzu wird dem Kandidaten ein Blanko-Vordruck der Wesenszüge zusammen mit der Erklärung der Items vorgelegt[194], mit dem er einen gut bekannten Menschen (z.B. den Berater) einschätzen soll. Die eingeschätzten Ergebnisse werden anschließend gemeinsam besprochen. Immer dann, wenn die Unterschiede zwischen der Einschätzung und den wissenschaftlich ermittelten Ergebnissen größer als drei Skalenwerte ist, soll darüber diskutiert werden, welche Wahrnehmungen zu dieser falschen Einschätzung geführt haben könnten. Bei solchen Diskussionen lernt der Kandidat zunehmend seine Wahrnehmungsfehler zu korrigieren.

Wenn die Einschätzungen der Wesenszüge bei einer Reihe von Menschen immer besser geworden sind, können auch die äußerlich nicht sichtbaren Anteile der Persönlichkeitsstruktur (Grund- und Tiefenstruktur sowie Kontrollüberzeugungen) eingeschätzt werden. Hier gibt es naturgemäß viel größere Spielräume – aber möglicherweise hat der Kandidat schon so deutlich bei seiner Wahrnehmung hinzugelernt, dass er auch kleinere Zeichen erkennen kann. Vor allem aber ist das Gespräch darüber, warum er solche Vermutungen anstellt, sehr hilfreich.

Medikamente, die die Wahrnehmungsfähigkeit erhöhen, sind *Medikamente* nicht bekannt. Auch beim Gebrauch von Halluzinogenen (z.B. LSD oder Meskalin), die manchmal in einem solchen Zusammenhang erwähnt werden, werden die Sinneseindrücke nicht verstärkt, sondern nur verändert. Die Wahrnehmungsveränderung kann sich dabei in einer verstärkten Farbwahrnehmung oder auch der Wahrnehmung komplexer Muster in fantastischen Farben, Strukturen und Formen äußern. Bekannt sind auch Synästhesien, d.h. Vermischungen von Sinneseindrücken, z.B. »gehörte« Farben oder »geschmeckte« Töne.

---

194 Diese sind im Anhang abgedruckt.

Wichtig ist die Überprüfung, ob der Kandidat Neuroleptika oder andere Medikamente einnimmt. Hier können Nebenwirkungen ggfs. zu einer Verlangsamung nicht nur der Bewegung, sondern auch der psychischen Aktivität führen (vgl. hierzu Kap. 1.5.1.4).

Organismus Da die Wahrnehmung über die Sinnesorgane erfolgt, ist es unabdingbar, dass vor Beginn eines Lernprogrammes nicht nur qualitativ überprüft wird, welches Sinnesorgan sich hierfür am besten eignet, sondern auch ob quantitative Schwächen vorhanden sind. Nicht selten ist eine »Seelenblindheit« ursächlich bedingt durch die Unfähigkeit, akustisch zu differenzieren oder optisch korrekt zu sehen.

Hörprobleme, die in unterschiedlichen Formen und Stärken auftreten können, haben viele mögliche Ursachen. Meist sind es ein erhöhter Ohrinnendruck, Durchblutungsstörungen, Altersschwäche oder Nebenwirkungen von Medikamenten, die hierzu führen. Infektionskrankheiten, wie z.b. die Gürtelrose, können ebenfalls ursächlich sein. Bei Kindern können sich Hörprobleme auf die Sprachentwicklung auswirken.

Unsere derzeitige Gesellschaft wird nicht nur schneller, sondern auch immer lauter. Viele Menschen leiden körperlich und psychisch unter der hohen Lärmbelastung. Geräuschempfindlichkeiten können sich sowohl aufgrund des gesamten Schalldruckes ergeben als auch gegen einzelne Geräusche richten. Vor allem Kinder leiden zunehmend, teilweise unbewusst, unter den hohen Lärmpegeln im Klassenzimmer und im Freizeitbereich.

Auch Sehprobleme können die unterschiedlichsten Ursachen haben, deshalb empfiehlt sich bei einer solchen Vermutung, ehe mit dem Lernprogramm begonnen wird, den Augenarzt oder Optiker aufzusuchen.

Bereits zu Anfang des 19. Jahrhunderts entdeckte der amerikanische Augenarzt Dr. William Bates, dass Augen und Sehvermögen negativ auf Stress und positiv auf Entspannungsübungen reagieren, und entwickelte daraufhin ein Sehtrainings-Programm. Auf diesen Übungen basieren die meisten der heute bekannten

Augen-Trainings-Übungen für Kinder und Erwachsene, die vor allem von Janet Goodrich entwickelt worden sind.[195]

Die Konsequenzen des bisherigen Verhaltens geringerer bzw. hö- *Verstärker* herer Wachsamkeit für den Kandidaten müssen genau ermittelt werden – sowohl die positiven als auch die negativen.

Oftmals wird der Kandidat es selbst gar nicht bemerken, dass er Mühe mit der Wahrnehmung von Gedanken und Gefühlen anderer Menschen hat. Es sind dann zumeist Betriebs- und Familienangehörige, die darunter leiden und ihm das ggf. auch zurückmelden. Es ist aber auch denkbar, dass dem Kandidaten selbst auffällt, dass er seine Mitarbeiter schwer verstehen kann, dass er wegen mangelnder Empathie oft in ein »Fettnäpfchen« tritt usw. Negative Konsequenzen könnten Mahnungen von Verwandten oder auch Mitarbeitern sein, sich doch endlich besser einzufühlen, mehr zu versuchen, die anderen Menschen zu verstehen usw.

Andererseits ist natürlich ein Leben mit geringer Empathie in vielen Fällen einfacher – und damit ein positiver Verstärker, denn was nicht bemerkt wird, darüber muss nicht nachgedacht werden und dies kann dann zu einem ruhigeren Leben führen.

Insgesamt gesehen sind Verstärker, die das bisherige Verhalten aufrechterhalten, möglichst zu entfernen bzw. zu negieren. Verstärker, die zum Aufbau einer höheren Korrektheit führen, werden noch intensiver eingesetzt. Zudem wird nach neuen Verstärkern gesucht, die das gewünschte Verhalten belohnen.

Es geht darum, alle Wege, die zu einer Vernetzung der Neuronen *Kontingenz* führen, so zu gestalten, dass eindeutig und möglichst viele Neuronen miteinander vernetzt werden. Insbesondere zu Beginn der Maßnahme sollte diese Vernetzung permanent erfolgen.

Eine praktische Hilfestellung ist es, möglichst vielen Menschen mitzuteilen, dass man an der Erhöhung der Wachsamkeit arbeitet. Persönlich Bekannte, Familienangehörige oder nahe

195 Vgl. J. Goodrich (2006). *Natürlich besser sehen.* Kirchzarten: VAK-Verlag.

279

Mitarbeiter sollte man um Mithilfe bitten, dass sie immer korrigierend agieren, wenn das angestrebte Ziel aus dem Blick gerät. Man kann auch mit Uhren arbeiten, die in bestimmten Abständen ein Signal geben (z.b. alle 30 Minuten), das dann wieder auf den Beratungsplan hinweist. Wenn die Zunahme der Wahrnehmungsfähigkeit schon weiter vorangeschritten ist, müssen die Erinnerungen nicht mehr regelmäßig erfolgen, sie sollten aber nicht ganz wegfallen. Auch Verträge mit deutlichen Konsequenzen sind ein gutes Hilfsmittel.

System Eine ausgezeichnete Möglichkeit, um zu einem raschen Feedback über die Zunahme der Wahrnehmungsfähigkeit zu kommen, ist die Arbeit in der Gruppe. Wenn man davon ausgeht, dass in einer Gruppe Menschen mit ganz unterschiedlicher Persönlichkeitsstruktur und verschiedenartigen Problemen zusammensitzen, die gemeinsam versuchen, einander besser verstehen zu können, dann werden die Reaktionen auf das Verhalten des Kandidaten, der eine solche Gruppe besucht und von sich erzählt, ganz unterschiedlich ausfallen. Er wird zu prüfen haben, was er annehmen kann und was er möglicherweise ganz anders sieht. Es geht um den direkten unmittelbaren Kontakt mit eigenen Gedanken, Gefühlen und Perspektiven und mit denen anderer Menschen. Weil in solchen Gruppen wenig in der Vergangenheit, aber umso mehr im Hier und Jetzt geredet wird, sind auch Modelleffekte für ein empathisches Verhalten gut möglich.

Durch die Hinzunahme eines ausgebildeten Gruppenleiters wird aus der Selbsterfahrungsgruppe eine geführte Gruppe[196] und die Effektstärke der Lernprozesses noch wesentlich größer.

Spiritualität Menschen mit geringer Wachsamkeit zeigen diese Ausprägung zumeist auch im spirituellen Bereich, d.h., sie haben in der Regel auch Mühe mit dem Hören auf das Reden Gottes durch den Heiligen Geist. In diesem Zusammenhang ist es angebracht, über die Persönlichkeitsdimension der »Sanftmut« nachzudenken.

196 Vgl. H. L. Dieterich (2005). *Handbuch für Seelsorgegruppen.* Freudenstadt: IPS.

Es gibt im Neuen Testament einige Worte, die darauf hinweisen, dass eine aufmerksame Haltung im Umgang mit Menschen angemessen ist. Dies wird oft mit »Sanftmut« oder mit »Milde« übersetzt.

Einige Bibelstellen hierzu: Galater 6,1: »Liebe Brüder, wenn ein Mensch etwa von einer Verfehlung ereilt wird, so helft ihm wieder zurecht mit sanftmütigem Geist, ihr, die ihr geistlich seid; und sieh auf dich selbst, dass du nicht auch versucht werdest.« Jakobus 3,13: »Wer ist weise und klug unter euch? Der zeige mit seinem guten Wandel seine Werke in Sanftmut und Weisheit.«

Wenn das NT zur Sanftmut auffordert, meint es allerdings weniger eine vom menschlichen Willen eingeübte Verhaltensweise als Tugend im hellenistischen Sinn, sondern ein Kennzeichen für das Wirken des Heiligen Geistes, der als hervorragender Lehrmeister zu einem verändernden Lernprozess führt (vgl. Gal 5,23).

Direkte Aussagen, dass Gott durch ein Wunder Menschen spontan zu einer höheren Wachsamkeit bzw. Sensibilität verändert hat, sind m.W. nicht bekannt.

So gesehen ist es also auch in diesem Falle wichtig, für die Möglichkeit des Lernens zu danken, die Gott bei der Schöpfung des Menschen geschenkt hat.

2.2.5.2 Verringerung der Wachsamkeit

Ziel dieses Lernprogramms ist, dass Kandidaten, deren Testergebnisse sehr hohe Werte bei der Wachsamkeit aufweisen, und die aus privaten oder beruflichen Gründen eine Verringerung erreichen wollen, Hilfestellungen zu bieten.

Diese Menschen sind so sensibel, dass sie »das Gras wachsen hören«. Sie nehmen die Eindrücke ihrer Umwelt sowie deren Veranderungen schon im Ansatz wahr und reagieren dann oftmals zu einem Zeitpunkt, wo andere noch gar nichts bemerkt haben. Eine solche Persönlichkeitseigenschaft ist einerseits sehr wertvoll, wenn es darauf ankommt, andere Menschen zu verstehen, sich in sie einzufühlen und ihre Perspektiven zu übernehmen usw. Andererseits ist es aber durchaus denkbar, dass diese feinen Wahrnehmungen für andere Menschen überhaupt nicht relevant sind, d.h., dass man deren Nöte wie mit einem Vergrößerungsglas betrachtet und deutlicher wahrnimmt, als sie selbst es tun.

Nicht selten findet man Menschen mit einer hohen Wachsamkeit, die von einer Kindheit und Jugend berichten, in der sie sich immer wieder in die Streitfragen der Eltern einmischen und einmal für das eine und danach für das andere Elternteil eintreten mussten. Sie sind sozusagen als »sensible Helfer« sozialisiert worden und haben diese Qualität bis ins Erwachsenenleben beibehalten.

Ein ständiges extremes Dienen kann vor einem solchen Hintergrund ggf. zu einem »Helfersyndrom« oder zum »Burn-out« führen[197], und nicht selten haben ja auch Menschen mit derartigen Persönlichkeitsprofilen die entsprechenden Helferberufe ausgewählt[198]. In solchen Fällen ist ein Lernprogramm zur Reduzierung der Wachsamkeit – allerdings ohne dabei die für den Beruf notwendige Empathie zu verlieren – von großer Wichtigkeit. Aber auch dann, wenn Berater in der Beratungssituation mehr leiden, als das ihre Klienten tun, ist es angezeigt, hier zu arbeiten.

Ehe in solchen Fällen mit der Diagnostik des Lernverhaltens begonnen wird, ist es hilfreich, die Lebensgeschichte des Kandidaten zu erheben und nach einem eventuellen »roten Faden« im Sinne eines »Diener-Skripts« bzw. eines »Diener-Lebensstils« zu suchen. Die Einzelheiten zur Ermittlung solcher »roten Fäden«, die sich durch das Leben eines Menschen ziehen, gehen auf Alfred Adler und Eric Berne zurück und wurden in meinem Buch »Wer bin ich? Wer sind die Anderen?« in leicht verständlicher und einfach anwendbarer Form zusammengefasst[199].

---

197 Vgl. M. Dieterich (2001). *Hilfe, ich bin ausgebrannt. Wie man mit Stress und Burnout umgehen kann.* Lahr: Johannis.
198 Vgl. W. Schmidbauer (2002). *Helfersyndrom und Burnoutgefahr.* München: Urban und Fischer.
199 M. Dieterich (2006). *Wer bin ich? Wer sind die Anderen?* A.a.O.

Praktische Beispiele zur Verringerung der Wachsamkeit:

Die nächste Sitzung, zu der ich gut vorbereitet bin, soll geleitet werden, ohne vorher und nachher darüber nachzudenken, ob alle Teilnehmer zufrieden sind. Mit zwei unterschiedlich farblich getönten Socken zum Einkaufen gehen und beobachten, ob das irgendjemand merkt. Gegebenenfalls auch jemanden darauf hin ansprechen.

Allgemeine Möglichkeiten zur Verringerung der Wachsamkeit

Entsprechend den neun unterschiedlichen Möglichkeiten, vom Zustand Z_1 zum Zustand Z_2 zu kommen (vgl. Abb. 49), werden nachfolgend einige praktische Anwendungen vorgestellt, die dann in einen Beratungs-/Therapieplan eingearbeitet werden können. Dabei wird mit einfachen und schnell zu erreichenden Übungen begonnen, denen immer schwierigere folgen. In der Praxis hat es sich bewährt, von ca. sechs bis zehn Schritten auszugehen.

Verringerung der Wachsamkeit

Für Menschen mit hoher Wachsamkeit ist schon der Gedanke, *Übung* sich einer sensorisch anstrengenden Situation aussetzen zu müssen, oftmals bedrohlich. Häufig denken sie sich intensiv in solche Situationen hinein (vgl. hierzu bei den »Gedanken«) und schon diese Gedanken sorgen für innere Unruhe.

Um zu einer Verringerung der Wachsamkeit zu kommen, ist viel Übung notwendig, die nicht unbedingt vorher theoretisch reflektiert sein muss. Hierzu sollten die Kandidaten den Situationen ausgesetzt werden, die sie stressen – am besten mit zunehmender Schwierigkeit.

Die Übungen können vom Betroffenen allein oder aber auch zusammen mit dem Berater durchgeführt werden.

Nachfolgend einige Beispiele, die entsprechend der sinnlich sensibelsten Eingangspforte für jeden Kandidaten individuell hierarchisiert werden müssen. Es geht bei diesem Lernprozess um eine Art der Desensibilisierung, wie man dies im somatischen Bereich bei der Behandlung von Allergien kennt, indem das Reizmittel zunehmend gesteigert wird. Begleitend hierzu können Entspannungsübungen durchgeführt werden.

1. Akustisch orientierte Kandidaten

- Musik zunehmend lauter werden lassen und aushalten
- Geräusche zunehmend lauter werden lassen und aushalten

Nachfolgend eine Tabelle, die den Schalldruck bei unterschiedlichen Schallquellen beschreibt.

Schallquelle	Schalldruckpegel
Gehörschäden bei kurzfristiger Einwirkung	ab 120 dB
Düsenflugzeug 100 m entfernt	110–140 dB
Presslufthammer, 1 m entfernt/ Diskothek	100 dB
Gehörschäden bei langfristiger Einwirkung › 8 Stunden täglich	ab 90 dB
Hauptverkehrsstraße, 10 m entfernt	80–90 dB
Pkw, 10 m entfernt	60–80 dB
Fernseher in Zimmerlautstärke 1 m entfernt	ca. 60 dB
Normale Unterhaltung, 1 m entfernt	40–50 dB
Sehr ruhiges Zimmer	20–30 dB
Blätterrauschen, ruhiges Atmen	10 dB
Hörschwelle bei 1 kHz	0 dB

2. Visuell orientierte Kandidaten

- Optische Reize zunehmend stärker werden lassen und aushalten.
- Bilder bzw. Filme, die emotional schwer zu ertragen sind, ansehen und aushalten.

Ähnliche Programme können auch für die anderen Sinnesorgane ausgearbeitet werden.

Weil die Stimuli auf die Sinnesorgane treffen und diese dann den *Stimuli* Reiz weitermelden, müssen sie ganz besonders genau erkannt und aufgelistet werden. Hierbei sollte der Kandidat systematisch prüfen, welche Reize ihn beeinflussen und wie er sich dagegen schützen kann. Der nachfolgende Fragebogen (Abb. 67) kann hierzu eine Hilfestellung anbieten.

Mein individueller Stress	WANN?	WO?	WER IST DABEI?	Lösung des Problems

Abb. 67: Fragebogen: Mein individueller Stress

Emotionen und Kognitionen *Gedanken*
Wie schon im Kap. 1.5.1.2 beschrieben, ist die Art und Weise, wie und wann Emotionen bewertet werden, entscheidend für das Wohlbefinden und die Ausgeglichenheit (Homöostase) eines Menschen.

Menschen mit hoher Wachsamkeit erfahren schon bei viel schwächeren Auslösern (Stimuli) Gefühlsreaktionen, als dies bei anderen Menschen der Fall ist. Sie stehen deshalb auch häufiger als diese vor der Aufgabe, ihre Gefühle kognitiv zu bewerten.

Diese Tatsache muss deshalb beim Lernprogramm besonders berücksichtigt werden.

Zwischen den Gefühlen und den Gedanken gibt es, wie im Kap. 1.5.1.2 beschrieben, verschiedene mögliche Zusammenhänge. Die Gedanken können zeitlich vor den Gefühlen auftreten und dann die Gefühle entstehen lassen. Es ist auch möglich, dass Gedanken und Gefühle zeitlich nahe beieinander liegen. Die dritte Möglichkeit ist, dass Gefühle vor den Gedanken »einschießen«. Dann geht es darum, diese Gefühle kognitiv angemessen zu bewerten.

Nicht selten ist Letzteres bei der Arbeit an der Verringerung der Wachsamkeit der Fall.

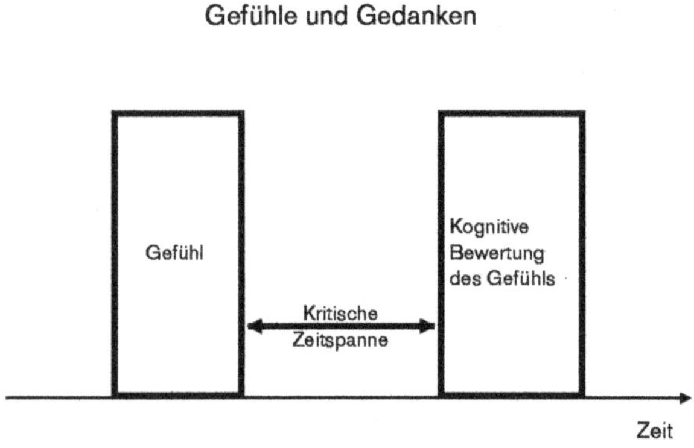

Gefühle und Gedanken

Gefühl

Kritische
Zeitspanne

Kognitive
Bewertung
des Gefühls

Zeit

Abb. 68: Kritische Zeitspanne
zwischen Gefühl und folgenden Gedanken

Wie Abb. 68 zeigt, gibt es eine kritische Zeitspanne, in der die Gefühle unbewertet bleiben. Diese Zeit mag zwar im Einzelfall sehr schön sein (z.B. beim Gefühl des Verliebtseins), sie ist jedoch deshalb kritisch, weil man innerhalb dieser Zeit (z.B. im Geschäftsleben oder als Berater, Seelsorger und Therapeut) möglicherweise unangemessen reagiert. Weil bei Menschen mit hoher Wachsamkeit häufig auch die Gefühle schneller als bei anderen »einschießen«, geht es hier besonders darum, die kritische Zeitspanne zu verringern bzw. so schnell wie möglich zu einer kognitiven Bewertung zu kommen.

Wenn die Kandidaten Abb. 68 verstanden haben, kann man mit ihnen Möglichkeiten besprechen, wie sie ihre Gefühle »in den Griff« bekommen können. Hierzu einige Beispiele:

- Ablenken (Sport, körperlich anstrengende Tätigkeit verrichten).
- Rationalisieren (z.B. die Ursache des Gefühls bedenken, Tagebuch notieren).
- Mit anderen Menschen reden.

Ähnlich verhält es sich dann, wenn Gedanken die Auslöser für unangemessene Gefühle sind (vgl. Abb.69). Menschen mit hoher Wachsamkeit können hier schon bei sehr geringen (falschen) Bewertungen von Sachverhalten (z.B. »Der hat mich heute so komisch angeschaut«) zu völlig unangemessenen Gefühlen kommen.

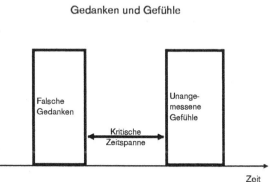

Abb. 69: Kritische Zeitspanne zwischen Denken und folgenden Gefühlen

Auch hier muss die kritische Zeitspanne zwischen den Gefühlen und deren Bewertung beachtet werden. Hierzu kann man (neben den Möglichkeiten zum Gedankenstopp) daran arbeiten, mit den weiter vorne beschriebenen Hilfsmitteln aus der kognitiven Therapie unangemessene Gedankengänge zu rekonstruieren (z.B. »Ich bin für das Leid meines Ratsuchenden verantwortlich«) und damit auf diese Weise zu einem guten Erfolg kommen.

Positive Imaginationen

Mit der Arbeit an den Gedanken hängen auch die positiven Imaginationen zusammen. Hierbei geht es darum, sich mental psychisch anstrengenden Situationen auszusetzen und in Gedanken diese auch erfolgreich zu meistern.

Während dieses Lernprozesses, der am einfachsten in entspannter Situation auf dem Sofa (mit begleitender Entspannungsmusik) durchgeführt wird, kommt es zur gewünschten Verschaltung der Neuronen. Man sollte dabei einige Versionen der Lösung durchdenken und dabei niemals verlieren (»die Gedanken sind frei ...«).

Sozial kompetentes Verhalten bei Gedanken und Gefühlen
Menschen mit hoher Wahrnehmung müssen lernen, die Gedanken und Gefühle anderer Menschen, die sie schon in geringster Ausprägung bemerken können, so realistisch wie möglich zu erkennen, um mit diesem Wissen dann klug umzugehen. Es wäre ein »verirrtes Denken«, davon auszugehen, dass man bei der Begegnung mit Menschen das Recht hat, seine Wünsche im Zusammenhang mit den Gefühlen erfüllt zu bekommen. Wozu man aber bei einer guten Kommunikation das Recht hat, ist, seine Gefühle zu äußern. Diese Äußerung muss allerdings häufig erst erlernt werden.

Voraussetzung für diesen Lernprozess ist, sich in entsprechenden Alltagssituationen über die eigenen Gefühle ausreichend Klarheit zu verschaffen und diese Gefühle dann auch äußern zu dürfen.

Als Übung hierzu dient ein Arbeitsblatt, in das an jedem Abend ein an diesem Tage aufgetretenes Gefühl, das möglicherweise unangemessen war, notiert wird. Bei der Selbstverbalisation soll eingetragen werden, warum das Gefühl und die in diesem Zusammenhang auftretenden Gedanken falsch waren. Es können angenehme und unangenehme Gefühle bearbeitet werden.

Tag	Gefühl	auslösendes Ereignis	Selbstverbalisation/ Gedanken im Zusammenhang mit dem Gefühl

Wie kann man lernen, seine Gefühle angemessen zu äußern?
Es geht bei diesen Übungen darum, dass der Kandidat lernt, seine Gefühle, die er bisher möglicherweise unangemessen erlebt und vor allem auch gezeigt hat, so einzubringen, dass sein Ge-

genüber verstehen kann, was er ausdrücken wollte. Hierzu sind neben praktischen Übungen Instruktionen vor, in und nach der Situation hilfreich.

Instruktion vor der Gesprächssituation
- Machen Sie sich bewusst, welches Gefühl Sie haben (Ärger, Freude, Angst usw.).
- Überlegen Sie, welches konkrete Ereignis dieses Gefühl ausgelöst hat.
- Geben Sie sich positive Selbstinstruktionen, etwa:»Ich habe ein Recht auf meine Gefühle!«

Instruktion in der Gesprächssituation
- Bleiben Sie ganz bei Ihren Gefühlen und kommen Sie ggf. immer wieder darauf zurück. Diese Gefühle gehören Ihnen und können von niemandem bestritten werden.
- Lassen Sie sich von Ihren Gefühlen nicht überrollen, sondern sehen Sie ein Gefühl nach dem anderen. Bedenken Sie, dass Gefühle immer ansteigen und dann wieder absinken.
- Sprechen Sie Ihre Gefühle direkt an. Sagen Sie:»Ich bin jetzt ...« oder »Ich fühle mich jetzt ...«
- Nachdem Sie Ihr Gefühl zum Ausdruck gebracht haben, erläutern Sie den Anlass.
- Vermeiden Sie dabei alle Verallgemeinerungen. (Sagen Sie anstatt:»Du hast schon wieder...« oder »Du bist immer ...«: »Du hattest heute ...«) Beschreiben Sie also nur das konkrete Ereignis und bedenken Sie, dass Sie nur Ihre eigene Sichtweise beschreiben können.
- Versuchen Sie, die Gefühle des anderen zu verstehen. Hören Sie ihm wirklich zu und fragen Sie nach, wenn Sie etwas nicht verstehen. Sie geben sich keine Blöße, wenn Sie Verständnis für den anderen aufbringen. (Sie haben das Recht auf Ihre Gefühle, der andere aber hat auch ein Recht auf seine Gefühle!)
- Wenn Ihr Partner einlenkt, bringen Sie Ihre Freude darüber zum Ausdruck. Es ist kein Zeichen von Selbstsicherheit, das Einlenken des anderen als Schwäche zu deuten und für einen Angriff zu nutzen.

- Äußern Sie ruhig auch Ihre Wünsche und Bedürfnisse, wie Ihr Gesprächspartner sich in Zukunft in einer bestimmten Situation verhalten soll. Teilen Sie sie mit:»Ich würde mir wünschen (mich freuen), dass (wenn)...« (Achtung! Sie haben ein Recht, Ihre Wünsche zu äußern, aber kein Recht auf Erfüllung dieser Wünsche!)

Instruktion nach der Gesprächssituation

Verstärken (z.B. loben) Sie sich für jede einzelne Gefühlsäußerung, die Sie gemacht haben. Der Erfolg besteht nicht darin, dass Ihr Partner alle Forderungen erfüllt, sondern darin, dass Sie Ihre Gefühle und Wünsche zum Ausdruck gebracht haben.

Bedenken Sie, dass Partner häufig unterschiedliche Gefühle haben. Das Ziel eines Gesprächs kann nicht sein, sich auf ein gemeinsames Gefühl zu einigen. Sie können sich aber darüber verständigen, wie Sie zukünftig mit diesen unterschiedlichen Gefühlen umgehen wollen.

Lassen Sie das gesamte Gesprächsszenario nochmals Revue passieren. Denken Sie darüber nach, was beim nächsten Mal anders ablaufen soll und trainieren Sie diesen anderen (verbesserten) Ablauf mental so lange, bis Sie überzeugt sind, dass es beim nächsten Mal besser klappen wird.

Medikamente   Bei Kandidaten mit sehr hoher Wachsamkeit kann es angezeigt sein, zusätzlich zu den Lernmaßnahmen Beruhigungsmittel zur medizinischen Unterstützung einzusetzen. Die verschreibungspflichtigen Medikamente (u.a. Benzodiazepine und Neuroleptika) wurden weiter vorne (Kap. 1.5.1.4) behandelt.

Für unsere Lernprogramme kommen in der Regel eher Naturprodukte (Phytopharmaka) wie Johanniskraut, Baldrian oder Kava-Kava infrage. Andere Medikamente müssten ggfs. vom Arzt verordnet werden. Johanniskraut, Kava-Kava und Baldrian werden nachfolgend nochmals zusammengefasst beschrieben werden[200].

---

200 Vgl. http://www.onlineberatung-therapie.de/psychopharmaka/tranquilizer/pflanzliche-beruhigungsmittel.html

Johanniskraut

Johanniskraut wird eingesetzt bei depressiven Verstimmungen, Angst, Unruhe, Schlafstörungen und psychovegetativen Störungen. Es wirkt mild antidepressiv, schlaffördernd und beruhigend. Das Medikament wird aus dem Kraut der Pflanze gewonnen.

Nachfolgend die Handelsnamen einiger Johanniskraut-Medikamente mit Angabe des Gewichts des Johanniskraut-Extraktes in mg: Jarsin® 300/450/750, Neuroplant® 1'1 600, Laif® 600, Felis® 425/650, Johanicum® 425, Helarium® 425, Cesran® 425, JOHANNISKRAUT ® ratiopharm 425, Viviplus® 425, Turineurin® 425, Kytta® Modal, Hyperimerck® 425, Aristo® 350, Psychotonin® 300, Kira® 300.

Kava-Kava

Kava-Kava wirkt muskelentspannend, hilft bei depressiven Verstimmungen, ist beruhigend und wirkt angstlindernd – ist also sehr gut als Tranquilizer zu verwenden. Das Medikament wird aus dem Wurzelstock gewonnen.

Nachfolgend die Handelsnamen einiger Kava-Kava-Medikamente mit Angabe des Gewichts des Extraktes in mg: Antares® 120, Laitan® 100, Maoni® forte 120, Kavatino® 60 Ardeydystin® forte 50, Kavasedon® 50, Kavosporal® forte 50.

Baldrian

Baldrian wirkt schlaffördernd (der Schlaf ist gesund, anders als beim erzwungenen Schlaf bspw. durch Benzodiazepine) und beruhigend. Dieses pflanzliche Beruhigungsmittel kann deshalb hervorragend bei Schlafstörungen, Unruhe und Angst eingesetzt werden. Das Medikament wird aus der Wurzel der Baldrianpflanze gewonnen und enthält über 100 Inhaltsstoffe. Nebenwirkungen gibt es so gut wie keine (sehr selten bei Überdosis: leichte Kopfschmerzen oder Übelkeit, Hang-over-Effekte am Morgen).

Nachfolgend die Handelsnamen einiger Baldrian-Medikamente: Baldrian-Mono-Präparat: Sedonium® 300 mg; Baldrian-Hopfen-Präparat (Mischpräparat): Hova®, Ivel®, Euvegal® N.

Die als besonders sensibel erkannten Sinnesorgane sind die Ein- *Organismus* gangspforten für Signale, die dann an das Gehirn weitergeleitet und verarbeitet werden. Diese Sensibilität ist Stärke und Schwäche des Kandidaten zugleich. Es gilt ggf. diese Eingangspforten besonders zu schützen bzw. sie entsprechend zu trainieren.

Zu bedenken ist bei der Organismusvariablen aber auch, dass die Nebenwirkungen einiger Medikamente einen Einfluss auf die psychische Stimmung des Menschen haben. Hierher gehören u.a. Appetitzügler, Antikonzeptiva (Empfängnisverhütungsmittel), aber auch, wie im Abschnitt 1.5. dargestellt, die Neuroleptika usw. Eine große Internetstudie[201] zeigt Einzelheiten hierzu. Aufgelistet werden unten diejenigen Medikamente mit ihrem Markennamen, bei denen mindestens 30% der Konsumenten Depressionen als Nebenwirkungen angaben.

Markennamen von Medikamenten mit Depressionen als Nebenwirkung

• Clomifen	83 %		• Mono Step	38 %
• Rebetol	60 %		• Nebido	38 %
• PegIntron	57 %		• Yasmin	35 %
• CoAprovel	50 %		• Avonex	33 %
• Leios	50 %		• Methotrexat	33 %
• Rifun	50 %		• SimvaHEXAL	33 %
• Cortison	40 %		• Tafil	33 %
• Roaccutan	40 %		• Zonegran	33 %
• Simvastin	40 %		• Topamax	33 %
• Thyroxin	40 %		• LAMUNA	30 %
• AIDA	39 %		• Lida	30 %

Verstärker Die Konsequenzen des bisherigen Verhaltens hoher bzw. geringer Wachsamkeit für den Kandidaten müssen genau ermittelt werden – sowohl die positiven als auch die negativen.

Ein positives Ergebnis der hohen Wachsamkeit ist, dass solche Kandidaten in der Regel als »einfühlsam« bzw. »empathisch« beschrieben werden. Diese Beschreibung kann für den Kandidaten ein deutlicher Verstärker sein, sodass er nicht gern an der

201 Vgl. http://www.sanego.de/Nebenwirkung_Depressionen/3/

Reduzierung seiner Wachsamkeit arbeiten will – sie bringt ihm ja Anerkennung.

Andererseits wird der Kandidat auch feststellen, dass seine Empathie oftmals zu aufwendig ist, weil sein Gegenüber gar nicht merkt, dass er sich deutlich einfühlt. In diesem Falle handelt es sich um einen eher negativen Verstärker für seine Perspektivenübernahme.

Mit einer geschickten »Verstärkerökonomie« kann der Kandidat seine Wachsamkeit steuern und sie für solche Fälle bereitstellen, bei denen sie tatsächlich benötigt wird. Insgesamt gesehen sind Verstärker, die das bisherige Verhalten aufrechterhalten, möglichst zu entfernen bzw. zu negieren. Verstärker, die zum Aufbau einer höheren Korrektheit führen, werden noch intensiver eingesetzt. Zudem wird nach neuen Verstärkern gesucht, die das gewünschte Verhalten belohnen.

Es geht darum, alle Wege, die zu einer Vernetzung der Neuronen *Kontingenz* führen, so zu gestalten, dass eindeutig und möglichst viele Neuronen miteinander vernetzt werden. Insbesondere zu Beginn der Maßnahme sollte diese Vernetzung permanent erfolgen. Eine praktische Hilfestellung ist es, möglichst vielen Menschen mitzuteilen, dass man bisher zu viele psychische Kräfte verbraucht hat, um allen Menschen maximal gerecht zu werden, und dass man nunmehr an der Optimierung arbeite. Die ins Vertrauen gesetzten Menschen werden gebeten, wenn immer sie wieder einen »Rückfall« in das alte Verhalten entdecken, sofort ein entsprechendes Zeichen zu geben.

Man kann auch mit Uhren arbeiten, die in bestimmten Abständen ein Signal geben (z.B. alle 30 Minuten), das dann wieder auf den Beratungsplan hinweist.

Im Unterschied zur Arbeit an anderen Globalskalen soll ja bei der Verringerung der Wachsamkeit diese nicht »wegtrainiert«, sondern ein Weg gefunden werden, mit der Wachsamkeit optimal umzugehen. So gesehen wird Wachsamkeit auch nicht verlernt, sondern da eingesetzt, wo sie Erfolg versprechend ist, während falsche Mitleidsgefühle tatsächlich verlernt werden müssen.

System In der Familie, im Betrieb und in der Gemeinde – also immer dann, wenn einige Menschen zusammen sind – ist ein Lernen am Modell besonders effektiv, weil es dort zumeist auch viele unterschiedliche Modelle zur Auswahl gibt. Wichtig ist allerdings, dass der Kandidat von den für ihn richtigen Modellen lernt. Deshalb empfiehlt es sich, die Systemmitglieder vorab zusammen mit dem Berater zu analysieren und sich dann an den entsprechenden Personen zu orientieren.

Gute Erfolge können auch dann erzielt werden, wenn das »stellvertretende Desensibilisieren« eingesetzt wird. Auch hierbei ist die Arbeit in der Gruppe ein guter Ausgangspunkt. Der Kandidat beobachtet, wie sein Berater für ihn schwierige Situationen mit anderen Gruppenmitgliedern erfolgreich durchspielt. Nach einigen Versuchen spielt der Kandidat genau das nach, was der Berater vorgemacht hat, daran anschließend mit anderen Gruppenteilnehmern und das so lange, bis es ihm gelingt, die für ihn psychisch anstrengende Situation zu spielen und dabei gelassen zu bleiben.

Falls keine Gruppen vorhanden sind, sind solche Übungen auch in der Familie oder mit guten Freunden möglich.

Ein Schritt auf dem Wege kann es auch sein, psychisch anstrengende Filme einige Male »durchzustehen« und dabei festzustellen, dass dies immer besser gelingt.

Spiritualität Menschen mit hoher Wachsamkeit zeigen diese Ausprägung zumeist auch im spirituellen Bereich, d.h., sie sind aufmerksam für das Reden Gottes. Diese Art der Wachsamkeit sollte keinesfalls verringert werden.

Nicht selten wird allerdings das Reden Gottes durch den Heiligen Geist mit den Wahrnehmungen bei anderen Menschen, mit ihren Aktionen und Reaktionen, verwechselt und es kommt zu Verunsicherungen. Die Frage, ob der Heilige Geist redet oder ob es die eigenen Erfahrungen sind, lässt sich empirisch wissenschaftlich nicht lösen. Der biblische Weg zur Beantwortung der Frage ist die Bitte um die Gabe der Geisterunterscheidung (vgl. 1Kor 12,10).

Mit unser biblischen Anthropologie der untrennbaren Seele (nefesh) ist eine genaue Zuordnung auch gar nicht möglich (vgl. Kap. 1.5.3). Wir wissen im Sinne von Römer 8,16, dass der Heilige Geist unserem Geist (pneuma) Zeugnis gibt, demnach also eine direkte Verbindung zur göttlichen Spiritualität besteht. Die entsprechenden Wirkmechanismen können jedoch, weil es sich hier um einen Übergang von der unsichtbaren Wirklichkeit (Transzendenz) zur sichtbaren Wirklichkeit (Immanenz) handelt, nicht erforscht werden: »Aufgrund des Glaubens erkennen wir, dass die Welt durch Gottes Wort erschaffen worden und dass so aus Unsichtbarem das Sichtbare entstanden ist« (Hebr 11,3).

2.2.6 Arbeit an den Kontrollüberzeugungen

Insbesondere in neuen Situationen, bei denen die Erfahrungen noch recht gering sind, spielen die erlernten Überzeugungen, mit denen Menschen bisher ihre Probleme gelöst haben, eine große Rolle.

Wie schon im Kap. 1.4.3 beschrieben, kann man dabei zwischen *externalen* und *internalen* Kontrollüberzeugungen unterscheiden.

Die Ergebnisse eines Kandidaten mit durchschnittlicher Ausprägung sind in der Abb. 64 dargestellt.

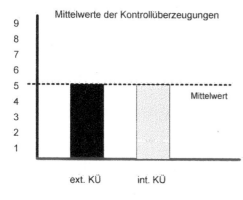

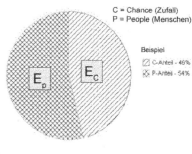

Abb. 70: Ergebnisse der externalen und internalen Kontrollüberzeugungen (Mittelwert)

Ein Kandidat mit hoher *internaler* Kontrollüberzeugung wird annehmen, dass jede neue Aufgabe gelöst werden kann, weil die dazu notwendigen Fähigkeiten zur Verfügung stehen.

Menschen mit hoher *externaler* Kontrollüberzeugung dagegen werden an eine neue Aufgabe möglicherweise deshalb nicht herangehen, weil sie davon überzeugt sind, dass sie diese nicht schaffen werden. Sie denken, dass »Mächte« oder »der Zufall« ihre Geschicke leiten (E_c) oder dass ihnen Menschen im Wege stehen (E_p), die verhindern, dass sie zum Erfolg kommen.

Die Abb. 70 zeigt ein Ergebnisblatt, bei dem sowohl die externalen als auch die internalen Kontrollüberzeugungen im Mittelbereich (SN 5) liegen. Bei den externalen Kontrollüberzeugungen zeigt sich nahezu ein Gleichgewicht zwischen E_c und E_p (46% : 54%).

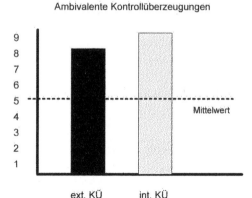

Ambivalente Kontrollüberzeugungen

Mittelwert

ext. KÜ   int. KÜ

Abb. 71: Ambivalente Kontrollüberzeugungen

Die wissenschaftlichen Ergebnisse zeigen, dass die beiden Arten der Kontrollüberzeugung unabhängig voneinander sind; sie können daher auch gleichzeitig hoch sein. In diesem Fall sprechen wir von einer *ambivalenten* Form der Kontrollüberzeugung, die sowohl hohe externale als auch internale Werte aufweist. Die Abb. 71 zeigt ein Beispiel hierzu.

In der Regel haben Lernprogramme bei einer solchen Art der Ausprägung den Schwerpunkt in der Verringerung der externalen Kontrollüberzeugung bis zum Wert SN 5, während die interne Kontrollüberzeugung ihren Wert behalten soll.

Da die Kontrollüberzeugungen im Wesentlichen erlernt worden sind, können sie prinzipiell auch wieder verlernt werden. Unsere bisherigen Erfahrungen haben gezeigt, dass sie schon seit der Kindheit bestehen können, d.h. in diesem Falle dann zur

Tiefenstruktur der Persönlichkeit gehören. Es ist jedoch auch möglich, dass die mit dem PST-R gemessene Kontrollüberzeugung erst in jüngerer Zeit erlernt worden ist und nach unserer Nomenklatur dann eigentlich zu den Wesenszügen gehören würde. Auch kann es vorkommen, dass sich die Anteile von P und C bei den externalen Kontrollüberzeugungen im Laufe der Zeit verschoben haben.[202]

Im PST-R werden durch die gewählte Fragestellung eher die stabilen, wenig veränderlichen Teile der Kontrollüberzeugungen überprüft. Lernprogramme zur Veränderung werden deshalb länger dauern, als dies bei der Veränderung der bisher behandelten Globalfaktoren der Fall ist.

2.2.6.1 Erhöhung der internalen Kontrollüberzeugung

Es wird davon ausgegangen, dass der Kandidat vor Beginn des Lernprogrammes Werte unter SN 5 bei der internalen Kontrollüberzeugung des PST-R aufweist und diesen Wert aus familiären oder beruflichen Gründen erhöhen möchte. Relativ kleine Werte (< SN 5) sind ein Ausdruck dafür, dass sich der Kandidat nicht über die erbrachte Leistung definiert, sondern andere Motive in seinem Leben bedeutsam sind.

Wenn dagegen die Werte der internalen Kontrollüberzeugung groß sind, dann ist ein hoher Zusammenhang zur Leistungsmotivation vorhanden, d.h., der Kandidat ...
- definiert sich selbst über die erbrachte Leistung;
- ist bestrebt, eine Sache besonders gut oder besser als andere zu machen;
- ist stolz auf das selbst Geleistete;
- geht davon aus, dass er auch zukünftig Erfolg haben wird;
- hat Furcht vor Misserfolg.

202 Leider können wir bisher noch keine definitiven Entscheidungskriterien vorlegen, die diese These eindeutig bestätigen. So muss die Stabilität der Kontrollüberzeugungen derzeitig noch durch ein Interview im Sinne einer Lebensstil- oder Skriptanalyse qualitativ ermittelt werden.

Ob genügend Motivation zur Lösung einer Aufgabe vorhanden ist, hängt u.a. davon ab, wie der Kandidat diese selbst bewertet. Hierzu hat Atkinson bereits im Jahr 1975 ein Modell der Risikowahl entwickelt.[203] Dieses Modell (vgl. Abb. 72) macht deutlich, dass die Wahrscheinlichkeit des Erfolges und der Anreiz des Erfolgs zwei gegenläufige Kurven sind. Einerseits ist die Wahrscheinlichkeit des Erfolgs umso geringer, je schwieriger die Aufgabe eingeschätzt wird, und führt deshalb zur Demotivation. Andererseits aber ist der Anreiz des Erfolges, die Aufgabe trotz der Schwierigkeiten zu bewältigen, und der Stolz, das Ziel dennoch zu erreichen, motivierend.

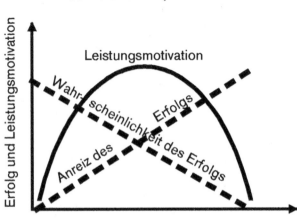

Abb. 72: Modell der Risikowahl

Ist die Erfolgswahrscheinlichkeit extrem hoch oder extrem niedrig, kommt es zu einer sehr geringen Leistungsmotivation: Bei einer extrem schweren Aufgabe stehen die Chancen zu schlecht, diese zu bewältigen und dadurch eine positive Selbstbewertung zu erfahren. Ist jedoch eine Aufgabe zu einfach, ist der Anreiz der Selbstbewertung zu gering, da man bei der Bewältigung keinen Stolz empfinden könnte.

Die maximale Leistungsmotivation wird bei einem mittleren Schwierigkeitsgrad erreicht, weil die Wahrscheinlichkeit von Erfolg und Misserfolg etwa gleich groß ist und man selber am ehesten Einfluss auf das Ergebnis nehmen kann. Der Zusammenhang zwischen Bemühen und Resultat ist hier am offensichtlichsten. Fortschritte lassen sich somit bei diesem Schwierigkeitsgrad am besten ablesen.

203 Vgl. bei F. Rheinberg (2002). *Motivation*. Stuttgart: Kohlhammer/Urban. S. 182.

Allgemeine Möglichkeiten zur Erhöhung der internalen Kontrollüberzeugung

Entsprechend den neun unterschiedlichen Möglichkeiten, vom Zustand Z_1 zum Zustand Z_2 zu kommen (vgl. Abb. 49), werden nachfolgend einige praktische Anwendungen vorgestellt, die dann in einen Beratungs-/Therapieplan eingearbeitet werden können. Dabei wird mit einfachen und schnell zu erreichenden Übungen begonnen, denen immer schwierigere folgen. In der Praxis hat es sich bewährt, von ca. sechs bis zehn Schritten auszugehen.

Praktische Beispiele zur Erhöhung der internalen Kontrollüberzeugung:

Der Kandidat soll eine für ihn bisher unlösbare Aufgabe in kleinere (messbare) Teilabschnitte zergliedern, danach einen Abschnitt nach dem andern erledigen und über Erfolg und Misserfolg genau Buch führen.

Der Kandidat soll seine Leistungen bei einem bisher ungelösten Problem den Misserfolgen bei dieser Aufgabe gegenüberstellen und Erfolg und Misserfolg vergleichen.

Vor Beginn der Erstellung des Förderprogramms müssen auch in diesem Falle die sensiblen sinnlichen »Eingangspforten« ermittelt werden, um dann in diese Bereiche den Schwerpunkt zu legen.

Wie schon weiter oben angedeutet, kann derzeitig mit empirischen Mitteln nicht festgestellt werden, in welchem Bereich der Lernkurve sich der Kandidat befindet. Mit einer Lebensstil- bzw. Skriptanalyse[204] könnte dies jedoch qualitativ ermittelt werden.

---

204 Vgl. M. Dieterich (2006). *Wer bin ich? Wer sind die Anderen?* A.a.O.

Erhöhung der internalen Kontrollüberzeugung

Übung Häufig scheuen sich Kandidaten, an eine Aufgabe, die sie als schwierig empfinden, überhaupt heranzugehen. Sie haben genügend Vorwände, dass es bei ihnen in der Regel nicht klappt, dass sie das Ziel ja doch nicht erreichen werden usw. Andere kommen mit Argumenten, die die »Leistungsgesellschaft« grundsätzlich ablehnen oder als bedrohlich sehen. Wenn die Überzeugungsarbeit (vgl. hierzu den Abschnitt »Gedanken« in diesem Kapitel) nicht fruchtet, kann man versuchen, die Kandidaten im heuristischen Sinne zu überreden, einfach einmal die Bedenken gar nicht zu beachten, sondern »zu tun als ob«.

Die Kandidaten müssen durch praktische Übung lernen, dass Ziele, die sie anstreben, auch erreicht werden können. So wie man einem Kind, das auf einem Balken über den Bach gehen soll, sagt, dass es einfach mal losgehen und das Ziel fest im Auge behalten muss, wird der Kandidat instruiert, ohne viel Überlegung zu beginnen. Der Berater sollte anfangs bei den Übungen dabei sein, um zu gewährleisten, dass diese auch wirklich zum Ziel führen. Nach einiger Zeit wird es so weit kommen, dass der Kandidat zu sich selbst sagt: »Es geht doch.«

Um solche Übungen noch stabiler zu machen, ist es wichtig, umfangreichere Ziele in Teilziele zu zerlegen, die voneinander getrennt und einzeln evaluiert werden können.

Hilfreich ist es, die Arbeit an der Erhöhung der internalen Kontrollüberzeugung in einem Tagebuch zu beschreiben und dabei sowohl die Zeiten zu notieren als auch die Schwierigkeiten und wie diese überwunden worden sind.

Stimuli Alle Reize, die zu einer höheren internalen Kontrollüberzeugung führen können, müssen erkannt und weiterhin eingesetzt werden, während diejenigen Stimuli, die diese verhindern, abgestellt werden müssen.

Die internale Kontrollüberzeugung muss nicht unbedingt über höhere Leistungen im Betrieb, sondern kann auch durch sportliche Erfolge gesteigert werden. Es ist auch möglich, im künstlerischen Bereich zu beginnen, wenn dies eher der »Eingangspforte« des Kandidaten entspricht. Gemeinsam mit dem Berater wird das gesamte Umfeld des Kandidaten durchforstet und nach denjenigen Aspekten gesucht, bei denen er bisher schon Erfolge im Wettbewerb mit anderen aufweisen konnte. Auf dieser Basis wird dann das Lernprogramm systematisch aufgebaut und der Erfolg evaluiert. Wenn der Erfolg eintritt, kann dieser mit anderen Bereichen des Lebens, bei denen eine höhere internale Kontrollüberzeugung erforderlich ist, konditioniert und damit auch generalisiert werden.

Irrige Gedanken über die Schwierigkeit der Aufgabe und die eigene Unfähigkeit, diese zu lösen, sind die größten Probleme bei der Arbeit an der Erhöhung der internalen Kontrollüberzeugung. Letztendlich geht es dann um die Erhöhung des Selbstwertgefühls eines Menschen.

Eine objektive Beschreibung der Persönlichkeitsstruktur mit statistisch ermittelten Werten, wie sie z.B. der PSI-R liefert, wird in den meisten Fällen wirksamer sein als Allgemeinplätze wie »Jeder Mensch hat seine Stärken und Schwächen« oder »Es ist noch kein Meister vom Himmel gefallen«. Mit den Testwerten kann dem Kandidaten einsichtig gemacht werden, dass er prinzipiell zur Erledigung der Aufgabe in der Lage ist, dass es ihm aber möglicherweise an Ausdauer fehlt, und dass Geduld keine Frage der Persönlichkeitsstruktur ist, sondern des »unbedingt an der Sache Bleibens« (und dies wiederum mit der Motivation zusammenhängt). Hier spielt die Kontingenz eine bedeutende Rolle und deshalb muss auch auf die immer wieder »einschießenden« negativen Gedanken, die den Lernprozess verhindern, eingegangen werden – und wie man mit ihnen umgeht.

Eine einfache und sehr hilfreiche Vorgehensweise ist der sog. »Gedankenstopp«, verbunden mit der positiven Einrede: »Ich werde das Problem wirklich lösen«.[205] Wichtig bei der Arbeit an den Gedanken ist, dass der Kandidat davon überzeugt wird, dass er sich ändern kann, weil es sich ja um einen Lernprozess handelt. Im Rahmen einer solchen Psychodidaktik versteht der Kandidat dann auch, dass der Änderungsprozess nicht durch seinen Berater erfolgt, sondern dass er selbst für die Verbindungsstärken der verschalteten Neuronen verantwortlich ist.

Im Sinne der Kognitiven Therapie und mit den weiter vorne beschriebenen Methoden wird es häufig notwendig sein, irrige Gedanken zur Kontrollüberzeugung zu verändern. Solche Gedanken könnten u.a. folgendermaßen lauten:

- Ich kann das Problem allein nicht lösen.
- Ich bin zu wenig intelligent.
- Es fehlt an Finanzmitteln.
- Ich habe nicht die entsprechende Ausbildung.
- Das Leistungsprinzip macht uns alle kaputt.
- Alle Aufgaben müssen gemeinsam im Team bearbeitet werden.
- Bei mir hat noch nie etwas geklappt.
- Da ist immer jemand dagegen.

In den meisten Fällen sind diese Sätze falsch, aber sie haben sich möglicherweise paradigmenhaft beim Kandidaten eingenistet und müssen dann manchmal mit den genannten Techniken recht mühsam durch realistische Gedanken ersetzt werden.

Wenn die Gesamtlösung eines Problems tatsächlich im Augenblick nicht gelingen will, dann kann mit den Strategien aus der Heuristik ein Weg gefunden werden, der nicht zwingend sofort logisch erklärt werden muss, sondern bei dem auch Intuition und spielerische Überlegungen eine Rolle spielen. Hierzu können u.a. die folgenden Fragen gestellt werden:

205 Vgl. M. Hautzinger u. M. Linden (2005). *Verhaltenstherapiemanual*. Berlin: Springer.

- Kann ich Lösungen finden, die wenigstens einen Teil des Zieles erreichen?
- Kann ich diese Einzellösungen zu einer Gesamtlösung zusammenfassen?
- Hilft es, wenn ich in der Nähe des gewünschten Ziels anfange, also das Problem von hinten her aufrolle?
- Kann ich durch Veränderung der Problemstellung der Lösung näherkommen?
- Habe ich etwas Ähnliches schon einmal gesehen bzw. kenne ich ein ähnliches Problem?
- Bringt mich der Übergang von einem Projekt zu einer ganzen Klasse von Projekten weiter (z.B. Bäume und Wald).
- Könnte man das Problem mit einer ganz anderen Fachdisziplin lösen?
- Was wäre, wenn die Gesetze der Logik außer Kraft gesetzt würden?
- ... und wenn ich einfach mal probieren würde?

Ein direkter medikamentöser Zugang zur Erhöhung der internalen Kontrollüberzeugung ist nicht bekannt. *Medikamente*

Beim Auftreten von Depressionen (die nach Seligman[206] durch eine erlernte Hilflosigkeit, d.h. eine hohe externale Kontrollüberzeugung entstanden sein können) ist es allerdings möglich, dass auch die Kontrollüberzeugungen davon betroffen sind. Die typischen Kennzeichen des depressiven Syndroms sind nach ICD-10 F32 depressive Stimmung, Verlust von Interesse und Freude sowie erhöhte Ermüdbarkeit. Hinzu kommen häufig Zusatzsymptome wie Defizite in Konzentration und Aufmerksamkeit, Reduktion von Selbstwertgefühl und Selbstvertrauen, Schuldgefühle und Gefühle von Wertlosigkeit, negative und pessimistische Zukunftsperspektiven usw.

In einem gewissen Zusammenhang mit unserer Thematik steht vor diesem Hintergrund der Einsatz von modernen Antidepressiva der SSRI-Gruppe, die insbesondere in den USA und Großbritannien auch als Drogen zur Leistungssteigerung in großem

206 Siehe hierzu die Einzelheiten a.a.O.

303

Umfang eingesetzt werden. In den USA wird die Zahl der Prozac-Konsumenten auf 20 Millionen geschätzt. Es wurde dort nach der Einführung 1987 als Wundermittel gefeiert und galt wegen seiner antriebssteigernden Wirkung als Yuppie-Droge. **Fluoxetin**[207] ist in den verschreibungspflichtigen Präparaten Fluctin, Fluxet (Deutschland), Fluctine (Schweiz, Österreich) und Prozac (USA, Großbritannien) enthalten. Es war bei seiner Markteinführung das erste Antidepressivum der neuen Klasse der Selektiven Serotonin-Wiederaufnahmehemmer (SSRI). Fluoxetin wird zur Behandlung von Depressionen, Zwangsstörungen und Bulimie eingesetzt. Die empfohlene Dosis beträgt 20 mg/Tag. Die Dosis sollte innerhalb von drei bis vier Wochen nach Behandlungsbeginn und danach, wenn es klinisch angezeigt ist, überprüft und, falls erforderlich, angepasst werden. Die empfohlene Höchstdosis liegt bei 60 mg/Tag.

Die Food and Drug Administration (US-amerikanische Gesundheitsbehörde) warnte allerdings mehrfach, so auch im Juni 2005, vor der unkontrollierten Einnahme von Fluoxetin, da es zu schweren Zwischenfällen wie Suiziden und Gewaltausbrüchen gekommen war. Im Zusammenhang mit antriebssteigernden Antidepressiva waren solche möglichen Komplikationen generell längere Zeit bekannt, jedoch nicht im Zusammenhang mit Fluoxetin, das der Hersteller bis dahin als komplikationsfrei dargestellt hatte. Vor allem die Anwendung dieser Antidepressiva bei Kindern und Jugendlichen, außer in den zugelassenen Indikationsgebieten, sei höchst gefährlich. In diesem Zusammenhang wurden in Studien suizidales Verhalten (Suizidgedanken und Suizidversuche) sowie Feindseligkeit (vorwiegend Aggression, oppositionelles Verhalten und Zorn) beobachtet, ähnlich wie bei allen Medikamenten der SSRI-Gruppe.

Organismus Es muss beachtet werden, dass die körpereigene Entwicklung von Endorphinen – und als Resultat entsprechende Stimmungsschwankungen – möglicherweise zyklisch verläuft.

---

207 Vgl. hierzu u.a. http://de.wikipedia.org/wiki/Fluoxetin.

Weiterhin sind die Nebenwirkungen von verschiedenen Medikamenten zu beachten, die in die Richtung von Depressionen führen. Einzelheiten hierzu sind in Kap. 2.2.5.2 »Verringerung der Wachsamkeit« beschrieben.

Die Konsequenzen des bisherigen Verhaltens mit einer zu geringen internalen Kontrollüberzeugung für den Kandidaten müssen genau ermittelt werden – sowohl die positiven als auch die negativen. *Verstärker*
Die positiven Konsequenzen könnten sein, dass andere Menschen die Verantwortung übernommen haben, dass der Kandidat beschützt und versorgt wurde und auf diese Weise ein Leben mit wenig Selbstbestimmung und Verantwortung führen konnte.
Die negativen Konsequenzen sind ein Verharren auf der Position des abhängigen Mitarbeiters, wenig Erfolg durch eigene Leistung, geringes Einkommen, wenig Macht und wenig Ansehen in einer leistungsorientierten Gesellschaft.

Wenn der Kandidat die geringe internale Kontrollüberzeugung (vorläufig nur in Gedanken) steigern will, dann sollte er für jeden erfolgreichen Versuch dadurch verstärkt werden, dass er sein neues Bild von sich selbst mehr und mehr realisiert sieht. Wenn der Erfolg eingetreten ist, könnte der Belohnungssatz lauten: »Wenn ich mich organisiert an eine Aufgabe mache, kann ich sie auch lösen.«
Wenn die Lösung wider Erwarten nicht glückt, sollte nicht eine Strafe folgen, sondern der Satz: »Wenn derzeitig keine Lösung möglich ist, dann liegt das nicht unbedingt an mir.«

Es geht darum, alle Wege, die zu einer Vernetzung der Neuronen *Kontingenz* bzw. der Erhöhung der Verbindungsstärken führen, so zu gestalten, dass möglichst viele Neuronen verbunden werden. Insbesondere zu Beginn der Maßnahme sollte diese Vernetzung permanent erfolgen. Eine praktische Hilfestellung ist, möglichst vielen Menschen mitzuteilen, dass man an der Erhöhung der internalen Kontrollüberzeugung arbeitet. Persönlich Bekannte, Familienangehörige oder nahe Mitarbeiter sollte man bitten, dass sie immer korrigierend agieren, wenn das angestrebte Ziel aus dem Blick gerät, wenn man in die Gefahr gerät, wieder einmal aufzugeben. Schriftliche Verträge mit deutlichen Konsequenzen sind ein gutes Hilfsmittel hierbei.

Häufig sind es auch »einschießende« negative Gedanken, die ein kontingentes Lernen verhindern. Man hat zwar das Ziel im Sinn, aber die negativen Gedanken rufen immer wieder »Das klappt ja doch nicht« oder »Du hast das schon so oft vergeblich probiert«. In solchen Fällen kann die einfache Methode des »Gedankenstopps« eingesetzt werden. Es handelt sich dabei um eine Technik aus der klassischen Verhaltenstherapie, mit der der Kandidat immer wiederkehrende Gedanken beenden kann.

Um zu lernen, dass das grundsätzlich funktioniert, soll der Kandidat in Anwesenheit des Beraters den negativen Satz gedanklich oder auch verbal vorsprechen. Er schließt dabei seine Augen. Nun ruft der Therapeut laut »Stopp« und schlägt evtl. gleichzeitig auf dessen Schenkel. Dieses »Stopp« kommt für den Kandidaten ganz unerwartet und er wird sofort aufhören, die bisherigen Gedanken weiterzuverfolgen. Er wird dann gefragt, was er erlebt hat, und normalerweise gibt er zu, dass er tatsächlich nicht mehr an die »alte Leier« gedacht hat. Dieses Erlebnis zeigt ihm, dass er nicht ständig negativ denken muss bzw. dieses Denken durch ein später verinnerlichtes »Stopp« tatsächlich auch beenden kann.

Wenn gleichzeitig zu diesem Gedankenstopp ein positives Gefühl provoziert wird (z.B. durch ein für den Kandidaten als sehr schön empfundenes Bild), dann werden die negativen Gedanken gegenkonditioniert und damit immer mehr zurückgedrängt bzw. verlernt.

System Das Lernen am Modell kann für die Erhöhung der internalen Kontrollüberzeugung eine wichtige Rolle spielen. Um dies zu erreichen, muss der Kandidat sich jedoch in den entsprechenden Systemen aufhalten. Allein durch die Vorbildfunktion in leistungsorientierten Schulen oder durch leistungsmotivierte Mitarbeiter in Betrieben kommt es dabei ohne weiteren Aufwand zu einer Förderung der internalen Kontrollüberzeugung.

Daneben können aber ebenso, was in der Industrie längst üblich ist und mehr und mehr auch in den Gemeinden oder im Ehrenamt eingesetzt wird, »Jahresgespräche« zur Erhöhung der internen Kontrollüberzeugungen geführt werden. Solche Gespräche müssen allerdings gut vorbereitet werden, um effektiv zu sein. Nachfolgend einige Fragen zur Vorbereitung des Vorgesetzten auf ein solches Jahresgespräch.

1. Persönliche und Glaubensfragen
- Wie geht es dem Mitarbeiter bezüglich seines Denkens, Fühlens, Glaubens und seiner körperlichen Beanspruchung (d.h. seiner »Seele« i. S. von Genesis 2,7) bei seiner Tätigkeit?
- Gibt es spezifische Probleme oder spirituelle Anfechtungen bei der Arbeit?
- Wo hat er/sie Erwartungen, die nicht erfüllt worden sind? Warum?
- Was hat sehr gut geklappt und sollte weitergeführt werden?
- Tragen die Angehörigen die Aufgabe mit?

2. Fragen zu der Arbeit
- Welche Arbeitsaufgaben hat der Mitarbeiter?
- Wie schatze ich die Arbeitsergebnisse ein (Menge und Qualität)?
- Welche Arbeitsergebnisse erwarte ich zukünftig?
- Welche Aufgaben liegen ihm besonders/welche bereiten Schwierigkeiten?
- Wo liegen die Stärken und Schwächen?
- Welche zukünftigen Arbeitsziele kommen für den Mitarbeiter in Betracht?
- Welche Förderung zur Zielerreichung kann ich anbieten?

3. Fragen zum Arbeitsumfeld
- Bekommt der Mitarbeiter *alle* Informationen, die zur Aufgabenerledigung notwendig sind?
- Wie funktioniert die Zusammenarbeit mit anderen Kollegen?
- Sind mir Konflikte oder Spannungen bekannt, bei denen ich vermittelnd eingreifen sollte?

- Ist die Ausstattung für die Arbeit aus meiner Sicht ausreichend?
- Welche Veränderungen im Arbeitsumfeld des Mitarbeiters halte ich für wichtig?

4. Zusammenarbeit und Führung

- Was funktioniert gut bei der Zusammenarbeit?
- Was würde ich gerne ändern?
- Gebe ich meinen Mitarbeiter ausreichend Rückmeldung?
- Kritisiere/lobe ich angemessen (häufig/selten; konstruktiv/ entmutigend; konkret/pauschal)?
- Kann ich Kritik durch den Mitarbeiter zulassen?
- Werde ich überhaupt gelegentlich kritisiert?
- Wie gehen wir mit gemeinsamen Konflikten um?
- Wie selbstständig arbeitet der Mitarbeiter? Besteht insoweit Veränderungsbedarf (mehr Entscheidungsspielraum/mehr oder klarere Vorgaben)?

5. Persönliche Entwicklungsmöglichkeiten

- Welche Möglichkeiten sehe ich über die bereits oben erfassten Veränderungen hinaus für die Entwicklung des Mitarbeiters?
- Was müsste der Mitarbeiter zur Verwirklichung dieser Möglichkeiten tun?
- Wie könnte ich ihn fördern?
- Welche Fortbildungen sind für den Mitarbeiter aus meiner Sicht sinnvoll?

Die Arbeit an der Erhöhung der internalen Kontrollüberzeugungen macht Mühe, wenn die zu einem Lernprozess notwendigen Kontingenzen nicht gewährleistet sind. Das ist beispielsweise dann der Fall, wenn im »System Schule« von den Lehrern Leistungsmotivation angestrebt wird und zu Hause das Gegenteil der Fall ist.

Häufig macht ein Lernprogramm auch dann Schwierigkeiten, wenn das System Familie oder Gemeinde andere Normen hat als das System Arbeitsplatz. Dies muss vor Beginn des Lernprogramms abgeklärt und dann entschieden werden, ob mit dem Programm überhaupt begonnen werden kann.

Bei Recherchen zu den Zusammenhängen zwischen Kontroll- *Spiritualität*
überzeugungen und christlichem Glauben sind in der Literatur
unterschiedliche Ergebnisse zu finden. Eva Maria Jäger[208] macht
bei ihren Untersuchungen deutlich, dass diese Unterschiede
durch den unterschiedlichen Glaubensstil[209] begründbar sind. Es
ist demnach durchaus möglich, in hohem Maße von Gott abhängig zu sein (»God-Control«) und gleichzeitig auch hohe internale
Kontrollüberzeugungen zu haben.

Auch die Bibel sagt, dass der Mensch Verantwortung für seine
Gedanken hat und sie kontrollieren kann – und dann seine Gedanken auch Folgen für die Lebensqualität haben. So betreffen die
Zehn Gebote im Alten Testament zwar teilweise das beobachtba-
re Verhalten, andererseits aber auch die Gedanken des Menschen.
Z.B., wenn es darum geht, des Sabbats zu gedenken (Ex 20,8),
keine anderen Götter neben Gott zu haben (Ex 20,3) oder nicht
den Besitz des Nächsten zu begehren (Ex 20,17). Gott sieht den
Menschen als verantwortlich für seine Gedanken und traut ihm
zu, diese unter Kontrolle zu halten.

Im Neuen Testament wird dieser Umgang mit den Gedanken
von Paulus mit Metaphern wie »kämpfen« und »gefangen nehmen« beschrieben (vgl. 1Kor 10,4f).

Was die Ausgewogenheit zwischen der externalen und der internalen Kontrollüberzeugung anbelangt, zeigt Jesus einerseits
ein unabhängiges und selbstkontrolliertes Verhalten, bei dem
er sich ggf. auch gegen den Einfluss anderer Menschen wehrt
und sich nicht unterordnet. Andererseits bleibt er immer in enger
Verbindung mit Gott und fügt sich seinem Willen (Lk 22,42 und
Mt 26,53-54).

Interessant ist allerdings, wie die Untersuchungen von Jäger
zeigen, dass Menschen in der Bibel generell keine höhere »Kont-

---

208 E. M. Jäger (1997). *Glaube und seelische Gesundheit*. Freudenstadt: a.a.O. S.192ff.
209 Innerhalb des christlichen Glaubens sind dabei deutliche Unterschiede zu beobachten. Dies ist z.b. über die Zugehörigkeit zu verschiedenen Konfessionen, über
unterschiedliche Gottesbilder und verschiedene religiöse Motivationen möglich:
Katholische Christen lagen z.b. in den internalen Kontrollwerten deutlich unter
protestantischen Christen. Einige Autoren nehmen an, dass Katholiken in ihrem
Glauben eher über kirchliche Regeln und Vorgaben bestimmt sind, während pro-
testantische Christen eher einen »selbstbestimmten« Glauben haben (Jäger a.a.O.
194). Vgl. hierzu auch Max Webers Analyse der »Protestantischen Ethik«.

rolliertheit« ihres Leben haben als nichtreligiöse Menschen, sondern ebenso Kontrollverlustsituationen ausgesetzt sind (vgl. Hiob oder Paulus). Doch können sie durch ihren Glauben anders mit diesen Kontrollverlusten umgehen.[210] Nachfolgend wird aufgezeigt, dass sich auch in Kirchenliedern[211] sowohl eine externale als auch internale Kontrollüberzeugung widerspiegelt, auch wenn wohl die God-Control-Lieder als Trostlieder insgesamt gesehen häufiger gesungen werden.

Beispiele für Kirchenlieder, die eine »God-Control«-Haltung repräsentieren:

- »Weiß ich den Weg auch nicht, Du weißt ihn wohl ...« (EKG 641)
- Befiehl du deine Wege und was dein Herze kränkt der allertreusten Pflege des, der den Himmel lenkt ...« (EKG 361)
- »Die Sach ist Dein, Herr Jesus Christ ...« (EKG 606)
- »Gott will's machen, dass die Sachen gehen, wie es heilsam ist ...«
- »So nimm denn meine Hände und führe mich ...« (EKG 376)
- »Mach's mit mir, Gott, nach deiner Güt, hilf mir in meinem Leben « (EKG 325)
- »Ich steh in meines Herren Hand und will drin stehen bleiben ...« (EKG 374)

Beispiele für Kirchenlieder, die eher eine internale Kontrollüberzeugung ausdrücken:

- »Nun, aufwärts froh, den Blick gewandt ...« (EKG 394)
- »Wir wolln uns gerne wagen, in unsern Tagen der Ruhe abzusagen, die's Tun vergisst ...« (EKG 254)
- »Meinen Jesum lass ich nicht ...« (EKG 402)
- »Du meine Seele singe ...« (EKG 302)
- »Auf, auf mein Herz mit Freuden ...« (EKG 112)
- »Wach auf, mein Seel, und singe ...« (EKG 446)
- »Werde munter, mein Gemüte, und ihr Sinne geht herfür ...« (EKG 475)

---

210 Vgl. Jäger a.a.O. S. 193.
211 Die Beispiele sind entnommen aus dem *Evangelischen Kirchengesangbuch (EKG) Ausgabe Württemberg* (1996). Stuttgart: Gesangbuchverlag.

Wie weiter oben erwähnt, führen die »God-Control«-Überzeugungen nicht unbedingt zu einer geringeren internalen Kontrollüberzeugung oder zu einer passiven und hilflosen Haltung. D.h., es ist durchaus möglich, dass überzeugte Christen eine hohe – und damit leistungsorientierte – internale Kontrollüberzeugung entwickeln können.

Am Beispiel zweier direkt aufeinanderfolgender Verse eines Kirchenliedes (EKG 298, 6 und 7) wird dies sehr anschaulich deutlich:[212]

»Es sind ja Gott sehr leichte Sachen und ist dem Höchsten alles gleich:
den Reichen klein und arm zu machen, den Armen aber groß und reich.
Gott ist der rechte Wundermann, der bald erhöhn, bald stürzen kann.
Sing, bet und geh auf Gottes Wegen, verricht das Deine nur getreu
und trau des Himmels reichem Segen, so wird er bei dir werden neu.
Denn welcher seine Zuversicht auf Gott setzt, den verlässt er nicht.«

Für die Arbeit mit Christen an der Erhöhung der internalen Kontrollüberzeugung sind diese Ergebnisse sehr wichtig, weil sie vor biblischem Hintergrund nicht nur erlauben, sondern geradezu fordern, dass sich Menschen aufmachen und ihre Ziele aktiv (zusammen mit Gott) zu erreichen suchen. Hier wird jede frömmelnde Passivität relativiert und nicht selten als »Faulheit« entlarvt. Biblisches Gesamtmotto darf dann ein Vers von David aus Psalm 18,30[213] sein: »Denn mit dir erstürme ich einen Wall und mit meinem Gott überspringe ich eine Mauer.«

212 Vgl. ebd. S. 193f.
213 Rev. Elberfelder Übersetzung.

2.2.6.2 Verringerung der externalen Kontrollüberzeugung

Die externalen und die internalen Kontrollüberzeugungen können unabhängig voneinander die unterschiedlichsten Werte annehmen. Menschen mit hoher internaler Kontrollüberzeugung haben daher nicht zwingend gleichzeitig niedrige Werte bei den externalen Kontrollüberzeugungen. Es können auch beide niedrig oder beide hoch sein. Der Mittelwert beim PST-R liegt in beiden Fällen bei SN 5.

Weiterhin kann, wie schon weiter vorne beschrieben, die externale Kontrollüberzeugung von den Menschen her orientiert sein (P = »People«) oder vom Schicksal (C = »Chance«). Die mittlere Orientierung liegt bei jeweils 50 %.

Bei Christen ist der C-Anteil häufig im Zusammenhang mit »God-Control« zu sehen. Deshalb muss im Vorgespräch abgeklärt werden, ob es sich um ein Abhängigsein vom »Schicksal« im Sinne von nicht erkennbaren Mächten handelt, das den Menschen trifft, ohne dass er etwas dazu tun kann, oder ob es sich um das Handeln eines gütigen Gottes handelt, der den Menschen alle Freiheit der Entscheidung gibt und doch zugleich alles Zukünftige kennt.

Bei einer »God-Control«-Überzeugung liegt das Wesen des Glaubens eher in einer selbst gewählten Hingabe[214], die als freiwilliges Handeln des Individuums vollzogen wird. Gerade tiefgläubige Menschen, die nach einer im Sinne eines »Herrschaftswechsels« bewussten und deshalb internal kontrollierten Lebenshingabe an Jesus Christus[215] »in Christus« leben (2 Kor 5,17), können sowohl mit aller eigenen Kraft und Leistung[216] ihr Leben kontrollieren – und gleichzeitig in vollkommener Abhängigkeit von Gott ihr Leben leben[217].

---

214 Dies klingt nicht nur im christlichen Kontext, sondern auch bei einigen humanistischen Modellen an. Vgl. A.H. Maslow (2002) a.a.O.
215 Vgl. hierzu: M. Dieterich (2006). *Wer bin ich? Wer sind die Anderen?* a.a.O.
216 Die aber nicht mehr ihre »eigenen« sind, denn »Ich lebe, doch nun nicht ich, sondern Christus lebt in mir« (Gal 2,20).
217 Dementsprechend ist es fraglich, ob Rotters Zweiteilung der Kontrollüberzeugungen und die nochmalige Aufspaltung im Sinne von Krampen noch hinreichend sind oder eine neue eigenständige Größe als »God-Control« eingeführt werden müsste.

Christen, die nicht in der ganzen Abhängigkeit von Gott leben, gilt es vor allen anderen psychologisch orientierten Hilfestellungen zu einer Vertiefung dieser Beziehung zu verhelfen.

Menschen mit einer hohen externalen Kontrollüberzeugung, die nicht als »God-Control« beschrieben werden kann, sind dadurch zu kennzeichnen, dass sie ...
* eine erbrachte Leistung nicht auf sich selbst bzw. ihre eigenen Qualitäten beziehen,
* andere Menschen zumeist als »besser« sehen und sich im negativen Sinne mit diesen vergleichen,
* das selbst Geleistete als gering achten,
* davon ausgehen, dass sie auch zukünftig kaum Erfolg haben werden,
* sich oftmals als hilflos empfinden.

In einem engen Zusammenhang mit der externalen Kontrollüberzeugung steht die *erlernte Hilflosigkeit*[218].

Seligman geht davon aus, dass eine solche Art des Denkens und Handelns schon in früher Kindheit erworben wird und nicht selten auch zu Depressionen führen kann. Personen, die den Zustand der erlernten Hilflosigkeit zeigen, waren oftmals schon in ihrer Jugendzeit über längere Zeit unkontrollierbaren unangenehmen Ereignissen ausgesetzt. Nach einiger Zeit haben die dann die Versuche eingestellt, der Situation Herr zu werden oder sie haben sich dieser Situation ganz entzogen. Ihre Sichtweise zu den Problemen wird unrealistisch in einem dreifachen Sinne. Sie sehen die Probleme
1. persönlich, d.h. in sich selbst als das Problem;
2. generell: das Problem ist allgegenwärtig und betrifft alle Aspekte des Lebens;
3. permanent: das Problem ist unveränderlich.

Weil die individuelle Sichtweise des Lebens bzw. die Art und Weise der Kontrollierung über den PST-R nur mit empirisch er-

218 Vgl. M.E.P. Seligman (1979). *Erlernte Hilflosigkeit*. München u.a.: Urban und Schwarzenberg.

mittelten Zahlenwerten erfolgt, sollte ehe mit einem Programm zur Verringerung der externalen Kontrollüberzeugung begonnen wird, eine Lebensstil- bzw. Skriptanalyse durchgeführt werden. Diese Analyse gibt dann eine Antwort auf die Hintergründe der C- und P-Anteile aber auch die Erziehungsstile in der Kindheit, die erlernte Hilflosigkeit usw.

Die theoretischen Hintergründe und die praktische Durchführung eines solchen »Idiografik« sind in einer relativ einfach nachvollziehbaren Abhandlung beschrieben.[219] Die Dauer für ein solches geleitetes Interview, das nach den »roten Fäden« im Leben eines Menschen sucht, liegt bei einer knappen Stunde, mit einiger Erfahrung deutlich darunter.

Allgemeine Möglichkeiten zur Verringerung der externalen Kontrollüberzeugung

Entsprechend den neun unterschiedlichen Möglichkeiten, vom Zustand Z_1 zum Zustand Z_2 zu kommen (vgl. Abb. 49), werden nachfolgend einige praktische Anwendungen vorgestellt, die dann in einen Beratungs-/Therapieplan eingearbeitet werden können. Dabei wird mit einfachen und schnell zu erreichenden Übungen begonnen, denen immer schwierigere folgen. In der Praxis hat es sich bewährt, von ca. sechs bis zehn Schritten auszugehen.

Praktisches Beispiel zur Verringerung der externalen Kontrollüberzeugung:

Der Kandidat soll, wenn bei einem Projekt ein Fehler entstanden ist, seine eigenen Anteile daran und die der anderen präzise und für Dritte (Berater) nachvollziehbar beschreiben.
Der Kandidat soll zwischen der Begrenzung seiner individuellen Machbarkeit für eine bestimmte Aufgabe und der »God-Control« unterscheiden.

---

219 Vgl. hierzu M. Dieterich (2006). *Wer bin ich? Wer sind die Anderen?* a.a.O. S. 116–148.

Wie schon weiter vorn beschrieben, kann die Steigung der Lernkurve bei den externalen Kontrollüberzeugungen – und damit die
Abschätzung des Lernerfolgs – derzeitig noch nicht empirisch
ermittelt werden. Deshalb sollte vorab durch eine Lebensstil-
bzw. Skriptanalyse qualitativ abgeklärt werden, wie lange diese
Art der Überzeugung schon besteht.

Verringerung der externalen Kontrollüberzeugung

Zumeist ist der Gedanke, dass »andere« den Kandidaten vom Er- *Übung*
folg abhalten, für ihn der Hinderungsgrund, um überhaupt mit
einer neuen Aufgabe zu beginnen. So gesehen ist es wichtig, ihn
zum Erfolg zu führen – ohne das derzeitig schon erklären zu können – also ein »Learning by Doing« zu provozieren.

Die Gedanken an eine eventuelle Unlösbarkeit werden dabei
einfach weggeschoben und der Berater ermutigt, die neue Situation einfach mal zu wagen, »zu tun als ob«. Möglicherweise
muss der Kandidat dabei persönlich begleitet werden – und er
wird feststellen, dass er tatsächlich Erfolg haben kann. Er wird
diesen Erfolg zwar in der Regel nicht sich selbst, sondern dem
»Zufall« zuschreiben – aber je häufiger er bei einer solchen Übung
begleitet wird, umso mehr kommt es zu einem Lernprozess, d.h.
zu einem überdauernden Verhalten, das davon ausgeht, dass ein
Zusammenhang zwischen Aufwand und Leistung besteht. D.h.,
die Kandidaten müssen lernen, dass sie Aufgaben, die prinzipiell lösbar sind, tatsächlich lösen können und dies alleine. Deshalb
sollten die Lernportionen so aufgeteilt sein, dass sie auch wirklich
lösbar sind.

Sätze wie

* »Das kann ich nicht«
* »Das liegt nur an mir, dass es nicht funktioniert«
* »Andere können das – ich nicht«
* »Dieses Problem ist überhaupt nicht lösbar«
* »Das geht an keiner Stelle meines Lebens« usw.

sind verboten bzw. müssen relativiert werden (vgl. hierzu den
Abschnitt »Gedanken«).

Am Ende eines jeden Versuches soll der Kandidat einen Fragebogen ausfüllen und ggf. mit dem Berater besprechen.

Aufgabe	
Meine Gedanken zur Lösung vor Beginn der Übung	
Wo bin ich persönlich verantwortlich für die Lösung?	
Was müssen andere tun, damit die Lösung erfolgen kann?	
Brauche ich ein Hilfsmittel? Welches?	
Handelt es sich um eine allgemeine Schwierigkeit?	
Ist das Problem überhaupt lösbar?	
Wenn nein: Welches Teilproblem ist lösbar?	
Die Ergebnisse und Gedanken nach der Übung	
Welche Anteile der Aufgabe konnte ich persönlich lösen?	
Wo mussten oder müssen zukünftig andere eingreifen?	
Brauche ich noch mehr Hilfsmittel?	
Habe ich das Problem gelöst? Was steht noch aus?	
Wenn nicht lösbar: Kann man ein Teilproblem lösen?	

Für den Kandidaten gibt es eine To-do-Liste, die er immer wieder überprüfen soll:

To-do-Liste[220]

1. Auch wenn Sie nicht daran glauben und bisher manche schlechte Erfahrung gemacht haben, haben Sie dennoch im Leben schon einiges erreicht: z.b. einen beachtlichen Schul- oder Berufsabschluss oder auch eine Fremdsprache zu beherrschen. Werten Sie diese Kenntnisse bitte nicht ab!
2. Das meiste von dem, was sie können, haben Sie erlernt, es ist nicht von alleine »gewachsen«. Und genauso wie eine Fremdsprache können Sie auch lernen, ihre externalen Kontrollüberzeugungen zu verringern. Aber Sie brauchen Geduld dazu. Bedenken Sie: Die Fremdsprache haben Sie auch nicht an einem Tage erlernt.
3. Bitte besorgen Sie sich ein Tagebuch, in dem Sie die weiteren Fortschritte unseres Programms dokumentieren können. Führen Sie dieses Tagebuch immer zur selben Zeit, z.b. am Abend (Sie brauchen nur Stichworte zu notieren).
4. Analysieren Sie (ggf. zusammen mit dem Berater) anhand eines praktischen Beispiels (also nicht allgemein) ob und in welchem Umfang Ihre Meinung »Ich kann ja doch nichts ändern« berechtigt ist. Beschreiben Sie dabei das Beispiel so genau wie möglich.
5. Wir wollen prüfen, warum Sie bei dem genannten Beispiel versagt haben:
   - Haben Sie sich zu viel vorgenommen, vielleicht Dinge, die ein Einzelner gar nicht lösen kann?
   - War es zu schwierig (Qualität)? Was war schwierig?
   - War es zu umfangreich (Quantität)? Wie könnte man die Aufgabe in lösbare Abschnitte unterteilen?
   - Waren Sie motiviert? Was hat Ihre Motivation verringert? Was könnte die Motivation erhöhen?
6. Wer hat bei dem genannten Beispiel gegen Sie gearbeitet oder wer hat Sie ignoriert/nicht beachtet? Können Sie das

---

220 Diese Fragen können auch im Abschnitt »Gedanken« gebraucht werden.

belegen oder ist es nur eine Vermutung? Könnte man dieser Vermutung nachgehen und sie überprüfen?

7. Sie werden feststellen, dass einige Ihrer Annahmen nicht stimmen. Vielleicht denken Sie jetzt, dass das Ausnahmen sind? Es ist gut, wenn Sie Ihr Tagebuch genau führen, also positive und negative Tatsachen (keine Vermutungen) notieren.

8. Gehen Sie beim nächsten Versuch an die Aufgabe heran mit dem Motto »Ich nehme an, dass ich das schaffen werde.« oder: »Ich verhalte mich mal so, als wenn das Problem tatsächlich lösbar wäre«. Erzählen Sie davon Ihren Freunden, Kollegen und Bekannten.

   Unter heuristischem Vorgehen versteht man, so zu tun, als wenn eine Annahme wirklich stimmt – in Ihrem Falle also, dass »die anderen« oder »das Schicksal« nicht gegen Sie sind. Suchen Sie gemäß dieser heuristischen Annahme ganz bewusst nach den Erfolgen und schauen Sie weg, wenn es mal nicht klappt. Wenn Sie die Ergebnisse in Ihr Tagebuch eingetragen haben, werden Sie feststellen, dass die Erfolge überwiegen.

9. Glauben Sie an Ihre persönliche Wirkung und Ausstrahlungskraft. Sie können entscheiden – wenn auch nicht immer, so doch bei viel mehr Möglichkeiten, als Sie bisher angenommen haben.

10. Man kann immer wieder neu anfangen. Bedenken Sie: »Heute ist der erste Tag Ihres restlichen Lebens.«

Stimuli Alle Reize, die zu einer höheren externalen Kontrollüberzeugung führen können, müssen erkannt und wenn möglich abgestellt werden, während diejenigen Stimuli, die die Selbstbestimmung und die Sicherheit fördern, dass zwischen Ursache und Wirkung ein enger Zusammenhang besteht, konsequent einzusetzen sind.

Gemeinsam mit dem Berater wird das gesamte Umfeld des Kandidaten durchforstet und nach demjenigen Aspekt gesucht, bei dem er bisher schon Erfolge aufweisen konnte. Auf dieser Basis wird dann ein weiteres Lernprogramm systematisch aufgebaut und der Erfolg evaluiert.

Wenn der Erfolg eintritt, kann dieser mit anderen Bereichen des Lebens, bei denen eine geringere externale Kontrollüberzeugung erforderlich ist, konditioniert und damit auch generalisiert werden.

Häufig gehen die Kandidaten davon aus, weil dies zu der Art und *Gedanken* Weise ihres Denkens gehört, dass man bei der externalen Kontrollierung nichts ändern könne und sie deshalb als gegeben annehmen müsse. So steht zu Beginn des Lernprogramms die Überzeugungsarbeit, dass es tatsächlich möglich ist, seine Ansichten zu ändern.

Bei der externalen Kontrollierung sind das irrige Gedanken, die im Zusammenhang damit stehen, dass der Kandidat die Gründe seines bisherigen Misserfolgs stets bei sich persönlich sucht, dass er Probleme überall und immer sieht und davon ausgeht, dass diese Probleme unveränderlich und überdauernd sind. Diese Gedanken haben zumeist schon den Charakter von Paradigmen gewonnen und müssen deshalb oft recht mühsam kognitiv rekonstruiert werden. Methodisch wird dabei im Sinne der Kognitiven Therapie gearbeitet und als Grundlage dienen die Ergebnisse des weiter oben beschriebenen Fragebogens (vgl. hierzu auch die Fragen im Abschnitt »Übung« in diesem Kapitel).

Neben diesen Lösungsmöglichkeiten ist es sinnvoll, dass sich der Kandidat selbst *positive Zuschreibungen* gibt. Hierzu werden zuerst alle bisher negativen Beschreibungen gesammelt und deren Irrationalität gemeinsam aufgedeckt.
Hierzu könnte u.a. gehören:
1. »Ich kann ein Problem niemals alleine lösen.«
2. »Es fehlt mir an der nötigen Ausbildung.«
3. »Ich habe das nie gelernt.«
4. »Ich halte das nicht durch.«
5. »Man darf nicht immer nur nach der Leistung sehen. Bei Gott wird man ohne Verdienst gerecht gemacht.«
6. »Früher habe ich auch immer bei dieser Aufgabe versagt.«
7. »Da ist sicherlich wieder jemand gegen mich.«
8. »Gott wird das alles für mich richtig machen.«
9. »Im Laufe der Zeit regelt sich alles von alleine.«
10. »Das muss vom Staat gelöst werden.«

Nachdem der Kandidat zusammen mit dem Berater die irrigen Sätze korrigiert hat, wird gemeinsam nach alternativen positiven Zuschreibungen gesucht, die der Kandidat im Sinne eines *inneren Dialogs* immer wieder mit sich selbst bespricht bzw. sich selbst zuschreibt. Diese Sätze könnten folgendermaßen lauten:

1. »Ich werde auf alle Fälle mit der Aufgabe beginnen und sehen, wie weit ich komme.«
2. »Die Ausbildung für diese Tätigkeit ist nur ein Aspekt. Man braucht auch Durchhaltestärke.«
3. »Ich habe nicht alles gelernt – aber ich kann ja weiter hinzulernen.«
4. »Ich brauche ziemlich viel Kraft, aber ich werde nach einer Pause immer wieder weitermachen, bis ich das Ziel erreicht habe.«
5. »Leistung ist wirklich nur ein Aspekt im Leben – aber man braucht sie, um im praktischen Leben voranzukommen. Paulus sagt: ›Wer nicht arbeiten will, der soll auch nicht essen‹ (2Tim 3,10).«
6. »Ich habe versagt, weil ich nicht an mich geglaubt habe.«
7. »Ich bilde mir das wahrscheinlich nur ein – kaum jemand wird dagegen sein, wenn ich etwas leisten will.«
8. »Ein alter Spruch der Benediktiner lautet: ›Ora et labora‹[221] in Anlehnung an Genesis 3,19. D.h. praktisch: Gott macht alles recht, aber ich muss mitmachen.«
9. »Im Laufe der Zeit gerät alles immer mehr durcheinander. Wir müssen etwas dagegen unternehmen, denn ›Wer rastet, der rostet‹«.
10. »Der Staat, das bin ich selbst.«

Wenn die Gesamtlösung eines Problems tatsächlich im Augenblick nicht gelingen will, dann kann mit den Strategien der Heuristik ein Weg gefunden werden, der nicht zwingend sofort logisch erklärt werden muss, sondern bei dem auch Intuition und spielerische Überlegungen eine Rolle spielen. Hierzu können u.a. die folgenden Fragen gestellt werden:

---

221 Der vollständige Satz lautet: Ora et labora et lege, Deus adest sine mora (»Bete und arbeite und lese, Gott ist da ohne Verzug«).

- Kann ich Lösungen finden, die wenigstens einen Teil des Zieles erreichen?
- Kann ich diese Einzellösungen zu einer Gesamtlösung zusammenfassen?
- Hilft es, wenn ich nahe beim gewünschten Ziel anfange, also das Problem von hinten her aufrolle?
- Kann ich durch eine Veränderung der Problemstellung der Lösung näherkommen?
- Habe ich etwas Ähnliches schon einmal gesehen bzw. kenne ich ein ähnliches Problem?
- Bringt mich der Übergang von einem Projekt zu einer ganzen Klasse von Projekten weiter (z.b. Bäume und Wald).
- Könnte man das Problem mit einer ganz anderen Fachdisziplin lösen?
- Was wäre, wenn die Gesetze der Logik außer Kraft gesetzt würden?

Ein direkter medikamentöser Zugang zur Verringerung der externalen Kontrollüberzeugung ist nicht bekannt. Falls die externale Kontrollüberzeugung auch zu einer »erlernten Hilflosigkeit« geführt haben sollte, so gibt es auch ein hohe Korrelation zur Depression. Weit über 100 Studien stützen die Theorie Seligmans[222], die auf folgenden aufeinander aufbauenden Annahmen beruht:

Medikamente

1. Es wird eine scheinbar nichtkontrollierbare Situation wahrgenommen.
2. Es wird die Überzeugung entwickelt, dass solche Situationen nicht beeinflussbar sind.
3. Die mangelnde Kontrollierbarkeit wird auf Eigenschaften der *eigenen Person* zurückgeführt und die Überzeugung vertreten, dass es immer und überall so abläuft.
4. Die eigene Fähigkeit, irgendeine Situation positiv beeinflussen zu können, wird generell verneint.
5. Bei vielen Menschen führt ein solches Denken zur Depression.

222 Vgl. a.a.O.

321

In der Regel werden bei solchen Depressionen die irrigen Gedanken durch eine kognitive Psychotherapie rekonstruiert. In schweren Fällen ist auch die Hilfestellung durch vom Arzt verordnete Antidepressiva notwendig. Hier erweisen sich die modernen Antidepressiva der SSRI-Gruppe als hilfreich. Einzelheiten und auch mögliche Nebenwirkungen hierzu siehe im Kap. 1.5.1.4.

Organismus Es muss beachtet werden, dass die körpereigene Entwicklung von Endorphinen – und als Resultat entsprechende Stimmungsschwankungen – möglicherweise zyklisch verläuft.

Weiterhin sind die Nebenwirkungen von verschiedenen Medikamenten zu beachten, die in die Richtung von Depressionen führen (vgl. hierzu den Kapitelteil »Verringerung der Wachsamkeit«).

Verstärker Die Konsequenzen des bisherigen Verhaltens mit einer zu hohen externalen Kontrollüberzeugung für den Kandidaten müssen genau ermittelt werden – sowohl die positiven als auch die negativen.

Die für den Kandidaten positiven Konsequenzen könnten sein, dass andere Menschen die Verantwortung für ihn übernommen haben. Vielleicht hat er sich auch die Zuneigung in der christlichen Gemeinde erworben, weil er sich ohne eigenes Wünschen scheinbar in ganzer Abhängigkeit von Gott führen lässt und in seiner Hand geborgen hält.

Die negativen Konsequenzen sind unterschiedlich. Sie reichen von der Tatsache, dass solche Menschen lethargisch und ohne Motivation durch ihr Leben gehen und immer von anderen abhängig sind, bis dahin, dass sie eine Vielzahl von angefangenen und nicht abgeschlossenen Versuchen unternommen haben, um unterschiedliche Ziele zu erreichen. Dabei wurden oft hohe Investitionen an Zeit und Geld in Aufgaben gesteckt, die immer wieder zu Verlusten geführt haben.

Häufig wurden auch neue Therapieversuche begonnen und nach kurzer Zeit wieder abgebrochen. Zurück bleibt für den Betroffenen dann die Aussage: »Bei mir hilf ja doch nichts«, und bei den Angehörigen und Bekannten das Fazit:»Ein motivationsarmer und unzuverlässiger Mensch«.

Wie bei allen Lernprogrammen kommt der Kontingenz eine *Kontingenz* Schlüsselrolle zu, weil es darum geht, dass alle Bemühungen um den Lernprozess in eine Richtung verlaufen sollen. Das bedeutet, dass alle Aktionen gebündelt werden müssen.

Relativ einfach ist dies möglich bei der Auswahl der Verstärker, der Stimuli oder eines Systems, das das Verlernen der externalen Kontrollüberzeugung repräsentiert. Viel schwieriger ist es, die Kontingenz bei den Gedanken einzuhalten. Sie können, angeregt von unterschiedlichsten Reizen oder Erinnerungen, oftmals blitzartig und unkontrolliert »einschießen«. Da diese negativen Gedanken oftmals mit sehr realistischen Erfahrungen aus der Vergangenheit zusammenhängen, liegt die Gefahr nahe, über diese alten falschen Wege nachzudenken oder gar zu grübeln

Auch wenn der Kandidat weiß, dass solche Grübeleien nur negative Folgen haben, ist es doch sehr schwer, ihnen zu entgehen. Oftmals scheint es so zu sein, dass die falschen Wege eine Art von Faszination ausüben, sie innerlich erneut zu erleben.[223] Es hat aber keinen Sinn und ist auch keine Lösung des Problems, über alte und negative Wege nachzudenken und sich dann gefühlsmäßig entsprechend steuern zu lassen, sondern es ist hilfreich, diese Gedanken zu stoppen, etwa mit dem Satz »Stopp mit der alten Leier«, verbunden mit dem positiven Zuspruch »Ich will und werde das Problem lösen«. Wenn gleichzeitig zu diesem Gedankenstopp noch ein positives Gefühl stimuliert wird (z.B. durch ein für den Kandidaten als sehr schön empfundenes Bild), dann können die negativen Gedanken immer mehr zurückgedrängt werden.

Es geht darum, alle Wege, die zu dem Lernprozess führen, so zu gestalten, dass eindeutig und möglichst viele Neuronen miteinander vernetzt werden. Insbesondere zu Beginn der Maßnahme sollte diese Vernetzung permanent erfolgen. Eine praktische

---

223 Vielleicht ist dies dadurch zu begründen, dass die Emotionen in der Amygdala verortet sind und miteinander interferieren.

Hilfestellung ist es, möglichst vielen Menschen mitzuteilen, dass man an der Verringerung der internalen Kontrollüberzeugung arbeitet. Persönlich Bekannte, Familienangehörige oder nahe Mitarbeiter sollte man bitten, dass sie immer korrigierend agieren, wenn das angestrebte Ziel aus dem Blick gerät. Man kann auch mit Uhren arbeiten, die in bestimmten Abständen ein Signal geben (z.B. alle 30 Minuten), das dann wieder auf den Beratungsplan hinweist.

System Um von Modellen zu lernen, ist es wichtig, dass sich der Kandidat in einer Umgebung aufhält, die die entsprechenden Modelle anbietet. In der Regel wird dies am Arbeitsplatz der Fall sein. Im Unterschied zu früheren Zeiten finden wir dort heute den stärksten Typus unserer Leistungsgesellschaft wieder. Vom Arbeitsplatz ausgehend, an dem die Menschen ihren Lebensunterhalt zumeist durch unselbstständige Arbeit erwerben, ergeben sich die meisten Verflechtungen zu anderen gesellschaftlichen Institutionen.

Das Wertemuster in praktisch allen Wirtschaftsbetrieben ist »Leistung im universellen Rahmen«. Damit rückt das Leistungsprinzip in den Mittelpunkt des Lebens aller werktätigen Menschen – ob sie das wollen oder nicht. Wer sich dagegen stemmt, kann heute nur schwer vorankommen.

Das Leistungsprinzip hat folgende Grundlagen[224]:
1. Die natürlichen und die menschlichen Ressourcen sollen optimal ausgenützt werden.
2. Es herrscht eine Gleichwertigkeit von Leistung und Gegenleistung.
3. Der Status eines Menschen ergibt sich durch seine Leistung.
4. Die Entlohnung erfolgt entsprechend der Leistung.

Um ein Förderprogramm zur Verringerung der externalen Kontrollüberzeugung zu beginnen, sollte der Kandidat diese Prämissen der Leistungsgesellschaft akzeptieren und verstehen, dass man

---

224 Vgl. H. Daheim, G. Schönbauer (1993). *Soziologie der Arbeitsgesellschaft. Grundzüge und Wandlungstendenzen der Erwerbsarbeit.* Weinheim: Juventa.

dies besonders deutlich am Arbeitsplatz in Industrie- und Wirtschaftsbetrieben am Modell erlernen kann.

Die Arbeit an der Verringerung der Kontrollüberzeugungen macht dann Mühe, wenn die zu einem Lernprozess notwendigen Kontingenzen nicht gewährleistet sind. Das ist beispielsweise dann der Fall, wenn im »System Betrieb« die Leistungsmotivation angestrebt wird und in der Gemeinde oder im Freizeitbereich dagegen vorgegangen wird. Hier kann ein Gespräch mit der Gemeindeleitung oftmals weiterhelfen, in dem auf die Notwendigkeit dieser Werteordnung hingewiesen wird.

Wie schon im vorangegangenen Kapitelteil behandelt, muss auch *Spiritualität* hier abgeklärt werden, wie sich bei Christen die Aspekte von »God-Control« im Zusammenhang mit der externalen Kontrollüberzeugung darstellen lassen.

In der Bibel finden sich Positionen sowohl für eine extrinsische wie für eine intrinsische Kontrollüberzeugung und es gibt auch die der jeweiligen Position entsprechenden Lieder dazu. Bei der Arbeit an der Verringerung der externalen Kontrollüberzeugung werden die jeweils relevanten Beispiele ausgesucht.

Vor biblischem Hintergrund können die Grundhaltungen einer hohen externalen Kontrollüberzeugung mit folgenden Bibelstellen korrigiert werden:

1. *Falsche Denkweise: Eine erbrachte Leistung nicht auf sich selbst beziehen.*
Hier zeigt Jesu Gleichnis von den zehn Pfunden beispielhaft, dass sich der Einsatz lohnt: Ein Fürst zog in ein fernes Land und gab seinen Knechten Pfunde, verbunden mit der Auflage, damit zu handeln. Nach seiner Rückkehr belohnt er denjenigen, der sein Geld optimal vermehrt hat, und gibt ihm das Geld desjenigen, der das nicht getan hat, noch hinzu mit dem Wort: »Wer hat, dem wird noch gegeben werden ...« (Lk 19,11-27).

2. *Falsche Denkweise: Andere Menschen als besser sehen und sich im negativen Sinne mit diesen vergleichen.*

Paulus geht davon aus, dass in der Gemeinde die unterschiedlichen Gaben notwendig und sie alle wichtig sind – ja sogar der einfachsten Gabe ein größeres Gewicht beigemessen wird (1Kor 12,14-26): »Auch der Leib besteht nicht nur aus einem Glied, sondern aus vielen Gliedern. Wenn der Fuß sagt: ›Ich bin keine Hand, ich gehöre nicht zum Leib‹, so gehört er doch zum Leib. Und wenn das Ohr sagt: ›Ich bin kein Auge, ich gehöre nicht zum Leib‹, so gehört es doch zum Leib. Wenn der ganze Leib nur Auge wäre, wo bliebe dann das Gehör? Wenn er nur Gehör wäre, wo bliebe dann der Geruchssinn? Nun aber hat Gott jedes einzelne Glied so in den Leib eingefügt, wie es seiner Absicht entsprach. Wären alle zusammen nur ein Glied, wo bliebe dann der Leib? So aber gibt es viele Glieder und doch nur einen Leib. Das Auge kann nicht zur Hand sagen: Ich bin nicht auf dich angewiesen. Der Kopf kann nicht zu den Füßen sagen: Ich brauche euch nicht. Im Gegenteil, gerade die schwächer scheinenden Glieder des Leibes sind unentbehrlich. Denen, die wir für weniger edel ansehen, erweisen wir umso mehr Ehre und unseren weniger anständigen Gliedern begegnen wir mit mehr Anstand, während die anständigen das nicht nötig haben. Gott aber hat den Leib so zusammengefügt, dass er dem geringsten Glied mehr Ehre zukommen ließ, damit im Leib kein Zwiespalt entstehe, sondern alle Glieder einträchtig füreinander sorgen. Wenn darum ein Glied leidet, leiden alle Glieder mit; wenn ein Glied geehrt wird, freuen sich alle anderen mit ihm.«

3. *Falsche Denkweise: Sich für das selbst Geleistete als gering achten.*

Paulus vergleicht sich mit seinen Gegnern und verweist auf seine positiven Seiten (vgl. 2Kor 11,22-30): »Sie sind Hebräer – ich auch. Sie sind Israeliten – ich auch. Sie sind Nachkommen Abrahams – ich auch. Sie sind Diener Christi – jetzt rede ich ganz unvernünftig –, ich noch mehr: Ich ertrug mehr Mühsal, war häufiger im Gefängnis, wurde mehr geschlagen, war oft in Todesgefahr. Fünfmal erhielt ich von Juden die neununddreißig Hiebe; dreimal wurde ich ausgepeitscht, einmal gesteinigt, dreimal erlitt ich Schiffbruch, eine Nacht und einen Tag trieb ich auf hoher See. Ich war oft auf Reisen, gefährdet durch Flüsse, gefährdet durch Räuber, gefährdet durch das eigene Volk, gefährdet durch Heiden, gefährdet in der Stadt, gefährdet in der Wüste, gefährdet auf dem Meer, gefährdet durch falsche Brüder. Ich erduldete Mühsal und Plage, durchwachte viele Nächte, ertrug Hunger und Durst, häufiges Fasten, Kälte und Blöße. Um von allem andern zu schweigen, weise ich noch auf den täglichen Andrang zu mir und die Sorge für alle Gemeinden hin. Wer leidet unter seiner Schwachheit, ohne dass ich mit ihm leide? Wer kommt zu Fall, ohne dass ich von Sorge verzehrt werde? Wenn schon geprahlt sein muss, will ich mit meiner Schwachheit prahlen ...«

4. *Falsche Denkweise: Davon ausgehen, dass sich auch zukünftig kein Erfolg einstellen wird.*

Im Unterschied zur Psychoanalyse, die ein vergangenheitsorientiertes Paradigma anbietet, sind die biblischen Lösungsstrategien eher in die Zukunft gerichtet. Hierzu sagt Jesus, der die Ängste seiner Jünger kennt (Joh 14,1-4): »Euer Herz lasse sich nicht verwirren. Glaubt an Gott und glaubt an mich! Im Haus meines Vaters gibt es viele Wohnungen. Wenn es nicht so wäre, hätte ich euch dann gesagt: Ich gehe, um einen Platz für euch vorzubereiten? Wenn ich gegangen bin und einen Platz für euch vorbereitet habe, komme ich wieder und werde euch zu mir holen, damit auch ihr dort seid, wo ich bin. Und wohin ich gehe – den Weg dorthin kennt ihr.« Auch in Joh 16,33 findet sich eine deutliche Aussage Jesu: »Dies habe ich zu euch gesagt, damit ihr in mir Frieden habt. In der Welt seid ihr in Bedrängnis; aber habt Mut: Ich habe die Welt besiegt.« Paulus sagt den Philippern (3,13f): »Brüder, ich bilde mir nicht ein, dass ich es schon ergriffen hätte. Eines aber tue ich: Ich vergesse, was hinter mir liegt, und strecke mich nach dem aus, was vor mir ist. Das Ziel vor Augen, jage ich nach dem Siegespreis: der himmlischen Berufung, die Gott uns in Christus Jesus schenkt.«

5. Falsche Denkweise: Sich als hilflos empfinden.
Eine Hilflosigkeit für Christen gib es eigentlich nicht, denn Gott ist immer da. An seiner Hand zu gehen bedeutet mit Gott über eine Mauer zu springen (Psalm 18,30). Allerdings: wer nicht geht, den kann Gott dabei auch nicht begleiten. Schwachheiten im Leben müssen nicht mit Hilflosigkeit einhergehen. Paulus geht von der Paradoxie der Stärke durch die Schwachheit aus (2Kor 12,10): »Deswegen bejahe ich meine Ohnmacht, alle Misshandlungen und Nöte, Verfolgungen und Ängste, die ich für Christus ertrage; denn wenn ich schwach bin, dann bin ich stark.«

Zu beachten ist vor dem Hintergrund der Verringerung der externalen Kontrollüberzeugung weiterhin, dass die Predigten zu diesem Thema ausgewogen sein sollten. Nicht selten haben Pfarrer und Pastoren – oftmals ohne genauer reflektiert zu haben – die Tendenz, ihre eigene Kontrollüberzeugung im Hintergrund zu haben und damit im Sinne einer Projektion das zu predigen, was eigentlich für sie selbst notwendig ist. Haben sie hohe Werte bei der internalen Kontrollüberzeugung, könnten sie dann überdurchschnittlich häufig davon predigen (und die entsprechenden Lieder auswählen), dass die Zuhörer sich in allen Stücken von Gott leiten lassen mögen, dass sie warten und auf seine Stimme hören sollen und Gott alles richtig machen wird – dabei sind das ihre eigenen Probleme und die external kontrollierten Zuhörer sollten genau das Gegenteil hören.[225]

2.2.6.3 Arbeit mit ambivalenten Kontroll-
überzeugungen

Immer wieder gibt es Profile, bei denen sowohl die externalen als auch die internalen Kontrollüberzeugungen hohe Werte aufweisen (vgl. Abb. 73). Man spricht dann von »ambivalenten Kontrollüberzeugungen«.

225 Zu den entsprechenden Predigttexten und Liedern vgl. E. M. Jäger a.a.O.

Ehe mit einem Förderprogramm vor diesem Hintergrund begonnen wird, muss bei der Arbeit mit Christen abgeklärt werden, in welchem Zusammenhang die externale Kontrollierung mit der »God-Control« steht (vgl. hierzu die vorangegangenen Kapitelteile).

In der Regel berichten die Kandidaten mit ambivalenten Kontrollüberzeugungen im Gespräch, dass sie zwar an ihren Erfolg glauben und die entsprechenden Zuschreibungen auch akzeptieren, jedoch immer wieder umkippen. Haben sie gerade noch für ein neues Projekt plädiert und in allen Einzelheiten Lösungsmöglichkeiten bedacht und diskutiert, so ist es möglich, dass sie nach der Besprechung sofort wieder umkippen und doch die ganze Angelegenheit als »nicht lösbar« einstufen. Sie hängen dann für einige Zeit durch, bis wieder ein neuer positiver Zuspruch (von außen oder auch innerlich) kommt und sie dann von Neuem von der Lösung der Aufgabe überzeugt sind.

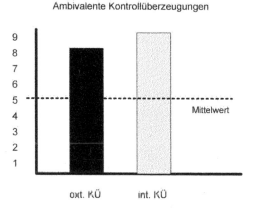

Abb. 73: Ambivalente Kontrollüberzeugungen

Im Unterschied zu einer generellen Ambivalenz zeigen manche Menschen dieses Verhalten nur bei bestimmten Anlässen, d.h., sie beschreiben sich z.B. im Privatbereich eher external und im geschäftlichen Bereich eher internal kontrolliert.

Ziel eines Förderprogramms mit einem ambivalenten Profil ist es, die internalen Kontrollüberzeugungen aufrechtzuerhalten und die externalen auf einen mittleren Wert zurückzuführen. In vielen Fällen genügt dabei die Erklärung des Sachverhaltes und die Zusicherung, dass es sich bei der Veränderung um einen Lernprozess handelt, der systematisch und kontingent ablaufen soll und der genügend Geduld braucht, um die hinreichende Anzahl von Neuronen zu verschalten.

Die eigentliche Lösung kann dann in der Regel im Selbstmanagement erfolgen. D.h., der Berater gibt dem Kandidaten nach der Psychodidaktik Instruktionen zum Umgang mit dem Problem und modifiziert diese, wenn der Erfolg auf sich warten lässt. Die eigentliche »Lernarbeit« muss vom Kandidaten selbst durchgeführt werden.

3. Beispiel eines Veränderungsprozesses

3.1 Ausgangssituation

Der 29-jährige Ingenieur R. bittet um Hilfestellung (Coaching) mit folgendem Hintergrund: Er hat vor drei Jahren seine Berufsausbildung abgeschlossen und ein einjähriges Auslandspraktikum durchgeführt. Danach trat er in den väterlichen Betrieb ein, um in absehbarer Zeit die Firma in leitender Funktion zu übernehmen. R. arbeitet seit nunmehr knapp zwei Jahren im Betrieb. Sein Vater möchte ihn zwar zukünftig noch begleiten – aber R. soll die Hauptverantwortung tragen.

Einzelheiten zur Situation:
Es handelt sich um einen mittelständischen Metallbetrieb im Großraum von Zürich. Der Großvater hat diesen Betrieb nach dem Krieg aufgebaut, indem er Altmetall gesammelt und dieses anschließend wieder verkauft hat. Heute stellt die Firma mit ihren ca. 80 Mitarbeitern Blechteile für einige größere Firmen her. Es werden moderne Maschinen verwendet. Die Auftragslage ist stabil. Die Mitarbeiter sind durch Leistungslöhne und ein gutes Betriebsklima motiviert. Alle setzen große Hoffnung auf den zukünftigen Juniorchef. *Mittelständischer Metallbetrieb*

Dieser ist ohne weitere Geschwister am Stadtrand aufgewachsen. Sein Vater hatte relativ wenig Zeit für ihn, auch die Mutter war in der Firma zeitweilig beschäftigt. R. konnte sich altersgemäß entwickeln. Er hat nach der allgemeinbildenden Schulzeit auf Wunsch der Eltern nach einem zweijährigen Praktikum Ingenieurwissenschaften studiert und mit einem guten Examen abgeschlossen. In seiner Freizeit interessiert er sich für bildende Kunst und hat sich in der Wohnung der Eltern auch ein kleines Atelier eingerichtet. Sein bevorzugtes Thema sind die französischen Impressionisten.

Die Eltern besuchen die Gottesdienste einer großen evangelischen Freikirche in Zürich und sind von dort geprägt, sparsam gegen sich selbst und großzügig gegenüber bedürftigen Menschen zu sein. Seit seiner Schulzeit besucht R. den Jugendkreis in dieser Gemeinde. Er erzählt von einer eindeutigen Bekehrung zum Glauben in seinem 17. Lebensjahr. Seit dieser Zeit ist er als freiwilliger Mitarbeiter engagiert und spielt als Gitarrist auch in der Musikgruppe mit. In der Gemeinde hat er eine Freundin gefunden, die er – nach Übernahme der Firma – heiraten möchte.

Das Erst-
gespräch

Nach einem Telefonat des Vaters, der eine »christliche Beratung« wünscht, erscheint R. zu einem Erstgespräch in der Praxis. Der erste Eindruck ist gut. R. wirkt sportlich, aufgeschlossen, ehrlich. Im Laufe des ca. 1½-stündigen Gespräches erzählt er, dass er Sorge hat, den väterlichen Betrieb zu übernehmen und dies eigentlich gern noch einige Jahre hinausschieben möchte. Das Malen in seinem Studio mache ihm eigentlich viel mehr Freude und er überlege, vielleicht gar nicht in die Firma einzutreten. Aber das gehe auch nicht, denn seine Eltern setzten 100%ig auf ihn und auch seine Freundin erwarte, dass er »die Sache packe«. R. erzählt, dass er viel Mühe hat, anderen Menschen »Befehle« zu geben: Er wagt es kaum, die Sekretärin um Erledigung einer Aufgabe zu bitten. Auch hat er Mühe mit dem Plan des Vaters, den Betrieb zu erweitern und ganz neue Produkte anzubieten.

Am Ende des Gespräches wird R. gebeten, den Persönlichkeitsstrukturtest PST-R durchzuführen, um eine genauere diagnostische Abklärung zu sichern.

3.2 Ergebnisse des Persönlichkeitsstrukturtests

Die Ergebnisse des PST-R verstärken das, was R. im Erstgespräch von sich erzählt hat, in differenzierter Weise. Gleichzeitig machen sie auch quantitativ deutlich, wo ein Förderungsbedarf besteht.

3.2.1 Die Wesenszüge von Herrn R.

Wesenszüge

Zusammenfassung

Wert			Wert
08	geringe Normgebundenheit	hohe Normgebundenheit	
08	geringe Belastbarkeit	hohe Belastbarkeit	
02	geringe Unabhängigkeit	hohe Unabhängigkeit	
08	geringe Kontaktbereitschaft	hohe Kontaktbereitschaft	
02	Wachsamkeit	Reserviertheit	

Einzelheiten

Wert		
08	Sachorientierung	Kontaktorientierung
07	Konkretes Denken	Abstraktes Denken
05	Emotionale Schwankung	Emot. Widerstandsfähigkeit
03	Soziale Anpassung	Selbstbehauptung
05	Besonnenheit	Begeisterungsfähigkeit
07	Flexibilität	Pflichtbewusstsein
04	Zurückhaltung	Selbstsicherheit
09	Robustheit	Sensibilität
01	Vertrauensbereitschaft	Skeptische Haltung
03	Pragmatismus	Unkonventionalität
07	Unbefangenheit	Überlegtheit
06	Selbstvertrauen	Besorgtheit
02	Sicherheitsinteresse	Veränderungsbereitschaft
05	Gruppenverbundenheit	Eigenständigkeit
06	Spontanität	Selbstkontrolle
02	Innere Ruhe	Innere Gespanntheit

Abb.74 Wesenszüge vor der Beratung

Die *Zusammenfassung* der Wesenszüge zeigt deutliche Ausprägungen bei der Unabhängigkeit – was R. bei seinem Erstgespräch angedeutet hatte. Weiterhin findet sich die hohe Normgebundenheit in den Ergebnissen wieder.

Die hohe Wachsamkeit und Kontaktbereitschaft wurden im Erstgespräch weniger angedeutet – sie können als Ressourcen für die Arbeit an der Persönlichkeitsstruktur gesehen werden.

Bei den *Einzelheiten* fällt die hohe Kontaktorientierung, Sensibilität, Vertrauensbereitschaft, aber auch das Sicherheitsinteresse auf. Die soziale Anpassung, die das Durchsetzungsvermögen widerspiegelt, ist unterdurchschnittlich ausgeprägt.

Bezogen auf die persönlichen Schilderungen im Erstgespräch und die möglichen Anforderungen an die Führungsposition[226] kann hier in differenzierter Form diagnostiziert werden, wie sich Herr R. bei den Einzelheiten in seinen Wesenszügen (also nach außen hin) darstellt:

- Die Kontaktorientierung ist gegeben (SN 8).
- Die soziale Anpassung für die neue Aufgabe ist zu hoch (SN 3). Hier liegt Förderbedarf vor.
- Die Sensibilität ist deutlich ausgeprägt (SN 9). Hier besteht evtl. Schutzbedarf.

Ergebnisse des PST-R

- Die Vertrauensbereitschaft ist sehr deutlich ausgeprägt (SN 1). Hier besteht evtl. Schutzbedarf.
- Das Sicherheitsinteresse ist stark ausgeprägt (SN 2). Hier liegt Förderbedarf vor.
- Die innere Ruhe ist gegeben (SN 2).
- Bei der gering ausgeprägten Unkonventionalität (SN 3) liegt Förderbedarf vor.
- Die Flexibilität ist relativ groß (SN 7). Hier liegt Förderbedarf vor.

3.2.2 Die Grundstruktur von Herrn R.

Die Grundstruktur von Herrn R. – und damit ein Anteil der Persönlichkeitsstruktur, der nicht nach außen hin sichtbar und stabiler als die Wesenszüge ist – macht deutlich, dass die hohe Kontaktorientierung bei den Wesenszügen (SN 8) in der Grundstruktur (hier die Skala introvertiert – extrovertiert) nicht gegeben ist. Das bedeutet, dass Herr R. sich zwar nach außen hin kontaktorientiert darstellt und die Mitarbeiter das auch so wahrnehmen – er aber

226 Anforderungsprofil: Hohe psychische Belastbarkeit, hohe Unabhängigkeit, geringe Normgebundenheit, Wachsamkeit.

gern auch immer wieder allein ist. Das ständige »auf die Leute Zugehen« erfordert von ihm einige psychische Kraft, sodass er sich am Ende eines Arbeitstages häufig zurückzieht.

Grundstruktur

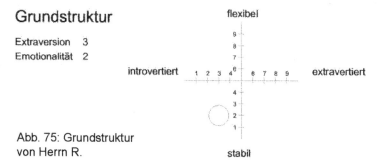

Extraversion 3
Emotionalität 2

Abb. 75: Grundstruktur
von Herrn R.

Diese Aufklärung war für Herrn R. sehr hilfreich, denn er konnte bisher nicht verstehen, warum er, wenn er abends nochmals eingeladen war, so häufig Mühe hatte, solchen Einladungen nachzukommen.

Ein weiterer Unterschied zwischen den Wesenszügen und der Grundstruktur ist die psychische Stabilität. Nach außen hin, also bei den Wesenszügen, zeigt Herr R. stärkere Schwankungen (emotionale Schwankung SN 5) als bei der Grundstruktur (stabil SN 2). Diese Unterschiede weisen darauf hin, dass er sich derzeitig (bedingt durch die Unsicherheit wegen der neuen Aufgabe) psychisch schwankender beschreibt, als er das eigentlich tiefer gegründet ist. Diese Beschreibung hat Herr R. gut verstanden und auch die positive Prognostik, dass sich später hier wieder ein Ausgleich ergeben wird.

Unterschied zwischen »außen« und »innen«

3.2.3 Die Tiefenstruktur von Herrn R.

In der Tiefenstruktur kann Herr R. als warmherziger und korrekter Mensch beschrieben werden. Dies ist bezogen auf das Profil der geplanten Position[227] eher weniger günstig.

227 Wunschprofil: Unkonventionalität über dem Durchschnitt. Sachlich-warmherzig im Mittelbereich.

335

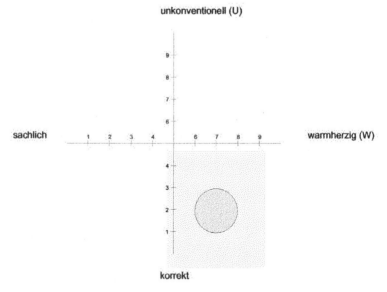

Abb. 76: Tiefenstruktur von Herrn R.

Den Visionen der Eltern entsprechend, die an eine Ausweitung des Betriebes bzw. Diversifikation in andere Sparten gedacht haben, wäre eine höhere Unkonventionalität wünschenswert.

Eine
»dienende«
Tiefen-
struktur

Die warmherzige Ausprägung ist sicherlich für einen mittelständischen Betrieb akzeptabel. Sie erklärt die hohe Vertrauensbereitschaft bei den Wesenszügen (SN 1). Herr R. muss sich hier nicht unbedingt ändern, aber wissen, dass es eine Tendenz zur Gutgläubigkeit und zum Vertrauensvorschuss bei ihm gibt, die sowohl in der Tiefenstruktur als auch bei den Wesenszügen deutlich ausgeprägt ist – und die er bei zukünftig notwendigen Entscheidungen in der Firma berücksichtigen sollte.
Förderbedarf: Umgang mit der Korrektheit.

3.2.4 Die Kontrollüberzeugungen von Herrn R.

Die Kontrollüberzeugungen belegen das, was Herr R. schon beim Eingangsgespräch mitgeteilt hat: Er identifiziert sich in seinem Leben (bisher) nicht über die interne Kontrollüberzeugung. Sein Ergebnis liegt bei SN 2 (bei einem Mittelwert von SN 5). Das bedeutet, dass die Leistungsgesellschaft für ihn nicht die leitende Idee ist. Welche andere Art von Lebensidentifizierung er tatsächlich hat, kann mit dem PST-R bzw. den Kontroll überzeugungen nicht ermittelt werden. Hier sind die Grenzen des Verfahrens gegeben und es muss mit einem ideografischen Vorgehen (Lebensstil- bzw. Skriptanalyse) nach mehr Klarheit gesucht werden.

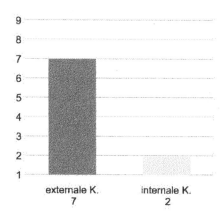

Ergebnisse — externale K. 7 — internale K. 2

Abb. 76: Kontrollüberzeugungen von Herrn R.

Was bezogen auf das Anforderungsprofil eines Leiters der Firma[228] ausgesagt werden kann, ist allerdings eindeutig:

Herr R. muss, wenn er die geplante Stelle einnehmen will, mit einem speziellen Förderungsprogramm seine internale Kontrollüberzeugung wesentlich erhöhen.

Die externalen Kontrollüberzeugungen spiegeln das, was bereits ausgesagt wurde, in umgekehrter Form wider. Herr R. geht davon aus, dass Aufgaben, die er beginnt, deshalb wenig Erfolg bringen, weil es immer wieder Menschen gibt (P-Anteil 61%), die im Wege

228 Wunschprofil: Internale Kontrollüberzeugung SN 7, mindestens aber SN 5.

stehen und seine Planungen, auch wenn sie gut sind, vereiteln. Der C-Anteil ist mit 39% wesentlich geringer, sodass Herr R. wohl in seinem Glauben (vgl. »God-Control« in Kap. 1.4.3) eine gute Mischung von Gottesabhängigkeit und Selbstmanagement aufweist. *Bezogen auf die Funktion eines Leiters sollte Herr R. an seinen externalen Kontrollüberzeugungen arbeiten und dabei eine Verringerung zum Mittelwert (SN 5) erreichen. Diese Arbeit muss jedoch nicht in einem systematischen Lernprogramm, sondern kann auch im Selbstmanagement erreicht werden.*

3.2.5 Zusammenfassung der Diagnostik

Die Gesamtbetrachtung der Ergebnisse zur Persönlichkeitsstruktur von Herrn R. macht deutlich, dass – wenn man diese mit den Anforderungen an die Position eines Leiters der Metallwarenfabrik vergleicht – ein beträchtlicher Förderungsbedarf besteht. Schwerpunkt bilden die folgenden Lernprogramme:

Lern-
ziele
- Arbeit an der Normgebundenheit (vgl. Kap. 2.2.1.2 Verringerung der Normgebundenheit),
- Arbeit an der Abhängigkeit (vgl. Kap. 2.2.3.1 Verringerung der Abhängigkeit),
- Arbeit an den Kontrollüberzeugungen (vgl. Kap. 2.2.6.1 Erhöhung der internalen Kontrollüberzeugung).

Ein Vergleich der Normgebundenheit und der Abhängigkeit zwischen »Außen« und »Innen« beim PST-R (um den Ansatzpunkt bei der Lernkurve zu erkennen) macht deutlich, dass in beiden Fällen bisher noch kaum spezifische Programme eingesetzt worden sind.
Hier die Begründung:
Normgebundenheit: Der Unterschied zwischen der Normgebundenheit in der Zusammenfassung der Wesenszüge (SN 7, was dem drittäußersten[229] Wert entspricht) und der Korrekt-

---

229 Die Bezeichnungen auf den einzelnen Skalen sind teilweise gegenläufig, deshalb wird hier vom äußersten, zweitäußersten und drittäußersten Wert gesprochen.

heit in der Tiefenstruktur (SN 3, was dem zweitäußersten Wert entspricht) ist nicht signifikant, so dass angenommen werden darf, dass der steile Teil der Lernkurve gegeben ist.

Abhängigkeit: Der Unterschied zwischen der geringen Unabhängigkeit (SN 2, was dem zweitäußersten Wert entspricht) bei den Wesenszügen und der Warmherzigkeit in der Tiefenstruktur (SN 7, was dem zweitäußersten Werte entspricht) ist nicht signifikant, so dass auch hier angenommen werden darf, dass der steile Bereich der Lernkurve vorliegt und damit gute Lernmöglichkeiten gegeben sind.

Um zu prüfen, ob bzw. in welchem Umfang eine Veränderung der Kontrollüberzeugungen möglich ist, sollte eine Lebensstil- bzw. Skriptanalyse durchgeführt werden. Deren Ergebnisse sind auch wichtig für die Gespräche im Rahmen des Förderprogrammes ganz allgemein und sie ergänzen die quantitativen Befunde des PST-R wesentlich.

Diese Lebensstil-/Skriptanalyse[230] ergab die folgenden Sätze, die sich wie zwei rote Fäden durch das bisherige Leben von Herrn R. ziehen:

Ergebnisse der Lebensstilanalyse

Mein Vater erledigt alles für mich.
Ich möchte tun, was andere wollen, und dabei nicht auffallen.

Die beiden Lebensziele, die sich als Motto im bisherigen Leben von Herrn R. nachweisen lassen, hatte er vorab nicht in dieser Weise reflektiert, jedoch wurde ihm schnell deutlich, dass sie problematisch für seine geplante Führungsposition waren. Weil er sich bisher bei allen wichtigen Entscheidungen auf die Wahl seines Vaters verlassen und dieser ihn dann für die Ergebnisse belohnt (bzw. nicht belohnt) hatte, brauchte er keine eigenständige Leistungsmotivation aufzubringen. Weil ihm das Lernen in Schule und Universität leicht fiel und es keinen wesentlichen Anreiz für bessere Leistungen gab, musste er sich auch hier nicht

wenig Leistungsanreiz

230 Zur Methodik vgl. M. Dieterich. *Wer bin ich? Wer sind die Anderen?* a.a.O. Kap. 3.10.

anstrengen. Alles das, was er bisher in seinem Leben erworben und erlernt hatte, war ihm »irgendwie« zugefallen. Seine künstlerischen Arbeiten verlangten keinen Leistungsanreiz und das Spielen auf der Gitarre war mehr eine Freizeitbeschäftigung. Auch um seine Freundin, die er in der Gemeinde kennengelernt hatte, musste er nicht intensiv werben; sie war glücklich, mit einem vermögenden und künstlerischen Menschen, der auch ihren Glauben teilte, liiert zu sein.

Erziehungs-muster der Eltern

Das »Tun, was andere wollen« – d.h., seine Dienstbereitschaft hatte er ebenfalls von den Eltern übernommen. Sie unterstützen das Konzept des Dienens, denn schließlich hatte ja der Großvater durch das Sammeln von Schrott in Zürich und die dabei gebotene Zurückhaltung anderen Menschen gegenüber den Grundstock für das heutige Vermögen und die Firma gelegt. Das Lebensmotto, das er immer wieder von den Eltern hörte, lautete: »Wir sind bescheiden und helfen den Menschen.«

Wenn man diese beiden Lebensziele gemeinsam sieht, ist verständlich, wie es zu der Tiefenstruktur des korrekten und warmherzigen sowie wenig leistungsorientierten Menschen kommen musste.

Herr R. konnte sich nunmehr vieles in seinem Leben ohne Groll erklären, hatte er doch verstanden, dass diese Erziehungsmuster seiner Eltern nicht absichtlich so gewählt worden, sondern das Ergebnis eines ganz spezifischen Sozialisations- und Personalisationsprozesses waren.

Soll ein Programm begonnen werden?

Jetzt wurde gemeinsam darüber gesprochen, ob eine Änderung angegangen werden sollte. Herr R. hatte anfänglich Angst vor einem solchen Unterfangen. Zum einen wollte er, wie er sagte, nicht seine Persönlichkeit verlieren. Auch seiner Freundin wollte er so, wie er war, gefallen (das war die Reaktion auf einen Teil seines Lebensstilsatzes »Ich will nicht auffallen«. Andererseits aber hatte ihn ja sein Vater zum Coaching geschickt – und das sollte er dann doch auch tun ... (das war die Reaktion auf den anderen Lebensstilsatz: »Mein Vater erledigt alles für mich«).

Als ihm nach einiger Zeit die Hintergründe klarer wurden und er seine Persönlichkeitsstruktur, seine Motivationen sowie seine Ressourcen erkannte und sich eindeutig – aber mit Bangen (»Ich möchte nicht auffallen«) – für die spätere Übernahme der Firma entschlossen hatte, waren die wesentlichen Eckpunkte für ein Förderprogramm gesetzt: An der Normgebundenheit, der Abhängigkeit und den Kontrollüberzeugungen sollte gemeinsam gearbeitet werden.

Herrn R. war dabei von Anfang an klar, dass die Änderung nicht vom Coach vorgenommen werden würde, sondern dass er selbst »im Ring« stand. Er konnte die Arbeit im Selbstmanagement akzeptieren, bei der er die Anleitungen und erste Übungen zusammen mit seinem Berater erarbeitete und diesen nur dann noch aufsuchte, wenn es bei der Bewältigung zu Schwierigkeiten kommen sollte.

Die Änderung ist im Selbstmanagement erfolgreich

Das Konzept wurde ihm genau erklärt (Psychodidaktik) und dadurch, dass er verstand, dass es sich bei der Änderung um einen Lernprozess handelt, konnte er viele Stockungen und Irrwege vermeiden, brauchte seinen Eltern keine falschen Schuldzuschreibungen zu machen und auch nicht auf spektakuläre Wunder in seiner Gemeinde zu rechnen. Es wurde ihm wichtig, mit Gott »über eine Mauer zu springen«.

Um den optimalen didaktischen Zugang zu finden, wurde das empfindlichste Sinnesorgan von Herrn R. nach den weiter vorn beschriebenen Regeln ermittelt. Bei den Übungen und auch durch die kritische Überprüfung der bisher geführten Gespräche stellte sich heraus, dass er im optischen Bereich den besten Zugang hat.

Lernprogramme bevorzugt optisch orientiert

Am Ende des knapp einjährigen Lernprozesses, so wurde vereinbart, sollte eine Testwiederholung stattfinden, um die Ergebnisse zu evaluieren.

3.3 Zusammenhänge zwischen dem Verhalten und den Ursachen

Herr R. erhielt im Rahmen der Psychodidaktik die in Kap. 2 abgedruckte Abb. 49 als Arbeitsgrundlage. Nachdem er die Zusammenhänge verstanden hatte, wurde für »Zustand/Verhalten« eingesetzt:

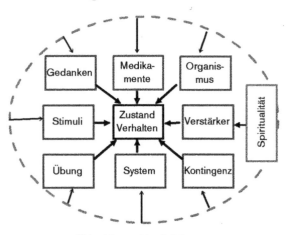

Abb. 49 aus Kapitel 2

Korrekt und normgebunden, abhängig von den Menschen, wenig leistungsorientiert.

Er wurde nunmehr gebeten, als Hausaufgabe alle Zusammenhänge, die ihn bisher zu diesen drei Zuständen geführt hatten, in die leeren Kästchen einzutragen.

Ebenso diejenigen, die die Ausbildung dieser Zustände behindert haben (in anderer Farbe oder kursiver Schrift).

Hierzu wird das aus Abb. 49 abgeleitete Arbeitsblatt Abb. 78 verwendet, das für Praxiszwecke vergrößert werden kann.

Die Ergebnisse der Hausarbeit von Herrn R. wurden vom Arbeitsblatt in eine Tabelle übernommen und sind nachfolgend aufgelistet:

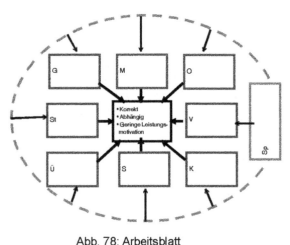

Abb. 78: Arbeitsblatt Zusammenhänge

- Der Tages- und Wochenablauf zu Hause verläuft nach genauer *Übung*
  Struktur.
- Eine Aufgabe wird nach der anderen erledigt.
- Entscheidungen werden abgenommen.
- Das Gehalt hat keine Leistungsanreize.
- Wenn Aufgaben nicht von ihm gelöst werden können, gibt es
  andere, die das für Herrn R. tun.
- Der bisherige Arbeitsplatz ist im Sinne eines Praktikums auf-
  gebaut. Herr R. soll nur zuschauen und alle Abteilungen ken-
  nenlernen.
- Manchmal (im Urlaub der Eltern) gerät die Regel durcheinan-
  der, dann muss improvisiert werden.
- Es wurde Herrn R. angeboten, in seiner Gemeinde an einer
  Musikgruppe teilzunehmen, die frei improvisiert.
- Das Anleiten von Lehrlingen im Betrieb macht Spaß.
- Wenn die Arbeiten nicht ganz korrekt sind (was Mühe macht),
  gibt es mehr Freizeit mit der Freundin.

- Worte wie »sei pünktlich« oder »wir schaffen nur schweizeri- *Stimuli*
  sche Präzisionsarbeit«
- Der Anblick von Uhren
- Der strenge Blick des Vaters
- Die Erfolge anderer (gleichaltriger) Mitarbeiter, verglichen
  mit dem eigenen Misserfolg im Rahmen des Praktikums
- Worte der Mutter: »Du brauchst dich nie sorgen«
- Entsprechende Predigten in der Gemeinde, die zur völligen
  Aufgabe des Ichs aufrufen
- Speiseeis im Straßencafé verführt zur Unpünktlichkeit.
- Diskussionen mit der Freundin, welches Auto gekauft werden
  soll, führen zur eigenständigen Entscheidung.
- Der auffordernde Blick eines Meisters im Rahmen des Prak-
  tikums lässt das Arbeitsprodukt wider Erwarten doch positiv
  beenden.
- Manchmal macht es Spaß, bei der Improvisation die vorgege-
  bene Zeit des Solos zu verlängern.

Gedanken	• Ich muss alles so gut machen wie mein Vater.
und	• Wenn unsere Firma nicht 125%ig gut ist, werden wir unsere
Gefühle	Spitzenposition verlieren.

Gedanken und Gefühle

- Ich muss alles so gut machen wie mein Vater.
- Wenn unsere Firma nicht 125%ig gut ist, werden wir unsere Spitzenposition verlieren.
- Ich bin der einzige Sohn.
- Mein Vater weiß alles besser, ihn kann ich nie erreichen.
- Ob meine Freundin nur wegen des Geldes mit mir geht?
- Eigentlich habe ich in der Firma noch nie ein Problem alleine gelöst.
- Eigentlich könnte ich mir ein Leben vorstellen, in dem ich jeden Tag andere Kleidung anziehen werde.
- Wenn ich dieses Programm durchziehe, dann werde ich vielleicht doch die Position übernehmen können.
- Wenn ich heute eine halbe Stunde vor Feierabend nach Hause gehe, um zu malen, dann wird es niemand merken.
- In der Bibel steht ein Wort, dass Gott meine Füße in einen weiten Raum stellt.

Medikamente Bisher wurde noch kein Zusammenhang zwischen dem Verhalten und Medikamenten festgestellt. Manche Kollegen sagen, dass man mit Drogen freier und unabhängiger werden würde – aber ich will das ohne Chemie schaffen.

Organismus Am Morgen bin ich immer topfit. Ich bin wohl ein »Morgenmensch«. Am Abend kann ich dann nicht mehr viel leisten.

Verstärker

- Wenn ich korrekt gearbeitet habe, dann habe ich das Gefühl der Sicherheit.
- An der Uni habe ich gute Noten bekommen, wenn ich alles gut auswendig gelernt hatte. Aber das hat mir ja nie Mühe gemacht.
- Wenn ich meinen Eltern sage, dass ich etwas ganz alleine und auf eigenes Risiko tun will, dann sind sie vielleicht traurig.
- Wenn ich ein Problem nicht alleine löse, dann gibt es so viele Mitarbeiter, die das gerne tun, um mir als zukünftigem Chef eine Freude zu machen.
- Wenn ich von meinen Eltern abhängig bleibe, dann zeige ich ihnen viel Liebe, schließlich steht das so in der Bibel bei den Zehn Geboten.

- Wenn ich mich mal gehen lasse und irgendwo sitzen bleibe, um der Musik zuzuhören, dann habe ich ein Gefühl der Freiheit, das finde ich sehr schön.
- Neulich war ich stolz, als ich mit meiner Freundin darüber gesprochen habe, dass wir mal ein ganz eigenes Haus bauen und nicht zu den Eltern ziehen werden.
- Ich habe tatsächlich meine Diplomarbeit zum Druck angeboten und war glücklich, dass ein Verlag sie angenommen hat.
- Irgendwie fasziniert mich der alte lateinische Spruch »ora et labora«.

In den unterschiedlichen Bereichen des Lebens, zu Hause, im *Kontingenz* Betrieb, im Freizeitbereich und in der Gemeinde herrschen verschiedene Vorstellungen zur Korrektheit, zur Abhängigkeit und zur Leistungsmotivation. Während im Betrieb präzise Teile und Pünktlichkeit verlangt werden – dennoch aber der Ruf nach Diversifikation immer größer wird –, ist bei der künstlerischen Arbeit im Atelier oder in der Musikgruppe eher ein unkonventionelles Verhalten erwünscht. Auch die Freundin sagt Herrn R., dass er doch auch mal etwas Neues in der Freizeit mit ihr anstellen möge – dennoch will sie das Geld zusammenhalten.

In der Gemeinde wird einerseits über die »herrliche Freiheit der Kinder Gottes« gepredigt, andererseits aber über das Einhalten der Gebote.

Insgesamt gesehen sind die Kontingenzen recht uneinheitlich.

Das System Familie sieht in Herrn R. immer noch den »klei- *System* nen Sohn«. Er wird verwöhnt und lässt sich auch verwöhnen. Im System Arbeitsplatz ist Herr R. der Juniorchef und wird entsprechend behandelt – ob er das will oder nicht.

Im System Gemeinde ist Herr R. weniger auffällig, hier und in der Freizeit hat er die meisten Freiheiten. Er geht zwar in einen Hauskreis, aber die prägenden Kräfte dort sind auch eher uneinheitlich.

Seit einiger Zeit erfährt er zusammen in der Gruppe mit seinen Musikern ein bisher unbekanntes Gefühl der Unabhängigkeit und Freiheit – plötzlich hat er auch kreative Einfälle, die bisher recht selten waren.

Spiritualität Herr R. weiß, dass Korrektheit und bedingungslose Erfüllung der biblischen Gebote nicht der Weg zum Heil sind, sondern dass dieser allein über Jesus Christus führt. Dennoch ist er immer in der Versuchung, Predigten, die zu mehr Korrektheit auffordern, mehr zu akzeptieren als die anderen. Immer wieder versucht er seinen Glauben durch gute Werke zu zeigen, und das ist wohl auch einer der Hintergründe für das hohe Ausmaß seiner Warmherzigkeit.

Auch Predigten, die dazu aufrufen, sich ganz in die Abhängigkeit von Gott zu begeben, keine eigenen Wege zu gehen, von Gott alles richten zu lassen, sind für ihn interessanter als andere (die es in seiner Gemeinde auch gibt).

Keine eigene Leistung zur Erlösung durch Jesus Christus einzubringen und sich ganz auf seine Gnade zu verlassen, ist für ihn ein wichtiges Lebensmotto. Deshalb auch sein Lieblingsbibelvers: »Der Herr wird für euch streiten und ihr werdet stille sein.«

Bei einem Gastreferenten, der neulich über die Willensfreiheit der Gotteskinder sprach und ganz neue biblisch orientierte Ideen hierzu entwickelte, überkam ihn plötzlich ein unbändiges Gefühl der Freiheit und des Leistungswillens. Diesen Mann möchte er nochmals hören.

3.4 Zielformulierung

Unter Berücksichtigung der im Kap. 2.1 gemachten »Vorüberlegungen zu den Lernprogrammen« konnte nach Abschluss der quantitativen und qualitativen Diagnostik die Formulierung der Ziele für das Lernprogramm vorgenommen werden. Für Herrn R., der bisher nur im Ingenieurbereich ein systematisches Arbeiten gewohnt war, war es sehr spannend und aufregend, dass es möglich sei, auch zur Steigerung der Sozialkompetenz ein systematisch aufgebautes Programm zu entwickeln. Dadurch dass er vom Coach Schritt für Schritt geführt wurde und die einzelnen Schritte verstehen konnte, war für ihn die Arbeit an der Persönlichkeitsstruktur, die er bisher immer als eine »Kunst« und niemals eine nachvollziehbare Wissenschaftsdisziplin gesehen hatte, plötzlich transparent und verstehbar. Die im Kap. 2.1 vorgegebenen Eingangskriterien konnte er überwiegend selbst überprüfen und danach zusammen mit dem Berater die Zielformulierung vornehmen.

In einem ersten Durchgang wurden die Ziele im Sinne eines »hypothetischen Konstrukts« (vgl. Kap. 1.4.1) beschrieben und daran anschließend eine »operationale Definition« vorgenommen.

3.4.1 Zielformulierung als hypothetisches Konstrukt

Gemeinsam mit dem Kandidaten wurde vor dem Hintergrund der quantitativen und qualitativen Eingangsdiagnostik im Brainstorming gesammelt, was innerhalb eines Jahres erreicht werden könne. Dabei war es nicht notwendig, eine Erklärung abzugeben oder über die »Machbarkeit« nachzudenken, sondern es sollten spontan Ziele genannt werden.

Nachfolgend eine Auflistung der ungeordneten Ziele:
- Die Firma übernehmen
- Aussteigen, weil ich das ja doch nicht schaffe

- Anderen Beruf erlernen (Kunstakademie?)
- Zusatzstudium zum MBA
- Einen guten Mitarbeiter suchen, der den Großteil der Arbeit übernimmt
- Heiraten
- Ausziehen aus der elterlichen Wohnung
- Freiheit
- Sich nicht mehr an die starren und gleichförmigen Regeln halten
- Eine andere Gemeinde suchen
- Neue Ideen für die Firma entwickeln
- Ein mehr geistig beweglicher Mensch werden
- Sich emanzipieren
- Einen Monat lang eine nichtvorbereitete Weltreise machen

Es zeigte sich bei der Zusammenfassung dieser spontan genannten Ziele, dass dabei sowohl solche dabei waren, die relativ zügig und genau beschreibbar durchführbar (Weltreise), als auch andere, die ziemlich abstrakt und unscharf ausformuliert waren (Freiheit).

Die Intentionen im Sinne von hypothetischen Konstrukten gingen aber dennoch deutlich in die bei der Diagnostik festgestellte Richtung: Verringerung der Normgebundenheit, größere Unabhängigkeit und Zunahme der Leistungsmotivation (und der internalen Kontrollüberzeugung). Dass dabei die elterlichen Wünsche und gleichzeitig die Tendenz zur Abhängigkeit vom Vater eine bedeutende Rolle spielten, erkannte Herr R. und akzeptierte das auch.

3.4.2 Zielformulierung als operationalisierbare Definition

Es waren die im Brainstorming beschriebenen Ziele nach der eingeschätzten Schwierigkeit zu hierarchisieren und dabei diejenigen auszuwählen, die in einer überschaubaren Zeit erreicht werden konnten.

Es wurde vereinbart, innerhalb eines Zeitraumes von neun Monaten einen messbaren Unterschied von mindestens zwei Skalenteilen beim PST-R in folgenden Bereichen zu erreichen:

- Verringerung der Normgebundenheit bei den Wesenszügen
- Verringerung der Abhängigkeit bei den Wesenszügen
- Erhöhung der internalen Kontrollüberzeugung

Üblicherweise werden unterschiedliche Ziele nacheinander angegangen und mit dem einfachsten begonnen. Für Herrn R. war es aber wichtig, auf allen drei Gebieten gemeinsam zu beginnen, weil das für ihn inhaltlich zusammengehörte.

Dabei sollten die hohe Sensibilität und die psychische Stabilität auf alle Fälle erhalten bleiben. Herr R. formulierte das folgendermaßen: »Man muss mich als R. wiedererkennen, auch wenn ich an der einen oder anderen Ecke meiner Persönlichkeit gearbeitet habe.«

3.5 Arbeitsplan zum Erreichen der Ziele

Nachdem die Ausgangsposition mit den Ergebnissen des PST-R und der Lebensstil- bzw. Skriptanalyse bestimmt und das Ziel operational definiert worden war, konnte der Arbeitsplan zur Änderung (ΔV) erstellt werden.

Zur Erstellung des Arbeitsplanes konnte auf folgende Ressourcen von Herrn R. zurückgegriffen werden:

Ressourcen

- Gute Ausbildung als Diplom-Ingenieur.
- Die Firma ist finanziell sicher.
- Er wird von vielen Seiten unterstützt.
- Seine Freundin steht zu ihm.
- Er hat Freunde und spielt in einer Musikgruppe.
- Hobby: Malen im eigenen Atelier.
- Glaube an die Bibel und Hilfestellungen daraus.

Es gab aber auch einige Distraktoren, die berücksichtigt werden mussten:

Probleme

- Die Eltern haben Mühe, ihn selbstständig werden zu lassen.
- Die Korrektheit begegnet ihm zu Hause auf Schritt und Tritt.
- Mitarbeiter der Firma wollen ihm alles abnehmen, weil sie in ihm den späteren Chef sehen.
- Es gibt in seiner Gemeinde unterschiedliche Predigtstile (sowohl external als auch internal orientiert).
- Er kann sich in sein Atelier zurückziehen und den Anforderungen entfliehen.

Arbeitsplan zur Verringerung der Normgebundenheit, zur Erhöhung der Unabhängigkeit und zur Erhöhung der internalen Kontrollüberzeugung (Leistungsmotivation)

Auch hierzu wurde wiederum das Schema der Abb. 49 benützt und die im Kap. 2.2.1.2., 2.2.3.1 und 2.2.6.1 in allgemeinerer Form beschriebenen Grundlagen – nunmehr bezogen auf den Hintergrund von Herrn R. – speziell angewandt.

Die neun unterschiedlichen Änderungsmöglichkeiten werden dabei gemeinsam eingesetzt und dabei immer wieder überprüft, ob und in welchem Umfang sie wirksam sind. Dadurch dass man sich auf alle Möglichkeiten gemeinsam bezieht, wird auch verhindert, dass nur eine spezifische Lernart überwiegt und deshalb möglicherweise Stockungen eintreten. Umgekehrt kann immer dann, wenn der Lernprozess nicht vorangeht, geprüft werden, ob ein einseitiger Schwerpunkt (z.B. zu viel kognitives Lernen und zu wenig Üben) vorliegt.

Alle Änderungsmöglichkeiten gemeinsam sehen

Für die praktische Arbeit führt Herr R. ein Tagebuch, in das er täglich notiert, welche Aufgaben aus dem nachfolgenden Katalog er durchgeführt hat und welcher Erfolg sich dabei ergeben hat. In einer weiteren Kategorie wird notiert, welche Umstände ggf. zu einem Misserfolg geführt haben und wie dieser beim nächsten Versuch abgewendet werden kann. Auch positive und negative Gefühle sollen in diesem Tagebuch notiert werden.

Tagebuch führen

Ohne die Zusammenhänge ergründen zu müssen, lautet die Leitlinie für Herrn R., dass er sich für den Tagesablauf keine kleineren Einheiten als ½ Stunde in die Agenda eintragen darf.

Übung

Er soll ab sofort alle Aufgaben, die für ihn bisher 100%ige Korrektheit erforderten, nur noch zu 90% lösen (Pareto-Regel). Bei der Suche nach solchen Übungen wurde über die Kleidung gesprochen. Er darf hier großzügiger sein, auch bei den mit seiner Freundin besprochenen regelmäßigen Telefonterminen soll mehr Großzügigkeit Raum gewinnen. Der Tagesablauf darf (und das sollte er den Eltern mitteilen) großzügiger gestaltet werden.

Von seinem bevorzugten Kunststil, dem französischen Impressionismus, den er in seinem Atelier gerne kopiert, darf er sich in dem Sinne lösen, dass er sich der Weiterentwicklung dieser Künstler zur ungegenständlichen Kunst öffnet, bei der auch abstrakte Formen und Gestalten möglich sind.

In der Band seiner Gemeinde soll er darauf hinwirken, dass bei einzelnen Musikstücken frei improvisiert werden darf – und er soll sich diese Übungen nicht vorher aufnotieren, sondern üben, frei mit der Gitarre zu spielen.

Herr R. muss lernen, sich besser durchzusetzen, um dabei unabhängiger von den Menschen zu werden. Er soll dabei folgende zehn Aufgaben praktisch lösen, die gemeinsam mit ihm hierarchisiert worden sind:

1. Den Eltern den Wunsch nach einem gemeinsamen Galeriebesuch abschlagen (»Ich muss das alleine sehen«).
2. Die Sekretärin bitten, für ihn Kaffee zu kochen.
3. Dem für seinen Ausbildungsplan verantwortlichen leitenden Mitarbeiter sagen, dass er heute früher nach Hause geht.
4. Den Vater bitten, das Programm für seine Ausbildung in der Firma umzustellen.
5. Mitarbeiter bei Fehlern korrigieren.
6. Ein teures Auto ansehen, eine Probefahrt machen und definitiv absagen.
7. Mit dem Vater gemeinsam zur Bank gehen und die Übernahme einer Firma besprechen.
8. Mit der Freundin gemeinsam eine Wohnung ansehen und danach absagen.
9. Im Auftrag der Geschäftsleitung ein Kündigungsgespräch im Betrieb führen.
10. Dem Pastor sagen, dass das, was er gepredigt hat (im Sinne von »Weiß ich den Weg auch nicht, du weißt ihn wohl«, für ihn nicht hilfreich sei, weil er sich ja für einen Weg entscheiden müsse.

Um die internale Kontrollüberzeugung zu erhöhen, war es notwendig, das für Herrn R. vorgesehene Ausbildungsprogramm zu ändern. Er sollte nicht mehr in allen Abteilungen des Hauses gleich lange hospitieren, sondern er wurde für das nächste halbe Jahr einem leitenden Mitarbeiter zugeteilt, der für seine hohe Leistungsmotivation bekannt war. Herr R. sollte mit ihm so weit wie möglich zusammenarbeiten und mit ihm gemeinsam üben.

Stimuli Die weiter vorne genannten Stimuli (Worte wie »sei pünktlich« oder »wir schaffen nur schweizerische Präzisionsarbeit«, der Anblick von Uhren, der strenge Blick des Vaters, die Erfolge anderer Mitarbeiter verglichen mit dem eigenen Misserfolg im Rahmen des Praktikums, aber auch Worte der Mutter:»Du brauchst dich nie sorgen« oder entsprechende Predigten in der Gemeinde, die zur völligen Aufgabe des Ichs aufrufen) wurden systematisch nach dem»Wann?«,»Wo?«und»Wer ist dabei?« untersucht.

Es wurde vereinbart, diesen»Reizen« mit dem therapeutischen Konzept»Gedanken-Stopp« zu begegnen und damit den Zusammenhang zwischen den Stimuli und dem nachfolgenden schlechten Gefühl zu unterbrechen. Sollte»Gedanken-Stopp« nicht hinreichend wirksam sein, wurde Herr R. gebeten, gleichzeitig zur Verstärkung des Stopps eines seiner Lieblingsbilder (Sommerlandschaft von Claude Monet 1874) auf einer Postkarte anzuschauen und sich in dieses Bild zu vertiefen.

Diejenigen Stimuli, die zu einer Veränderung im positiven Sinne führen, sollen systematisch eingesetzt werden: alle Freuden, die sich dann ergeben, wenn er einfach einmal im Café etwas länger sitzen bleibt, nach dem Gottesdienst nicht sofort nach Hause geht, er sich bei einer Entscheidung gegenüber seinen Eltern oder der Freundin durchgesetzt hat und wenn er trotz des vorwurfsvollen Blickes seiner Kollegen eine Aufgabe erfolgreich abgeschlossen hat.

Alle Erfolge und Misserfolge sollen in der Agenda vermerkt werden.

Gedanken

Durch die auf wissenschaftlichem Wege ermittelten Ergebnisse des Persönlichkeitsstrukturtests sind schon viele»verirrte« Gedanken, die Herr R. über sich selbst hatte, kognitiv geklärt. Immer wieder kommt es aber zu Anfechtungen im Sinne von »Ich habe die Aufgabe nicht genügend gut oder korrekt gelöst« oder»Ich bin zu schwach und kann die Aufgabe niemals lösen«. D.h., Herr R.»weiß« zwar, dass diese Selbstwertprobleme eigentlich nicht sein müssten – aber empfindet sie trotzdem.

Psychologisch gesehen geht es dabei darum, die Gedanken als irrig zu identifizieren. Hier hilft der ständige Einsatz der Regeln des R-E-T sowie die Überbrückung der Zeitspanne zwischen dem»Einschießen« der Gefühle und der nachfolgenden kognitiven Bewertung. Zusammen mit dem Coach werden diese Übungen immer wieder repetiert.

Die weiter vorne ermittelten Teilziele sollen vorab in Gedanken durchgespielt und im positiven Sinne gelöst werden. Schwieriger wird dies bei der Verringerung der Normgebundenheit bzw. bei der Erhöhung der Kreativität. Aber auch hier gibt es eine ganze Reihe von Gedankenübungen.[231] Eine davon ist der »kreative Sprung«, der mit unterschiedlichsten Beispielen zusammen mit dem Coach, aber auch im Selbstmanagement geübt werden kann.

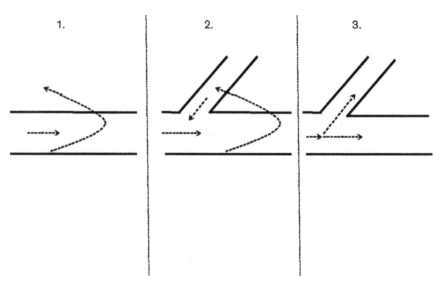

Abb. 79: Kreativer Sprung

Während die bisherigen Lösungsansätze linear und nach dem alten Konzept verliefen, wird Herr R. jetzt einen ganz neuen und verrückten Gedankensprung (bzw. einige Möglichkeiten) zusammen mit dem Coach üben (siehe Abb. 79):

(1) Dieser Sprung ist anfangs ganz ungewiss und ohne Sicherheit. Aber nach einiger Zeit ergibt sich ein Seitenarm seines bisherigen Denkens. Dieser Seitenarm muss allerdings wieder in den bisherigen Strom zurückfinden.

231 Vgl. M. Nöllke (2001). *Kreativitätstechniken.* A.a.O.

(2) und (3) zeigen, wie nach einiger Zeit dann für die Lösung von Problemen nicht mehr nur der Hauptstrom der Gedanken, sondern auch neue Seitenströme möglich sind.

Bei jeder Sitzung werden für die anfallenden Probleme kreative Sprünge geübt und Herr R. soll dies nicht nur am Arbeitsplatz, sondern auch mit seiner Freundin und in der Musikgruppe der Gemeinde laufend üben.

Herr R. muss für das hier vorliegende Programm keine Medikamente einsetzen. Seine deutliche Korrektheit kann jedoch zu Verspannungen führen und deshalb wurde ihm empfohlen, die progressive Muskelrelaxation (PMR) zu erlernen und zu üben. Anfänglich wollte Herr R. keine Entspannungsübungen durchführen, weil er von einzelnen Gemeindegliedern hiervor gewarnt worden war. Nach einer kurzen Aufklärung konnte er verstehen, dass vor dem Hintergrund des ganzheitlichen Menschenbildes von Genesis 2,7 eine körperliche Entspannung auch zu einer ganzheitlichen Entspannung führen kann. Die PMR hat auch keinerlei Bezüge zu okkulten Techniken, sondern es geht einfach darum, die einzelnen Partien des Körpers nacheinander (deshalb »progressiv«) zuerst einmal anzuspannen und beim danach folgenden gezielten Entspannen zu erleben, welche Muskeln sich ständig in Anspannung befinden.

Nach ca. zwei Wochen hatte er die PMR so weit gelernt, dass er sich auf eigene Anweisung entspannen konnte. *Medikamente*

Herr R. nimmt keine Medikamente ein, sodass nicht mit deren Nebenwirkungen gerechnet werden musste. *Organismus*

Da es möglich ist, dass bestimmte Zyklen vorliegen, d.h. Zeiten, in denen die Korrektheit, die Abhängigkeit und die Leistungsmotivation größer oder kleiner waren, wurde er gebeten, ein spezielles Tagebuch hierzu zu führen und dieses über acht Wochen hinweg als Wochenrückblick immer am Sonntagabend auszufüllen.

Nachdem die Tabelle (Abb. 80) ausgefüllt war, konnten sich keine spezifischen Zusammenhänge zwischen dem Organismus und den Lernvariablen aufzeigen lassen.

Woche Nr.	Auftreten von		
	hoher Normorientierung	hoher Abhängigkeit	geringer Leistungsmotivation
Wann			
An welchem Ort			
Körperlicher Zustand			

Abb. 80: Tagebuch

Verstärker Die weiter oben bei der Diagnostik gefundenen Verstärker werden weiterhin eingesetzt:

- Wenn ich mich mal gehen lasse und irgendwo sitzen bleibe, um Musik zuzuhören, dann habe ich ein Gefühl der Freiheit, das finde ich sehr schön.
- Neulich war ich stolz, als ich mit meiner Freundin darüber gesprochen habe, dass wir mal ein ganz eigenes Haus bauen und nicht zu den Eltern ziehen werden.
- Ich habe tatsächlich meine Diplomarbeit zum Druck angeboten und war glücklich, dass ein Verlag sie angenommen hat.
- Irgendwie fasziniert mich der alte lateinische Spruch »ora et labora«.

Zusätzlich wurde gemeinsam nach weiteren Verstärkern gesucht, die das erwünschte Ziel Z_2 stabiler machen sollen.

Die Verstärkung konnte bei Herrn R. nicht vom Coach oder anderen Menschen abhängig gemacht, sondern musste im Sinne des Selbstmanagements von ihm selbst als Belohnung eingesetzt werden. Besprochen wurde mit dem Coach lediglich die Art und Weise der Verstärkung. Herr R. setzte für erfolgreich gelöste Aufgaben Belohnungen ein. Wenn er die im Abschnitt »Üben« besprochenen Ergebnisse erreicht hatte (oder auch nur teilweise), dann warf er jedes Mal eine Kugel in ein Glasrohr und konnte so beobachten, wie der Erfolg ständig zunahm. Die Freude an den immer höher werdenden Säulen war hier also das C$^+$.

Im Laufe des Lernprogramms kamen noch weitere Verstärker hinzu, angefangen damit, dass er sich für jeden Erfolg eine neue Kunstkarte von »seinen« Impressionisten leistete (später auch von mehr abstrakt arbeitenden Künstlern), bis dahin, dass er später für jeden Erfolg 20 Franken in einen Karton warf, um die Summe später für eine missionarische Aktivität in der Gemeinde zu gebrauchen.

Eines der großen Probleme bei Lernprogrammen, wie sie für *Kontingenz* Herrn R. aufgestellt werden, ist die oftmals nur gering vorhandene Kontingenz. Herr R., der ja durch die ständig betriebene Psychodidaktik genau wusste, was mit ihm »passierte«, verstand das sehr gut. Zusammen mit dem Berater wurde überlegt, wie die zum Lernprozess beitragenden Elemente so verzahnt werden konnten, dass sie sowohl im häuslichen Bereich, beim Zusammensein mit den Eltern, als auch in der Firma und daneben in der Gemeinde und in der Freizeit in dieselbe Richtung gehen.

Herr R. übernahm selbst das Gespräch mit seiner Freundin und mit seinen Eltern. Weil er verstanden hatte, was ablief, konnte er ihnen auch das Programm erklären und sie bitten, in der geplanten Art und Weise mitzuarbeiten. Etwas schwieriger waren die Verhältnisse in der Gemeinde, weil es bei den verschiedenen Pastoren unterschiedliche Konzepte für die Kontrollüberzeugungen gab. Der eine predigte mehr in Richtung internaler Kontrolle, der andere deutlicher external – und sie wählten dementsprechend dann auch die Lieder aus, die die Musikgruppe zu begleiten hatte.

System Das Lernen am Modell war für Herrn R. notwendig. Um seine Normorientierung abzubauen, die Abhängigkeit zu vergrößern und die Leistungsmotivation zu erhöhen, war es wichtig, für ihn solche »Systeme« auszuwählen, die dem Lernziel entsprachen. Dass er daraufhin im Rahmen seines Vorbereitungsprogrammes für längere Zeit einer anderen Leistungsgruppe zugeteilt wurde, zeigte bald entsprechende Folgen. Ohne weiteres intentionales Lernen berichtete Herr R., dass sein Selbstbewusstsein gestiegen sei.

Im Rahmen des Programmes wurde auch erwogen, ob er eine Leistungssportart beginnen solle, um dort mit anderen Sportlern in den Wettbewerb zu treten. Die große Zahl der unterschiedlichen Programmteile ließ uns jedoch vorläufig davon Abstand nehmen.

Wichtig war auch, dass Herr R. seinen Hauskreis wechselte. Zusammen mit seiner Freundin besuchten sie nunmehr einen Kreis mit dem Schwerpunkt der Mission von Studenten.

Spiritualität Es war ein anstrengendes Stück theologischer Arbeit, bis Herr R. verstanden hatte, dass die Nachfolge Jesu nicht nur darin besteht, dass man die biblischen Gebote einhält, sondern dass Gott eigenständige Individuen sucht, und dass man vor biblischem Hintergrund auch Leistungen vollbringen darf und soll. Zu sehr war sein spirituelles Leben bisher davon geprägt gewesen, dass er »brav« und »anständig« sein und keine »eigenen Wege« gehen solle und dass alles, was wir haben, von Gott gegeben sei, sodass wir nichts dazu tun müssen.

Ein Blick in Gottes Schöpfung führte ihn zu einem theologischen Paradigmenwechsel. Er konnte die Komplementarität verstehen, die sich durch die ganze Bibel zieht: Abend und Morgen, Gesundheit und Krankheit, Sommer und Winter, Gnade und Gerechtigkeit sind jeweils zusammen zu sehen und dürfen nicht gegeneinander ausgespielt werden.

Herr R. konnte akzeptieren, dass sich die Größe Gottes nicht in einer einzigen Beschreibung zeigen lässt, sondern dass es hierzu der beiden komplementären Anteile bedarf. Es ist wichtig und richtig, die biblischen Gebote konsequent einzuhalten, gleichzeitig aber zu erkennen, dass wir nicht durch diese Gebote erlöst werden können. Das Durcharbeiten des Paulusbriefes an die Galater war eine gute Übung, um zu verstehen, wie sich Gesetz und Gnade zueinander verhalten.

Herr R. akzeptierte, dass Gottes Gegenüber Persönlichkeiten und keine Marionetten sein sollen. Das hebräische Wort für »Seele« in Genesis 2,7 weist neben vielen anderen Bedeutungen auch darauf hin, dass Gott den Menschen als Individuum geschaffen hat, einmalig und unvergleichbar. Herr R. erkannte, dass er sich mehr durchzusetzen lernen durfte, weil auch Jesus in manchen Begegnungen sehr konsequent und stark aufgetreten war.

Wichtig wurde ihm auch die biblische Aussage, dass es mit Gott zusammen möglich ist, »über die Mauern zu springen«. Mit diesem Satz wollte er springen lernen, weil er wusste – wie beim Stabhochsprung –, dass eine stabile Stütze dabei ist.

3.6 Evaluation

Bei der nach dem Abschluss der Maßnahme erfolgten Evaluation konnten die unten dargestellten Ergebnisse erreicht werden. Es wurde dabei eine Testwiederholung nach einem knappen Jahr durchgeführt und ein Abschlussgespräch vorgenommen, in dem Herr R. seine subjektiven Eindrücke mitteilen sollte.

3.6.1 Ergebnisse der Wesenszüge

Wesenszüge

Zusammenfassung

06 geringe Normgebundenheit	1 2 3 4 5 6 7 8 9 10	hohe Normgebundenheit
08 geringe Belastbarkeit	1 2 3 4 5 6 7 8 9 10	hohe Belastbarkeit
04 geringe Unabhängigkeit	1 2 3 4 5 6 7 8 9 10	hohe Unabhängigkeit
07 geringe Kontaktbereitschaft	1 2 3 4 5 6 7 8 9 10	hohe Kontaktbereitschaft
02 Wachsamkeit	1 2 3 4 5 6 7 8 9 10	Reserviertheit

Einzelheiten

08 Sachorientierung	1 2 3 4 5 6 7 8 9 10	Kontaktorientierung
07 Konkretes Denken	1 2 3 4 5 6 7 8 9 10	Abstraktes Denken
04 Emotionale Schwankung	1 2 3 4 5 6 7 8 9 10	Emot. Widerstandsfähigkeit
06 Soziale Anpassung	1 2 3 4 5 6 7 8 9 10	Selbstbehauptung
06 Besonnenheit	1 2 3 4 5 6 7 8 9 10	Begeisterungsfähigkeit
07 Flexibilität	1 2 3 4 5 6 7 8 9 10	Pflichtbewusstsein
04 Zurückhaltung	1 2 3 4 5 6 7 8 9 10	Selbstsicherheit
09 Robustheit	1 2 3 4 5 6 7 8 9 10	Sensibilität
01 Vertrauensbereitschaft	1 2 3 4 5 6 7 8 9 10	Skeptische Haltung
04 Pragmatismus	1 2 3 4 5 6 7 8 9 10	Unkonventionalität
06 Unbefangenheit	1 2 3 4 5 6 7 8 9 10	Überlegtheit
04 Selbstvertrauen	1 2 3 4 5 6 7 8 9 10	Besorgtheit
05 Sicherheitsinteresse	1 2 3 4 5 6 7 8 9 10	Veränderungsbereitschaft
05 Gruppenverbundenheit	1 2 3 4 5 6 7 8 9 10	Eigenständigkeit
06 Spontanität	1 2 3 4 5 6 7 8 9 10	Selbstkontrolle
03 Innere Ruhe	1 2 3 4 5 6 7 8 9 10	Innere Gespanntheit

Abb 81: Wesenszüge nach Abschluss der Maßnahme

Das für die Zusammenfassung der Wesenszüge geplante Lernprogramm war erfolgreich. Bei einer Irrtumswahrscheinlichkeit von einem knappen SN-Wert[232] liegt beim Unterschied von zwei SN-Werten zwischen der ersten und der zweiten Untersuchung ein gerade noch signifikantes Ergebnis vor. Bei der Normgebundenheit veränderte sich das Ergebnis von SN 8 auf SN 6 und bei der Unabhängigkeit von SN 2 auf SN 4. Bei den Einzelheiten der Wesenszüge zeigt sich die Änderung insbesondere bei der Zunahme der Selbstbehauptung und der Abnahme des Sicherheitsinteresses. Unverändert geblieben ist die hohe Sensibilität und die große Vertrauensbereitschaft.

3.6.2 Ergebnisse der Grundstruktur

Wie erwartet und geplant, hat sich die Grundstruktur nicht signifikant verändert.

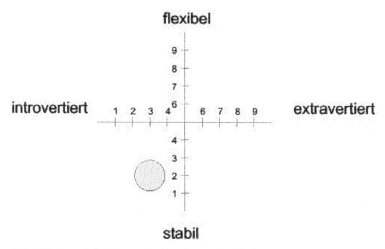

Abb. 82: Grundstruktur nach Abschluss der Maßnahme

232 Vgl. Dieterich (2003). *Der Persönlichkeitsstrukturtest.* A.a.O.

3.6.3 Ergebnisse der Tiefenstruktur

Auch bei den Ergebnissen der Tiefenstruktur gab es im Prä-post-Vergleich keine signifikanten Unterschiede.

Der Bitte von Herrn R. vor Beginn der Maßnahme, dass er sich doch hier nicht verändern wolle, war also entsprochen worden.

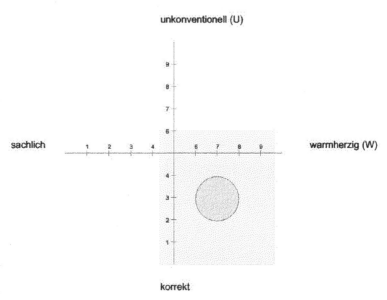

Abb. 83: Tiefenstruktur nach Abschluss der Maßnahme

3.6.4 Ergebnisse der Kontrollüberzeugungen

Die intensiven Bemühungen um den Lernprozess bei den Kontrollüberzeugungen waren erfolgreich.

Jeweils um 3 SN-Werte haben sich die Werte bei der externalen und der internalen Kontrollüberzeugung geändert. Dieser Unterschied ist deutlich signifikant.

Immer noch nicht hat Herr R. jedoch den hohen Wert erreicht, der sich oftmals bei der internalen Kontrollüberzeugung von Topmanagern finden lässt. Jedoch ist mit dem jetzt erreichten

Mittelwert im Vergleich mit der Normalbevölkerung sicherlich eine gute Grundlage für die zukünftige Position des Leiters der Firma vorhanden.

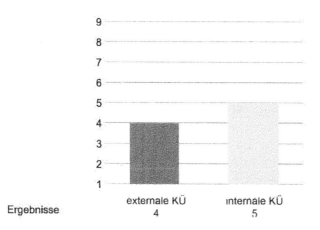

Ergebnisse

externale KÜ
4

interne KÜ
5

Einzelheiten zur externalen Kontrollüberzeugung
(Anteile von C und P)

C = Chance

P = People

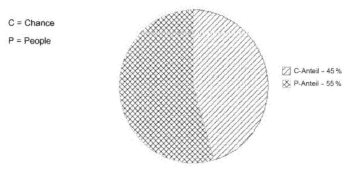

C-Anteil – 45 %

P-Anteil – 55 %

Abb. 84: Kontrollüberzeugungen nach Abschluss der Maßnahme

3.6.5 Abschlussgespräch mit Herrn R.

Beim Abschlussgespräch sollte Herr R. seine subjektiven Eindrücke zum Verlauf der ganzen Maßnahme und zu den Ergebnissen mitteilen.

Seine erste Bemerkung hierbei war, dass er sich eigentlich gar nicht verändert habe und immer noch der »alte Mensch« geblieben sei. D.h., er erkannte sich und seine Persönlichkeit wieder, war aber auch sehr zufrieden darüber, dass eine Reihe von Änderungsprozessen abgelaufen war.

Nicht nur in der Firma, was der eigentliche Hintergrund des Lernprozesses gewesen war, sondern ebenso im Privatleben, im Kontakt mit seiner Freundin und auch in der Gemeinde empfand er sich als »besser aufgestellt«. »Ich habe gelernt, mich mehr durchzusetzen, mich abzugrenzen, und ich weiß jetzt auch, dass ich mehr leisten kann, als ich vor einem Jahr gedacht habe.«

Wichtig war für die Begegnungen mit Menschen, aber auch mit der bildenden Kunst und in seiner Musikgruppe, dass die hohe Empathie erhalten blieb – was für die Zukunft einen »Manager mit Herz« erwarten lässt.

3.7 Nachwort

Es konnte am Beispiel von Herrn R. gezeigt werden, dass durch die Beschreibung seiner Persönlichkeitsstruktur und nach Ausformulierung von überprüfbaren Zielen diese auch zum Großteil erreicht werden können. Mit dem Modell einer holistisch zu sehenden Seele im Sinne von Genesis 2,7 wirken dabei die somatischen, psychischen und spirituellen Aspekte zusammen, denn sie sind untrennbar miteinander verwoben und auch gemeinsam für das Ergebnis verantwortlich.

Für manche Leser – und auch beim Autor – bleibt trotz dieses Erfolges dennoch eine gewisse Unzufriedenheit übrig. Tatsächlich ist es möglich, an der Durchsetzungsfähigkeit, der Sensibilität oder der Kontaktorientierung usw. zu arbeiten und zu nachweisbaren Änderungen zu kommen. Aber die Frage, ob es überhaupt richtig ist, genau an diesem Teil der Persönlichkeit auf Änderungen zu setzen, bleibt häufig unbeantwortet. Solche Fragen können allerdings nicht von den empirisch arbeitenden Disziplinen beantwortet werden. Es sind ethische Anfragen an Theologen oder Philosophen. Man sollte jedoch – ehe mit einem Förderprogramm begonnen wird – grundsätzlich eine inhaltliche Reflexion der Ziele anstreben.

Sind biblische und Unternehmensziele kompatibel?

Vor theologischem Hintergrund sind im Neuen Testament die biblischen Gedanken zu den Lebenszielen nicht selten kontrovers zu denen in unserer Leistungsgesellschaft.
- kann man wirklich, wie das Paulus den Korinthern schreibt, stark sein, wenn man schwach ist? »Darum bin ich guten Mutes in Schwachheit, in Misshandlungen, in Nöten, in Verfolgungen und Ängsten um Christi willen; denn wenn ich schwach bin, so bin ich stark« (2Kor 12,10).
- Kann es sein, dass im Sinne der Bergpredigt dann, wenn auf eine Backe geschlagen wird, auch die andere hingehalten werden soll?
- Kann es sein, dass Gott selbst seinen eigenen Sohn als Opfer für uns kreuzigen lässt, damit wir selig werden?

Das sind Fragen, die im NT eindeutig beantwortet werden und für Christen damit auch klare Zielvorstellungen vorgeben.

Daneben steht jedoch auch eine Leistungsgesellschaft mit ihrem
- »Jeder ist sich selbst der Nächste«, oder dem
- »Wie du mir, so ich Dir« oder
- »Auf einen groben Klotz gehört auch ein grober Keil.«
- »Der erste Platz ist immer frei« oder
- »Macht kaputt, was euch kaputt macht!«

Das sind ganz andere Lebenskonzepte als die oben genannten, und hier scheiden sich dann nicht selten biblische und politische, egoistische und altruistische Lebensentwürfe.

Aber jeder Mensch hat die Freiheit – jedoch damit auch den Wahlzwang – sich zu entscheiden. Und mit den weiter vorne beschriebenen Änderungsmöglichkeiten kann das eine oder auch das andere Ziel angestrebt werden. Diese Freiheit macht ein Buch, das viele »Lerntools« anbietet, in gewissem Sinne gefährlich, denn prinzipiell können beide Ziele erreicht werden.

Ich möchte deshalb im Nachwort nochmals besonders auf die Verantwortung bei der Auswahl der Ziele hinweisen. Kein Berater, Therapeut oder Seelsorger kann sich um eine Überlegung hierzu drücken. Vielleicht können die nachfolgenden Fragen eine Hilfestellung geben:

Ist das angestrebte Ziel
- im Rahmen der Bibel legal?
- im Rahmen der Rechtsprechung legal?
- im Verhältnis zur Gesamtpersönlichkeit angemessen?
- in der Gemeinde oder Firma bzw. im soziokulturellen Umfeld angemessen?
- nur für die Einzelperson relevant oder auch für die Gemeinschaft?
- fair für alle bei dem Prozess beteiligten Personen (Ehepartner, Kinder, Mitarbeiter, Gemeindeglieder)?
- auch in der Zukunft relevant?

4. Anhang

4.1 Einzelheiten zu den Wesenszügen

Beschreibung links	Beschreibung rechts
Sachorientierung Diese Menschen verhalten sich eher reserviert, sachbezogen und arbeiten gerne alleine. Sie streben nach Genauigkeit und Präzision – auch im Umgang mit anderen Menschen.	**Kontaktorientierung** Diese Menschen verhalten sich kontaktorientiert, interessieren sich für andere Menschen und tauschen auch Gefühlsäußerungen aus. In sozialen Konfliktsituationen sind sie eher großzügig und lassen auch mal etwas durchgehen.
Konkretes Denken Diese Menschen sind an konkretes und praktisches Denken gewöhnt und lösen deshalb auch lieber einfache und unkomplizierte Probleme. Es könnte auch sein, dass sie bei der Bearbeitung der Fragen zu großzügig waren oder dass sie zu diesem Zeitpunkt aus psychischen Gründen nicht in der Lage waren, sich zu konzentrieren.	**Abstraktes Denken** Diese Menschen begreifen schnell die Regeln eines Systems, sind an abstraktes und logisches Denken gewöhnt und können schwierige und komplizierte Probleme lösen.
Emotionale Schwankung Die Gefühle dieser Menschen schwanken häufig. Sie lassen sich deshalb leicht beunruhigen oder ärgern – aber auch schnell umstimmen und werden wieder fröhlich. Störungen bei der Arbeit empfinden sie relativ stark. Kritische Situationen beanspruchen den ganzen Menschen und oftmals fehlt der Mut, eine Arbeit dann noch zu Ende zu führen.	**Emotionale Widerstandsfähigkeit** Diese Menschen sind von alltäglichen Schwierigkeiten kaum zu beeindrucken. Enttäuschungen bewältigen sie rasch und machen ohne viel Aufhebens weiter. Störungen bei der Arbeit beeinflussen sie kaum. Sie planen Widrigkeiten des Lebens ein und überstehen daher relativ leicht kritische Situationen. Manchmal werden solche Menschen als »unsensibel« beschrieben – was jedoch nicht der Fall sein muss (siehe Skala »Sensibilität«).

Soziale Anpassung

Diese Menschen sind bereit, zu dienen, sich unterzuordnen und anzupassen. Dabei vermeiden sie, feindliche Gefühle aufkommen zu lassen. Bei Widerständen geben sie eher nach und verlassen sich in Entscheidungssituationen oftmals auf andere.

Besonnenheit

Diese Menschen verhalten sich nachdenklich und eher zurückhaltend. Sie fühlen sich in vertrauten und ruhigen Situationen wohl.
Bei der Arbeit gehen sie vorsichtig und planend voran. In kritischen Situationen kann man sich auf sie verlassen und sie stehen zu ihrer Verantwortung.

Flexibilität

Diese Menschen orientieren sich in ihrem Verhalten an eigenen Regeln und Normen. Sie können Unordnung ertragen und sind eher ungezwungen. Bei der Arbeit lassen sie sich von ihren Bedürfnissen und den Erfordernissen der jeweiligen Situation leiten.

Zurückhaltung

Diese Leute verhalten sich anderen gegenüber zurückhaltend und vorsichtig, drücken sich langsam und bedächtig aus und sind beim Ausdruck ihrer Gefühle eher spärlich. Sie mögen Tätigkeiten, die die aktive Auseinandersetzung mit anderen Menschen erfordern, nicht so sehr und sind lieber mit wenigen guten Freunden zusammen.

Selbstbehauptung

Diese Menschen treten mit hoher Ichstärke auf, verhalten sich selbstbewusst und unnachgiebig, lassen sich nicht so leicht etwas gefallen. Sie treffen ihre Entscheidungen selbst und versuchen sie auch gegen die Meinung anderer und bei Widerständen durchzusetzen.

Begeisterungsfähigkeit

Diese Menschen sind impulsiv und begeisterungsfähig; sie lieben aufregende Situationen. Bei Kontakten mit anderen Menschen gehen sie aus sich heraus. Bei der Arbeit reagieren sie schnell und halten sich weniger lange mit einer Sache auf. Sie kümmern sich auch weniger um die Folgen ihrer Handlung. Sie sind leicht zu begeistern und können auch andere mitreißen.

Pflichtbewusstsein

Diese Menschen orientieren sich an allgemein akzeptierten Regeln und Normen und wägen in schwierigen Situationen eher ab, was zu tun ist. Sie lieben Ordnung und achten auf korrektes Verhalten. Bei der Arbeit halten sie sich zuverlässig an die Regeln. In schwierigen Situationen erfüllen sie gewissenhaft ihre Pflicht.

Selbstsicherheit

Diese Menschen verhalten sich anderen gegenüber aktiv, herausfordernd und von sich bzw. ihrer Meinung überzeugt. Sie teilen anderen Menschen ihre Ansicht und ihre Gefühle mit, weichen Tätigkeiten, die Auseinandersetzungen mit sich bringen, nicht aus und stehen emotional strapazierende Situationen ohne große Mühe durch.

Robustheit

Diese Menschen lassen sich von Gefühlen nicht beeindrucken, sondern packen illusionslos zu und fügen sich Sachzwängen.

Zahlen und Fakten beeinflussen sie. Sie erwarten von anderen Menschen keine Gefühlszuwendungen und handeln auf der Grundlage von konkreten und logischen Beweisen. Sie erwarten gute Leistungen von sich und anderen und übernehmen bereitwillig Verantwortung.

Harte Auseinandersetzungen stehen sie durch.

Sensibilität

Diese Mensch en sind deutlich von ihren Gefühlen her gesteuert. Sie beschäftigen sich intensiv mit Vorstellungen und Gefühlen und verhalten sich eher ungeduldig und fordernd. Sie lassen sich durch ästhetische Situationen beeinflussen und erwarten Aufmerksamkeit. Es kann sein, dass sie Dinge wahrnehmen, die andere Menschen gar nicht bemerken -- und sich dann unverstanden vorkommen. Im Gespräch sind sie einfallsreich, ausdrucksvoll, jedoch springen sie oftmals von einer Sache zur anderen. Diese Menschen suchen in realen Notsituationen Hilfe und gehen harten Auseinandersetzungen aus dem Wege.

Vertrauensbereitschaft

Diese Menschen verhalten sich vertrauensvoll und tolerant gegenüber anderen. Sie gehen im gutmütigen Sinne davon aus, dass auch diese es nicht böse meinen. Sie haben wenig Eifersuchtsgefühle, arbeiten gut im Team zusammen und nehmen auch gerne Anregungen auf. In kritischen Situationen verlassen sie sich auf die guten Absichten anderer -- und Enttäuschungen vergessen sie rasch.

Skeptische Haltung

Diese Menschen sind skeptisch und kritisch anderen gegenüber. Sie haben Vorbehalte und wollen genau überzeugt werden. Nur schwer kann man sie täuschen -- sie fassen leicht einen Verdacht und gehen ihm nach. Ihre eigene Meinung ist ihnen wichtig und es macht Mühe, sie durch Anregungen anderer Menschen zu überzeugen.

In kritischen Situationen handeln sie zumeist geistesgegenwärtig.

Pragmatismus

Unter Belastung behalten diese Menschen einen klaren Kopf. Sie handeln zweckmäßig -- so wie man auch bisher in ähnlichen Situationen gehandelt hat.

Sie versuchen die täglichen Anforderungen in bewahrter Manier zu bewältigen, d.h., sie tun das, was jeweils erforderlich ist und was erwartet wird, um eine Aufgabe zu lösen.

Unkonventionalität

Diese Menschen entwickeln neue Ideen -- auch wenn viele andere dagegen sind. Sie sind bereit, vom üblichen Weg abzuweichen, reagieren dann aber unter Belastungen eher emotional.

Sie mögen nicht so sehr die Routinearbeit, sondern suchen anspruchsvolle Aufgaben -- jedoch häufig ohne dabei praktische Verantwortung zu übernehmen.

Unbefangenheit

Diese Menschen lieben das Unkomplizierte und Natürliche und äußern unbefangen ihre Gedanken und Gefühle. Wie in einer Familie reagieren sie auf irgendwelche Ereignisse unmittelbar und oft auch unreflektiert. So können sie leicht von einer Situation überrascht werden, bei der sie dann etwas ungeschickt handeln.

Überlegtheit

Diese Menschen verhalten sich im Umgang mit anderen überlegt, vorausschauend und diplomatisch. Indem sie die möglichen Reaktionen anderer Menschen berücksichtigen, überlassen sie wenig dem Zufall. Sie durchschauen komplizierte Situationen und handeln geschickt und unauffällig.

Selbstvertrauen

Diese Menschen sind von sich selbst überzeugt und vertrauen darauf, mit allem fertig zu werden.
Anerkennung und Kritik anderer Menschen beeinflussen sie wenig und Misserfolge stören das Selbstvertrauen kaum. Sie stellen sich auch dann neuen Anforderungen zuversichtlich und ohne Ängste.

Besorgtheit

Diese Menschen sind etwas unsicher in ihrem Selbstwert bzw. Selbstverständnis. Bei Schwierigkeiten machen sie sich oft Sorgen und haben das Gefühl, selbst dafür verantwortlich zu sein. Auf Anerkennung und Kritik anderer reagieren sie sensibel. Bei neuen Aufgaben prüfen sie intensiv, ob sie diese auch wirklich bewältigen können, und sind durch Misserfolge leicht zu entmutigen.

Sicherheitsbedürfnis

Diese Menschen vertrauen auf das Bewährte und Abgesicherte und orientieren sich eher an traditionellen Werten. Dadurch finden sie sich auch leichter mit Schwierigkeiten ab, die es schon immer gab. Bei der Arbeit verhalten sie sich beständig, vermeiden Risiken und versuchen Problemfälle eher mit bewährten Mitteln zu lösen.

Veränderungsbereitschaft

Diese Menschen sind für Veränderungen und neue Ideen aufgeschlossen, orientieren sich an Visionen und gehen bei der Arbeit gerne neue und auch risikoreiche Wege.
Sie sind bereit, Autoritäten zu widersprechen und neigen dazu, Konventionen zu überprüfen -- um diese entweder abzulehnen oder zu verändern.

Gruppenverbundenheit

Diese Menschen arbeiten gerne gemeinsam und treffen auch mit anderen zusammen Entscheidungen. Sie neigen dazu, sich anderen anzuschließen, um mit ihnen gesellig zusammen zu sein. Anerkennung und

Eigenständigkeit

Diese Menschen sind gewohnt, eigene Wege zu gehen und achten weniger darauf, wie andere ihr Verhalten beurteilen.
Sie brauchen wenig Hilfe von anderen und handeln deshalb selbstständig.

Bewunderung von anderen Leuten sind für sie wichtig. Bei Schwierigkeiten suchen sie die Solidarität der Gruppe. Sie haben Mühe, alleinverantwortliche Entscheidungen zu fällen.

Die Entscheidungsfindung erfolgt durch eigenständige Überlegungen und Abwägungen.
Bei Schwierigkeiten suchen diese Menschen ohne fremde Hilfe einen Ausweg.

Spontaneität

Diese Menschen lassen sich spontan und von ihren momentanen Bedürfnissen leiten und sind weniger auf bestimmte Absichten festgelegt.
Bei der Arbeit neigen sie dazu, die Dinge auf sich zukommen zu lassen. Bei Schwierigkeiten und Belastungen geben sie eher auf. Manchmal vergessen sie, was sie eigentlich wollten, und die Gefühle gehen mit ihnen durch. Deutlich merkt man bei diesen Menschen, wenn sie Probleme haben, denn sie sprechen darüber.

Selbstkontrolle

Diese Menschen verhalten sich diszipliniert und zielstrebig. Sie richten ihr Verhalten eher an langfristigen Zielen und Werten aus, haben klare Vorstellungen von dem, was sie wollen, und lassen sich nur schwer davon abbringen. Auf die Arbeit bereiten sie sich sorgfältig vor und führen sie trotz Schwierigkeiten zu Ende. Auch unter belastenden Situationen haben sie ihre Gefühle unter Kontrolle und lassen das Ziel nicht aus dem Auge. Sie teilen ihre Gefühle andern Menschen nicht mit – sodass diese manchmal etwas unsicher in ihrer Einschätzung über sie sind.

Innere Ruhe

Diese Menschen verhalten sich zufrieden, gelassen, ausgeglichen und können in Ruhe abwarten, was auf sie zukommt.
Bei der Arbeit geben sie sich mit dem Erreichten zufrieden und zeigen bei starken Belastungen eher einen Leistungsanstieg. Nach außen hin wirken sie wie ein Fels in der Brandung.

Innere Gespanntheit

Diese Menschen verhalten sich aktiv, angespannt und regen sich leicht auf. Man sieht ihnen ihre innere Dynamik an.
Wenn etwas nicht nach Wunsch geht, werden sie nervös.
Bei der Arbeit sind sie motiviert und ehrgeizig – starke Belastungen führen jedoch häufig zu einer Leistungsminderung.

4.2 Einzelheiten zu der Grund- und Tiefenstruktur

4.2.1 Grundstruktur

Beschreibung	Beschreibung
introvertiert	**extrovertiert**
Diese Menschen sind eher zurückhaltend und, was den Kontakt mit anderen Menschen anlangt, scheu, wenig unterhaltsam und ernst. Sie wollen lieber für sich alleine sein. Sie halten sich an Ordnung bzw. Vorgaben -- man kann sich auf sie verlassen.	Diese Menschen suchen Abwechslung und Unterhaltung, schließen schnell Freundschaften und können sich unbeschwert gehen lassen. Im Umgang mit anderen sind sie gesprächig, schlagfertig -- und zu Streichen bereit. Sie sind unternehmungslustig und übernehmen bei gemeinsamen Aktivitäten gerne die Führerrolle.
flexibel	**stabil**
Diese Menschen sind psychisch leicht zu beeinflussen. Ihre Stimmung ist sehr beweglich, sowohl in positiver als auch in negativer Richtung. Das macht sie für manche Menschen sehr interessant. Wegen dieser psychischen Flexibilität fühlen sie sich manchmal abgespannt, matt und sind auch ängstlich, grübeln über das Leben nach und fühlen sich nicht selten missverstanden.	Diese Menschen sind mit sich und ihrem Leben relativ zufrieden. Gelassen nehmen sie die Dinge hin. Ihre Stimmung ist ausgeglichen, sie haben wenig Sorgen und sind auch wenig empfindlich. Man kann ihnen in der Regel noch mehr psychisch anstrengende oder stressende Aufgaben übergeben -- sie schaffen das.

4.2.2 Tiefenstruktur

Beschreibung

sachlich

Diese Menschen streben danach, so unabhängig wie möglich zu sein, vermeiden enge Beziehungen bzw. Hingabe an andere. Man kann sie lange kennen, ohne sie eigentlich zu erkennen. Manchmal sind sie nicht ganz sicher, ob sie ihren Gefühlen trauen können, deshalb versuchen sie diese rational zu beschreiben. Sie arbeiten logisch korrekt und eher intellektuell.

korrekt

Diese Menschen wünschen sichere und stabile Verhältnisse, das Bewährte soll bleiben. Sie versuchen ein System zu finden, in das sie die Dinge ihres Lebens einordnen können. Weil sie nicht sicher sind, ob sie die Aufgaben richtig gelöst haben, zögern oder zaudern sie. Ihr Arbeitsplatz und ihr Terminkalender sind sauber geordnet und präzise geführt.

Beschreibung

warmherzig

Diese Menschen sehnen sich nach vertrauensvollem Nahkontakt und fürchten sich vor dem Alleinsein, der Isolierung oder Trennung. Sie möchten andere Menschen glücklich machen. Dabei sind sie manchmal recht großzügig in der Beurteilung, idealisieren den Partner, entschuldigen seine Schwächen usw. Man bezeichnet sie oftmals als »bescheiden«, »dienend« oder »aufopfernd«. Für andere geben sie einen Teil ihres Ichs auf.

unkonventionell

Diese Menschen streben nach Veränderung, nach Neuigkeiten und fürchten sich vor Einschränkungen. Die Gegenwart ist wichtig, nicht so sehr, was war oder kommen wird. Verträge engen sie ein – sie wollen frei sein und frei bleiben. Den Erfolg möchten sie schnell sehen, Versuchungen können sie schwer widerstehen. Zeitplanung ist nicht ihre Stärke. Sie haben ihre private Logik und Ethik – die für sie selbst stimmt – anderen jedoch manchmal unverständlich ist.

373

5. Literatur

Asanger, R., Wenniger, G. (1994). Handwörterbuch Psychologie. Weinheim: Beltz PVU.

Backus, W., Chapian M. (2006). Befreiende Wahrheit: Lösen Sie sich von Lebenslügen und finden Sie zu innerer Freiheit. Asslar: Gerth Medien.

Beaulieu, D. (2007). Impact-Techniken für die Psychotherapie. Heidelberg: Carl Auer.

Beck A.T. u.a. (2001). Kognitive Therapie der Depression. Weinheim: Beltz.

Berne, E. (2002). Spiele der Erwachsenen. Psychologie der menschlichen Beziehungen. Reinbek: Rowohlt Taschenbuch Verlag.

Borkenau, P., Ostendorf, F. (1993). NEO-Fünf-Faktoren-Inventar. Göttingen: Testzentrale.

Breuer, R. (1997). Das Rätsel von Leib und Seele. Stuttart: dva.

Brüntrup, G. (1996). Das Leib-Seele-Problem. Eine Einführung. Stuttgart: W. Kohlhammer.

Bucay, J. (2005). Komm, ich erzähl dir eine Geschichte. Zürich: Amman Verlag (auch bei Fischer 2007).

Bunge, M. (1984). Das Leib-Seele-Problem. Tübingen: Mohr.

Chambers, O. (2000): Mein Äußerstes für sein Höchstes. 28. Aufl. Wuppertal: Blaukreuz-Verlag.

Chomsky, N. (1970). Sprache und Geist. Frankfurt/M.: Suhrkamp.

Churchland, P.M. (1997). Die Seelenmaschine. Eine philosophische Reise ins Gehirn. Heidelberg: Spektrum.

Coenen, L. u.a. (1983). Glaube. In: Theologisches Begriffslexikon zum Neuen Testament. Band 1. Wuppertal: Theologischer Verlag Rolf Brockhaus.

Cohn, R. (2004). Von der Psychoanalyse zur themenzentrierten Interaktion. Von der Behandlung Einzelner zu einer Pädagogik für alle. Stuttgart: Klett-Cotta.

Corbin, A. (2005). Pesthauch und Blütenduft. Berlin: Wagenbach-Verlag.

Crick, D. (1994). Was die Seele wirklich ist. Die naturwissenschaftliche Erforschung des Bewusstseins. München:
Artemis & Winkler.

Csikszentmihalyi, M. (1997). Kreativität. Stuttgart: Klett-Cotta.

Daheim, H.J., Schönbauer, G. (1993). Soziologie der Arbeitsgesellschaft. Grundzüge und Wandlungstendenzen der Erwerbsarbeit. Weinheim: Juventa.

Dieterich, H.L. (2002). Handbuch für Seelsorgegruppen.
Freudenstadt (IPS).

Dieterich, J. (2002). Geliebter Zappelphilipp. Kinder verstehen
und leiten. Holzgerlingen: Hänssler.

Dieterich, M. (1997). Persönlichkeitsdiagnostik. Theorie und
Praxis in ganzheitlicher Sicht. Wuppertal: R. Brockhaus.

Dieterich, M. (Hg.) (1998). Der Mensch in der Gemeinschaft.
Wuppertal und Zürich: R. Brockhaus.

Dieterich, M., Goll, M., Pfeiffer, G., Tress, J., Schweiger, F.,
Hartmann F. (2001). hamet 2 – Handlungsorientierte Module
zur Erfassung und Förderung beruflicher Kompetenzen
Göttingen: Hogrefe Testzentrale.

Dieterich, M. (2001). Hilfe, ich bin ausgebrannt. Wie man
mit Stress und Burnout umgehen kann. Lahr: Johannis.

Dieterich, M. (2009a). Einführung in die Allgemeine Psychotherapie und Seelsorge. 2. Aufl. Witten: SCM R.Brockhaus.

Dieterich, M. (2003). Der Persönlichkeitsstrukturtest PST-R.
Freudenstadt: Institut für praktische Psychologie. 2. Aufl.
(zu beziehen bei www.i-p-p.org.de).

Dieterich, M. (2006). Wer bin ich? Wer sind die Anderen?
Freudenstadt: Hochschulschriften des IPS Band 15.

Dieterich, M. (2009a). Seelsorge kompakt. 2. Aufl. Witten:
SCM R.Brockhaus.

Dilling, W. u.a. (1993). ICD-10 Internationale Klassifikation
psychischer Störungen. Bern, Göttingen: Hans Huber.

Eccles, J. (1996). Wie das Selbst sein Gehirn steuert.
München: Piper.

Edelmann, W. (1998). Suggestopädie/Superlearning.
Heidelberg; Ansanger.

Eggert, D. (1983). Eysenck – Persönlichkeitsinventar.
Göttingen: Testzentrale.

Ellis, A., Junek, Th. (1977). Grundlagen und Methoden der
Rational-Emotiven Verhaltenstherapie (Leben Lernen
Band 26). Stuttgart: Pfeiffer bei Klett-Cotta.

Evangelisches Kirchengesangbuch (EKG) Ausgabe Württemberg (1996). Stuttgart: Gesangbuchverlag.

Finzen, A. (2004). Medikamentenbehandlung bei psychischen
Störungen. 14. Aufl. Bonn: Psychiatrie-Verlag.

Fliegel, S., Kämmerer, A. (2007). Psychotherapeutische
Schätze. 101 bewährte Übungen und Methoden.
Tübingen: dgtv-Verlag.

Goodrich, J. (2006). Natürlich besser sehen. Kirchzarten:
VAK-Verlag.

Grawe, K. u.a. (1994). Psychotherapie im Wandel.
Göttingen: Hogrefe.

Grinder, J., Bandler, R. (2007). Neue Wege der Kurzzeittherapie: Neurolinguistisches Programmieren.
Paderborn: Junfermann.

Häfner, S. (Hg.) (2006). Die Balintgruppe. Praktische Anleitung
für Teilnehmer. Im Auftrag der Deutschen Balint-Gesellschaft.
Köln: Deutscher Ärzte-Verlag.

Hauser, M.D. (2007). Moral Minds: How Nature Designed our
Universal Sense of Wright and Wrong. New York:
Harper Parennial.

Hautzinger, M., Linden, M. (2005). Verhaltenstherapiemanual.
Berlin: Springer.

Hellinger, B. (2007). Das klassische Familienstellen: Ordnungen
der Liebe. Ein Kurs-Buch. Heidelberg: Carl Auer.

Hillenbrand, C. (2005). Einführung in die Pädagogik bei Verhaltensstörungen. Stuttgart: UTB.

Hirsch, R., Pfingsten, H. (2007). Gruppentraining sozialer Kompetenzen GSK: Grundlagen, Durchführung, Anwendungsbeispiele. Weinheim: Beltz Psychologie Verlags Union.

Hobmair, H. u.a. (Hg.) (2006). Pädagogik/Psychologie. Troisdorf: EINS GmbH.

Hofstadter, D. (2008). Ich bin eine seltsame Schleife. Stuttgart: Klett-Cotta.

Jäger, E.M. (1997). Glaube und seelische Gesundheit. Freudenstadt: Hochschulschriften IPS Band 4.

Jaeger, H. (2005). Gott lebt, sie sind seine Zeugen Band 1 und 2. Straubing: Cl. Attenkofer'sche Buch- und Kunstdruckerei.

Klafki, W. (1958). Didaktische Analyse als Kern der Unterrichtsvorbereitung. In: Die deutsche Schule. Jg. 1958, H. 10, S. 450–471.

Koppenhöfer, E. (2004). Kleine Schule des Genießens. Lengerich: Papst Verlag.

Krampen, G. (1991). Diagnostik von Attributionen und Kontrollüberzeugungen. Göttingen: Hogrefe.

Krause, J., Krause, K.-H. (2004). ADHS im Erwachsenenalter. Stuttgart: Schattauer.

Kühn, A. (2007). Albert Bandura und seine soziale Lerntheorie – Die Abkehr vom orthodoxen Behaviorismus. München: Grin Verlag.

Künkel, F. (1960). Die Arbeit am Charakter. 22. Aufl. Konstanz: Bahn Verlag.

Levenson, H. (1981). Differentiation among Internality, Powerful Others and Chance. In: H.M. Lefcourt (Ed). Research within the Locus of Control Construct. New York: Academic Press. Vol. 1 pp 15–63.

Lienert, G. A., Raatz, U. (1998). Testaufbau und Testanalyse. 6. Aufl. Weinheim: Beltz Psychologie Verlags Union.

Luhmann, N. (2006). Soziale Systeme. Frankfurt/M.: Suhrkamp.

Maguire, G.A. et al. (2004). Alleviating stuttering with pharma-
cological interventions. In: Expert Opin. Pharmacotherapy.
Maslow, A.H. (2002). Motivation und Persönlichkeit.
Reinbek: Rowohlt.
McGoldrick, M. (2002). Genogramme in der Familienberatung.
München: Huber Verlag.
Metzger, W. (1953). Gesetze des Sehens. Frankfurt/M.: Kramer.
Metzger, W., Stadler, M., Crabus, H. (1995). Die Gestalt-
Psychologie. Ausgewählte Werke aus den Jahren 1950
bis 1982. Oberursel: Kramer.
Meves, Ch. (1996). Erziehen lernen – Was Eltern und Erzieher
wissen müssen. Gräfeling: Resch.
Mogadil, S. u.a. (1986). Hans Eysenck: Consensus and
Controversy. Falmer International Master-Minds Vol. 2.
Routledge Falmer.
Moreno, J.L. (1954, 2. Aufl. 1967). Die Grundlagen der
Soziometrie. Wege zur Neuordnung der Gesellschaft.
Köln und Opladen: Westdeutscher Verlag.

Neuweg, H.G. (1999). Könnerschaft und implizites Wissen.
Münster: Waxmann.
Nölke, M. (2001). Kreativitätstechniken. Planegg: STS-Verlag.

Ochsenkühn, C., Thiel, M. (2004). Stottern bei Kindern und
Jugendlichen: Bausteine einer mehrdimensionalen Therapie.
Heidelberg: Springer.
Oerter, R., Montada, L. (2008). Entwicklungspsychologie: Ein
Lehrbuch. Weinheim: Beltz Psychologie Verlags Union.
Oswald, W.D., Roth, E. (1987). Der Zahlen-Verbindungs-Test.
Göttingen: Hogrefe.

Palmer, S.E. (1999). Vision Science. Cambridge. MIT Press, USA.
Piaget, J. (1992). Das Weltbild des Kindes. Stuttgart: dtv.
Platon: Der Staat (1992). Übersetzt von Karl Vretska. Ditzin-
gen: Reclam.

378

Polanyi, M. (1985). Implizites Wissen. Frankfurt/M.: Suhrkamp.

Reiss, S.P. (2008). The Normal Personality. A New Way of Thinking About People. Cambridge: University Press.

Remplein, H. (1971). Die seelische Entwicklung des Menschen im Kindes- und Jugendalter. München: E. Reinhardt (17. Aufl.).

Rescher, N. (1991). Baffling Phenomena and Other Studies in the Philosophy of Knowledge and Valuation. Savage: Rowman and Littelfield.

Rescher, N. (2001). Rationalität. Eine philosophische Untersuchung über das Wesen und die Rechtfertigung von Vernunft. Würzburg: Königshausen & Neumann.

Rheinberg, F. (2002). Motivation. Stuttgart: Kohlhammer/Urban.

Riemann, F. (1992). Grundformen der Angst. München: Reinhardt.

Rogers, C.R. (1991). Therapeut und Klient. Frankfurt/M.: Fischer.

Rotter, J.B. (1966). Generalized expectancies for internal versus external control of reinforcement. Psychological Monographs, 80 (Nr. 609).

Rousseau, J.J. (1998). Emil oder Über die Erziehung. Ditzingen: Reclam.

Saß, H. u.a. (1996). Diagnostisches und Statistisches Manual Psychischer Störungen DSM IV. Göttingen 1996: Hogrefe.

Saß, H., Wittchen, H., Zaudig, M. (2003). Diagnostisches und Statistisches Manual Psychischer Störungen (DSM-IV-TR). Textrevision. Hogrefe.

Scharfenberg, J. (1955). Johann Christoph Blumhardts Bedeutung für die Seelsorge. Dissertation Kiel.

Schimmel, A. (2008). Die Theorie der Entwicklung des religiösen Urteils (Fritz Oser & Paul Gmünder): Darstellung und Diskussion eines multidisziplinaren Ansatzes. Saarbrücken: Vdm-Verlag.

Schneewind, K.A., Graf, J. (1986). Der 16-Persönlichkeits-Faktoren-Test. Göttingen: Testzentrale.

Schulz v. Thun, F. (1981). Miteinander reden.
Band 1: Störungen und Klärungen.
Reinbek: Rowohlt Taschcnbuch Verlag.
Seligman, M.E.P. (1979). Erlernte Hilflosigkeit.
München, Wien, Baltimore: Urban und Schwarzenberg.
Spitzer, M. (2002). Gehirnforschung und die Schule des Lebens.
Heidelberg, Berlin: Spektrum.
Stierlin, H. (1976). Das Tun des Einen ist das Tun des Anderen.
Eine Dynamik menschlicher Beziehungen.
Frankfurt: Suhrkamp.

Tausch, R. (1993). Verzeihen, die doppelte Wohltat In: Psychologie heute, Ausgabe April 1993, Seite 20ff.
Im Internet unter http://uploader.wuerzburg.de/emk-wue/text/
dauer/verzeihen-wohltat.htm
Tausch, R., Tausch, A. (1999). Wege zu uns und anderen: Menschen suchen sich selbst zu verstehen und anderen offener zu
begegnen. Reinbek: Rowohlt.

Watzlawick, P., Beavin, J.H., Jackson, D. (2007). Menschliche
Kommunikation – Formen, Störungen, Paradoxien.
Bern: Huber.
Wawrinowski, U. (1985). Grundkurs Psychologie – Eine
Einführung für Berufe im Gesundheitswesen. München:
Bardtenschlager.
Wilken, B. (1998). Methoden der kognitiven Umstrukturierung.
Stuttgart: Kohlhammer.
Wolff, H.W. (1984). Anthropologie des Alten Testaments.
München: Christian Kaiser.

Zimmer, D.E. (1990). Tiefenschwindel. Die endlose und die
beendbare Psychoanalyse. Reinbek: Rowohlt.

Außerdem von Michael Dieterich erschienen:

Handbuch
Psychologie und Seelsorge

384 Seiten, gebunden, Bestell-Nr. 224.607

Das Handbuch Psychologie und Seelsorge ist die erste systematische Einführung in das Gebiet der »Biblisch-therapeutischen Seelsorge«. Es ist zugleich das erste Handbuch im deutschsprachigen Raum, das Erkenntnisse aus der modernen Psychologie und Therapie so darstellt, dass sie zum einen dem biblischen Weltbild verpflichtet sind, zum andern aber auch dem gegenwärtigen Stand der Fachwissenschaften voll entspricht.

Besonderer Wert wird auf die praxisnahe und praxisgerechte Darstellung gelegt, denn das Buch richtet sich auch an Leser ohne fachwissenschaftliche Vorkenntnisse, für die es ein unmittelbar zugängliches Kompendium sein will. Diesem Ziel dienen nicht zuletzt die zahlreichen Quellen und Materialien, die zur Diagnostik in der Beratung und in der Seelsorge herangezogen werden.

SCM R.Brockhaus

Außerdem von Michael Dieterich erschienen:

Seelsorge kompakt

Paperback, 176 Seiten, Bestell-Nr. 224.946

Was ist das „eigentlich Wirksame" in Beratung, Psychotherapie und Seelsorge? In diesem Buch gibt Michael Dieterich, der Begründer der „Biblisch-therapeutischen Seelsorge", seine jahrelangen Erfahrungen weiter. Kennzeichnend für Dieterichs Ansatz ist die Verbindung von moderner Psychologie auf neuestem fachwissenschaftlichem Stand mit einem bibeltreuen Weltbild. Er stellt sein Modell der „Allgemeinen Psychotherapie und Seelsorge" systematisch dar.

Das Besondere: Dieterich spricht hier eine Sprache, die auch Leser ohne fachwissenschaftliche Vorkenntnisse verstehen. Für sie wird das Buch zu einem unmittelbar zugänglichen Kompendium und Lehrbuch. Deswegen wird Klarheit groß geschrieben. Kompakt gebündelt und leicht lesbar präsentiert der Autor sein Fachwissen in zehn nachvollziehbaren Punkten.

SCM R.Brockhaus